21世纪高等院校物流专业创新型应用人才培养规划教材

物流项目管理(第2版)

主　编　周晓晔

副主编　刘　鹏　李传博

　　　　余维田　庞海云

参　编　解秀翊　王　珂　刘　英

内 容 简 介

本书编写的目的是使学生掌握物流项目管理的基本理论与方法，提高学生运用项目管理的知识，分析、解决实际物流项目问题的能力。

本书系统、全面地介绍物流项目管理的相关理论和实践的基本内涵及发展过程，共分 10 章，包括物流项目管理概述、物流项目前期策划、物流项目组织与人力资源管理、物流项目计划管理、物流项目进度管理、物流项目质量管理、物流项目的采购与合同管理、物流项目成本管理、物流项目风险管理和物流项目信息管理。

本书可作为普通高等院校本科物流管理、物流工程、电子商务、工商管理等专业的教材，也可作为物流管理人员和物流科研人员的参考用书。

图书在版编目(CIP)数据

物流项目管理/周晓晔主编. —2 版. —北京：北京大学出版社，2015.9
（21 世纪高等院校物流专业创新型应用人才培养规划教材）
ISBN 978-7-301-26219-1

Ⅰ.①物… Ⅱ.①周… Ⅲ.①物流—物资管理—项目管理—高等学校—教材 Ⅳ.①F252

中国版本图书馆 CIP 数据核字（2015）第 201023 号

书　　　名	物流项目管理（第 2 版）
著作责任者	周晓晔　主编
责任编辑	刘　丽
标准书号	ISBN 978-7-301-26219-1
出版发行	北京大学出版社
地　　　址	北京市海淀区成府路 205 号　100871
网　　　址	http://www.pup.cn　新浪微博：@北京大学出版社
电子信箱	pup_6@163.com
电　　　话	邮购部 010-62752015　发行部 010-62750672　编辑部 010-62750667
印刷者	河北涞县鑫华书刊印刷厂
经销者	新华书店
	787 毫米×1092 毫米　16 开本　19.5 印张　453 千字
	2011 年 6 月第 1 版
	2015 年 9 月第 2 版　2021 年 12 月第 7 次印刷
定　　　价	40.00 元

未经许可，不得以任何方式复制或抄袭本书之部分或全部内容。
版权所有，侵权必究
举报电话：010-62752024　电子信箱：fd@pup.pku.edu.cn
图书如有印装质量问题，请与出版部联系，电话：010-62756370

第2版前言

本书在修订过程中，遵照教育部质量工程建设的要求，坚持"工程"与"管理"融合的原则。本次修订更换所有章节的案例，全面更新为最新的数据；增加了物流项目的经济评价、不确定性分析，物流项目计划的制订等内容，并对其他章节的部分内容进行了修改。

本书在修订过程中，力求紧贴物流学科的发展趋势，反映现代物流项目管理的最新概念、技术与发展。本书在内容安排上，充分考虑普通高等学校本科教学的特点，把物流项目管理的理论与企业的实际运作情况紧密结合，涉及物流项目活动的各个环节并全面更新相关的案例和数据；在结构安排上，注重理论知识的同时对实际案例进行介绍与分析，每章末配有综合练习题，以便帮助读者理解与掌握相关内容，从而方便复习使用。

本书建议授课总学时为40学时，各章建议分学时见下表。

教学内容	学时数	教学内容	学时数
第1章 物流项目管理概述	2	第6章 物流项目质量管理	3
第2章 物流项目前期策划	4	第7章 物流项目的采购与合同管理	5
第3章 物流项目组织与人力资源管理	4	第8章 物流项目成本管理	4
第4章 物流项目计划管理	5	第9章 物流项目风险管理	5
第5章 物流项目进度管理	5	第10章 物流项目信息管理	3

本书由周晓晔(沈阳工业大学)任主编，刘鹏(沈阳工业大学)、李传博(沈阳工业大学)、余维田(沈阳工业大学)和庞海云(浙江科技学院)任副主编，解秀翊(沈阳医学院)、王珂(沈阳航空航天大学)和刘英（沈阳工业大学）参编。写作具体分工是：周晓晔编写前言，第1~3章；刘鹏编写第4、9章；李传博编写第6、8章；庞海云编写第5章；余维田编写第7、10章；解秀翊、王珂和刘英参加了综合练习的编写与文稿校对工作；周晓晔总纂修改、终审定稿。另外，马小云、王蕾和李凯等研究生也做了大量工作，在此表示衷心的感谢！

本书在编写过程中，直接或间接地参考、借鉴了国内外有关学术论文和著作，特此向有关作者表示衷心感谢！

由于编者水平有限，加之时间仓促，书中难免有不足之处，希望广大读者和同仁斧正。

编　者

2015年6月

目　　录

第1章　物流项目管理概述 1
1.1　物流管理 3
1.1.1　物流的概念、基本关系与分类 3
1.1.2　物流管理的特征与内容 9
1.1.3　物流与供应链的关系 12
1.1.4　物流与供应链管理理论的演变与发展 15
1.2　项目管理 19
1.2.1　项目概述 19
1.2.2　项目管理的由来与发展 24
1.2.3　项目管理的概念 27
1.2.4　项目管理的特点 28
1.2.5　项目管理的内容 28
1.3　物流项目及其管理 31
1.3.1　物流项目管理的概念 31
1.3.2　物流项目的分类 33
1.3.3　物流项目管理的特殊性 35
本章小结 36
综合练习 37

第2章　物流项目前期策划 42
2.1　物流项目前期策划工作 44
2.1.1　物流项目前期策划的主要工作 44
2.1.2　物流项目前期策划应该注意的问题 44
2.2　物流项目识别与构思 46
2.2.1　物流项目的识别 46
2.2.2　物流项目的构思 49
2.3　物流项目可行性研究 52
2.3.1　物流项目可行性研究的概念 52
2.3.2　物流项目可行性研究的阶段结构 53
2.3.3　物流项目可行性研究报告的编写 54
2.4　物流项目的经济评价 59
2.4.1　物流项目的财务评价 59
2.4.2　物流项目的国民经济评价 60
2.5　物流项目不确定性分析 62
2.5.1　物流项目不确定性分析的意义和方法 63
2.5.2　盈亏平衡分析 63
2.5.3　敏感性分析 66
2.5.4　概率分析 70
本章小结 72
综合练习 73

第3章　物流项目组织与人力资源管理 77
3.1　物流项目组织 79
3.2　物流项目经理 85
3.3　物流项目团队管理 89
3.3.1　物流项目团队的概念 89
3.3.2　物流项目团队的组建 90
3.4　物流项目人力资源管理 92
3.4.1　基本概念 92
3.4.2　物流项目人力资源管理的规划 95
3.4.3　物流项目人力资源的招聘 96
3.4.4　物流项目人力资源的激励 97
3.4.5　物流项目人力资源的绩效评估 98
3.4.6　物流项目人力资源的培训与开发 98
本章小结 99
综合练习 101

第 4 章 物流项目计划管理 104

- 4.1 物流项目计划管理概述 107
  - 4.1.1 物流项目目标 107
  - 4.1.2 物流项目计划概述 111
- 4.2 物流项目的范围和分解 113
  - 4.2.1 物流项目范围规划 113
  - 4.2.2 物流项目分解结构 117
- 4.3 物流项目计划的制订 121
  - 4.3.1 物流项目计划管理的基本问题 121
  - 4.3.2 物流项目计划过程 122
  - 4.3.2 物流项目计划内容 124
- 本章小结 124
- 综合练习 126

第 5 章 物流项目进度管理 130

- 5.1 物流项目进度管理概述 131
  - 5.1.1 项目进度管理的含义 131
  - 5.1.2 物流项目进度管理的影响因素 132
  - 5.1.3 物流项目进度管理的内容 133
- 5.2 物流项目进度计划的编制 136
  - 5.2.1 进度计划编制的实施步骤 136
  - 5.2.2 项目活动的定义 136
  - 5.2.3 项目活动的排序 139
  - 5.2.4 项目活动时间估计 146
  - 5.2.5 项目进度编制 150
- 5.3 物流项目进度控制 162
  - 5.3.1 项目进度控制的概念和过程 162
  - 5.3.2 项目进度控制的依据 163
  - 5.3.3 项目进度控制的方法 165
  - 5.3.4 项目进度控制的结果 170
- 本章小结 170
- 综合练习 173

第 6 章 物流项目质量管理 178

- 6.1 物流项目质量管理概述 180
  - 6.1.1 物流项目质量概述 180
  - 6.1.2 物流项目质量管理的概念及职能 181
- 6.2 物流项目质量规划 186
  - 6.2.1 物流项目质量管理规划概述 186
  - 6.2.2 物流项目质量规划的工具和技术 188
  - 6.2.3 物流项目质量规划的结果 189
- 6.3 物流项目质量保证 189
  - 6.3.1 物流项目质量保证的概念与内容 189
  - 6.3.2 物流项目质量保证的依据与方法 191
- 6.4 物流项目质量控制 193
  - 6.4.1 物流项目质量控制的概念 193
  - 6.4.2 物流项目质量控制的原则 193
  - 6.4.3 物流项目质量控制的依据、方法与工具 194
- 本章小结 198
- 综合练习 199

第 7 章 物流项目的采购与合同管理 202

- 7.1 物流项目的采购 205
  - 7.1.1 采购规划概述 205
  - 7.1.2 物流咨询/服务项目采购 206
  - 7.1.3 物流项目货物采购规划技术 207
- 7.2 物流项目合同管理概述 208
  - 7.2.1 物流项目合同管理的概念 208
  - 7.2.2 物流项目合同管理的特征 208
  - 7.2.3 物流项目合同签订的注意事项 209
  - 7.2.4 物流项目合同终止、解除与变更的区别 210
  - 7.2.5 物流项目合同纠纷的处理途径 211
- 7.3 物流项目的招投标 212
  - 7.3.1 招投标概述 212
  - 7.3.2 物流项目招标程序与要点 215

7.3.3　物流项目投标步骤与要点 218
　7.4　物流项目合同过程管理 222
　　　7.4.1　物流项目合同策划 223
　　　7.4.2　物流项目合同签订 224
　　　7.4.3　物流项目合同履行 224
　　　7.4.4　物流项目合同结束 225
　本章小结 225
　综合练习 226

第8章　物流项目成本管理 229
　8.1　物流项目成本管理概述 231
　　　8.1.1　物流项目成本管理的概念及构成 231
　　　8.1.2　影响物流项目成本管理的因素 231
　8.2　物流项目资源计划 232
　　　8.2.1　物流项目资源计划的概念 232
　　　8.2.2　物流项目资源计划的依据 233
　　　8.2.3　编制资源计划的工具和方法 233
　　　8.2.4　物流项目资源计划的结果 236
　8.3　物流项目成本估算 236
　　　8.3.1　物流项目成本估算的步骤 237
　　　8.3.2　物流项目成本估算的方法 237
　　　8.3.3　物流项目成本估算的结果 238
　　　8.3.4　物流项目成本的具体估算 238
　8.4　物流项目成本预算 239
　　　8.4.1　物流项目成本预算的概念 240
　　　8.4.2　物流项目成本预算的特性 240
　　　8.4.3　物流项目成本预算的内容 240
　　　8.4.4　物流项目成本预算的步骤 241
　　　8.4.5　物流项目成本预算的结果 241
　8.5　物流项目成本控制 241
　　　8.5.1　物流项目成本控制的概念 242
　　　8.5.2　物流项目成本控制的流程 242
　　　8.5.3　物流项目成本控制的主要方法 244
　本章小结 245
　综合练习 246

第9章　物流项目风险管理 251
　9.1　项目风险管理概述 253
　　　9.1.1　项目风险 254
　　　9.1.2　项目风险管理 256
　9.2　物流项目风险识别 259
　　　9.2.1　物流项目风险源 260
　　　9.2.2　物流项目风险识别技术 261
　9.3　物流项目风险的评估 265
　　　9.3.1　物流项目风险的定性评估方法 266
　　　9.3.2　物流项目风险的定量评估方法 268
　9.4　物流项目风险的监督与控制 272
　本章小结 275
　综合练习 275

第10章　物流项目信息管理 279
　10.1　项目信息管理概述 281
　　　10.1.1　项目信息的概念 281
　　　10.1.2　项目信息管理 283
　10.2　物流信息的功能与特征 286
　　　10.2.1　物流信息的功能 286
　　　10.2.2　物流信息的特征 286
　10.3　物流信息技术 289
　　　10.3.1　物流信息技术的含义 289
　　　10.3.2　物流信息技术的组成 289
　　　10.3.3　物流信息技术的构成 290
　　　10.3.4　物流信息技术在国内的应用现状 291
　　　10.3.5　物流信息技术的发展趋势 291
　10.4　物流项目信息管理应用示例 293
　　　10.4.1　日本近铁集团公司物流管理信息系统项目 293
　　　10.4.2　中海物流的核心竞争力——物流管理信息系统 296
　本章小结 297
　综合练习 297

参考文献 301

第1章 物流项目管理概述

【学习目标】

通过本章的学习,了解物流的概念、基本关系与分类,物流管理的特征与内容,物流与供应链的关系和理论演变过程;明确项目及项目管理的概念、特点与内容;掌握物流项目及其管理的概念、分类、特殊性。

【学习要求】

知识要点	能力要求	相关知识
物流管理的基本知识	了解物流、物流管理的基本概念; 了解物流与供应链的关系	物流的概念、基本关系与分类; 物流管理的特征与内容; 供应链与供应链管理的概念、物流与供应链的关系及其理论的演变与发展
项目管理的基本知识	掌握项目、项目管理的基本概念; 了解项目管理相关理论的发展	项目的概念、基本特征、生命周期及项目里程碑与可交付成果; 项目管理的发展阶段及其在我国的发展; 项目管理的概念、特点和内容
物流项目及其管理的基本知识	熟练掌握物流项目、物流项目管理的基本理论及其特殊性	物流项目及其管理的概念; 物流项目的分类; 物流项目管理的特殊性

新颜物流制造业物流项目管理

1. 项目背景

浙江新颜物流(连锁)有限公司是一家在长三角物流业界有一定影响力的第三方物流公司,公司成立于 1989 年,是杭州回程配载元老企业,主营业务是制造业运输总承包。卡尔公司,上市企业,是国内汽车制动系统行业的龙头企业,生产各种刹车总成,包括盘式制动器总成、鼓式制动器总成、真空助力器轴承等,共 100 多个系列 500 多个品种,产品结构及数量极其复杂。2008 年以前,卡尔公司都是委托其下属物流公司"卡尔物流"的自有车队负责运输,后来出现成本过高、管理粗糙、效率低下等问题,2009 年开始尝试物流外包,浙江新颜物流通过公开招投标成为卡尔公司物流总承包商。

2. 项目管理过程

1) 招投标的过程

(1) 组建投标小组。2009 年 2 月,公司接到卡尔公司招标的热情邀请,开始积极做卡尔公司招标工作准备,按照惯例,公司立即召集招投标小组开会讨论。

根据公司招投标原则,首先充分发挥新颜公司团队的集体智慧,集体行使公司的投标权;其次结合卡尔公司情况对国家招投标的法律法规进行研究;同时,充分发挥一线人员的作用,比如业务调度员、驻厂员,对一线行情及客情作出第一时间的反馈;此外,充分收集与卡尔公司相关的企业、产品、市场等各方面的信息,认真细致地研究了卡尔公司的成长经历、产品类型特点、市场状况,以及原有物流服务的状况与问题,掌握卡尔公司招标的组织结构和未来发展趋势,并以此制定卡尔公司的投标策略。

(2) 知客户才能服务于客户。新颜物流在投标时注重与卡尔公司的各个层级全面沟通,深入透彻地理解客户的需求,并欢迎卡尔招标组到新颜公司考察,包括举行座谈会、PPT 演示、介绍新颜物流的服务优势、参观办公场地、试用新颜自行开发的软件等活动,同时高层领导互动接见与交流;另外也分析竞标对手的优劣势,掌握他们的投标动向,以己之优势攻敌之劣势,以己之长击敌之短,把握主动、保持领先;又采取了灵活的报价方式和精心设计的投标答辩,这样通过集体的智慧和大家的努力,首次投标获得成功。

随后,公司成立了针对卡尔公司的项目运作组,在各条战线上调精兵强将,根据项目团队成员的特点特长与卡尔公司项目的各种要求实现有效对接。

2) 业务操作

新颜物流的业务操作的口号:"一次物流服务,收获一家客户",真诚地承诺"追求远利,绝不斩客"。新颜就是要通过每笔每票提供优质低价的服务,把品牌和影响力逐渐渗透到客户所在的每个角落,给客户带去他们现在或者将来需求的物流服务,把控制并降低制造企业全年运输总成本作为公司的责任,比如在市场运价或油价普遍下降的时候,公司会主动为客户降低物流成本;在市场价格有一定幅度提高时,公司依然保持不涨价。同时新颜物流不断通过制度创新降低物流管理成本,通过技术创新降低服务成本,如针对客户要求制定各种操作规范制度,把不断开发升级的最新版信息软件系统应用在卡尔公司,以此来降低运作成本、提升服务水平。

卡尔公司物流项目最困难的时候,就是刚与卡尔公司磨合期的前几个月甚至大半年里,新颜物流在业务操作上出现了很大程度的亏损,但公司没有怨言,重合同、重信用、重承诺,继续履行责任,项目团队成员勤勤恳恳、兢兢业业地努力工作,因为有新颜物流公司长寿文化的指导,公司一直相信生意的得失,不在于一时盈亏,而在于长远与客户共同成长、实现双赢,追求长远利益的最大化。新颜以这样的精诚所至、金石为开的态度,感动客户并赢得客户的好感。

业务操作上，公司以企业长寿文化，以降低物流成本，为卡尔创造价值为指导，将最前沿的项目管理理念与供应链管理的思想融合，创新卡尔公司物流操作模式。新颜物流成立卡尔项目管理部，把资深的项目经理派往一线，在合同期内(一年)驻在卡尔公司，独立操作、独立核算，授权项目经理全权负责执行整个项目的运作。靠前指挥，现场处理各种突发事件和特殊困难。同时从各条战线抽调精兵强将组成项目成员，根据项目特点及工作内容与项目成员的特长有效对接，实现快速感知与响应，缩短沟通的渠道长度，实现沟通途径简洁化、决策快速化，命令执行协同一致。这样，项目成员与卡尔有关部门有效对接，使得他们行动一致、利益协同、项目协同化，以此组成供应链，可与卡尔同业其他供应链竞争。

与卡尔公司制造业联动物流项目组驻厂具有以下优点。

(1) 与客户零距离沟通。
(2) 团队成员全职、更专心服务客户。
(3) 深入客户组织内，更了解客户需求。
(4) 靠前指挥、决策迅速。
(5) 命令执行协同一致，与客户共成长、共发展。
(6) 驻外更能充分发挥项目团队协作精神和组织凝聚力。
(7) 项目部独立核算，团队成员利益与项目收益绑定，更激发团队主动性、创造性和积极性。

3. 项目互利双赢的增值服务

新颜物流成功运作卡尔物流，是运用顾客价值公式，使顾客价值增加，同时也为公司带来更大的效益。顾客价值公式为：顾客价值=顾客总价值－顾客总成本。其中，顾客总价值包括产品价值、服务价值、人员价值、形象价值等；顾客总成本包括货币成本、时间成本、体力成本、精神成本等。总之，卡尔价值=卡尔总价值(产品价值、服务价值、人员价值、形象价值)－卡尔总成本(货币成本、时间成本、体力成本、精神成本)，结果是非常理想的，新颜与卡尔继续签约，使卡尔价值增加，为新颜也带来效益，这是供应链合作双方的胜利和双赢的美好结局。

资料来源：http://wenku.baidu.com/view/a596214dc850ad02de80413b.html。

问题：该案例给我们哪些启示？

物流行业是我国的新兴产业，物流项目更是时时刻刻渗透于物流管理工作之中，伴随着物流业的发展而发展。物流项目既包括物流"硬件"设施的建设项目(如物流配送中心、自动化仓库、物流管理信息系统等)，又包括物流"软件"规划与咨询项目(如企业物流产品、转制方案研究和国家或区域物流发展战略等)。因此，物流项目的开发不仅直接影响物流业的生存和发展，更直接关系到国民经济和综合国力的发展。

1.1 物流管理

1.1.1 物流的概念、基本关系与分类

1. 物流的概念

"物流"一词最早出现于美国。一般认为，物流活动是由配送与后勤管理演变形成的。1918年第一次世界大战时，英国犹尼利弗的商人哈姆勋爵成立了一个"及时送货股份有限公司"，其宗旨是在全国范围内及时地把商品送到批发商、零售商和用户手中。该事件被认为是物流活动最早的文献记录。

近几十年来，随着经济全球化、信息化、一体化，物流的内涵及物流活动的内容也不

断地发展,由狭义的物流(Physical Distribution)发展为广义的物流(Logistics),物流的概念更为宽广、连贯,更具整体性。

目前,国内外对物流的定义很多,以下是国外关于现代物流的一些相关理解和解释。

(1) 将物流定义为一种商业活动。这种活动主要包括转移活动及与之相关的支持活动,转移活动包括空间、时间的转移,如仓储与库存、包装与分类等;而运费管理、订单跟踪等则属于支持活动。

(2) 将物流定义为物流渠道(Physical Channel)和交易渠道(Transactional Channel)的二维活动的统一,如图 1.1 所示。

(3) 物流管理是一个演变的过程,主要包括 3 个阶段:第一阶段为 20 世纪六七十年代的实物配送功能性管理;第二阶段为 20 世纪 80 年代的企业内部的物流功能的集成;第三阶段为 20 世纪 90 年代的企业之间的物流外部的集成。

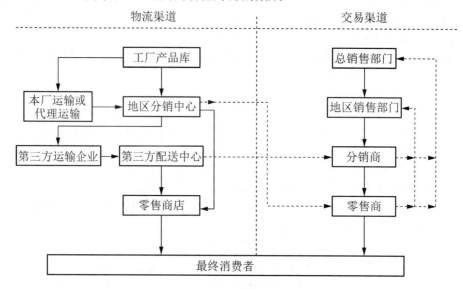

图 1.1　物流渠道与交易渠道

20 世纪 80 年代,"物流"一词进入我国。我国国家标准《物流术语》(GB/T 18354—2006)将物流定义为:物品从供应地向接受地的实体流动过程。根据实际需要,对运输、仓储、装卸、搬运、包装、流通加工、配送、信息处理等基本功能实施有机结合。

2001 年 3 月,国家经济贸易委员会提出的《关于加快我国现代物流发展的若干意见》中对现代物流的定义是:现代物流泛指原材料、产成品从起点至终点伴随相关信息有效流动的全过程。现代物流将运输、仓储、装卸、加工、整理、配送与信息等方面有机结合,形成完整的供应链,为用户提供多功能、一体化的综合性服务。

虽然各国对物流概念的表述不同,但都包含了以下 6 个方面的基本内容。

(1) 物流的生产目的是满足消费者的需求,或全面实现某一个战略、目标或任务。

(2) 物流是一个空间上的物理性移动过程,存在一个起点和一个终点,并且从起点到终点的物理性移动过程包括装卸、运输、供应、仓储、采购等几个基本环节。

(3) 物流过程中移动的主体是货物及与之相关的信息。

(4) 物流是一种管理活动,必须对其进行恰当的计划、实施与控制,以确保物流过程中各个环节功能的最优化和有效性。

(5) 物流管理的分析方法是将一个企业乃至一个供应链作为有机整体来研究。

(6) 加强物流管理是对企业或供应链进行整体优化。

2. 物流的基本关系

1) 物流与流通

流通是连接生产和消费的纽带，流通状况制约着生产的规模、范围和发展速度。流通是国民经济现代化的支柱，没有现代化的流通就没有现代化的物流，就没有国民经济现代化。

流通活动的内容如图 1.2 所示，包含商流、物流、资金流和信息流。其中资金流是在所有权更迭的交易过程中发生的，从属于商流；信息流则分别从属于商流和物流。所以流通实际上是由商流和物流组成的。

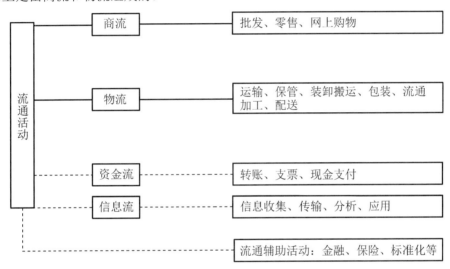

图 1.2 流通活动框架结构

流通过程要解决两方面问题：一是要解决产成品从生产者所有转变为用户所有时所有权的更迭问题；二是要解决对象物从生产地转移到使用地以实现其使用价值的问题，也就是实现物的流转过程。前者称为商流，后者称为物流。

(1) 商流。对象物所有权转移的活动称为商流。在商流中的物资也称为商品，商流活动一般称为贸易或交易。商流研究的是商品交换的全过程，具体包括市场需求预测、计划、分配与供应、货源组织、订货、采购调拨、销售等，其中既包括贸易决策，也包括具体业务及财务处理。

(2) 物流。物流是指实物从供应方向需求方的转移，这种转移既要通过运输或搬运来解决空间位置的变化问题，又要通过储存保管来调节双方在实践节奏方面的差别。物流活动和加工活动不同，物流活动不创造"物"的性质效用，而是缩短了供给方与需求方在空间维和时间维的距离，创造了空间价值和时间价值，在社会活动中起着不可缺少的作用。

(3) 商流和物流的关系。商流和物流是流通的组成部分，二者关系密切，相辅相成。一般在商流发生之后，即所有权转移达成交易之后，货物必然要根据新货主的需求进行转移,这就导致相应的物流活动出现。只有在流通的局部环节,商流和物流才可能独立发生。一般而言,商流和物流总是相伴而生的。物流是商流的物质基础,商流是物流的先导,二者相辅相成,密切配合,缺一不可,二者构成了流通过程。

2) 物流与生产

任何生产系统都是为了实现社会对某种产品的需求而形成的,而加工活动和物流活动是构成生产系统的两大支柱。物流对生产系统的重要影响主要包括以下几个方面。

(1) 物流为生产的连续性提供了保障。原材料的供应、半成品在加工点之间的流转、成品的运出都离不开物流,只有依赖物流系统才能不间断地进行生产。

(2) 物流费用在生产成本中往往占有很大比重,物流系统的改善能带来难以预料的效益,物流也被人们称为"第三利润源""企业脚下的金矿",这就表明,生产系统必须向物流要效益才能改变自身的发展条件。

(3) 物流状况对生产环境和生产秩序起着决定性的作用。在生产空间中,加工点处于固定位置,只要加工设备能正常运转,就不会对系统产生干扰;而物流在生产空间中始终处于运动状态,物流路线纵横交错、上下升降,形成了遍布生产空间的立体动态网络,如果物流活动不正常,将对生产环境造成严重的影响。因此,有的企业家认为,一个企业的物流状况是最能体现其管理水平高低的标志。

3) 物流与国民经济

一般认为,物流需求是国民经济的派生需求,与国民经济的发展息息相关,既随着国民经济的增长而增长,也随着国民经济的负增长而萧条。此外,物流的规模与发展速度也直接制约着国民经济的发展速度。该结论得到了国内外经济发展实践的充分证明。

物流对国民经济的影响包括以下两个方面。

(1) 对国民经济发展的正面影响。这种正面影响具体体现在物流规模、速度、效率与质量直接影响甚至决定国民经济发展的规模、速度、效率与质量。从整个社会来看,物流成本也是国民经济总成本的重要组成部分,进而对国民经济运行绩效产生重大影响。一般来说,经济发展水平越高,全社会的物流管理水平也就越高、越有效,全社会的物流成本占 GDP 的比重也就越低,从而意味着物流活动所消费的资源也就越少,国民经济运行绩效也就越高;反之亦然。

从世界范围来看,不同国家的物流成本占 GDP 的比重不尽相同,即发达国家的物流成本占 GDP 的比重低于发展中国家;同一国家或地区在不同时期其物流成本占 GDP 的比重不同,即随着经济发展水平的提高,物流成本占 GDP 的比重不断下降。

(2) 对国民经济发展的负面影响。这种负面影响具体体现在物流产生了交通拥挤及噪声等环境污染。随着物流规模的扩大、物流服务水平的提高,特别是准时、快捷式物流方式的普及,物流对交通、环境等的负面影响日益增大,不仅是经济上的"黑暗大陆",而且也是环境上的"黑暗大陆"。人们不仅十分关注物流的经济功能,而且更关心物流的环境效应。因此,重视物流、改善物流不仅是出于经营与经济方面的考虑,更是出于环境保护与可持续发展的需要。

4) 物流与国际贸易

物流与国际贸易是相互依存、相互促进的。伴随国际贸易的发生,国际商品、服务的空间流动也就必然发生,从而形成国与国之间的物流活动,即国际物流。显然,国际物流随着国际贸易的发生而发生,并随着国际贸易的发展而发展,进而成为影响和制约国际贸易进一步发展的重要因素。也就是说,国际贸易是国际物流发生的前提,没有国际贸易就不会有国与国之间的物流。因此,国际贸易的规模与结构决定国际物流的规模与结构,国际物流的速度、效率与质量将直接影响国际贸易的规模与效益。

3. 物流的分类

物流活动遍布社会经济各个领域。各个领域的物流虽然基本要素都存在且相同,但由于物流对象不同,物流目的不同,物流范围、范畴也不同,形成了不同类型的物流。目前,在分类标准方面并没有统一的看法。综合已有论述,本书对物流作出以下分类。

1) 宏观物流与微观物流

根据观察物流的角度不同,可将物流划分为宏观物流和微观物流。

(1) 宏观物流是指从社会再生产总体角度认识和研究的物流活动。这种物流活动的参与者是构成社会再生产总体的大产业、大集团。宏观物流也就是研究社会再生产总体物流,研究产业或集团的物流活动和物流行为。

(2) 与之相对应的微观物流包括消费者、生产者企业所从事的实际的、具体的物流活动,也包括在整个物流活动中的一个局部、一个环节的具体物流活动,在一个小地域空间发生的具体的物流活动也属于微观物流。微观物流更贴近具体企业的物流。

2) 社会物流与企业物流

根据物流所涉及社会主体范围的不同,可将物流分为社会物流和企业物流。

(1) 社会物流属于宏观范畴,是指超越一家一户的、以一个社会为范畴、以面向社会为目的的物流。这种社会性很强的物流往往由专门的物流承担人来承担。社会物流的范畴是社会经济大领域。社会物流研究在生产过程中随之发生的物流活动,研究国民经济中的物流活动,研究如何形成服务于社会、面向社会又在社会环境中运行的物流活动,研究社会中物流体系的结构和运行情况,因此具有宏观性和广泛性。社会物流包括设备制造、运输、仓储、装饰包装、配送和信息服务等,公共物流和第三方物流贯穿其中。

(2) 企业物流是指企业这一特定社会主体的物流活动,是从企业的角度研究与之有关的物流活动,是具体的、微观的物流活动。企业物流包括供应物流、生产物流、销售物流、回收物流和废弃物物流。社会主体范围不同的物流分类如图1.3所示。

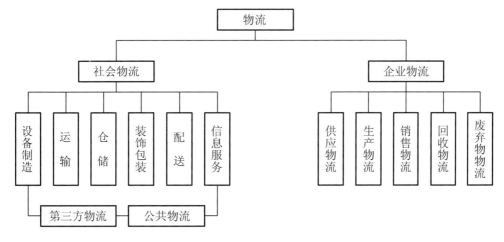

图1.3 社会主体范围不同的物流分类

3) 国际物流与区域物流

根据物流所涉及空间的不同，可将物流划分为国际物流和区域物流。

(1) 国际物流是现代物流系统中发展很快、规模最大的一个物流领域。由于近几十年国际贸易的急剧扩大，尤其是近年来互联网、电子商务的发展、全球经济一体化进程的加快，国际物流得到了突飞猛进的发展。

(2) 相对于国际物流而言，一个国家范围内的物流、一个城市的物流、一个经济区域的物流都是区域物流。区域物流关注的重点是国内物流和城市物流。

4) 自有物流、第三方物流与第四方物流

根据物流与企业所属关系的不同，可将物流划分为自有物流、第三方物流和第四方物流。

(1) 自有物流也称直接物流，是指生产或销售企业自己组建物流配送公司。

(2) 第三方物流(Third Party Logistics，3PL 或 TPL)是指由物流的第一方发货人和第二方收货人之外的第三方专业物流企业来完成企业物流活动的物流运作方式，因其有助于服务对象降低库存、减少成本而被广为推崇，它通过与第一方发货人或第二方收货人合作来提供专业化的物流服务；它不拥有商品，不参与商品买卖，而是为顾客提供以合同为约束、以结盟为基础的系列化、个性化、信息化的物流代理服务。

(3) 第四方物流(Fourth Party Logistics，4PL)是指企业货主为解决后勤管理问题、降低成本而用外购方式给予第三方物流的下游延伸部分，它扮演着承担、分享协作的作用。第四方物流负责传统的第三方物流之外的职责，即功能整合，并分担了更多的操作职责。它专注于供应链的整合，强调分享资源。因此，成功的第四方物流组织是在分享风险与回报的原则下成立的，该组织经常以客户与第四方物流组织合资的形式出现。

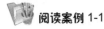

阅读案例 1-1

第三方物流作用凸显

美国瑞德专业物流公司是一家第三方物流公司，也是世界上著名的第三方物流公司之一。其一直为美国通用汽车的萨顿工厂提供物流服务，使双方都取得良好的效益。萨顿集中精力于汽车制造；而瑞德管理萨顿的物流事务。瑞德与萨顿的供应商联系，将零部件运到萨顿工厂，再将成品汽车运给经销商。萨顿使用电子数据交换技术(Electronic Data Interchange，EDI)进行订购，并将信息发送给瑞德。瑞德从分布在美国、加拿大和墨西哥的 300 个不同的供应商那里分别进行适时的小批量采购，并使用特别的决策支持系统软件来有效地规划路线，使运输成本最小。

美国瑞德专业物流公司还与一家床垫制造商西蒙斯(Simmons)公司合作，使得后者彻底改变了自己的经营模式。在合作之前，西蒙公司在每一个制造厂存储 20 000～50 000 个床垫来适时满足客户的订单要求；合作后，瑞德在西蒙斯公司的制造厂安排了一个物流经理。当订单到达时，该物流经理使用特殊的软件来设计一个把床垫发送给客户的优化顺序和路线，随后这一物流计划被发送到工厂的制造部，在那里按照确切的数量、款式和顺序制造床垫，并全部及时送达。通过与瑞德公司的合作，西蒙斯公司降低了对库存的需求。

资料来源：周晓晔，柴伟莉. 第三方物流. 北京：电子工业出版社，2010.

5) 逆向物流与绿色物流

为了缓解全球经济急速发展所带来的环境恶化及能源浪费,出现了将环境考虑到物流活动中来的新型的物流,即逆向物流和绿色物流。

(1) 逆向物流(Reverse Logistics)是指为了重新获得产品的使用价值或正确处置废弃产品,将原材料、半成品、制成品等从产品的消费点一端(包括最终端用户和供应链上客户)返回产品的来源点一端(生产地或供应地)的过程。在逆向物流中,被回收的物品经过处理和修整达到完好后也可以返回到正向物流中的任何环节上,并可重新融入正向物流。

(2) 绿色物流(Green Logistics)是指在物流过程中抑制物流对环境造成伤害的同时,实现物流环境的净化,使物流资源得到最充分的利用。其目标是将环境管理融入物流业的各个系统,加强对物流业中保管、运输、包装、装卸搬运、流通加工等各个作业环节的环境管理和监督,有效遏止物流业发展造成的环境污染和能源浪费。

1.1.2 物流管理的特征与内容

物流管理,是指在社会生产过程中,根据物质资料实体流动的规律,应用管理学的基本原理和科学方法,对物流活动进行计划、组织、指挥、协调、控制和监督,使各项物流活动实现最佳的协调与配合,从而降低物流成本,提高物流效率和经济效益。

1. 物流管理的特征

"物流"一词从 Physical Distribution 发展到 Logistics 的一个重要变革,是将物流活动从被动、从属的职能活动上升到企业经营战略的一个重要组成部分,因而要求将物流活动作为一个系统整体加以管理和运行,也就是说,物流本身的概念已经从对活动的概述和总结上升到管理学的层次。具体来说,现代物流管理的特征表现在以下几个方面。

1) 现代物流管理以实现顾客满意为第一目标

现代物流是基于企业经营战略,从顾客服务目标的设定开始,进而追求顾客服务的差别化战略(图 1.4)。在现代物流中,顾客服务的设定优先于其他各项活动,并且为了使物流顾客服务能有效地开展,在物流体系的基本建设上要求具备和完善物流中心、信息系统、作业系统和组织构成等条件,即在决策物流的重要资源、时间、物流品质、备货、信息等物流服务质量时,不仅从供给的角度来考虑,而且在了解竞争对手的战略基础上努力提高顾客满意度。

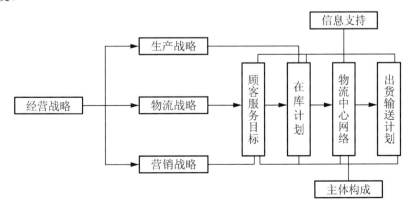

图 1.4 现代物流的概念图

2) 现代物流管理着重整个流通渠道的商品运动

以往认为的物流是从生产阶段到消费阶段商品的物质运动，也就是说，物流管理的主要对象是"销售物流"和"企业内物流"，而现代物流管理的范围不仅包括销售物流和企业内物流，还包括供应物流、退货物流，以及废弃物物流。这里需要注意的是，现代物流管理中销售物流的概念也有新的延伸，即不仅是单阶段的销售物流，而且是一种整体的销售物流，也就是将销售渠道的各个参与者结合起来从而保证销售物流行为的合理化。

3) 现代物流管理以企业整体最优为目的

当今商品市场在不断地革新与变化，如商品生产周期缩短、顾客要求高效经济的输送、商品流通地域扩大等。因此，在这种状况下，如果企业物流仅仅追求"部分最优"或"部门最优"，企业将无法在日益激烈的竞争中取胜。从原材料的供应计划到向最终消费者移动的各种活动不仅是部分和部门的活动，而且是将各部分和部门有效结合发挥综合效益的活动。也就是说，现代物流所追求的费用、效益观是针对供应、生产、物流、销售等全体最有效而言的，物流系统化与现代物流关系如图1.5所示。

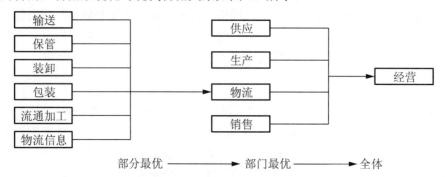

图 1.5 物流系统化与现代物流关系

在企业组织中，以降低价格购入为主的供应理论、以增加生产及合理化生产为主的生产理论、以追求低成本为主的物流理论、以增加销售额和市场份额为主的销售理论之间仍然存在分歧与差异(表 1-1)，超越这种分歧与差异、力图追求全体最优的正是现代物流理论。

表 1-1 各部门理论

供应理论	生产理论	物流理论	销售理论
低价格购入； 短时间购入； 大订货单位； 在库数量少	生产增加、生产合理化； 较长的生产循环线； 固定的生产计划； 大量生产	降低成本； 大订货单位； 充裕的时间； 低在库水平； 大量输送	销售额增加、市场份额扩大； 高在库水准； 进货迅速； 顾客服务水准高； 多品种

4) 现代物流管理既重视效率更重视效果

现代物流管理从现代物流服务水准的提高等市场需求的对应发展到重视环境、公害、交通、能源等社会需求的对应。与原有的以提高效率、降低成本为重点的物流相比，现代物流不仅重视效率，更强调整个流通过程的物流效果，也就是说，从成果的角度来看，有些活动虽然是成本上升，但是有利于整个企业战略的实现，那么这种物流活动仍然是可取的。

5) 现代物流是一种以信息为中心、实需对应型的商品供应体系

如上所述，现代物流理论认为物流活动不是单个生产部门、销售部门或企业的事情，而是包括供应商、批发商、零售商等在内的整体的共同活动，因而现代物流通过这种供应链强化了企业之间的关系。伴随这种经营方式的改变，信息在经营、管理要素上已成为物流管理的核心，这就必然需要高度发达的信息网络的支撑，实现实需型经营。

6) 现代物流是对商品运动的一元化管理

现代物流是将从供应商开始到最终顾客的整个流通阶段所发生的商品运动作为一个整体来看待的，因此，这对管理活动本身提出了相当高的要求。伴随着商品实体的运动，必然会出现"场所移动"和"时间推移"两种物理现象，其中"时间推移"在当今产销紧密联系、流通整体化、网络化的过程中已成为一种重要的经营资源。现代物流活动的管理超越部门和局部的层次，实现高度统一管理，强调的是有效地实现一元化管理，把供应链思想和企业全体观念贯彻到管理行为中。

2. 物流管理的内容

由于物流活动是由各种基础要素(人、财、物)和活动要素(运输、仓储、包装、装卸、流通加工、配送、信息)构成的系统，因此物流管理也就是对各种物流构成要素所进行的系统管理。具体来说，物流管理的基本内容主要包括物流系统要素管理、物流作业管理、物流战略管理、物流成本管理、物流服务管理、物流组织与供应链管理等。

1) 物流系统要素管理

(1) 物流人员管理。如物流从业人员的选拔和录用，物流专业人才的培训与提高，物流教育和物流人才培养规划与措施的制定等。

(2) 物流财务管理。如物流成本的核算与控制，物流经济指标体系的建立，所需资金的筹措与使用，提高经济效益的方法等。

(3) 物资管理。物资管理贯穿于物流活动的始终，它涉及物流活动各环节，即物品的包装、装卸搬运、仓储、运输、流通加工和配送等。

(4) 物流设备管理。如物流设备的选型与优化配置，对各种设备的合理使用和更新改造，对各种设备的研制、开发与引进等。

(5) 方法管理。如物流技术的研究、推广普及，物流科学的研究与应用，新技术的推广与普及，现代管理方法的应用等。

(6) 物流信息管理。信息是物流系统的神经中枢，只有做到有效地处理并及时传输物流信息，才能对物流内的人、财、物、设备、方法等要素进行有效管理。

2) 物流作业管理

物流作业管理是指对物流活动或功能要素的管理，主要包括运输与配送管理、仓储与物料管理、包装管理、装卸搬运管理、流通加工管理、物流信息管理等。

3) 物流战略管理

物流战略管理是对企业的物流活动实行总体性管理，是企业制定、实施、控制和评价物流战略的一系列管理决策与行动，其核心是使企业的物流活动与环境相适应，以实现物流的长期、可持续发展。物流战略管理是一个动态的管理过程，它是一种崭新的管理思想和管理方式。物流战略管理的重点是制定战略和实施战略，而制定战略和实施战略的关键

是对企业外部环境的变化进行分析,对企业物流资源、条件进行审核,并以此为前提确定企业的物流战略目标,使三者达成动态平衡。物流战略管理的任务就在于通过制定战略、实施战略、控制战略,实现企业的战略目标。

4) 物流成本管理

物流成本管理是指有关物流成本方面的一切管理工作的总称,即对物流成本进行计划、组织、指挥、监督和控制。物流成本管理是现代物流管理的重要组成部分,也可以说是物流管理的基础。物流成本的高低直接关系到企业提供产品或服务的质量好坏与价格高低,从而影响到企业对客户的价值贡献,进而影响到企业的经济效益与竞争力。从这个意义上讲,物流成本也是衡量企业物流有效性的重要标准之一,企业提供的物流服务只有在成本上是可接受的,其提供的物流服务才是有效的。因此,加强物流成本管理对企业有效组织物流活动、提高物流效率具有重要意义。物流成本管理的主要内容包括物流成本核算、物流成本预测、物流成本计划、物流成本决策、物流成本分析和物流成本控制等。

5) 物流服务管理

物流服务管理,是指物流企业或企业的物流部门从处理客户订单开始直至商品送交客户的过程中,为满足客户的要求,有效地完成商品供应、减轻客户的物流作业负荷所进行的全部活动。

6) 物流组织

物流组织是指专门从事物流经营和管理活动的组织机构,既包括企业内部的物流管理和运作部门、企业之间的物流组织联盟,也包括从事物流及其中介服务的部门、企业,以及政府物流管理机构。随着企业的发展和科学技术尤其是 IT 技术的进步,企业的物流组织形式也在不断革新,从没有明确且集中的物流部门到出现专业物流部门,从纵向一体化的物流组织到横向一体化的物流组织,企业物流组织正在呈现出越来越多的类型。传统物流组织是以职能管理为核心的纵向一体化组织,主要包括职能型和事业部型组织;现代物流组织是以过程管理为核心的横向一体化组织,主要包括矩阵组织、网络结构、委员会结构和任务小组等。

7) 供应链管理

供应链管理是用系统的观点通过对供应链中的物流、信息流和资金流进行设计、规划、控制与优化,建立供、产、销企业,以及客户间的战略合作伙伴关系,最大程度地减少内耗与浪费,实现供应链整体效率的最优化,并保证供应链成员取得相应的绩效和利益,来满足顾客需求的整个管理过程。实施供应链管理可以使生产资料以最快的速度通过生产、分销环节变成增值的产品到达有消费需求的消费者手中,从而不仅可以降低成本、减少库存,而且还可以使社会资源得到优化配置,并通过信息网络、组织网络实现生产与销售的有效连接及物流、信息流、资金流的合理流动。因此,供应链管理是一种新的具有很强增值功能的物流管理模式。

1.1.3 物流与供应链的关系

1. 供应链与供应链管理

供应链也叫供应—需求网络或价值链,包括满足顾客需求所直接或间接涉及的所有环节。我国国家标准《物流术语》(GB/T 18354—2006)中将供应链定义为:"供应链(Supply Chain)是生产及流通过程中,涉及将产品或服务提供给最终用户形成的网链结构。"根据供应链的定义,供应链的网链结构模型如图1.6所示。

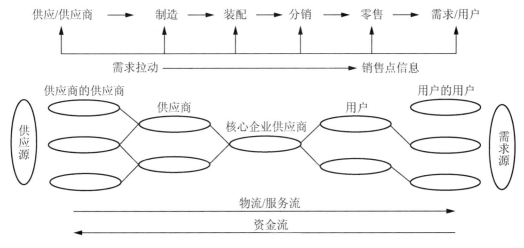

图1.6 供应链的网链结构模型

供应链管理(Supply Chain Management),是一种集成的思想和管理方法,它使供应链运作达到最优化。从供应链开始到满足最终顾客的所有过程,包括工作流、实物流、资金流和信息流等,均以高效率低成本的操作、合理的价格,将产品及时准确地送到消费者手上。关于供应链管理的定义,不同学者有不同见解。我国国家标准《物流术语》(GB/T 18354—2006)中将供应链管理定义为:"利用计算机网络技术全面规划供应链中的物流、信息流、资金流、增值流、业务流,以及贸易伙伴关系等进行计划、组织、协调和控制。"供应链管理覆盖了从供应商的供应商到客户的客户的全过程,其涉及的领域如图1.7所示。

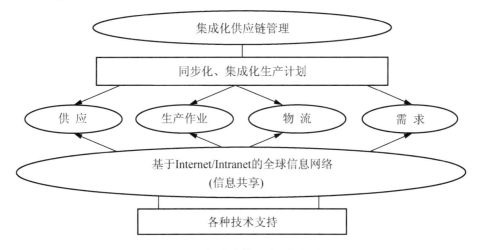

图1.7 供应链管理涉及的领域

阅读案例 1-2

江铃汽车股份有限公司的 CPFR 实践

CPFR(Collaborative Planning, Forecasting Replenishment)称为协同式供应链库存管理，也叫协同规划、预测与补货，是一种协同式的供应链库存管理技术，它在降低销售商的存货量的同时，也增加了供应商的销售额。

江铃汽车股份有限公司供应链在协同补货方面是根据物流环节来实施的，江铃汽车自己拥有物流部门，也与几家物流公司进行合作。在进行有效的补货中，首先通过代理商 POS 终端数据共享、EDI、连续补货和计算机辅助订货(CAO)，得知需要补货需求，从而将正确的商品在正确的时间，按照正确的价格、正确的数量和最有效的配送方式运送给终端客户，并尽力降低交货时间和总体运营成本，从而降低商品售价，最终达到合作各方互利互惠的双赢目标。在补货过程中，江铃汽车处理几个问题，补货订单发生的确认，也就是代理商发出补货请求，那么在江铃汽车怎样才能确认是补货订单，车子在运输途中的所有权是属于哪方，江铃供应链对补货的策略必须进行规定，如补货过程中对补货最低数量、补货时间、补货路线等作了一些原则性的规定。

江铃汽车股份有限公司通过实施 CPFR 后，销售额稳步提高，因为预测精度会对他们的业务产生较大的影响，这种影响主要表现在对企业的市场的响应力、市场份额、边际利润、销售额，以及顾客服务水准上。预测精度提高而造成存货适当、库存成本影响利润率提高、有效应对市场而挽留销售损失、由于应变能力而提高了客户服务水准的状况。

资料来源：http://cdmd.cnki.com.cn/Article/CDMD-11902-1014174125.htm.

2. 物流与供应链的比较及其关系

供应链及其管理是物流管理与系统管理、制造管理等其他管理相互融合的产物，是物流管理由内部一体化向外部一体化发展过程中产生的一种管理思想。供应链管理源于物流管理，却高于物流管理。因此，物流与供应链及其管理既有区别又有联系。

物流是供应链的基础。供应链及其管理最早是从物流系统开始的，主要是进行供应链的局部研究。随着人们对物流系统认识的深化，出现了如图 1.8 所示的演变过程。

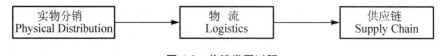

图 1.8 物流发展过程

由图 1.8 可见，供应链与物流有着密切的关系，物流贯穿于整个供应链，而供应链系统是物流系统的延伸和扩展，是物流发展到集约化阶段的产物。供应链活动实际上就是把物流和企业的全部活动作为一个统一的过程来管理，供应链管理战略的实施必然以成功的物流管理为基础。

但是，供应链管理思想的形成和发展是建立在多个学科体系基础上的，其理论的根基远远超出物流管理范围。在这里，通过对物流与供应链进行不同角度的比较，来说明二者的区别。

(1) 从空间维度看，二者的研究范畴不同。物流研究物品在流通过程中所产生的一系列经济活动，即针对运输、仓储、包装、装卸搬运、流通加工等活动进行管理。根据其管理范围的不同，可将其分为企业物流和社会物流、宏观物流和微观物流，具体管理形式表现为物流企业和企业物流。供应链管理则是企业的一种管理模式，强调企业应提高对外部不确定性的适应能力，如通过企业联结成战略联盟来加强对市场需求的应变能力，它更着重于表现出一种管理思想且被应用到微观企业的管理模式上。

(2) 从时间维度看，二者产生的动因不同。物流素有"第三利润源"之说，最早源于降低成本的需要；而供应链则是横向一体化思想对传统的纵向一体化模式的挑战，是企业管理模式的再造，它更着重于强调企业对外部环境的应变能力的提高。

(3) 从管理内容看，二者的复杂程度不同。物流管理主要强调如何协调各种物流活动，实现"位移最小、时间最短、成本最低"；而就供应链而言，其管理复杂程度较高，它不仅涉及物流，同时还需要对商流、信息流、资金流进行管理，更为关键的是需要面临来自合作企业博弈的风险，需要针对合作伙伴关系进行管理。故就管理内容而言，供应链管理较物流管理更为复杂。

虽然物流与供应链在研究范畴、产生动因及管理内容等方面有所区别，但从管理的角度看，二者的发展又有很大的相似性，表现为其管理思想、管理原则和管理目标等相同。即无论是物流还是供应链，它们都需要"以客户为中心"，都必须从系统化的角度出发完成其管理活动，并且都对信息化建设有很强的依赖性。总之，物流和供应链的发展只有通过系统化、信息化才能实现管理现代化，提高企业的竞争能力。

1.1.4 物流与供应链管理理论的演变与发展

"物流"一词自20世纪初产生以来，历经近一个世纪的时间，其概念及其管理活动发生了巨大的变化。一方面，随着经济活动的发展，物流的内涵不断深化，其涉及的领域不断扩大，"物流"开始从狭义物流发展为广义物流即现代物流，"物流"一词也由"Physical Distribution"演变为"Logistics"；另一方面，物流管理的高度化发展使物流管理从原有的仅关注企业之间的物资流通活动的狭义物流系统管理演变为广义的物流系统管理，即供应链管理。

1. 美国物流管理理论的发展

美国是物流最发达、最先进的国家，美国物流及供应链管理理论的研究与实践大致分为以下4个阶段。

1) 物流观念的产生阶段(20世纪初至20世纪40年代)

对物流这种经济活动的认识，在理论上最初产生于1918年，约翰·F.格鲁威尔(John F Crowell)在美国政府报告《农产品流通产业委员会报告》中论述了农产品流通产生影响的各种因素和费用，从而揭开了人们对物流活动认识的序幕。此后，美国国内许多学者相继对物流观念进行研究，并使之得以传播。值得一提的是，1927年拉尔夫·布索迪(Ralph Borsodi)在《流通时代》一书中，初次用"Physical Distribution"来称呼物流，为物流概念化奠定了基础。

2) 物流管理的实践推广阶段(20世纪50年代至20世纪70年代末)

1961年，爱德华·W.斯马凯伊(Edward W Smykay)等人撰写了《物流管理》，这是世界上第一本介绍物流管理的教科书，该书详细论述了物流系统及整体成本的概念，为物流管理成为一门学科奠定了基础。20世纪60年代初,密西根州立大学及俄亥俄州立大学分别在大学部和研究生部开设了物流课程,成为世界上最早把物流管理教育纳入大学学科体系中的学校。这一阶段,很多有关物流的论文、著作、杂志开始大量涌现,有关物流管理研讨的会议也开始频繁召开,这些都促进了物流管理学的形成及物流管理实践的广泛推广。

3) 物流管理现代化阶段(20世纪70年代末至20世纪80年代中期)

20世纪70年代末,物流活动经营环境发生了巨大的变化,这表现为一系列完善的制度为物流的迅速发展提供了广阔的前景。这段时期,随着物料需求计划(Material Requirements Planning,MRP)、制造资源计划(Manufacturing Resources PlanningⅡ,MRPⅡ)、分销需求计划(Distribution Requirements Planning,DRP)、分销资源计划(Distribution Resources PlanningⅡ,DRPⅡ)、看板管理,以及JIT等先进管理方法的开发和在物流管理中的运用,人们逐渐认识到需要从流通生产的全过程来把握物流管理,而计算机等现代科技的发展为物流管理提供了物质基础和手段。

4) 现代物流管理迅速发展阶段(20世纪80年代中期至90年代中期)

20世纪80年代中期以后,随着人们对物流管理认识的提高,经济环境、产业结构的巨大变化和科学技术的迅猛发展,物流理论和实践开始向纵深发展,其中具有代表性的是电子数据交换(EDI)与专家系统的运用。

5) 现代物流管理全面创新阶段(20世纪90年代中期至今)

20世纪90年代中期以来,随着电子技术、信息技术、网络技术等高新技术发展及其在经济生活中的广泛应用,新经济是网络经济,是信息经济,是虚拟经济,更是知识经济。创新是新经济发展的内核和本质特征,现代物流是新经济发展的重要支撑力量。新经济的本质特征也给现代物流赋予新的含义,当今的物流业不论是理论还是实践都充满不断创新的活力。互联网这条信息高速公路使远程电子信息交换技术平民化,催生了电子商务业,也推动电子商务物流(E-Commerce Logistics)的产生和发展带来了"鼠标加车轮"的流通革命。同时也使供应链管理不断创新。美国学者约翰·盖特纳教授提出了"战略供应链联盟"理论,认为"企业在全球化竞争的趋势下,产业之间传统的界限已经被打破。为了顺应这种变化,实现良好的绩效,企业的领导正在推行新的经营模式,促进公司能更好地将新的合作伙伴关系连接得更加紧密,进而迅速地应对市场的变化。"供应链战略联盟模型强调"战略制定和实施之间的互动,制定有效的战略要求培育对市场的充分理解,顾客细分,以及各细分市场行为相一致的经营反应能力。"英国鲍勃·洛森(Bob Lowsun)、美国的罗塞尔·金(Russel King)和阿兰·亨特(Alan Hunter)提出了"供应链满足客户需求的快速反应理论"(Quick Response,Efficient Consumer Response)。美国的大卫·泰勒博士(David Tailor Ph D)在《供应链致胜》一书中认为:"今天激烈的商业竞争发生在竞争者各自的供应链之间,胜利取决于找到一种比竞争对手更快更有效地交货给客户的方法。

2. 欧洲物流管理理论的发展

欧洲物流发展的鲜明特点是服务和覆盖范围不断扩大,形成了不同的物流发展阶段,共分为以下5个阶段。

1) 工厂物流阶段(20世纪50年代至20世纪60年代)

这段时期，欧洲各国为了降低产品成本，开始重视工厂范围内物流过程的信息传递，对传统的物料搬运进行变革，对工厂内的物流进行必要的规划，以寻求物流合理化的途径。当时供应链经济的主要特点是从订单中获取需求信息，着眼于抓住信息中所提供的机会。在这一阶段，仓储与运输分离，各自独立经营。这段时期是物流发展的初级阶段。

2) 综合物流阶段(20世纪70年代)

20世纪70年代是欧洲经济快速发展、商品生产和销售进一步扩大的时期。由于多个工厂联合的企业集团或大企业内部的物流不能满足它们的要求，因此出现了综合物流，即基于工厂集成的物流。这段时期的供应链经济和供应链管理采用具有竞争机制的分布式模式，组织结构从"烟囱管式"向"矩阵式"变革。因此，物流来源出现了由承运人提供的新模式，从而为物流成本的降低探索了一条新的途径。

3) 供应链物流阶段(20世纪80年代)

20世纪80年代，欧洲开始应用物流供应链概念，发展联盟性或合作性的物流新体系。这段时期，物流需求信息可直接从仓库出货点获取并通过传真方式进行交换，产品跟踪采用条形码扫描，信息处理的软硬件平台是客户/服务器模式和商品化的软件包，值得一提的是，在这段时期欧洲第三方物流开始兴起。

4) 全球物流阶段(20世纪90年代)

20世纪90年代，欧洲提出设立首席物流主管作为供应链管理的主导者，这段时期物流需求信息直接从顾客消费点获取，信息交换采用EDI，产品跟踪应用射频标识技术，信息处理广泛应用Internet和物流服务方提供的软件。这段时期是欧洲实现物流现代化的重要阶段。

5) 电子物流(E-logistics)阶段(20世纪90年代末至今)

目前，基于互联网和电子商务的电子物流在欧洲兴起，用以满足客户越来越苛刻的物流要求。物流采用的电子商务服务是由供应方提供并实现供应/运输交易的最优化供应链管理的进一步扩展，可实现物流的协同规划、预测和供应。组织结构采用横向供应链管理模式，物流需求信息直接从顾客消费点获取，采用在运输链上实现组装的方式，使库存量实现最小化，信息交换采用数字编码分类技术和无线网，产品跟踪利用激光制导标识技术。

3. 日本物流管理理论的发展

日本的物流概念虽然在20世纪50年代才从美国引进，但发展迅速，形成了自身独特的管理经验和方法。日本已发展成为现代物流的先进国家，其物流及供应链管理理论的发展主要包括以下4个阶段。

1) 物流概念的引入和形成阶段(1953—1963年)

在日本，物流概念的导入是在20世纪五六十年代。1961—1963年，日本将物流活动和管理称为PD，即Physical Distribution的缩写。到1963年年末，"物的流通"一词开始登场。1964年6月，《输送展望》杂志刊登了金谷津的《物的流通的新动向》讲演稿，正是运用"物的流通"这个概念来取代原来直接从英语中引用过来的PD。

2) 以流通为主导的发展阶段(1963—1973年)

这是日本大量物流体系构筑、建设的时期,同时也是日本经济迅速成长、大量生产、大量销售的时代。1965年1月在日本政府《中期5年经济计划》中,强调要实现物流的现代化。作为具体措施,日本政府开始在全国范围内增加高速道路网、港湾设施、流通聚集地等各种基础建设。与此同时,各厂商也开始高度重视物流,并积极投资建设物流体系,其目的在于构筑与大量生产、销售相适应的物流设施。

3) 物流合理化阶段(1973—1983年)

第一次石油危机后,日本迎来了减量经营的时代,降低经营成本成为经营战略的重要课题。首先,担当物流合理化任务的物流专业部门开始登上了企业管理的舞台,从而真正以系统整体的观念来开展降低物流成本运动;其次,在推进物流合理化的过程中,日本全国范围内的物流联网也在蓬勃发展;最后,在物流政策上,1977年日本运输省流通对策部公布了"物流成本核算统一基准",该政策对于推进企业物流管理产生了深远的影响。

4) 物流现代化阶段(20世纪80年代中期至今)

在销售竞争不断加剧的情况下,物流服务作为竞争的重要手段在日本得到了高度重视。这表现在日本于20世纪80年代后期积极倡导高附加值物流和准时生产方式(Just In Time,JIT)物流等方面。但是,随着物流服务竞争的多样化,物流成本高昂成为这段时期的特征,如何克服物流成本上升、提高物流效率是20世纪90年代日本物流面临的一个重大问题。1997年4月4日,日本政府制定了一个具有重要影响力的《综合物流施策大纲》,目标是既要达到物流成本的效率化,又要实现不亚于国际水准的物流服务。

纵观国外物流理论的演变过程,一方面反映了物流概念和理论的研究是一个螺旋上升不断深入的过程;另一方面物流理论一开始就附属于市场营销学科之下,并随之一起传播发展,说明物流理论的研究相对薄弱;同时,西方物流界着重研究企业物流活动,实务性、操作性强,对物流活动的经济本源性研究不足。目前的理论研究热点主要有精益物流、敏捷物流、区域物流、全球物流、绿色物流、逆向物流和电子商务物流,以及高新物流应用技术等方向。

4. 我国物流管理理论的发展

我国从1978年引入现代物流概念至今已有30多年的时间,从引入物流概念至今,我国物流理论的发展大致可分为以下3个阶段。

1) 计划经济时期的物流理论(20世纪50年代初至20世纪80年代初)

这段时期我国实行的是高度集中的计划经济管理体制,国家的整个经济运行处于计划管理之下。国家对生产资料和主要消费品实行指令性计划生产、分配和供应,商品流通企业的主要职责是保证指令性分配计划的实施,在这段时期的理论研究和组织供应侧重物资流通与商品流通,可以说,这段时期我国还没有"物流"的概念,物流环节相互割裂,系统性差,整体经济效益低下。

2) 经济转轨时期的物流理论(20世纪80年代初至20世纪90年代初)

这段时期我国已引入"物流"的概念,我国经济体制开始从计划经济逐步向市场经济过渡。由于经济活动已向商品经济转变,物流业开始重视经济效益。物流活动已不仅仅局限于被动的仓储和运输,而是开始注重系统运作,即考虑包括运输、仓储、包装、装卸和流通加工在内的物流系统的整体效益。这段时期，研究的内容涉及很多技术问题，如运输、仓储、包装、装卸、流通加工、信息传输和处理等技术；也涉及很多经济管理问题，如物流成本、物流的经济效益和社会效益等。

3) 市场经济时期的物流理论(20 世纪 90 年代初至今)

1993 年党的十一届三中全会后，我国加快了经济体制改革的步伐，经济建设开始进入到了一个新的历史发展阶段。科学技术的迅猛发展、信息技术的普遍应用、消费需求个性化趋势的加强、竞争机制的建立，使得我国的工商企业，特别是中外合资企业，为了提高竞争力，不断提出新的物流需求，我国经济界开始把物流发展提到了重要议事日程。2001 年 3 月 2 日，国家经济贸易委员会、铁道部、交通部、信息产业部、对外贸易经济合作部、中国民用航空总局联合下发了《关于加快我国现代物流发展的若干意见》；2004 年 8 月 5 日，经国务院批准，中华人民共和国国家发展和改革委员会、商务部、公安部、铁道部、交通部、海关总署、税务总局、民航总局、工商管理总局九部委联合下发了《关于促进我国现代物流业发展的意见》，这是我国政府发布的有关现代物流业发展的两个政策性、指导性文件，标志着我国的物流业正式起航并加速发展。

经过多年的发展，目前我国已经在交通运输、仓储设施、信息通信、货物包装与搬运等物流基础设施和装备方面取得了长足的进展，为物流产业的发展奠定了必要的物质基础。这段时期物流研究的主要内容涉及全球定位系统(Global Positioning System，GPS)、物流查询与跟踪技术及物流 MRPⅡ、DRP 等的集成应用、互联网与物流、电子商务与物流、第三方物流、供应链，以及相应技术。

1.2 项目管理

1.2.1 项目概述

1. 项目的概念

近几十年来，"项目"一词频繁地出现在教科书、报纸、杂志、研究报告中，而"项目"的概念在两千多年前就已经存在了。著名的埃及金字塔、我国的万里长城、都江堰等都是国际上众人称颂的典型项目。

在研究项目或项目工作时，往往将其与日常运作进行对比：日常运作描述的是一个组织的一般日常工作，而项目往往描述发生在日常工作之外的事情。当然，在某些领域，如建筑、研究和软件设计等行业，一般的日常工作就是实施"项目"。项目的独特性意味着项目是在有风险的和不确定的氛围中发生的。那么什么是项目呢？

项目的定义为：面向需要的资源和事先界定的目标或目的所做的有组织的工作，一种具有预算和时间进度的独特(因而有风险)事业。一个项目成功与否，可以根据在预算和进度内目标或目的被满足的程度(这是一个质量问题)来度量。一旦一个项目完成，这个过程就终止了，因而项目工作也是以绩效为特点的。

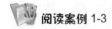
阅读案例 1-3

中化物流仓库管理项目

中化广东公司总部位于广州市，位于北京的集团总部大厦有部分机构和管理人员，保税中心仓库在上海，其二级仓库分布于其他地区。

中化广东公司要求在较短的时间内完成保税仓储物流管理信息系统上线投入使用，满足海关监管要求、满足不断增加新客户的要求、满足客户对保税备件物流管理的要求、满足货主的客户的快速服务的要求、满足繁杂物流计费自动处理的要求。根据货主的要求，中化广东公司计划在一期项目的基础上，将拓宽保税物流服务的区域，在多个区域中心建立区域保税仓库，通过配置和设定博科公司的第三方保税物流仓储管理信息系统，就可方便地将系统应用延伸到各新仓库，为货主提供全方位的最快捷物流服务。

2007 年 7 月中旬，中化广东公司与博科签订合作协议。在项目启动会上，双方成立了项目小组，讨论确立了项目的目标，制订了项目调研计划。会后，博科方面项目小组立即开展调研工作，通过与中化广东公司领导决策层、中间管理层的交谈，了解中化广东公司的发展规划、客户群体及其物流管理特点、业务流程、当前存在的困惑、对新系统的期望等内容；通过与物流业务操作人员的沟通，了解了中化广东公司保税仓库物流作业的实际操作流程、单据流程、配送流程、物流计费，以及各类客户的物流管理要求的细节、各客户单证样例、仓库分布和要求，并了解现有软件系统的实际运作。博科项目小组精确完成全部调研工作后，紧接着整理调研内容，完成《需求规格说明书》，递交中化广东公司项目组审核，同时开始前期的系统准备工作。经双方讨论和修正，调整了项目实施进度表，于 9 月初正式确认《需求规格说明书》，并开始着手维修备件特殊要求的内容和 RF 设备应用系统的规划、设计和代码编写，测试组同步准备测试脚本，按进度进行模块测试和联调测试(含 RF 应用系统)。其间，按项目管理规范，双方定期进行项目进展情况交流和确认项目变更内容，及时调整进度计划。博科按计划将系统交付中化广东公司，对员工进行培训，中化广东公司准备初始化数据、对系统进行测试和模拟运行，在通过测试和模拟运行后，第三方保税物流仓储管理信息系统正式上线运行。

资料来源：http://www.56135.com/56135/info/infoview/13454.html。

2. 项目的基本特征

项目就是以一套独特而相互联系的任务为前提，有效地利用资源，为实现一个特定的目标所做的努力。项目具有以下几个方面特征。

1) 项目实施的一次性

一次性是项目最主要的特征，也是与其他日常运作的最大区别。项目虽然也有投入、产出，但不是周而复始地运动，它有一个起点和终点。另外，项目的实施和管理往往没有先例可照搬照套，大都带有创新的性质。因此，只有认识项目的一次性，才能有针对性地进行管理。

2) 项目目标的明确性

任何一个项目都有确定的、与以往其他任务不完全相同的目标，主要包括以下几种。

(1) 时间目标：任何一个项目都具有明确的开始时间和完成时间要求。

(2) 成果性目标：预期的项目结束之后所形成的"产品"和"服务"。

(3) 约束性目标：通常又称为限制条件，是实现成果性目标的客观条件和人为约束的统称。

3) 项目管理的整体性

项目是一个有机整体,它是为实现目标而开展的多任务集合,它不是一项孤立的活动,而是一系列活动的有机组合,是一个完整的过程。项目的整体性包括范围的整体性、目标的整体性和过程的整体性。因此,必须对项目实行整体性管理,任何一个成分的短缺或削弱都会影响到项目整体目标的实现。

4) 项目与环境之间的相互制约性

项目能否通过立项、顺利实施和交付使用,总会受到当时当地的环境条件的制约;项目在其寿命全过程中会对环境产生积极和消极两方面的影响,从而形成对周围环境的制约。

5) 项目成果的独特性

就整体而言,世界上没有完全相同的项目。项目的独特性可能表现在项目的目标、条件、组织、过程等诸多方面。

综上所述,项目与日常运作有本质的区别,表 1-2 可以更好地帮助我们深刻理解项目的基本特征。

表 1-2 项目与日常运作的比较

比较\名称	项目	日常运作
责任人	项目经理	部门经理
时间	有限性	相对无限性
管理方法	风险性	确定性
持续性	一次性	重复性
特性	独特性	普遍性
组织机构	项目组织	职能部门
考核指标	以目标为导向	效率和有效性
资源要求	多变性	稳定性

3. 项目的生命周期

作为一种提供独特产品和服务的一次性活动,项目是有始有终的,项目由始至终的整个过程就构成了一个项目的生命周期。美国项目管理协会(Project Management Institute,PMI)把项目生命周期定义为:项目是分阶段完成的一项独特性任务,一个组织在完成一个项目时会将项目划分为一系列的项目阶段,以便更好地管理和控制项目,更好地将组织运作与项目管理结合在一起。项目各个阶段的叠加就构成了一个项目的生命周期。

一般而言,项目的生命周期大致可以分为以下 4 个阶段。

1) 概念阶段

每一个项目的提出都是由于人们在工作中发现了问题,产生了解决该问题的意识。面对问题的客户(或业主)常常要找专业机构或人士(承约商)咨询解决问题的方案。在项目正式启动前,承约商需要对项目做一个评估。承约商的评估结论将以描述项目概念的建议书的形式提交给客户。该项目是否继续则由业主的领导层决断。如果项目被认为切合实际而且可行,就可以进入下一阶段;否则就取消。

2) 开发阶段

业主决定采纳概念阶段的推荐建议书之后，就会希望承约商作出项目启动的承诺，于是进行项目招标，确定正式的承约商，即进入项目开发阶段。业主和承约商要一起做好项目实施前的人、财、物及一切软、硬件设施的准备工作。项目合同能否签订是项目能否继续的关键点。项目合同一旦签订，标志着业主与承约商决议接受此项目，并且完成了项目定义和准备工作，项目可以进入下一阶段；否则，项目需要继续修改甚至被取消。

3) 实施阶段

在项目经理的组织与协调下，项目按计划启动并推进。实施阶段是项目工作最为膨胀的阶段。当此阶段接近尾声时，进展顺利的项目将完成目标，形成最终的"产品"，承约商准备将此项目移交给业主。有些情况下，还需要对业主的项目管理人员和操作人员进行必要的上岗培训工作。

4) 结束阶段

在项目的最后阶段，要完成项目的最终测试、评估、清算和移交工作。项目组织要回顾整个项目的工作，对项目作出评价，得出一些经验和教训，形成项目的总结报告。

项目的实施阶段是人力、物力、财力投放最多的时期，也是项目能否实现最终目标的重要阶段。在组织实施中，应注重科学计划指导作用，通过强化过程监督、严格控制进度与成本，使项目按既定路线发展，直至最终目标。项目的生命周期各阶段的主要工作及工作量变化如图 1.9 所示。

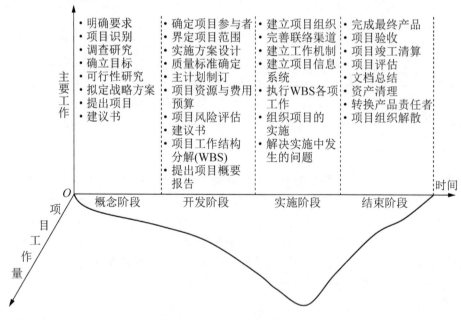

图 1.9　项目发展周期及主要工作

4. 项目里程碑与可交付成果

里程碑(Milestone)——项目中的重大事件，通常是指主要可交付成果的完成。它是项目进程中的重要标记，是在规划阶段应该重点考虑的关键点。里程碑既不占用时间也不消耗资源。

在项目具体实施过程中，将会有多个里程碑。里程碑计划就是将那些对项目实施进度有重要意义的关键事件按时间顺序加以排列的文档。关于项目里程碑计划的表示方法有多种形式，包括文字法、图表法等。在此，以软件开发项目为例，在例 1-1 中分别给出项目里程碑计划文字法和图表法的表示形式。

【例 1-1】 某一软件开发项目历时为 1 年，在其生命周期中共有以下 6 个里程碑。该软件开发项目的里程碑计划文字法的表现形式为："里程碑 1：项目启动时间为 2005 年 1 月 1 日；里程碑 2：需求确认完成时间为 2005 年 2 月 13 日；里程碑 3：方案设计完成时间为 2005 年 6 月 2 日；里程碑 4：软件的系统测试时间为 2005 年 10 月 7 日；里程碑 5：试运行启动时间为 2005 年 11 月 9 日；里程碑 6：项目验收时间为 2005 年 12 月 31 日。"

上述该软件开发项目的里程碑计划也可用如表 1-3 的形式来描述，也称为图表法。

表 1-3　软件开发项目里程碑计划的图表法

里程碑事件	1月	2月	6月	10月	11月	12月
项目启动	▲1月1日					
需求确认完成		▲2月13日				
方案设计完成			▲6月2日			
软件的系统测试				▲10月7日		
试运行启动					▲11月9日	
项目验收						▲12月31日

可交付成果(Deliverable)是指某种可以核实的工作成果或事项。一般来说，项目有阶段可交付成果和最终可交付成果两种形式。以例 1-1 典型的生命周期为例，概念阶段结束时，批准可行性研究报告是一个里程碑，其可交付成果就是可行性研究报告；开发阶段结束时，批准项目计划是第二个里程碑，其可交付成果就是项目计划文件；实施阶段结束时，项目完工是第三个里程碑，其可交付成果就是有待交付的基本完工产品或文件、软件等；结束阶段结束时，项目交接是最后一个里程碑，其可交付成果就是完工产品和项目文件。上文所描述的项目里程碑和可交付成果如图 1.10 所示。

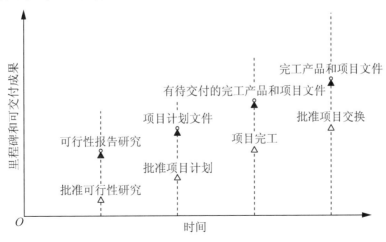

图 1.10　项目里程碑和可交付成果

注：△表示里程碑事件，▲表示可交付结果。

1.2.2　项目管理的由来与发展

1. 项目管理的发展阶段

项目管理经历了从低级到高级的发展过程，从其产生到形成较完整的科学大致经历了以下 5 个阶段。

1) 项目管理的产生阶段(远古到 20 世纪初)

在古代，人类的祖先就开始了项目管理的实践。人类早期的项目可以追溯到数千年前，如古埃及的金字塔、古罗马的尼姆水道、中国的都江堰和万里长城，这些前人杰作至今仍向人们展示着人类智慧的光辉。

有项目，就有项目管理问题。因此，西方有人提出人类最早的项目管理是埃及的金字塔和中国的长城。但是，直到 20 世纪初，项目管理还没有行之有效的计划方法、没有科学的管理手段、没有明确的操作规程和技术标准。因而，对项目的管理还只是凭个别人的经验、智慧和直觉，依靠个别人的才能和天赋，根本谈不上科学性。

2) 项目管理的初始形成阶段(20 世纪初到 20 世纪 50 年代初)

本阶段的重要特征是用横道图进行项目规划和控制。早在 20 世纪初，人类就开始探索管理项目的科学方法。第二次世界大战前夕，横道图已成为计划和控制军事工程和建设项目的重要工具。横道图又名线条图，是由亨利·L·甘特于 1900 年前后发明的，故又称甘特图。甘特图直观而有效，便于监督和控制项目的进展状况，时至今日仍是管理项目尤其是建筑项目的常用方法。但是，由于甘特图难以展示各工作环节的逻辑关系，不适用于大型项目。因此，卡罗尔·阿达梅茨基在此基础上于 1931 年研制出协调图，它可以克服上述缺陷，但没有得到足够的重视和承认。不过与此同时，在规模较大的工程项目和军事项目中广泛采用了里程碑系统。里程碑系统的应用虽未从根本上解决复杂项目的计划和控制问题，但却为网络概念的产生充当了重要的媒介。

应该指出的是，在该阶段之前，虽然人们对如何管理项目进行了广泛的研究和实践，但还没有明确提出项目管理的概念。

3) 项目管理的推广发展阶段(20 世纪 50 年代到 20 世纪 70 年代初)

本阶段的重要特征是开发和推广网络计划技术。西方习惯于称现在的项目管理为 MPM(Modern Project Management)，网络计划技术的出现是以 MPM 为起点的。

20 世纪 50 年代，美国军界和各大企业的管理人员纷纷为管理各类项目寻求更为有效的计划和控制技术。在各种方法中，最为有效和方便的技术莫过于网络计划技术。网络计划技术克服了甘特图的种种缺陷，能够反映项目进展中各工序间的逻辑顺序关系，能够描述各工作环节和工作单位之间的接口界面及项目的进展情况，并可以事先进行科学安排，因而为管理人员实行有效的项目管理带来了极大的方便。网络计划技术的开端是关键路径法(Critical Path Method，CPM)和计划评审技术(Program Evaluation and Review Technique，PERT)的产生、应用与推广。美国建筑业普遍认为："没有一种管理技术像网络计划技术对建筑业产生那样大的影响。"

早在 20 世纪 60 年代初期，我国就引进和推广了网络计划技术。华罗庚教授结合我国"统筹兼顾，全面安排"的指导思想，将该技术称为"统筹学"，并组织小分队深入重点工程进行推广应用，取得了良好的经济效益。

网络方法的出现为管理科学的发展注入了活力，它使 1957 年出现的系统工程得到了发展，第二次世界大战中发展起来的运筹学也得到了充实。网络技术也由此而成为一门独立的科学，并逐渐发展和完善起来。

4) 项目管理的进一步完善阶段(20 世纪 70 年代初到 20 世纪 80 年代末)

本阶段的特点表现为项目管理应用范围的扩大，以及与其他科学的交叉渗透和相互促进。20 世纪 70 年代以后，项目管理的应用范围由最初的航空、航天、国防、化工、建筑等部门，广泛普及到医药、矿山和石油等领域。计算机技术、价值工程和行为科学等理论在项目管理中的应用更丰富和推动了项目管理的发展。

5) 现代项目管理阶段(20 世纪 80 年代初至今)

20 世纪 80 年代以后，特别是 90 年代以后，以信息系统工程、网络工程、软件工程等为代表的高科技项目取得了突飞猛进的发展。相应地，项目管理在涉及的领域与方法上也不断发展，带动了项目管理现代化。这一阶段，计划和控制技术与系统理论、组织理论、经济学、管理学、计算机技术等，以及项目管理的实际结合起来，并吸收了控制论、信息论及其他学科的研究成果，发展成为一门比较完整的独立学科。项目管理的职业发展和项目管理的学术发展是现代项目管理的突出表现。

阅读案例 1-4

PCC 科技股份有限公司片式电阻器生产线技术改造项目

PCC 科技股份有限公司实施的片式电阻器生产线技术改造项目，于 2000 年 7 月开工实施，2001 年 5 月底竣工投产。项目总投资 12 000 万元，其中固定资产投资 10 926 万元，铺底流动资金 1 074 万元。实际完成投资 11 758.51 万元，其中固定资产投资 9 975.51 万元，铺底流动资金 1 783 万元，节约资金 24.19 万元。该项目进口设备 72 台(套)，购置国内配套设备 247 台(套)，购置生产厂房 3 649m^2，新建电镀厂房 572m^2，辅助设施用房 801m^2。建成的片式电阻器生产线，工艺布置先进合理，具有国际先进水平。在原有年产 10 亿只能力的基础上，新增年产 90 亿只的生产能力。在产品品种上新增两个新品种，完全达到了技术改造的预期目标。经过两个多月的试生产，设备运行状态良好，生产工艺水平大大提高，产品合格率达到 90%以上，有效地促进了产品开发研制和升级换代。产品技术性能满足 IEC115-8、JISC5202 和 EIA/IS-30A 标准要求，达到国际同类产品的先进水平。项目投产后，可替进口 30%、70%出口。由于生产规模的扩大，增加了新的品种，进一步提高了企业的市场竞争能力。

1. 项目启动：方案的选择与论证

在项目启动阶段，方案的选择和论证工作主要针对项目整体方案和关键的局部方案来进行。对大型的投资项目来讲，这个环节的工作非常繁重和复杂。片式电阻器生产线技术改造项目是从公司原片式电阻器生产线的实际情况出发，符合市场发展的需要。

在国际上，片式电阻的生产基地集中在亚洲，主要分布在日本、韩国、中国、中国台湾等国家和地区。在世界市场上，尤其是日本和亚太市场，片式电阻器已成为电阻市场增长的支柱。目前国内片式电阻器的年需求量估计为 450 亿只左右。随着国民经济的发展和改革开放程度进一步提高，国外大公司例如摩托罗拉、IBM、爱立信、西门子、阿尔卡特等跨国公司纷纷在国内建厂，国内市场对片式电阻器的需求将大幅度提高。从自身条件来看，长期以来注意培养优秀人才，并造就了一支训练有素的技术队伍，工艺成熟，技术力量雄厚，具备了利用现有的设备和工艺技术力量开发新产品的实力。

公司有一套完整的质量保证体系，在 1997 年就分别得到 ISO 9002 和 IECQ 产品质量认证。而且片式电阻器的品牌在国内、东南亚市场乃至韩国、美国市场已有了较大的知名度和很好的信誉。在此基础上，PCC 公司制定了通过引进世界一流的先进设备，增加两个品种系列，年新增 90 亿只生产能力的目标，同时委托具有甲级资质的信息产业部第十一设计研究院编制了项目可行性研究报告和初步设计，并经过充分论证后，对项目进行了进一步的优化，确定了通向目标的最佳途径。

2. 注重项目过程管理和控制

项目负责人是决定项目成败的关键角色。充分认识和理解项目负责人这一角色的作用和地位、职责范围及需具备的素质和能力是确保项目成功的前提。为确保项目顺利实施和达到项目目标，公司专门成立了项目领导小组，并由公司法人代表王董事长担任领导小组组长和项目负责人。领导小组下设专门工作班子，努力扎实做好项目前期工作的基础上，执行过程中，又根据项目实施需要，严格执行投资、质量、工期"三包干"制度，并签订了技术改造项目责任书。在项目实施过程中，项目负责人能够对项目的执行状况进行有效的监督和经常性的测量，从而能及时发现项目执行与项目方案之间的偏差并马上予以纠正。

资料来源：http://wenku.baidu.com/view/265042f9f705cc1755270982.

2. 项目管理在我国的发展

我国的项目管理研究应用并不晚，它是在著名数学家华罗庚教授的优选法和钱学森教授的系统工程思想上起步、发展的。

20 世纪 50 年代，在新中国成立初期恢复经济建设时，苏联援助了我国 156 个项目。我国对这些项目进行了有效的管理，取得了成功，奠定了我国的工业化基础。20 世纪 60 年代，我国虽然遭遇了自然灾害，经历了社会动乱，但项目活动没有停止。大庆油田、红旗渠、原子弹、氢弹和人造卫星、南京长江大桥等都是取得了很大成功的项目。

这段时期，近代项目管理也在我国传播开来。领导这一传播活动的当首推华罗庚教授。华罗庚教授早在 20 世纪 60 年代就倡导、研究和推广网络计划技术，并在一些单位试用。我国于 1965 年、1966 年分别翻译出版了《计划评审方法基础》和译文集《计划管理的新方法》等项目管理文献。华罗庚教授本人于 1965 年出版了《统筹法平话和补充》。网络计划技术当时叫统筹法(有统筹兼顾、合理安排、保证重点之意)，它在许多技术改造项目上取得了实效。作为世界知名的数学家，华罗庚教授当时推广在数学家看来并不深奥的网络计划技术，令许多人不理解。这段历史告诉人们，近代项目管理虽然发源于美国，但是在我国也有较长历史。

20 世纪 80 年代以来我国对建筑业管理制度做了重大改革。鲁布革水电站利用世界银行贷款项目，于 1984 年在国内首先采用国际招标，实行项目管理，缩短了工期，降低了造价，取得了明显经济效益。此后，建设部、电力部、化工部、煤炭部等相继开展了承包商项目经理、监理工程师培训、考试，实行资格证书制度。财政部、农业部等也结合世界银行贷款进行了项目管理培训。不少高校相继开设了项目管理的课程。应当说我国项目管理专业人才培养已有了一定的基础，但在数量和质量上还远不能满足 21 世纪的需求。1991 年我国成立了全国性的项目管理研究会，开过三次学术年会，一次国际研讨会，做了许多卓有成效的工作。

近年来，项目管理理论与方法在我国国内若干项目的实施中得到了广泛的应用，三峡工程、南水北调、西气东输，以及奥运会工程等项目均使用了项目管理技术并发挥了巨大作用。

1.2.3 项目管理的概念

项目管理是项目经理和项目组织通过努力，运用系统理论和方法对项目及其资源进行计划、组织、协调、控制，旨在实现项目目标的特定管理方法体系。

现代项目管理通常包括以下几种要素。

(1) 项目管理的对象是项目涉及的全部工作，这些工作构成了项目生命周期的全部内容。

(2) 项目管理的主体是项目管理者。它既包括项目的业主(客户或委托人)，又包括项目经理(项目负责人)。业主是项目的投资者，也是项目的所有者，他需要对项目发展的全过程进行监督；项目经理则直接履行管理职能，对项目的全过程进行管理，并对项目业主负责。

(3) 项目管理的目标是实现项目的预定目标。即在有限的资源条件下，保证项目的工期、质量和成本达到最优化。

(4) 项目管理的职责是对项目的资源进行计划、组织、指挥、协调和控制。资源是指项目可得的、为项目所需的那些资源，包括人员、资金、技术、设备、信息、材料和市场等。在项目管理中，项目管理者需要充分行使管理职能，以时间控制为目标，保证项目的正常运转。

(5) 项目管理的依据是客观规律。管理是人的主观行为，而主观行为必然要受到客观规律的制约，要实现管理目标、达到预期效果，就必须要尊重项目运行的客观规律。除了项目本身的周期发展规律外，客观规律还包括项目运行所涉及的工程的、技术的、经济的自然规律。

项目管理的工作程序及相互关系如图 1.11 所示。

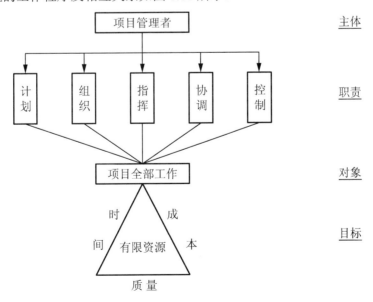

图 1.11 项目管理的工作程序及相互关系

1.2.4 项目管理的特点

与传统的部门管理相比，项目管理具有以下 4 个特点。

1. 复杂性

项目管理是一项复杂的工作，一般由多个部分组成，工作跨越多个组织，需要运用多种科学知识来解决问题。项目工作通常没有或很少有以往可借鉴的经验，执行中有许多未知因素，每个因素又常常带有不确定性，还需要将具有不同经历、来自不同组织的人员有机地组织在一个临时性的组织内，在技术性能、成本、进度等都较为严格的约束条件下实现项目目标等。这些因素都决定了项目管理是一项很复杂的工作，其复杂性甚至远远高于一般的生产管理。

2. 创新性

由于项目具有一次性的特点，因而既要承担风险又必须发挥其创新性，这是与一般重复性管理的主要区别。项目的创新性依赖于科学技术的发展和支持，而近代科学技术的发展有两个明显的特点：一是继承积累性，体现为人类可以利用前人的经验，继承前人的知识、经验和成果，在此基础上向前发展；二是结合综合性，即要解决复杂的问题就必须依靠和综合多种学科的成果，将多种技术结合起来，才能实现科学技术的飞跃与更快的发展。

3. 集权性

由于项目往往是一个大而复杂的系统，因此在项目进行过程中更需要各部门能迅速作出相互关联、相互依存的反应，保证项目整体协调和系统优化，以实现项目的目标。这样就必须建立围绕同一目标进行工作和决策的机制和相应集中领导的部门组织。将项目的管理责任和权力集中到这个领导的部门组织，即项目经理及其工作班子身上。项目经理有权独立进行计划、资源分配、指挥和控制。项目经理通过做出富有成效的工作，使项目组成为一个工作配合默契、具有责任心和积极性的高效率群体。

4. 专业性

现代项目管理已经成为一种专业，它需要专业知识的支持。项目经理必须是该领域的专家。他应精通设计、招标、施工、管理、商务、财务、法律等知识，而且应具有良好的职业道德。项目经理还应通晓管理技术，善于运用专业观点来思考问题和解决问题，具有预测和控制人们行为能力的能力，能熟练运用技术对一个时间和预算均有限的项目制订行之有效的计划，并进行资源分配、协调和控制，以达到项目的预期目标。也就是说，项目负责人必须使他的组织成为一个工作配合默契、具有积极性和责任心的高效团队。

1.2.5 项目管理的内容

1. 项目管理的知识体系

现代项目管理的内容可以从两个已有的项目管理知识体系中发现。目前国际上的两大项目管理知识体系是：以欧洲国家为主的体系——国际项目管理协会(International Project Management Association，IPMA)和以美国为主的体系——美国项目管理协会(Project Management Institute，PMI)。

美国项目管理协会在《项目管理知识体系》(*Project Management Body Knowledge*)中将项目管理划分为 9 个知识领域，即范围管理、时间管理、成本管理、质量管理、人力资源管理、沟通管理、风险管理、采购管理和整体管理。项目管理正是围绕这 9 个领域展开的。

1) 项目范围管理

项目范围管理是项目管理的一部分，就是确保项目不断完成全部规定要做的工作，最终成功地达到项目的目标。基本内容是定义和控制列入或未列入项目的事项，不仅完成全部要求的工作，而且保证不会偏离项目和造成资源浪费。项目范围管理包括以下主要子过程。

(1) 立项：让组织投身于项目的下一阶段。

(2) 范围计划：制定一个范围说明书，将其作为将来项目决策的基础。

(3) 范围定义：将项目可交付成果分为几个更小、更易管理的部分。

(4) 范围核实：正式认可项目的范围。

(5) 范围变更控制：控制项目范围的变化。

2) 项目时间管理

项目时间管理是项目管理的一部分，是为了确保项目按时完成的过程。其包括以下主要子过程。

(1) 活动定义：确定为完成各种项目可交付成果所必须进行的各项具体活动。

(2) 活动排序：确定各流程间的依赖关系，并形成文件。

(3) 工作时间估计：估计每一项工作所需要的时间。

(4) 进度计划：分析工作顺序、工作工期和资源需求，制订项目进度计划。

(5) 进度控制：控制项目进度计划的变化。

3) 项目成本管理

项目成本管理是项目管理的一部分，是为了保证在批准的预算内完成项目所必需的各种过程的全体。其包括以下主要子过程。

(1) 资源规划：确定为完成项目各项工作需要哪种资源(人，设备，材料)，以及每种资源的概况。

(2) 成本估算：估算项目各环节所需要资源的成本。

(3) 成本预算：将总成本估算分摊到各工作细目上去。

(4) 成本控制：控制项目预算的变更。

4) 项目质量管理

项目质量管理是为了保证项目能够满足原来设定的各种要求所必须进行的各项具体活动，它包括"确定质量方针、目标和职责并在质量体系中通过诸如质量计划、质量控制、质量保证和质量改进，使其实施全面管理职能的所有活动"。其包括以下主要子过程。

(1) 质量规划：确定哪些质量标准与项目相关和应如何达到这些标准。

(2) 质量控制：监控各种具体项目结果以确定其是否遵照相关的质量标准、是否符合有关的质量标准，消除那些产生不良后果的原因。

(3) 质量保障：定期评价总体项目执行情况，以便有把握使工程项目达到有关的质量标准。

5) 项目人力资源管理

项目人力资源管理是为了保证最有效地发挥参加项目者的个人能力所必须进行的各项具体活动，其包括以下主要子过程。

(1) 组织规划：确定、记录并分派项目角色、责任和互相通报的关系。

(2) 人员组织：招收项目需要人力，并将其分派到需要的工作岗位上。

(3) 团队建设：培养个人和集体的工作能力，提高项目管理水平。

6) 项目沟通管理

项目沟通管理是人、意见和信息之间的关键纽带，是成功所必需的条件。它包括保证及时、适当地产生、收集、发布、储存和最终处理项目信息所需的过程。参与项目的每一个人都必须做好以项目"语言"方式传达和接收信息的准备，同时还必须明白他们以个人身份涉及的信息将如何影响整个项目，其包括以下主要子过程。

(1) 沟通规划：确定项目受益人的信息和沟通需求，即确定什么人需要什么信息，他们什么时候需要，以及如何将信息提供给他们。

(2) 信息传递：及时将所需的信息提供给项目收益人。

(3) 进度报告：收集并发布执行情况的信息，包括现状汇报、进度测量和预测。

(4) 行政总结：提取、收集和发布标志项目完成的资料。

7) 项目风险管理

项目风险管理需要的过程包括识别、分析不确定因素，并对这些因素采取应对措施。项目风险管理要把有利事件的积极结果尽量扩大，而把不利事件的消极后果降到最低程度，其包括以下主要子过程。

(1) 风险识别：确定哪些风险可能对项目造成影响并且编制每一风险的特性文件。

(2) 风险量化：评估风险可能发生的范围及其发生的可能性大小。

(3) 提出应对措施：确定对机会采取的加强步骤和对威胁采取的减缓步骤。

(4) 风险应对控制：对项目进展过程中风险出现的变化采取应对措施。

8) 项目采购管理

项目采购管理需要进行的过程都是为了从项目组织外部获取货物或服务(为简单起见，不管货物和服务是一种还是多种，一般都简称为"产品")，其包括以下主要子过程。

(1) 采购计划：确定什么采购什么货物。

(2) 询价规划：编制产品要求文件并找出潜在来源。

(3) 询价：根据具体情况，取得报价、标价和建议。

(4) 选择来源：从可能的卖方中选择。

(5) 合同管理：管理同卖方的关系。

(6) 合同收尾：完成并结算合同，包括解决任何未决的事项。

9) 项目整体管理

项目整体管理是为了正确地协调项目所有组成部分而进行的各个过程的集成，是一个综合性过程。其核心就是在多个互相冲突的目标和方案之间寻求平衡，以便满足项目利益相关者的要求。其包括以下主要子过程。

(1) 项目计划制订：利用其他规划子过程的结果，将其综合成一个首尾一致、连贯的文件。

(2) 项目计划执行：包括执行项目计划、实际开展列入项目计划中的各项活动、完成其中的工序、执行其中的任务等。

(3) 整体变更控制：控制的子过程协调贯穿、涉及或影响整个项目的变更。

虽然所有的项目管理过程在某种程度上贯穿了项目全过程，但这 3 个子过程是完全贯穿于项目始终的。

2. 项目管理的具体内容

项目管理涉及多方面内容，这些内容也可以按照不同的线索进行组织，常见的形式主要有 2 个层次、4 个主体、4 个阶段、5 个过程、9 大职能及 42 个知识要素。

(1) 项目管理的层次：①企业层次；②项目层次。

(2) 项目管理的不同主体：①业主；②各承约商；③监理；④用户。

(3) 项目管理生命周期阶段：①概念阶段；②开发阶段；③实施阶段；④结束阶段。

(4) 项目管理的基本过程：①启动过程；②计划过程；③执行过程；④控制过程；⑤结束过程。

(5) 项目管理的职能领域：①范围管理；②时间管理；③费用管理；④质量管理；⑤人力资源管理；⑥风险管理；⑦沟通管理；⑧采购管理；⑨整体管理。

(6) 项目管理的知识要素：① 项目与项目管理；② 项目管理的运行；③通过项目进行管理；④系统方法与综合；⑤项目背景；⑥项目阶段与生命周期；⑦项目开发与评估；⑧项目目标与策略；⑨项目成功与失败的标准；⑩项目启动；⑪项目收尾；⑫项目结构；⑬范围与内容；⑭时间进度；⑮资源；⑯项目费用与融资；⑰技术状态与变化；⑱项目风险；⑲效果度量；⑳项目控制；㉑信息、文档与报告；㉒项目组织；㉓团队工作；㉔领导；㉕沟通；㉖冲突与危机；㉗采购与合同；㉘项目质量管理；㉙项目信息学；㉚标准与规范；㉛问题解决；㉜项目后评价；㉝项目监理与监督；㉞业务流程；㉟人力资源开发；㊱组织的学习；㊲变化管理；㊳项目投资体制；㊴系统管理；㊵安全、健康与环境；㊶法律与法规；㊷财务与会计。

1.3 物流项目及其管理

1.3.1 物流项目管理的概念

1. 物流项目的概念

物流项目是指需要相关物流组织来实施完成的一次性工作。物流工作通常既包括物流项目本身又包括具体的操作，这两者有时候是重叠的，物流项目与物流具体操作有许多共同特征，比如，都需要由人来完成，都受到有限资源的限制，都有需求计划、执行、控制。

物流项目与物流具体操作最根本的不同之处在于，具体操作具有连续性和重复性，而物流项目则具有有限性和唯一性。因此，可以根据这一显著特征对物流项目做这样的定义：物流项目是物流组织为了创造某种唯一的物流产品或服务的时限性工作。时限性是指每一个物流项目都具有明确的开端和结束；唯一是指该项物流产品或服务与同类产品或服务相比，在某些方面具有显著的不同。

各个层次的组织都可以承担物流项目工作。这些组织也许只有一个人，也许包含成千上万的人；也许只需要不到 100 个小时就能完成项目，也许会需要上千万个小时。物流项目有时只涉及一个相关物流组织的某一部分，有时则可能需要跨越好几个相关物流组织。通常，物流项目是一次性相关物流组织商业战略的关键，是为完成某一独特的物流服务所做的一次性努力。

物流项目与一般项目一样，具有以下基本属性：①项目实施的一次性；②项目目标的明确性；③项目管理的整体性；④项目与环境之间的相互制约性；⑤项目成果的独特性。

2. 物流项目管理的概念

物流项目管理就是指在物流项目活动中，运用相关知识、技能、工具和技术，以实现物流项目的目标。也就是说，物流项目管理就是把各种资源应用于物流项目，以实现物流项目的目标。

1) 资源

资源是指一切具有现实和潜在价值的东西，包括自然资源和人造资源，内部资源和外部资源，有形资源和无形资源等。例如，人力和人才、材料、机械、资金、信息、科学技术及市场等；物流项目管理作为方法和手段，也是资源。

2) 物流项目的阶段性

物流项目的执行组织通常将物流项目过程分成若干个项目阶段，以便提供更好的管理控制，并与项目组织的持续运作之间建立恰当联系。每个项目阶段以一个或几个可交付成果的完成作为标志，可交付成果是一种切实可验证的工作成果，如可行性研究报告、详细设计或一个工作原形等。物流项目各个阶段的收尾主要由对可交付成果和项目执行情况的检查来标识。这种检查可以确定项目是否应当进入下一阶段，项目是否进行了有效的成本控制等。

3) 物流项目生命周期特征

物流项目生命周期是指物流项目阶段的全体，通常与一般项目的生命周期大致相同，也可以归纳为概念、开发、实施、结束几个阶段。但是物流项目又有其特殊性，在具体操作过程中应具体问题具体分析，特殊问题特殊对待，以便在物流项目有限资源控制内，实现物流项目的目标。

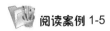阅读案例 1-5

西太华商厦及商品交易配送中心

项目业主：某工贸集团股份有限公司

项目内容：该项目位于兰州西站东北角繁华地带，占地面积 22.1 亩，建筑总面积 92 678m²，共计 12 层，其中地下 1 层，地上 11 层。该项目是集商品直销、配送、餐饮、娱乐、办公、商住于一体的大型综合性工业品直销市场。该中心建成后将成为西北地区的大型综合工业品集散地。

市场预测：由于国家产业政策向西部倾斜和国内外资金大量涌入西部地区，使得西部商业门店、卖场发展迅速，因此迫切需要在西北交通枢纽——兰州选址建设一个物流配送中心。兰州西部交通发达，购物、配送潜力每日为 3.659 亿元，配送中心预计可占 36.3%，为 200 万元以上。

投资估计：总投资为 3.659 亿元，其中自筹 1 亿元，吸收社会投资 1.159 亿元，其余通过贷款或引资解决。

经济效益：该项目建成后，预计年销售额 15.5 亿元，年利税 6 450 万元，投资回收期 7~8 年。

资料来源：张旭辉，孙晖. 物流项目管理. 北京：北京大学出版社，2013. 第 2 页.

1.3.2 物流项目的分类

按照不同的分类依据，物流项目所划分的类型不同。

1. 宏观物流项目、中观物流项目和微观物流项目

按物流项目的层次不同，可将物流项目划分为宏观物流项目、中观物流项目和微观物流项目。

1) 宏观物流项目

一般指战略问题的研究项目，跨度大，是在一定时间段的基础上对研究对象进行考察、预测、研究的结果，多为项目实施的政策体系。如美国、日本及欧洲发达国家在政府的干预与协调下，都着力搭建物流基础设施平台和物流基础信息平台，制定相关的政策与法规(日本 1997 年制定了《综合物流施政大纲》)，为地区物流系统配置的优化创造政策环境。国外物流发展宏观战略规划研究的经验值得我国借鉴。

2) 中观物流项目

与宏观物流项目相近，它往往从战术上考虑问题，研究的范围较小，主要是制定战略的相关策略与方案。如某个企业想发展现代物流供应链管理模式，显然要依据企业发展的总体战略重新调整和部署企业内部的物流资源与管理体制，通过项目研究活动来解决问题。

3) 微观物流项目

与宏观、中观物流项目不同，微观物流项目往往关注解决某一时段、某一作业环节的细节问题，往往与物流企业的生产经营活动相联系。例如，当某物流系统由于业务数量和范围逐年扩大而物流设施(如仓储容量)能力不足和仓库功能(如冷藏)不能满足特殊仓储的需要时，自然会产生增建仓库的项目需求。

2. 工程类物流项目和非工程类物流项目

按物流项目的投资结果不同,可将物流项目划分为工程类物流项目和非工程类物流项目。

1) 工程类物流项目

工程类物流项目是指具有实物资产的物流项目。这是投资项目中最主要的成分,物流系统的形成与发展都离不开实体工程项目。例如,一个提供第三方物流供应服务的企业也需要通过工程项目逐渐建立起经营业务所需要的各类设施(如仓储场地、办公楼宇等)、设备(如装卸机械设备、运输车辆、船舶工具等)和相关的业务信息处理和管理系统(如 CRM 信息管理系统、仓储、配送、运输调度等管理系统等)。表 1-4 为中国台湾大荣公司物流发展的简历,在 40 多年中,通过建设各种项目,扩大企业的资产和经营范围,使物流系统不断地得到充实。

表 1-4 中国台湾大荣公司物流发展历程

年 度	1953	1972	1976	1988	1989
主要项目与公司动态	成立货运汽车行,购置 10 辆货车,拥有 17 万元新台币资产	成立职业培训所	建立公司内部的计算机管理系统	建立公司总部与各营业点之间的计算机网络	形成以冷藏运输为特色的综合物流公司,拥有 150 个场(站)、40 000 多平方米仓库、2 000 多辆车,总资产达 45 亿元新台币

2) 非工程类物流项目

非工程类项目指没有实物资产形成的物流项目。这类物流项目往往指宏观、中观类的战略规划、经营策略设计等政策咨询项目,以及物流新产品开发、物流企业的人才培训项目等。这类项目虽然没有形成实物资产,但"一个金点子"救活一个企业,人才的储备会大大增强企业发展的后劲。相比工程类物流项目,非工程类物流项目数量不多,规模(即投资)也相对要小。

3. 企业物流项目和社会物流项目

按照物流项目的客户类型不同,可将物流项目划分为企业物流项目和社会物流项目。

1) 企业物流项目

企业物流项目是指为某一个或若干个客户企业提供的专门的物流服务项目,企业可以自营,也可以外包给第三方物流企业。

2) 社会物流项目

社会物流项目指向多个客户或社会公众提供的物流服务项目,这类物流项目取决于物流供应商,如快递服务公司、搬家服务公司等。

4. 一般货物物流项目和特种货物物流项目

按照物流项目涉及的货物性质不同,可将物流项目划分为一般货物物流项目和特种货物物流项目。

1) 一般货物物流项目

一般货物物流项目是指物流项目涉及的货物对操作方式、环境等没有特殊要求，如散件、散货等。

2) 特种货物物流项目

特种货物物流项目是指物流项目涉及的货物有其特殊性，对操作有特殊要求，如液态、化学等危险品、超长超重的大件等，由于货物的特殊性，一般需要由专业物流供应商为其服务。

综合性物流项目常表现为项目群的特征，即一个大物流项目由多个相互联系、相互作用的项目组成。这类项目一般实施时间长、投资规模大、实施难度大，例如建设城市物流园区就是一个巨型项目，往往占地数十或上百公顷，投资数亿元甚至 10 多亿元，涉及地方政府、企业、社区、交通网络等各个方面。对于这类项目，必须将其分解为多个子项目，分阶段逐步推进，一个物流园区的综合物流项目关系如图 1.12 所示。

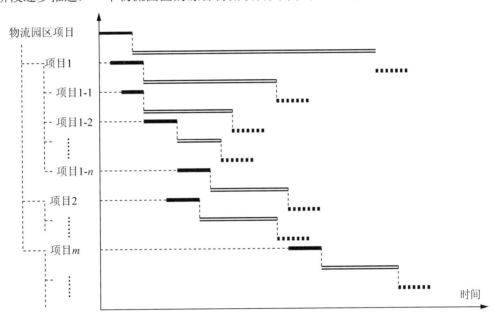

图 1.12　综合物流项目关系图

注：━━━ 表示项目前期；══ 表示开发与实施期；••••••• 表示结束期。

1.3.3　物流项目管理的特殊性

由于物流项目具有涉及面广(如运输、仓储、包装、流通加工甚至信息系统等)、不可再造(即物流项目执行的时间、地点、人员常是变动的)、风险较大(物流系统建设成本较高)等特点，因此，物流项目管理的特殊性主要体现在以下几个方面。

1. 物流项目管理队伍专业化

由于物流项目涉及范围广，在项目策划与设计中除项目技术性内容外，还会用到经济、法律、商贸等多方面的专业知识。因此，项目团队中不仅需要经验丰富的项目管理人员，还需要熟悉业务的技术人员和具备有关财务和法律知识的专业人士。一专多能的复合型人才是物流项目管理最合适的人才。无论是对生产型企业、商贸型企业，还是提供物流服务的物流供应商，为了保证物流项目的顺利开展并达到预期的目标，必须拥有一支专业的项目管理队伍，这是物流项目管理必不可少的人力资源基础。

2. 物流项目管理需求个性化

物流项目一般都需要根据顾客的特殊要求进行设计和执行。由于物流项目要素组成的多样性，即每一个物流项目都是以前不曾遇到过的，这就需要专门设计项目管理的程序或方法，因而充满着挑战，物流项目管理的复杂性也和创新性由此体现。因此，物流项目管理一方面是对物流项目管理人员的考验；另一方面也吸引了许多有识之士加入物流项目管理的行列之中。

3. 物流项目管理结束人为化

物流项目一般必须经过操作实践才能证明其效果。界定物流项目结束有时较为困难，特别是当项目执行中，项目组的成员及外界环境条件已发生了较大变化或者项目组无论做何努力，项目成功的希望都很渺茫时，就需要项目参与各方人为地界定项目结束的标志，以防止出现无休止的项目。

4. 物流项目管理控制全程化

由于物流项目结果存在较大的不确定性，从而造成物流项目的投资风险较高。特别是有固定资产投入的物流中心、大型停车场、物流信息系统等项目，在追求物流高收益的同时也伴随着项目失败的高风险。因而，需要加强物流项目的进度计划控制和监督，实现项目管理的全程控制，以保证物流项目按预定的目标推进；还需要建立风险预警机制，当项目出现偏差时，及时提醒项目管理者进行调整或结束此项目，以减少损失。

综上所述，物流项目管理的关键在于物流项目管理的各方本着友好合作的精神，从实际出发，从落实项目、完成项目的目标出发，结合具体物流项目的特点，认真落实项目管理的每一项要求，才能保证物流项目目标的顺利实现。

本 章 小 结

物流项目管理就是指在物流项目活动中，运用相关知识、技能、工具和技术，以实现物流项目的目标。在研究物流项目管理的知识体系及具体管理内容之前，应首先明确物流项目管理所涉及的基本概念知识，一般包括物流与物流管理、项目及项目管理、物流项目与物流项目管理的定义、特征等基本概念。

我国国家标准《物流术语》（GB/T 18354—2006）将物流定义为：物品从供应地向接受地的实体流动过程，根据实际需要，对运输、仓储、装卸、搬运、包装、流通加工、配送、信息处理等基本功能实施有机结合；而物流管理是为达到既定的目标，对物流的全过程进行计划、组织、协调与控制。

项目是指面向需要的资源和事先界定的目标或目的所做的有组织的工作，一种具有预算和时间进度的独特(因而有风险)事业；而项目管理是项目经理和项目组织通过努力，运用系统理论和方法对项目及其资源进行计划、组织、协调、控制，旨在实现项目的特定管理方法体系。

物流项目是指需要相关物流组织来实施完成的一次性工作。由于物流项目具有涉及面广、不可再造、风险较大等特点，因此，物流项目管理具有项目管理队伍专业化、物流项目管理需求个性化、物流项目管理结束人为化、物流项目管理控制全程化等特殊性。

物流(Logistics)　　物流管理(Logistics Management)　　供应链管理(Supply Chain Management)　　项目(Project)　　物流项目(Logistics Project)　　物流项目管理(Logistics Project Management)

物流项目管理是将物流管理与项目管理两门学科有机地结合，项目管理制引入物流行业是在近5年左右，被物流界所认可却是在近两年。但是，通过对部分企业和部分物流项目总结分析，发现在物流项目管理中思想观念上容易陷入以下几个误区。

误区1：对于物流项目管理制，别的企业能做我也能做。
误区2：营销人员就是项目经理，或者就可以做项目经理。
误区3：物流项目就是项目经理的事情，或者是市场营销部经理的事情，与大家无关，与其他部门无关。
误区4：物流项目需求分析、项目立项报告、项目调研阶段简化或者直接省去。
误区5：写好物流解决方案就可以做好物流项目了。
误区6：认为物流解决方案和实施方案是物流专家的事情。
误区7：项目后期跟踪服务是运营部门的事情。
误区8：项目经理可以经常轮换和流失。

综 合 练 习

一、填空题

1．根据物流所涉及社会主体范围的不同，可将物流划分为_____和企业物流。
2．物流管理的基本内容主要包括物流系统要素管理、_____、物流战略管理、物流成本管理、_____、物流组织、_____等。
3．里程碑(Milestone)——项目中的重大事件，通常是指一个主要_____的完成。
4．我国的项目管理研究应用是基于著名数学家华罗庚教授的_____和钱学森教授的_____思想上起步、发展的。
5．美国项目管理协会在《项目管理知识体系》(*Project Management Body Knowledge*)中将项目管理划分为9个知识领域，即范围管理、时间管理、_____、质量管理、_____、沟通管理、采购管理、_____和整体管理。
6．根据物流项目投资结果的不同，可将物流项目划分为_____和非工程类物流项目。

二、判断题

1. 流通包含商流、物流、资金流和信息流。其中资金流是在所有权更迭的交易过程中发生的，从属于商流；信息流则从属于物流。（　　）
2. 逆向物流和绿色物流是同一种概念。（　　）
3. 一个项目是一个有机整体，它是为实现目标而开展的多任务集合，它不是一项孤立的活动，而是一系列活动的有机组合，从而形成一个完整的过程。（　　）
4. 项目的开发阶段是人力、物力、财力投放最多的时期，也是项目能否实现最终目标的重要阶段。（　　）
5. 物流项目与物流具体操作最根本的不同之处在于，具体操作具有连续性和重复性，而物流项目则具有有限性和唯一性。（　　）
6. 综合性物流项目常表现为项目群的特征，即一个大物流项目由有多个相互联系、相互作用的项目组成。（　　）

三、简答题

1. 现代物流管理的基本特征是什么？
2. 项目、项目管理各具备什么特征？项目管理与一般的生产运作及其管理有哪些区别？
3. 项目的生命周期分为几个阶段？各阶段的主要工作有哪些？
4. 物流项目依据不同分类方式被分为几种类型？
5. 物流项目管理的特殊性表现在哪些方面？

四、名词解释

物流、第三方物流、物流管理、供应链管理、项目、物流项目、物流项目管理。

实际操作训练

课题：物流项目分析。

实训项目：物流项目概述和目标说明。

实训目的：掌握物流项目概述及其目标说明的基本方法和原则。

实训内容：通过对相关信息及背景资料的调研与分析，选定一个中等规模的物流项目，进行项目整体概述及项目目标的说明。

实训要求：将参加实训的学生划分成若干工作小组，每一个小组确定一名组长，并任命其中一各成员为项目经理，由其进行任务的安排，各小组分别进行资料收集与调研，通过研究与分析选定物流项目，最后集合各小组的工作成果对所选物流项目进行概述及目标说明，并由全体组员最终定稿。

案例分析

根据以下案例提供的资料，试分析以下问题。

(1) 上海华联超市物流中心信息化项目有哪些要求？
(2) 该物流项目的成功给我们哪些启示？

上海华联超市物流中心信息化项目

1. 项目背景

上海华联超市物流有限公司坐落在上海市市级物流园区——普陀区桃浦西北物流园区内，物流中心有新、老两个仓库，主要承担600家供应商的进货仓储管理、100家直营店和1 700家加盟店的日常配货管理，以及每年4次的针对加盟店的特卖会。由于原物流系统开发较早，已不能满足配送中心日益增长的进货和配货需求，不能满足物流管理人员提出的可靠、高效的管理要求，公司迫切希望通过实施信息化改革来提升自身的核心竞争力，打造一个高效快捷、配送差错率小的现代化物流中心。

2007年5月，华联进行公开招标，包括海鼎在内的众多国际、国内知名物流软件供应商参与了竞标，经过专家综合评定，上海海鼎公司的HDWMS系统以其高效的标准业务流程、多样的例外流程和适合企业个性化业务的解决方案与华联的物流业务需求和发展战略目标一致而最终入选。

2. 华联超市物流信息化建设

(1) 华联物流公司信息化建设主要解决的几个问题。

① 配送费率高。当前配送费率=2.41%(常温)，配送费2 650万/年(常温)，配送额1.1亿/年(常温)。

② 配货差错率高。当前配货差错率=4%，配货差错主要表现为门店间串货，物流中心现场有两个人专门处理串货问题。

③ 收货量波动大。由于MIS系统和WMS系统里都没有订单管理，供应商可在三天内自由选择送货日期，导致每天的收货量难以控制，收货的波峰、波谷无法调节，场地、人员无法做到合理分配。

④ 门店满足率低。当前门店满足率=80%，由于供应商送货没有严格的控制到某天，所以货品库存不能保持在一个合理的水平，而且库内人员作业效率低、排车时间花费长等许多问题导致门店的满足率一直徘徊不前。

⑤ 作业人员效率低。收货速度慢，经常加班。6~7万件收货到21:00完成，特卖会期间要收到凌晨2点。拣货日均作业量：476件/人，4~5万件出货要到22:00才能完成。

(2) 华联物流公司信息化建设的目标。解决上述提到的困扰，应该降低配送费率、配货差错率，提高供应商送货到达率、门店满足率、作业人员效率等。

① 配送费率。通过系统对物流中心整个作业流程进行全程监控，对每个节点进行资源分析，找出瓶颈、梳理流程，提高货品库存周转率，在保证门店满足率的前提下，降低配送成本。

② 配货差错率。通过电子标签拣货，一件货品一个标签，并进行拣货复核、集货区监控等多种方式，控制配货差错率。

③ 供应商送货到达率。通过订单管理及对配送货品的出货分析，系统为每次订货提供科学的参考数据。同时，把供应商的送货时间具体到某天的上、下午，对于不按时送货的供应商可在合同条款里写明处罚规定，这样不但平衡了每天的收货数量，也有效提高了供应商送货到达率。

④ 门店定单满足率。通过对货品出入库分析、门店销售分析以及主动分货、越库配货等多种方式来提高门店满足率。

⑤ 作业人员效率。通过计件工资管理，多劳多得，提高作业人员效率，从而减少库内作业人数，降低人力成本。

以信息技术为基础，实现物流、资金流运作流畅，使华联物流顺利地从成本中心转为利润中心、从配送中心转为供应链中心。

3. 项目实施

海鼎的HDWMS系统包含了采购入库、配货出库、客户退货入库、供应商退货出库，以及仓库内部管理五大功能模块，此外，在HDWMS系统中还内嵌了由海鼎自主研发的强大的运输管理系统及相关的车辆、配件管理等功能。针对华联物流的业务特点和其发展战略目标，海鼎项目组提出分阶段实现目标的方案，得到华联物流公司的赞同。项目实施包括以下几个过程。

(1) 需求调研与个性化功能开发。2007年5月华联物流与海鼎签订合作协议后，海鼎项目小组立刻开展调研工作，项目组不但对华联超市部、营运部的业务流程现状进行深入的调查，而且还与部署的工程师交流，为华联物流制定个性化的业务模式。

(2) 仓库规划与设计。业务模型确定后，项目组分几条线并行推进。海鼎开发部集中调动人员，突击开发个性化需求，加快进度，配合华联紧迫的上线时间要求。物流咨询组深入物流中心，展开全面、详细的仓库规划与设计工作，设计仓库布局图、货架调整方案，确定拣货作业模式、系统阶段切换方案等。

(3) 系统实施准备。

① 搭建测试环境、整理基础数据。在切换华联物流信息系统前，项目组首先在现场搭建测试环境，完全按照华联的实际业务流程再次对系统进行测试，以期在系统切换前把可能出现的问题暴露出来并及时解决，从而把系统上线后对业务的影响降到最小。在华联物流的老系统中，货品没有固定的货位，收货后上架时，往往看哪个地方有位置就上哪，常常造成系统货位货品与实际货品位置不一致，极大地影响拣货人员的作业效率，而且货品的基本信息如长宽高等在老系统里也没有维护，而这些数据与收货装盘、上架，以及出货装车都有密切的关系。为了系统实施后能大幅度地提高拣货效率、装车满载率等问题，项目组成员与物流管理人员一起整理货位，并通过ABC法分析为货品重新分配货位。在海鼎项目组的帮助下，货品的基本信息很快得到初步收集，并维护到系统中。

② 对各个岗位操作人员进行系统培训。按业务流程分为订货、收货、配货、装运、退货、仓库内部管理等几个大的模块来对不同岗位操作人员进行培训，增强了培训的针对性。培训前，项目组人员撰写了详细的培训资料，既有系统功能的详尽介绍，也有业务流程的操作指导。在培训过程中，侧重于讲解实际业务流程在系统中的实现，以及对一些例外流程的处理。针对培训中出现的问题，项目人员每天都会及时整理，然后交给相关人员及时解决。

③ 切换前制定详细的阶段实施方案。把实施分为试运行初始阶段、试运行模拟阶段、系统切换阶段，并详细规定每个阶段要完成的工作，如要收集的数据、要检查的资料、切换时的操作步骤等，保证切换的顺利。

④ 切换前对节点人员进行突击培训。对收货、上架人员进行RF使用培训，对拣货人员进行ID卡标签拣货培训等，保证系统切换后整体流程顺畅。

(4) 实施后问题的跟踪。在海鼎项目组的不懈努力下，常温物流系统于2007年8月22日成功上线。针对实施后存在的一些问题，如未上架托盘多、跨区补货多、新老库补货量大导致拣货速度慢、发货效率低，从而导致门店满足率低等问题，海鼎咨询人员对上线以来的货品出货件数进行分析，采取重新布局各区货品品项数的措施。如将拆零区出货量大的、适合整箱发的货品，调整到新库整箱收、发货区将恒温区有一定出货量、适合移出的货品，调整到新库整箱收、发货；将新库整箱区出货量特别大的，调整到老库收、发货等。项目组成员在现场艰苦奋战，帮助客户梳理业务流程、提高作业效率、节约成本。半年后一个全新的华联物流中心跃然而出，其业务流程及管理都有全面的提升。

4. 系统实施后的应用效果

(1) 极大地调动员工的工作积极性。由于实行了计件制管理，每个一线员工的作业量都在系统中予以统计，制定计件标准，多劳多得，作业员工全力投入工作，现场作业就能井然有序。到2007年年底库内作业人员总体下降32%，大大降低人力成本。人均每日拣货量超过1 000箱，部分员工达到2 000箱/天。

(2) 激发了门店真实的潜在进货需求量。新系统改革了门店点菜模式，将原来门店看着库存点菜的方式转换成让门店完全按需求点菜，不用考虑配送中心是否有库存。在新系统的支持下，2007年年底门店订单满足率达到95%。

(3) 对供应商的送货、订单员的订货进行有效的监督和管理。引入订单管理后，供应商按照订单所规定的送货量及指定日期送货，有效均衡了库内作业，控制库存；同时，每个订单员通过系统提供的到达率报表监督供应商的到货情况，使业务合同的处罚条款有据可循，物流通过系统提供的定单员订货的监督报表一方面能考核定单员的订货数量和订货时机；另一方面也让订单员清晰地了解自己工作的不足之处。

(4) 收货的准确率大幅度提高收货预检、实收验货与最终的审核收货单工作都通过双方当场核实，核实无误后供应商签字，打印的收货单作为结算依据，准确率大幅度提高。

(5) 系统更好地支持了华联业务的多样性。系统支持多种配货限量控制，既有针对门店类型的配货限量控制，也有针对业务类型的配货限量控制，如正常配货、批发配货、特卖会配货；同时以ID卡启动标签拣货，从而实现拣货差错、串位、破损落实到人。

(6) 拣货作业效率大幅度提高。采用计件工资管理，激发员工的积极性；采用标签拣货及优化拣货路线，极大地提高了拣货人员的作业效率。系统上线四个月后，4~5万件出货在18:00即可完成，比系统上线前提前4个小时。

(7) 对加盟店资金的控制实现了自动化。配货过程中，系统自动执行资金控制，既支持"有多少钱、配多少货"的模式，也支持一个门店多个资金账户。如香烟资金控制、特卖会资金控制、生鲜资金控制、特供商品资金控制等，按用户需要，自行增加；同时也支持多个账户之间资金的自动转账。

(8) 改革了自提加盟店的配货方式，减少库存长时间被门店锁定。在老系统中，自提门店只要上传要货信息后库存就被锁定，即使门店不提货，其他门店也不能利用此资源。新系统实行提前一天预约锁定库存，最大限度利用库存资源，节省华联物流预安排库存、拣货员、出货码头等资源。而且是车到凭行驶证当场配货，解决了因配货场地有限而导致的瓶颈问题。

(9) 通过特卖会配货计划模块，大量减轻之前特卖会期间的混乱状况。系统根据特卖会配货计划，自动导入特卖会订货计划、拣货计划，对特卖会要货信息，系统提供提前三天的备货原则。系统可以将加盟店三天后的需求量按目前库存及出货情况进行预估，提供建议进货量，避免了订单员的盲目进货。2008年1月的特卖会出货金额创下8 000多万元的巨量，但现场作业仍然有条不紊。

(10) 大幅度减少了排车作业时间。对所有配送门店维护送货路线，按送货顺序维护线路上的门店排序。系统提供自动排车功能，同时也允许人工调整排车结果，每天的配车时间由原来的每件2.5小时缩短到约1小时。排车信息通过OA公布给门店，让门店及时了解到货量、送货时间、车牌、司机等信息，改善了以前门店对送货信息一无所知的局面。而且通过司机出车、回车刷卡登记，为司机的考核提供了有效手段。

5. 标杆效应

流程的梳理、管理的改革，带给华联物流的不仅仅是成本的降低、效益的增加，更重要的是提高了公司的市场竞争力，华联物流逐渐成为业内同行争相参观学习的榜样，为公司的进一步发展赢得契机。现在的华联物流，除了承担本公司的日常配送任务外，正大力发展第三方物流业务，为多个知名企业进行仓储和配送。未来，华联物流将会是一个高效率、现代化、专业化、国际化的物流中心。信息化本身是手段不是目的，华联物流公司与海鼎的合作，除了能保证系统完成的效率、质量和完善的跟踪外，还可以引进先进的物流管理思想和方法。作为国内最具发展潜力的流通业软件供应商和咨询专家，海鼎不是单纯的产品提供者，而是一个"企业顾问"，向客户提供完整并且适合不同阶段发展的、个性化的解决方案与服务。"推动客户、与客户一起成长"是海鼎一直以来坚定不移的信念，海鼎将继续引领中国流通领域信息化、中国物流业信息化的发展。

资料来源：http://wenku.baidu.com/view/4ad5b0dcce2f0066f53322de.html。

第 2 章 物流项目前期策划

【学习目标】

通过本章的学习，了解物流项目前期策划的工作，明确物流项目的识别及构思工作，掌握物流项目可行性研究的含义、阶段构成及物流项目可行性报告的编写，并且掌握物流项目的经济评价和不确定性分析的方法等。

【学习要求】

知识要点	能力要求	相关知识
物流项目前期策划工作	熟悉物流项目前期策划的相关内容	物流项目前期策划的工作和注意事项
物流项目识别与构思	理解物流项目； 识别和构思的概念、过程及方法	项目识别工作、物流项目识别的概念； 需求建议书 RFP 的编写要求、编写内容； 物流项目构思的过程、方法
物流项目可行性研究	掌握物流项目可行性研究的含义； 熟练掌握物流项目可行性研究的阶段结构； 熟练掌握物流项目可行性报告的纲要及其编写注意事项	物流项目可行性研究的概念； 物流可行性研究工作主要包括的 4 个阶段； 谈判冲突的两种方式物流项目可行性报告的纲要及每一项所包含的内容； 物流项目可行性报告编写需要注意的事项
物流项目的经济评价	掌握物流项目经济评价内容	物流项目财务评价含义、步骤； 物流项目国民经济评价含义和步骤
物流项目不确定性分析	掌握不确定分析的意义和方法	盈亏平衡法、敏感性分析和概率分析

物流项目前期策划　第 2 章

A 烟草集团物流配送中心规划与建设项目

A 烟草集团公司组建 20 年以来，累计生产卷烟 1 749 万箱，销售卷烟 3 595 万箱，实现税利 432 亿元，各项主要经济指标在全国烟草行业中均名列前茅。2002 年 A 烟草集团公司市场占有率和卷烟入网销售率均达到 99%，已经初步形成比较完善的覆盖全省城乡的卷烟销售网络。

随着中国加入世界贸易组织，作为国民经济重要组成部分的中国烟草产业面临着前所未有的严峻挑战。2004 年取消外国香烟的零售特种许可证后，A 烟草集团公司面临更加激烈的市场竞争。任何一个烟草公司或卷烟厂想赢得竞争优势，都必须要加强与原材料供应商、其他烟草公司和卷烟厂、卷烟零售户的联盟，依靠供应链之间的竞争来实现。

物流发展战略是支持 A 烟草集团公司发展的重要支柱之一，物流配送网络建设是 A 烟草集团公司实现物流发展战略的重要部署，直接关系到整个业务体系的运行效率和经营成败。项目实施的目的是通过构建一个在存货可得性、递送及时性、交付一贯性及运行成本等方面的表现处于行业较高水平的物流网络，从而获取市场竞争优势。

目前，A 烟草集团公司还未建立起覆盖全程的供应链体系，与零售户、其他烟草公司和卷烟厂之间信息传递并不通畅，工厂库存较大，交易成本较高。为此，A 烟草集团公司计划采用先进的管理理念和管理手段，建立现代物流体系，降低成本、增加盈利、提升客户的满意度、增加产品的附加价值、形成供应链战略联盟，积极地打造物流企业品牌和服务品牌，增强核心竞争力，率先跨入烟草强企业行列。

在此项目背景下，A 烟草集团决定启动省级和市级烟草物流配送中心规划与建设项目。新物流配送中心的规划与集成顾问工作涉及以下内容。

(1) 物流配送中心选址准确及园区布置规划。
(2) 数据与工艺流程分析。
(3) 物流配送中心策略访谈。
(4) 物流量定义与 DC 物流能力定义。
(5) 基于不同概念的方案开发。
(6) 效率与成本因素分析，实施方案确定。
(7) 方案细部规划。
(8) 物流信息系统实施与系统集成顾问等物流配送中心全过程服务工作。

资料来源：张旭辉，孙晖. 物流项目管理. 北京：北京大学出版社，2013.

问题：A 烟草集团公司是如何识别项目需求的？该项目的前期策划主要包括哪些方面的内容？

目前，我国物流项目投资建设的主要模式是"政府引导、企业投资、市场运作"，投资的主体是企业。即使是国家级重要的物流枢纽，也大多是由某一企业以承债或资金担保的方式进行投资建设。物流项目投资同生产项目投资最大的区别是物流项目投资具有一定的被动性，如果物流项目前期策划不能有效完成，补救的困难相对而言就大得多，因此物流项目的前期策划尤为重要。

2.1 物流项目前期策划工作

物流项目的前期策划阶段是指一个物流项目从构思到批准正式立项的过程。它是物流项目的孕育阶段，虽然其所消耗的时间和费用占整个物流项目的一小部分，但它却是物流项目的关键部分，是不可缺少的阶段。

2.1.1 物流项目前期策划的主要工作

物流项目前期策划的主要工作是根据物流需求识别、构思物流项目，寻找并确立项目目标、定义项目，并对项目进行详细的技术经济论证，使整个项目建立在可靠的、坚实的、优化的基础之上。

1. 物流项目的构思与选择

任何的项目都起源于构思，如传统运输企业改制成专业物流公司，在改制的过程中，物流设施完善和信息系统建立等都是项目。作为项目的实施主体，必须在众多的项目之中作出选择，经批准后进入深入研究阶段。

2. 物流项目的目标设计和定义

在对物流项目进行深入研究时，要求根据物流项目所处的环境与条件，针对项目需要解决的问题提出项目的目标与要求。项目目标应该由项目发起人或提议人确定，并且一旦确定就将成为项目成败的评价标准。目标有可能不止一个，但要求他们都是明确的、可度量的和能够最终实现的。在有多目标的情况下，应该确定目标的优先级。通过对物流项目的书面说明形成项目定义，它规划了项目要素的构成和界限，通过对项目进行审查作出初步决断，认可则可编制物流项目建议书，上报主管部门。

3. 物流项目可行性研究

根据物流项目的目标提出可实施的方案，并对各个方案进行全面的技术经济论证，从中选出最优的方案，为物流项目的决策提供依据。

2.1.2 物流项目前期策划应该注意的问题

1. 确定物流项目的正确的方向

方向错误必然导致整个物流项目的失败。物流项目的方向取决于物流项目构思和物流项目目标。揭示物流项目的投资影响关系如图2.1所示，物流项目前期虽然费用投入较少，但其确定的物流项目发展方向对物流项目生命周期影响很大。

2. 重视物流项目失误的恶果

物流项目的目标决定了物流项目的任务，进而决定了技术方案和实施方案或措施，再由技术方案产生一系列的工程活动，从而形成一个完整的物流项目系统和管理系统。如果目标设计失误或物流项目论证不全面，不但实现不了物流项目的效益，而且还会产生以下效果。

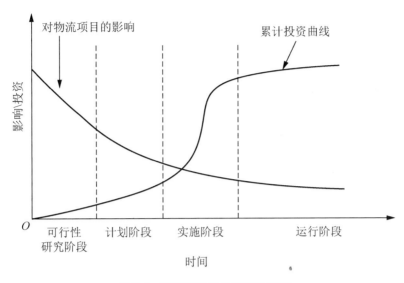

图 2.1　物流项目的投资影响关系

(1) 物流项目建成后无法正常运行,达不到使用效果。如一些国有物流企业经过考察和专家调研,认为应该提升企业信息化水平,建立客户关系管理系统。但是运行系统后发现企业营销市场并没有明显改观,反而增加了很多"额外"工作,如由于 CRM 系统与企业信息门户数据不能动态共享,部分信息和数据传递需要重新录入系统。

(2) 虽然项目可以运行,但其产品和服务没有市场。如有些地区参照日、欧经验,建立高标准的物流园区,占地多,投资大,建成之后却陷入"有库无货"的尴尬境地,其最主要的原因是中国物流市场远未达到国外的发达程度,中小企业较多,物流园区形成不了集聚效应。

(3) 物流项目运营费用高,没有效益,没有竞争力。如物流仓库建设项目是否采用库区作业自动化系统问题。对物流仓库建设项目成功的目标是以最适当的投入实现作业高效率和作业成本的最低。自动化系统的建设是高昂的,当物流企业经营规模有限,而且企业信息系统尚不健全时,片面追求形象而建设的自动化系统是毫无意义的。

3. 应考虑全局的影响

一个物流项目的建设应该考虑利益相关者的相关利益,而且要符合上层系统(国家、企业、地方)的总体发展要求。如果物流项目不能解决上层系统当前发展中的问题,太超前,就有可能成为上层系统的包袱。如物流园区选址不当或者过于超前,非但不能解决城市物流不畅、物流成本过高的问题,反而会因为设施的闲置造成浪费,使企业背负沉重的债务,使银行产生呆账。

4. 物流项目的不断完善和优化

物流项目策划中要不断进行环境调查,并对环境发展趋向进行合理预测,针对环境的变化不断地对物流项目进行调整、修改和优化。环境是确定物流项目目标、进行物流项目定义、分析可行性的最重要的影响因素,是进行正确决策的基础。当环境条件变化较大时,甚至应放弃原定的物流项目构思、目标或方案。物流项目确立过程是一个多重反馈的过程。

5. 物流项目选择过程的分阶段决策策略

设立几个决策点，为阶段工作的总结和选择创造条件，以降低物流项目失败的风险。如物流项目构思形成时，需要进行一次反思，在对环境情况再次调查的基础上，作出下一步决断。目标设计和定义完成后，还应做一次市场调查，以确定物流项目建设的重要性、模式与阶段，从而产生物流项目建设书。物流项目可行性研究结果仅给决策部门提供了物流项目实施可行的建议，决策者仍可能对其进行取舍。如果上马，则正式下达物流项目任务书；如果此时条件发生较大变化，决策部门可终止项目，进行项目调整或放弃。物流项目分阶段决策如图 2.2 所示。

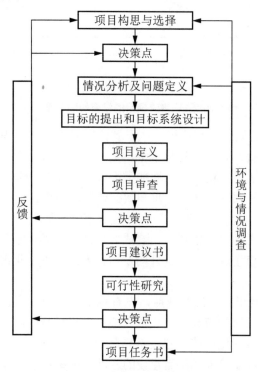

图 2.2　物流项目分阶段决策

2.2　物流项目识别与构思

2.2.1　物流项目的识别

1. 项目识别的概念

项目来源于各种需求和要解决的问题。项目识别有一个过程，它起始于需求、问题或机会的产生，结束于需求建议书的发布。当企业察觉到一个问题或一个投资机会时，就可能会产生一种解决该问题或介入这项投资活动的"愿望"。这种愿望就是项目需求的来源。任何新的项目都是以市场需求为出发点的。企业计划部门(或发展部)常常是项目提出的部门。

物流是一个非常巨大的市场，存在于各行各业。然而在长期发展和激烈的市场竞争中，一般能够想到的服务产品大多数已经饱和。要发现和开发新的市场，就必须有新的产品，为客户提供新的服务。要实现这一点，就需要善于识别新的项目。在许多情况下，识别市场前景的新项目本身就是一个项目。物流市场的发展催生了一类新的企业，即物流策划公司或物流咨询公司。其主要工作就是通过对市场进行调查研究，在业主尚未意识到潜在的项目时，帮助业主进行项目构思、目标设计、可行性研究、技术设计，既为企业抓住发展的机遇，同时咨询公司本身也获得可观的经济效益，实现双方的共赢。

项目需求的愿望产生之初往往处于一种较为"朦胧"的状态，能满足这一愿望可能还是一个较大的范围。因此，需要收集相关资料，进行一定的调查研究，确定实现这一愿望的途径、方法或具体的措施。在项目识别阶段，一方面要提出项目的目标，另一方面也要识别出与项目有关的限制条件(如地理、气候、自然资源、人文环境、政治体制、法律规定、技术能力、人力资源、时间期限、资金等)，因为脱离了限制条件而谈论项目的前景是没有意义的。而且忽略了限制条件往往会是导致项目失败的最主要原因。

2. 需求建议书 RFP

需求建议书 RFP(Requirement For Payment)是客户项目意向的一种表现形式。它是从客户的角度出发，全面、详细地向承约商陈述、表达为了满足其某种特定的需求应做哪些准备工作，这些将是承约商进行项目构思的主要依据。对于工程投资项目，由建设单位(客户)向各设计研究单位(承约商)所发出的投标邀请书就是一份典型的"需求建议书"。

一份正式的需求建议书包括以下内容。

1) 项目的工作陈述

工作陈述中，客户必须明确项目的工作范围，概括说明客户要求承约商做的主要工作和任务范围。比如对于一个物流中心规划项目，首先要让承约商清楚该物流中心的位置、计划建造的规模、主要的服务种类和功能、需要配套的道路、供水与供电等基础设施要求等。

2) 项目的目标与规定

项目的目标即交付物。交付物是承约商提供的实体内容。作为一个物流中心的规划项目，承约商最终的交付物是"规划报告和图纸与说明"。

3) 项目范围的规定

要求承约商所提供的项目解决方案能满足规定的物理参数和造作参数。对于物流中心，规划的方案应能充分体现出客户对物流中心的大小(如分种类的仓储面积、建筑层次)、布局(如仓库区、加工区、停车区、商务办公区位置与相互关系等)、功能(如满足仓储、加工、配送、交易等)、外观(如建筑的颜色、绿地率、绿化率及绿化方案)等目标要求。

4) 客户供应条款

客户供应主要涉及项目实施方面客户应提供的保障及物品供应等，比如提供物流中心地块的方位、面积、地块现状、与城市基础设施衔接条件等。

5) 客户付款方式

这是承约商最为关心的内容。项目的付款有分期付款，也有一次性付款，视项目的性质、规模而定。客户在需求建议书中要明确说明采用哪一种支付方式。比如，物流中心规划项目签约后,支付给承约商(负责规划的单位)50%的约定金,作为项目启动费和初期工作费;待项目初步方案提交后,再支付 30%的约定金;整个项目结束,再支付剩余 20%的约定金。

6) 项目的进度计划

项目的进度通常是客户关注的重要方面,因为它将直接影响客户的利益,甚至打乱客户的整体战略部署。因此客户一般都在需求建议书中对项目的进度作出明确的要求,如至签约 6 个月内提交正式的物流中心规划方案报告。

7) 项目的评估标准

项目的评估标准即对交付物的评价标准。项目实施的最终目标是令客户满意。这种满意可以是定性指标,也可以为定量指标。比如物流中心规划的定性指标为:理念先进、布局合理、功能齐全、环境协调,并要求规划方案能通过专家的技术评定。

8) 其他相关事宜

按期、保质、保量交付项目是项目约定的重要内容。需求建议书中还应包含一定的违约责任处罚内容。一旦承约商未达到客户的满意要求,将面临一定的经济损失。

实际工作中,并非所有的项目都需要事先准备一份正式的需求建议书。比如某一单位生产的需求由单位内部开发项目即可以满足条件时,项目的识别过程就会简单得多;再比如某一软件开发公司感到公司原来的财务分析系统已经远远不能适应日益增加的业务需要时,便可直接要求软件开发小组进行开发,这时只需口头方式将相关要求传达给软件开发小组即可。

当需求建议书准备完毕之后,客户剩下的工作就是向可能的承约商发送需求建议书。挑选承约商通常采用招标、投标的方式。当客户对项目难以把握时,可选择数个具有项目实施资质的承约商,按需求建议书或投标方案的比较来确定最后的承约商。这需要客户在需求建议书中对有关投标的事项,如项目建议书的格式及投标方案的内容作出统一的规定,这样才能为承约商提供一个公平竞争的环境。表 2-1 为一份瑞维公司关于"TU 物流园区规划项目的需求建议书"样本。

表 2-1 TU 物流园区规划项目的需求建议书

序 号	项 目	主要内容
1	项目总目标	完成包含一个铁路货运站在内的物流园区设计方案
2	工作表述	园区占地 300 亩(1 亩=666.6m^2); 园区的货物铁路和公路年总吞吐量为 300 万吨,主要货类为集装箱、笨重货物、散货和零担
3	目标规定	设计方案要符合现代物流的理念,建成以公铁联运为特征的城市物流中心; 园区的布置以仓储、集装箱堆场、物品加工场库等为主; 将运输、仓储、流通加工、配送、信息处理等基本功能有机结合
4	提供资料	1:10 000 的物流园区规划地理位置图 1 份; 1:10 000 的物流园区范围内城市道路规划图 1 份; 1:2 000 的物流园区地形平面图 1 份
5	交付物	物流园区工程设计文件 1 册; 物流园区管理与运作方案设计 1 册

续表

序号	项目	主要内容
6	付款方式	凡设计方案被选中者，将根据国家工程项目管理规定，按工程项目总造价的百分比支付。设计方案未被选中者，前期产生的费用原则上自理
7	进度要求	各参竞设计文件，务必于接到邀请函后3个月内送达瑞维公司，截止日期为20××年××月××日
8	未尽事宜	本项目设计最终方案需要通过评标最终确定，评标的方法按有关规定执行

2.2.2 物流项目的构思

项目构思，就是针对客户的需求，提出各种各样的实施设想，向客户推荐最佳方案。因此，项目构思的目标就是以更好的产品或更佳的服务来满足客户提出的需求，赢得更多的效益。

1. 项目构思的过程

一个令客户满意的项目不是一蹴而就的，它是一个逐渐发展的递进过程，一般可以分为3个阶段。

1) 准备阶段

在该阶段要进行项目构思的各种准备工作，一般来说它包括如下一些具体的工作内容：①明确拟定构思项目的性质和范围；②调查研究、收集资料和信息；③进行资料、信息的初步整理，去粗取精；④研究资料和信息，通过分类、组合、演绎、归纳、分析等多种方法，从所获取的资料和信息中挖掘有用的信息或资源。

2) 酝酿阶段

这是项目规划的基础阶段，也是项目构思进一步深入的切入点。在这一阶段中，项目构思者能否捕捉到思维过程中随机出现的"灵感"异常重要。有时正是这一瞬间之念决定着整个项目的蓝图，或为整个项目的构思指明了方向。

3) 调整完善阶段

这一阶段是指从项目初步构思诞生到项目构思完善的过程，它包括发展、评估、定型这3个具体的小阶段。在此阶段中，如发现有不完善或不合理之处，应立即进行改进、修正和完善，至此，整个项目构思或项目方案得以定型。

2. 项目构思的方法

在现实世界，提出一个项目并非难事，但要找出一个好项目，既是社会经济发展所急需，又能不花很多钱将其办成，结果还能为国家、社会、企业乃至个人带来好处，产生效益的项目却并不容易。

我国物流市场方兴未艾，但在物流项目建设方面还存在一些问题。在国家尚未作出统一规划和部署、对物流中心的地位与功能尚不明晰的情况下，各地市纷纷出台多个物流园区的规划，都想抢先建成全国的物流中心。可实际情况却因需求不足或受项目资源和条件的制约而事与愿违。

构思出一个满意的项目无固定模式或现成的方法可循，需要具体情况具体分析。项目的管理者在长期实践中也归纳出了以下的一些实用的项目构思方法。

(1) 项目组合法：就是把两个或两个以上项目相加，形成新的项目，这是项目构思常采用的最简单方法。投资者(或客户)为适应市场需要，提高项目的整体效益和市场竞争力，依据项目特征和自身条件，往往将企业自有或社会现有的几个相关项目联合相加成一个项目。目前一些货代公司与运输公司联手，向客户提供的全程物流配送项目即属此类。

(2) 比较分析法：就是指项目策划者通过对自己所掌握或熟悉的某个或多个特定的项目(既可以是典型的成功项目也可以是不成功的项目)进行纵向或横向联想比较，从而挖掘和发现项目投资的新机会。这种方法是对现有项目从内涵和外延上进行研究和反复思考，因而比组合法要复杂些，而且要求项目策划者具有一定的思维深度，掌握大量有价值的信息。

(3) 市场调查法：是项目识别最基本和直接的方法，也是指在市场调查过程中会发现许多项目或酝酿出许多项目设想。对于物流企业，除了直接进行市场调查外还可以从别的渠道(如政府的社会经济发展规划、物流高级研讨会等)了解社会或市场对项目的需要。

(4) 集体创造法：一个成功的项目构思所涉及的问题、因素、技术领域、商业信息等很多，需要广阔的知识面，多方向、多层次的思维。发挥集体的智慧和力量，取长补短、相互启发、共同创造是十分重要的。常见的方法有头脑风暴法、集体问卷法、逆向头脑风暴法等。

(5) 创新与突破：是将新技术应用到项目中，提供出新的产品和新的服务质量，因而赢得更大的市场份额。如中国海尔集团国内首创的"一流三网"式的现代物流就是创新与突破的结果。它以订单信息流为中心，建立起全球供应链资源网络、全球用户资源网络和计算机信息网络，"三网"同步运动，为订单信息流的增值提供支持。

3. 项目建议书

项目建议书实际上是承约商对项目构思的具体而详细的书面表达。物流项目建议书的内容视项目具体情况而不同，但一般包括以下几项内容。

(1) 项目的必要性论述。

(2) 项目产品或服务的市场预测，包括国内外市场的现状和发展趋势预测、市场价格分析。

(3) 产品方案、项目规模和用地设想。

(4) 项目建设必需的、已具备的和尚不具备的条件分析。

(5) 投资估算和资金筹措设想。

(6) 经济效果和投资效益估算。

(7) 项目实施的环境，包括项目需要动用的人力、财力和物力，以及这些资源耗用对其他组织或活动的影响，项目完成后对外部环境的影响。

(8) 项目风险。将在项目识别时意识到的项目风险纳入项目建议书中。

(9) 限制条件。明确表述项目在实施时是否会受到限制，如何寻求支持来解决受限问题。

承约商也许需要花费大量的时间和资金来准备项目建议书，其中许多结论性意见都来自对项目所做的可行性研究。

阅读案例 2-1

项目建议书

1. 项目工作陈述

承约商将执行下面的任务：承约商将按照客户的要求在有限的时间内按照客户提供的要求完成对新房的装修任务。

2. 项目的需求

承约商须按照《家庭装饰装修工程质量规范》及客户提供的要求完成装修。项目要求请看附件，承约商需在即日起五天内给出可供选择的方案及效果图。

3. 客户供应款项

业主向承约商提供室内装修简易图纸，以及在装修期间业主需要提供的款项。

4. 合同类型

合同一式两份，包含价格，相关附件，并标明付款方式。

5. 客户付款方式

项目启动前由业主交付定金，定金为总价的 50%，交付成果经业主检查达到业主要求后支付剩下的 50%。

6. 项目的时间要求

业主希望在一个月内入住新房，所以这个项目需要的完成期是 20 天，所有可交付成果必须不迟于 20 天提供给业主。

7. 对承约商项目申请书的要求

承约商必须在即日起 5 天内向业主提交 5 份申请书备份。其包括以下内容。

(1) 方法。承约商能清晰的理解需求建议书，要详细描述承约商实施项目的方法，要求对每个任务以及对这些任务如何完成进行详细描述。

(2) 可交付成果。承约商要提供可交付成果的详细描述。

(3) 进度计划。列出甘特图或网络图，以及每天要进行的详细任务时间表，以便在要求的项目完成日期内能够完成项目。

(4) 经验。叙述承约商最近实施的项目，包括(客户姓名、地址和电话号码等)已备核实。

(5) 人事安排。列出将被指定为项目主要负责人的姓名和详细简历，以及他们在类似项目中的成绩。

(6) 成本。必须说明总成本并提供一份项目的预算清单。

8. 申请书的评价标准

(1) 方案(30%)，即承约商提出的建设方案。

(2) 经验(30%)，即被指定执行此项目的承约商和主要项目负责人实施类似项目的经验。

(3) 成本(30%)，即承约商申请书中所列的固定成本。

(4) 进度计划(10%)，即承约商提供详细的施工计划。

资料来源：http://wenku.baidu.com/view/f2d25d3a866fb84ae45c8dd0.html。

2.3 物流项目可行性研究

2.3.1 物流项目可行性研究的概念

1. 可行性研究的含义

可行性研究(Feasibility Study)是一项在具体实施某一项目前,对项目方案是否可行以及潜在的效果进行分析、论证和评价的工作。它综合运用技术、经济、管理多种学科的决策技术,是项目建设前期工作的核心内容。对项目进行可行性研究的最终目的是用目前有限的资源(人、物和财力)保证所选择的项目能够最大限度地满足项目投资者所追求的目标。它要明确回答以下问题。

(1) 项目建设有无必要性?
(2) 项目的规模有多大?
(3) 项目选址是否合适?
(4) 项目需要投入多少人力、物力资源?
(5) 项目实施需要多长时间?
(6) 项目建设资金如何筹措?
(7) 项目是否有利可图?
(8) 项目经济上是否合理?
(9) 项目实施的风险有多大?
(10) 什么时候是项目合适的建设时机?

因此,可行性研究需要考察从项目选定、立项、建设到生产经营的全过程。一般从市场预测开始,通过比较多方案,论证项目的选址、建设规模、工艺技术方案等的可靠性;分析原材料和产品的供销与运输、建设资金的来源等建设条件的可靠性;最后通过对项目的经营成本、销售收入和一系列指标的计算,评价项目在财务上的盈利能力和经济上的合理性,提出项目可行或不可行的结论。其基本的工作程序如图2.3所示。

2. 物流项目可行性研究的含义

物流项目的可行性研究是指在物流项目投资决策之前,对与拟建物流项目有关的经济、技术等各方面进行深入细致的调查研究,对各种可能采用的技术方案和建设方案进行认真的技术经济分析和比较论证,对项目建成后的经济效益进行科学的预测和评价。在此基础上,对拟建项目的技术先进性和适应性、经济合理性和有效性,以及建设必要性和可行性进行全面分析、系统论证、多方案比较和综合评价,由此得出该物流项目是否应该投资和如何投资等结论性意见,为项目投资决策提供可靠的科学依据。机会研究、初步可行性研究均属于广义的可行性研究范畴。

要完成一项令人满意的物流项目可行性研究,必须对所有的基本成分和影响因素进行分析,对项目中与特定的区域环境下物流技术的选择进行分析,从而为该物流项目的投资决策提供技术上、经济上和商务上的依据,使投资者排除投资的盲目性,降低投资风险,在竞争中获得最大的利益。所以物流项目可行性研究的结果一般要回答以下6个方面的问题：要干什么；为什么要建这个物流项目；何时为宜；由谁来承担；物流项目在何处建和如何进行。

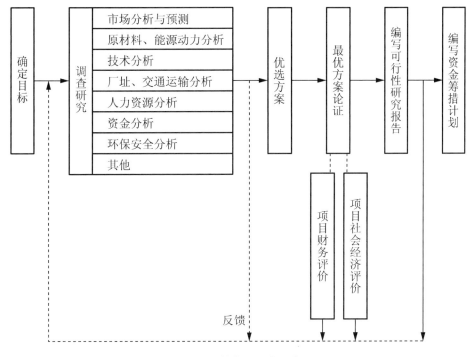

图 2.3　基本的工作程序

3. 物流项目可行性研究的作用

物流项目可行性研究与一般的投资项目可行性研究一样，起到了以下几方面的作用。

(1) 可作为建设项目投资决策的依据。

(2) 可作为项目本身的基础资料，为编制项目下一阶段的设计、建设等提供指导，为物流项目组织管理、机构设置、人员培训等工作安排提供依据。

(3) 可作为向银行贷款的依据。

(4) 可作为建设单位与各协作单位签订合同条约和有关协议，确定相互责任与协作关系的依据。

(5) 可作为环保部门、地方政府和规划部门审批项目的依据。

(6) 可作为施工组织、工程进度安排及竣工验收的依据。

(7) 可作为项目后评估的依据。

2.3.2　物流项目可行性研究的阶段结构

物流项目建设的全过程一般分为 3 个主要时期：投资前时期、投资时期和运营时期。可行研究工作主要在投资前时期进行。投资前时期的可行性研究工作主要包括 4 个阶段：机会研究阶段、初步可行性研究阶段、详细可行性研究阶段、评价和决策阶段。

1. 机会研究阶段

投资机会研究又称投资机会论证。这一阶段的主要任务是提出建设投资方向的建议，即在一个确定的区域和部门内，根据自然资源、市场需求、国家产业政策和国际贸易情况，通过调查、预测和分析研究，选择建设项目，寻求投资的有利机会。机会研究要解决两个方面的问题：一是社会是否需要；二是有没有可以开展的基本条件。

机会研究一般从以下两个方面着手开展工作：一方面以开发利用本地区的某一丰富资源为基础谋求投资机会；另一方面以优越的地理位置、便利的交通运输条件为基础分析各种投资机会。这个阶段所估算的投资额和生产成本的精确程度大约控制在±30%，大中型项目的机会研究所需时间为1～3个月，所需费用占投资总额的0.12%～1%。

2. 初步可行性研究阶段

在项目建议书被国家计划部门批准后，对于投资规模大、技术工艺又比较复杂的大中型骨干项目，需要先进行初步可行性研究。初步可行性研究也称为预可行性研究，是详细可行性研究前的预备性研究阶段。初步可行性研究的主要目的有：确定是否进行详细可行性研究；确定哪些关键问题需要进行辅助性专题研究。

初步可行性研究内容和结构与详细可行性研究基本相同，主要区别是所获资料的详尽程度、研究深度不同。对建设投资和生产成本的估算精度一般要求控制在±20%，研究时间为4～6个月，所需费用占投资总额的0.25%～1.25%。

3. 详细可行性研究阶段

详细可行性研究又称技术经济可行性研究，是可行性研究的主要阶段，是建设项目投资决策的基础。它为项目决策提供技术、经济、社会、商业等方面的评价依据，为项目的具体实施提供科学依据。这一阶段的主要目标有：提出项目建设方案；分析效益并选择最终方案；确定项目投资的最终可行性和选择依据标准。

这一阶段的内容比较详尽，所花费的时间和精力都比较大。建设投资和生产成本计算精度控制在±10%以内；大型项目研究工作花费的时间为8～12个月，所需费用占投资总额的0.2%～1%；中小型项目研究工作的时间为4～6个月，所需费用占总投资额的1%～3%。

4. 评价和决策阶段

评价和决策是由投资决策部门组织有关咨询公司或有关专家并予以授权，使其代表项目业主和出资人对建设项目可行研究报告进行全面的审核和再评价。这一阶段的主要任务是对拟建项目的可行性研究报告提出评价意见，最终决策该项目投资是否可行，确定最佳投资方案。项目评价与决策是在可行性研究报告基础上进行的，其内容包括以下几点。

(1) 全面审核可行性研究报告中反映的各项情况是否属实。

(2) 分析项目可行性研究报告中各项指标计算是否正确，包括各种参数、基础数据、定额费率的选择。

(3) 从企业、国家和社会等方面综合分析和判断工程项目的经济效益和社会效益。

(4) 分析判断项目可行性研究的可靠性、真实性和客观性，对项目做出最终的投资决策。

(5) 最后写出项目评估报告。

2.3.3 物流项目可行性研究报告的编写

由于各行各业项目在目标与内涵上存在差异，因此其项目领域也较广泛，可以是物流中心建设项目，也可以是具体的某一专用仓库建设项目，还可以是物流企业的信息系统建设或改造等。这里以物流配送中心建设项目为背景，介绍物流投资项目可行性研究报告编写的纲要。

1. 物流项目可行性报告编写

1) 总论

总论作为可行性研究报告的首要部分，要对整个研究工作和研究结果给出概括性叙述，对项目的可行与否提出最终的建议，为决策部门的审批提供方便。主要包括以下内容。

(1) 项目背景，包括：①项目名称；②业主单位概况；③可行性研究报告编制依据；④项目提出的理由与过程。

(2) 项目概况，包括：①项目拟建地点；②项目建设规模与目标；③项目主要建设条件；④项目提出的理由与过程。

(3) 项目研究结论，包括：①项目服务范围(企业)与物料种类；②项目工程技术方案；③项目投入的总资金及效益情况；④项目建设进度；⑤主要技术经济指标。

(4) 问题与建议，就项目实施中可能存在的问题提出解决的方案和建议。

2) 市场供需分析

在对一个项目的建设规模和技术方案进行选择时，需要在对市场需求情况有了充分的了解之后才能作出决定。市场分析要求在既有调查的基础上，对未来情况作出预测和判断，市场分析和预测的结果是物流中心服务定价和收入的重要依据。其分析的可靠性最终影响到项目的盈利性和可行性。主要包括以下内容。

(1) 市场调查，包括：①拟建物流中心的服务客户与范围的市场调查；②既有物流中心替代条件的调查；③与物流中心作业相关的成本与收费价格调查。

(2) 市场预测，包括：①物流中心企业未来产品需求量预测；②未来企业产品销售网络与品种数量变动趋势预测；③物流服务价格预测；④企业营销与竞争力分析；⑤物流中心运作的市场风险分析。

3) 场址选择

本部分主要是确定物流中心的合理位置。进行场址选择时需要考虑其服务的企业位置、道路交通条件和公共设施供应条件，在技术经济分析的基础上给出推荐意见。主要内容包括以下几点。

(1) 建设条件，包括：①既有仓库和设备的可利用量；②周边的道路交通条件；③与公共交通系统的联系条件。

(2) 场址选择，包括：①场址现状；②场址方案比选；③推荐的场址方案。

4) 技术、设备和工程方案

技术和工程方案是可行性研究的重要组成部分。通过研究物流中心的生产方法、作业流程、设备选型以及平面布置等问题，形成完整的技术方案。并且在此基础上估算土建工程量和计划设备购置种类与数量。在此部分，除文字叙述外还需要以图表形式给出工艺流程设计、平面布置方案和一些重要的数据和指标。主要包括以下内容。

(1) 技术方案，包括：①功能及作业流程确定；②仓库种类、规模确定；③信息系统规划。

(2) 设备方案，包括：①主要设备选型；②主要设备清单。

(3) 工程方案，包括：①主要建、构筑物结构方案；②特殊基础工程方案；③建筑安装工程量及"三材"用量估算；④主要建、构筑物一览表。

5) 总平面布置与公用辅助工程

根据各单项工程、作业要求与功能及专业设计规范进行物流中心的总体平面布置。主要包括以下内容。

(1) 平面布置，包括：①平面布置方案比选；②总平面布置主要技术经济指标。

(2) 交通方案，包括：①场内外运输量及运输方式的确定；②项目对周边交通的影响分析。

6) 环境保护与劳动安全

建设项目一般会引起项目所在地自然环境、社会环境和生态环境的变化。作业流程和工作环境的方案也影响着劳动者的健康和安全。这些问题都需要依据国家有关环境保护的法律和法规对项目可能造成的近期、远期的影响作出评估，尽量减少对环境与劳动者生命和财产安全的不利影响。对存在一定影响的项目还要提出治理和保护环境与劳动安全具体防范措施。主要包括以下内容。

(1) 环境影响评价，包括：①环境条件调查；②影响环境因素分析；③环境保护措施。

(2) 劳动安全卫生与消防，包括：①危险因素和危害程度分析；②安全防范措施；③卫生保健措施；④消防设施。

7) 组织机构与人力资源配置

合理科学地确定项目组织机构和配置人力资源是保证项目建设和生产运营顺利进行、提高劳动生产率的重要条件。在可行性研究报告中，要根据项目规模、项目组成和作业流程提出相应的项目组织机构形式、劳动定员总数、劳动力来源以及员工培训等计划。主要包括以下内容。

(1) 组织机构设置，包括：①组织机构设置方案及其适应性分析；②工作制度的确定。

(2) 劳动定员和员工培训，包括：①劳动定员；②年总工资和员工年平均工资估算；③员工培训及其费用估算。

8) 项目实施进度

当项目工程建设方案确定后，应研究提出项目的建设工期和实施进度方案。项目建设工期是指从拟建项目永久性工程开工之日至项目全面建成投产或交付使用所需的全部时间。由于在建设工期内包括了土建施工、设备采购与安装、生产准备、系统调试、试运转、竣工验收等多个工作环节，其中有些环节是相互影响、前后紧密衔接的，也有些是同时开展、相互交叉进行的，因此，在可行性研究阶段，需要将项目实施时期阶段的各个工作环节进行统一规划，综合平衡，使它们能够有条不紊地推进。其主要包括以下内容。

(1) 确定建设工期。

(2) 编制项目实施进度表。

9) 投资估算与资金筹措

当项目的建设规模、技术、设备和工程方案以及项目实施进度等确定后，即可进行项目总资金的估算。除此之外，可行性研究还需要重点讨论项目需要资金的筹措办法，必须推荐出可行的、风险小的融资方案。主要包括以下内容。

(1) 投资估算，包括：①建设投资估算；②流动资金估算；③投资估算表。

(2) 融资方案，包括：①融资组织形式；②资本金筹措；③债务资金筹措；④融资方案分析。项目融资的结构框架如图2.4所示。

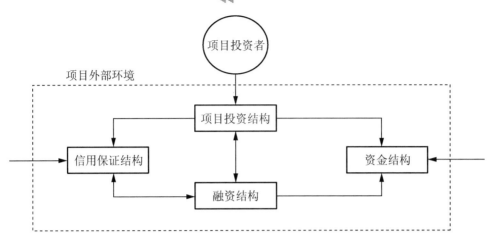

图 2.4 项目融资的结构框架

10) 经济效益评价

可行性研究中,对于任何一种备选方案都需要进行财务、(社会)经济效益的评价,以判断项目在经济上是否可行,并从中选择出最优实施方案。经济效益评价结果是方案取舍的最主要的依据之一。主要包括以下内容。

(1) 财务评价,包括:①财务评价基础数据与参数选取;②物流服务收入与成本费用估算;③财务评价报表;④赢利能力分析;⑤偿债能力分析;⑥不确定性分析;⑦财务评价结论。详见 2.4 节。

(2) 国民经济评价,包括:①影子价格及评价参数选取;②效益费用范围与数值调整;③国民经济评价报表;④国民经济评价指标;⑤国民经济评价结论。详见 2.4 节。

(3) 社会评价,包括:①项目对社会影响分析;②项目与所在地互适性分析;③社会风险分析;④社会评价结论。

(4) 风险分析,包括:①项目主要风险识别;②风险程度分析;③防范风险对策。

11) 研究结论与建议

在前述各项论证的基础上归纳总结,择优提出推荐方案,并对方案进行总体论证,对项目和方案是否可行作出明确的结论。主要包括以下内容。

(1) 结论与建议,包括:①推荐方案总体描述;②推荐方案优缺点描述;③主要必选方案说明;④结论性意见与建议。

(2) 附图,包括:①场址地形或位置图;②物流中心总平面布置图;③物流中心作业流程设计图;④主要仓库布置方案;⑤其他图。

另外,凡属项目可行性研究范围但在研究报告以外单独成册的文件(如项目建设书、项目立项批文、贷款意向书等)均需作为可行性研究总体报告的附件。

2. 物流项目可行性报告编写的注意事项

可行性研究从理论分析到得出结论通常要经过一段很长的时间,所要记述的只能是运用适当方法导出结论所必需的事情,而不是面面俱到地罗列事实资料。所以,如果事先能够对编写报告书中可能出现的问题加以了解,无疑能使报告书在题材和表现手法上更为简洁、清楚和吸引人。下面简要地说明编写报告书的一些注意事项,以供大家在实际工作中参考。

1) 准备工作

(1) 项目负责人要熟悉全部调查内容，熟悉编写报告书的要领、应采取的分析方法、替代方案、利益的内容等。

(2) 要根据调查对象，选定物流项目课题调查组成员，然后把提纲分别交给每个成员并与他们充分协商调查内容，以使得每个成员都能清楚自己所要做的工作，从而能动地完成任务。

(3) 绘制分析流程图。方法是按流程从后向前的顺序进行。流程图要明确所要分析的内容、作业情况、日程安排等。这样，研究人员就可以一目了然地看出目前应进行什么调查，本人应做什么工作等。

如果不重视上述工作，将会使各方面负责人写出的原稿因没有整体性而无法采用；调查人员不可能将精力集中于必要的方面，造成许多无用资料的收集，延误时机，浪费精力。

2) 调查阶段

(1) 要重视现场第一手资料的收集，少做不可靠的估算。同时尽可能利用一些现成的资料和数据，以节省时间。

(2) 调查报告要简明扼要、客观而慎重地反映实际情况。要注意今后报告书内容可能公开的范围和程度，对调查中涉及的有关国家机密等不宜公开的部分应作有保留的描述。

(3) 尽可能使用各种高效的调查方法，以便在较短的时间内获得较充分的资料。

3) 分析资料

(1) 尽量用具体数据推导出结论，而不要单纯叙述数学公式和理论方法。

(2) 紧扣主题，要剔除与分析无关的数据资料及其描述。

(3) 对于一些易受人们主观价值判断影响而难以定量表述的因素，可以定性地叙述。

(4) 对报告书中由于时间、经费等原因导致资料不足而仍然存在的分析不够充分的问题，应该明确指出，并将其作为遗留课题，以让人心中有数，以免造成误解。

(5) 要脚踏实地地进行调查分析，尽可能地获得与本地区、本项目有关的资料，而不随便借鉴引用其他物流项目的经验数据。

4) 起草、编辑和完成报告

对报告书的总体要求就是以尽量少的文字、图表清楚明白地表达所要表述的有关内容。

(1) 报告应求简洁，尽量使人只需要看完正文部分而无须再看附录中详尽的资料就能理解和明白报告的内容。

(2) 尽可能自由地分节论述一项内容，节间留有间隔，但注意每节文字描述不能太长。

(3) 不要只是简单地罗列计算结果，而要让人明白引出结论的全过程。

(4) 表达手法上要简单明白、图文并茂，还可以辅之以表格说明，使人一目了然。

(5) 报告的草案和最终定稿之间的时间间隔应尽可能缩短，以免随着时间的推移致使报告的资料陈旧而陷入重新调查的困境。

(6) 在完成报告时，如需对有争议的问题重新调查，则应写明调查的困难所在、工作程序、调查背景等，尽量达成一致的协议。

2.4 物流项目的经济评价

2.4.1 物流项目的财务评价

1. 物流项目财务评价的含义

财务评价又称财务分析,是从微观投资主体(企业)角度对物流项目进行的经济分析,是企业物流项目投资决策的基础。财务评价从微观角度,根据财税制度、价格及有关法律规定,预测物流项目的经济效益,评价物流项目财务可能性,分析物流项目的投资风险。

财务评价的作用体现在衡量物流项目的盈利能力和清偿能力;物流项目资金规划的重要依据;为协议企业利益和国家利益提供依据。

2. 物流项目财务评价的取价原则

(1) 财务分析应采用以物流产品或服务的市场价格为基础的预测价格。

(2) 盈利能力分析考虑相对价格变化,偿债能力分析要同时考虑相对价格变化和价格总水平的影响,可做如下简化。

① 物流项目建设期间,既要考虑价格总水平变动,又要考虑相对价格变化。在建设投资估算中,价格总水平变动是通过涨价预备费来实现的。

② 物流项目运营期内,一般情况下盈利能力分析和偿债能力分析可采用同一套价格,即预测的运营期价格。

③ 物流项目运营期内,预测的运营期价格可根据具体情况,选用固定价格(项目经营期内各年价格不变)或考虑相对价格变化的变动价格(项目运营期内各年价格不同,或某些年份价格不同)。

④ 当有要求或价格总水平变动较大时,物流项目偿债能力分析采用的价格应考虑价格总水平的变动因素。

(3) 物流项目投资,包括建设投资、流动资金和运营期内的维持运营投资的估算,应采用含增值税价格。

(4) 物流项目运营期内投入与产出采用的价格可以是含增值税的价格,也可以是不含增值税的价格。

(5) 在计算期内同一年份,无论是有项目还是无项目的情况,原则上同种(物流产品或服务无差异)产出或投入的价格应取得一致。

3. 物流项目财务评价的内容及工作流程

1) 财务评价内容

(1) 在对物流投资项目的总体了解和对市场、环境、技术方案充分调查与掌握的基础上,收集预测财务分析的基础数据。这些基础数据主要包括预计的物流产品或服务的销售量及各年度产量、价格及价格变动幅度以及在此基础上估算的销售收入;总投资及固定资产、流动资产投入及其他投入估算;成本费用及其构成估算,财务预测的结果通过投资估算表、折旧表、成本费用表、损益表等反映。

(2) 编制资金规划与计划。对可能的资金来源与数量进行调查和估算，如可筹集到的银行贷款种类、数量，可能发行的股票、债券，企业可能用于投资的自有资金数量；计算逐年债务偿还额。在此基础上编制出物流项目生命周期内资金来源与运用计划。这个计划可以用资金来源与运用表(资金平衡表)来表示。一个好的资金规划不仅能满足资金平衡的要求，而且要在各种可行的资金筹集、运用方案中选优。

(3) 计算和分析财务效果。根据财务基础数据和资金规划，编制资金财务流量表，据此可计算出财务分析的经济效果指标。

2) 财务评价的工作流程

财务评价的工作流程如图2.5所示。

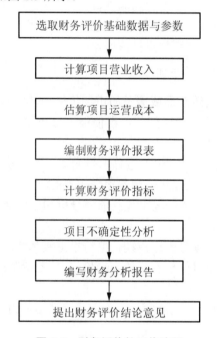

图2.5 财务评价的工作流程

2.4.2 物流项目的国民经济评价

1. 物流项目国民经济评价的含义

物流项目的财务评价和国民经济评价统称物流项目经济评价，与财务评价不同的是，国民经济评价是按照资源合理配置的原则，从宏观，即从国家整体角度考查物流项目的效益和费用，它采用影子价格、影子工资、影子汇率计算物流项目给国民经济带来的净效益，以社会折现率作为评价经济合理性的标准。国民经济评价以经济内部收益率作为主要指标，以经济净现值、经济净现值率和投资效益率作为辅助指标。以下类型的物流项目应做国民经济评价。

(1) 具有垄断特征的物流项目，如交通运输行业的项目。

(2) 产出具有公共产品特征的物流项目，如公共物流信息平台建设项目。

(3) 外部效果显著的物流项目，如EMS的快递服务网络建设项目。

(4) 资源开发型物流项目，如油气输送管道、煤炭开采运输项目等。

(5) 涉及国家经济安全的物流项目，如重要港口及航道建设项目。

(6) 受过度行政干预的物流项目，如某城市大型工业物流园区规划项目。

对这些物流项目来说，国民经济评价应与财务评价同时进行，只有财务评价和国民经济评价都可行才允许建设。当两种评价的结果发生矛盾时，应按国民经济评价的结论考虑物流项目的取舍。

2. 物流项目国民经济评价与财务评价的联系与区别

物流项目国民经济评价与财务评价的共同之处：首先，它们都是物流项目的经济效果评价，使用基本的经济评价理论和方法，寻求以最小的投入获取最大的产出，都要考虑资金的时间价值，采用内部收益率、净现值等经济盈利性指标进行经济效果分析；其次，两种分析都要在完成物流产品和服务需求预测、工艺技术选择、投资估算、资金筹措方案选择等基础上进行。

财务评价与国民经济评价既相互补充、又相互衔接。但二者存在明显的不同。主要区别见表2-2。

表2-2 财务评价与国民经济评价的区别

项　目	国民经济评价	财务评价
评价角度不同	从国家的角度评价项目对国民经济的贡献和国家需要付出的代价	从企业或项目本身的角度评价其财务状况，获利和偿贷能力
效益和费用计算范围不同	根据项目对社会提供的服务及项目所消耗的全社会有用资源，研究项目的效益与费用。以增加、减少国民收入为主要的鉴别原则	根据项目实际出发的货币支付及现金流量来确定效益和费用，以企业盈利为考核标准
采用价格不同	采用反映资源的机会成本和供求关系的影子价格	采用现行市场价格
采用折现率不同	采用国家规定的社会折现率	采用金融机构贷款利率或投资者期望的收益率

鉴于上述区别，两种评价有时可能导致相反的结论。例如，某物流运输项目所用燃料可以出口，其运输服务也可以出口。由于该燃料的国内价格低于国际市场价格，其运输服务的国内价格又高于国际市场价格，从财务评价考虑，企业利润很高，该运输项目是可行的；如果进行国民经济评价，采用以国际市场价格为基础的影子价格来计算，该运输项目就可能对国民经济没有那么大贡献。又如，某些低附加值的物流服务国内价格偏低，企业利润很少，财务评价的结果可能不易通过，如果影子价格对这些国计民生不可缺少的物流项目进行国民经济评价，则该类物流项目对国民经济的贡献可能很大，就能通过。

3. 物流项目国民经济评价的内容和工作流程

1) 国民经济评价内容

(1) 对物流项目的经济效益和费用从国民经济的角度进行划分。物流项目的费用和效益的划分因项目的类别及其评估目标的不同而有所区别。物流项目国民经济效益评估应从整个国民经济的发展目标出发，考查物流项目对国民经济发展和资源合理利用的影响。应注意对转移支付的处理，并对外部效果进行重点鉴定和分析。

(2) 对计算费用与效益所采用的影子价格以及一些国家参数进行分析。物流项目国民经济效益评估中，最关键的就是要确定物流项目产出物和投入物的各种合理的经济价格。要选择能反映资源本身的真实社会价值、供求关系、稀缺物资的合理利用和符合国家经济政策的经济价格(如影子价格)，按照国家规定和定价原则，合理选用和确定投入物与产出物的影子价格和国家参数，并对其进行鉴定和分析。

然后根据已确定的经济效益与费用的范围，采用影子价格、影子工资、影子汇率和社会折现率来替代财务效益评价中的财务价格、工资、汇率和折现率，计算物流项目的经济效益和费用。因此，确定影子价格是国民经济效益评价的主要内容。

(3) 对物流项目经济效益和费用按照影子价格进行调整。把物流项目的效益和费用等经济基础数据，按照已确定的经济价格(即影子价格)进行调整，重新计算物流项目的服务收入、投资和物流成本的支出，以及物流项目固定资产残值的经济价值。鉴定与分析调整的内容是否齐全和合理，调整的方法是否正确，是否符合国家规定。

(4) 编制国民经济评估报表。在对物流项目效益和费用等项目调整的基础上，编制经济现金流量表(全部投资)，利用外资的物流项目还应编制经济现金流量表(国内投资)和经济外汇流量表等基本报表。在评估时，应复核这些国民经济效益评价报表的表格设置、编制内容及数据计算是否正确。

(5) 计算国民经济效益指标。国民经济效益评估就是从国民经济整体角度考查物流项目给国民经济带来的净效益(净贡献)，主要是物流项目国民经济盈利能力评估、外汇效果评估，以及对不能直接用货币价值量化的外部效果做定性分析评估。

(6) 对物流项目不确定性的分析。不确定性分析的评估一般应包括对盈亏平衡分析和敏感性分析进行鉴定，在有条件时才对概率分析进行鉴定，以确定物流项目投资在财务上和经济上的可靠性和抗风险能力。

(7) 结论与建议。得出国民经济评价的结论。对物流项目经济评估中反映的问题和对物流项目需要说明的问题及有关建议应加以明确阐述。物流项目结论与建议要简明扼要，观点要明确。

2) 国民经济评价的工作流程

国民经济评价的工作流程如图 2.6 所示。

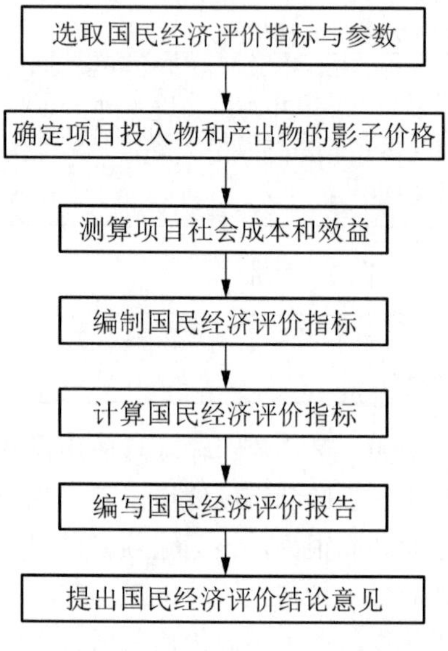

图 2.6　国民经济评价工作流程

2.5　物流项目不确定性分析

对于物流项目来说，在其建设和运营的较长期间内会面临包括社会、环境、市场、自然项目自身等方面的不确定因素，这些因素增加了对物流项目实施的风险。对于一般项目而言，物流项目的不确定性分析更应该引起管理者的高度重视。

物流项目的不确定性分析是指对物流项目决策方案受到各种事前无法控制的内外部因素变化与影响所进行的研究和估计。它是决策分析中常用的一种方法。通过该分析可以尽量弄清和减少不确定性因素对经济效益的影响，预测物流项目投资对某些不可预见的政治与经济风险的抗冲击能力，从而证明物流项目投资的可靠性和稳定性，避免投产后不能获得预期的利润和收益，以致使企业亏损。

2.5.1 物流项目不确定性分析的意义和方法

1. 物流项目不确定性分析的意义

在物流项目评估中进行物流项目的不确定性分析的目的是测定物流项目经济效益的变动范围，提高物流项目决策的可靠性和科学性。不确定性分析具有以下意义。

(1) 明确不确定性因素对投资效益的影响范围，了解物流项目投资效益变动的大小。不确定性因素多种多样，其对投资效益的影响也不一样。

(2) 确定物流项目评估的有效范围。在明确不确定性因素的变动及其作用力度的大小对投资效益指标的影响及物流项目总体效益变动的大小以后，就可以确定物流项目评估的有效范围，以便是物流项目决策者或执行人员能够充分了解不确定性因素变动的范围，尽量避免不利因素的出现。

(3) 提高物流项目评估结论的可靠性。通过不确定性分析可以充分掌握不确定性因素对物流项目投资效益影响的范围，从而进一步调整物流项目评估结论，使其更具有可靠性。

(4) 寻找在物流项目效益指标达到临界点时，变量因素允许变化的极限值。由于受到不确定性因素的影响，物流项目效益指标会在一定的范围内变化，当这些效益指标的变化使得物流项目从可行变成不可行时，就称此效益指标达到了临界点，这一临界点相应的不确定性因素色变化值就是该变量因素允许变化的极限值。通过不确定性分析可以找到极限值，从而投资者可以在物流项目的执行和经营中把握这种变量因素的变动范围，避免降低物流项目的经济效益。

2. 物流项目不确定性分析的方法

进行物流项目不确定性分析，需要依靠决策人的知识、经验、信息和对未来发展的判断能力，要采用科学的分析方法。物流项目不确定性分析的方法可分为盈亏平衡分析、敏感性分析和概率分析。其中盈亏平衡分析只用于财务评价，敏感性分析和概率分析可同时用于财务评价和国民经济评价。

2.5.2 盈亏平衡分析

盈亏平衡分析是通过盈亏平衡点(Break Even Point，BEP)分析物流项目成本与收益的平衡关系的一种方法。各种不确定因素(如投资、成本、销售量、产品价格、项目寿命期等)的变化会影响物流项目的经济效果，当这些因素的变化达到某一临界值时，就会影响物流项目的取舍。盈亏平衡分析的目的就是找出这种临界值，即盈亏平衡点，判断物流项目对不确定因素变化的承受能力，为决策提供依据。盈亏平衡点越低，说明物流项目盈利的可能性越大，亏损的可能性越小，因而物流项目有较大的抗经营风险能力。因为盈亏平衡分析是分析产量(销量)、成本与收入的关系，所以称量本利分析。

盈亏平衡分析根据物流项目收入、成本与产量(销售量)之间是否呈线性关系将分为线性盈亏平衡分析和非线性平衡分析。

1. 线性盈亏平衡分析

1) 线性盈亏平衡分析的前提条件
(1) 产量等于销售量。
(2) 产量变化、单位可变成本不变，从而总生产成本是产量的线性函数。
(3) 产量变化、销售单单价不变，从而销售收入是销售量的线性函数。
(4) 只生产单一物流产品，或者可以生产多种物流产品但可换算为单一物流产品计算。

2) 线性盈亏平衡分析的步骤

物流项目总成本(C)包括固定成本(C_F)和可变成本(C_vQ)，即总成本的计算公式为

$$C = C_F + C_v Q \tag{2-1}$$

式中，C 为年总成本；C_F 为年固定成本；C_v 为单位产品变动成本；Q 为年总产量。

扣除税金的销售收入计算公式为

$$S = P(1-t)Q \tag{2-2}$$

式中，S 为税后销售收入；P 为单位产品销售价格；t 为销售税率。

当盈亏平衡时，则有

$$C = C_F + C_v Q^* = P(1-t)Q^* = (P-T)Q^* = S \tag{2-3}$$

式中，Q^* 为盈亏平衡点对应的年产量；T 为单位产品销售税金及附加。

将式(2-1)、式(2-2)和式(2-3)在同一坐标上表达，如图 2.7 所示。

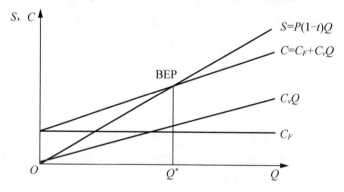

图 2.7　线性盈亏平衡分析图

由图 2.7 可知，当企业在小于 Q^* 的产量下组织生产，则物流项目亏损；当在大于 Q^* 的产量下组织生产，则物流项目盈利。显然 Q^* 是 BEP 的一个重要表达式。

由式(2-3)可知

$$Q^* = \frac{C_F}{P(1-t) - C_v} = \frac{C_F}{P - T - C_v} \tag{2-4}$$

其中，$P(1-t)-C_v$ 表示每单位产品补偿了单位变动成本之后的所有剩余，被称之为单位产品的边际贡献。

如果物流项目的年设计生产能力为 Q_0，BEP 也可以用生产能力利用率 E 来表达，即

$$E = \frac{Q^*}{Q_0} \times 100\% = \frac{C_F}{[P(1-t) - C_v]Q_0} \times 100\% = \frac{C_F}{(P - T - C_v)Q_0} \times 100\% \tag{2-5}$$

E 越小，也就是 BEP 越低，说明物流项目盈利的可能性较大，造成亏损的可能性较小。

如果按照设计生产能力进行生产和销售，BEP 还可以由盈亏平衡价格 P^* 来表达，即由式(2-3)可知

$$P^* = C_v + \frac{C_F}{Q_0} + T \tag{2-6}$$

【例 2-1】某物流某建设项目年设计生产能力为 10 000 台，产品单台销售价格为 800 元，年固定成本为 132 万元，单台产品可变成本为 360 元，单台产品销售税金为 40 元。试求盈亏平衡点的产量、销售收入和生产能力利用率。

解：由式(2-4)可知

$$Q^* = \frac{C_F}{P - T - C_v} = \frac{1\ 320\ 000}{800 - 360 - 40} = 3\ 300\ (台)$$

销售收入 $= PQ^* = 800 \times 3\ 300 = 264\ (万元)$

由式(2-5)可知

$$E = \frac{Q^*}{Q_0} \times 100\% = \frac{3\ 300}{10\ 000} \times 100\% = 33\%$$

2. 非线性盈亏平衡分析

当产品的年总成本与产量不呈线性关系，销售收入与产量也不呈线性关系时，要用非线性盈亏平衡分析方法进行分析。

成本与产量不再保持线性关系的可能原因是：当产量扩大到某一限度后，正常价格的原料、动力已不能保障供应，企业必须付出更高的代价才能获得，正常的生产班次也不能完成生产任务，不得不加班加点，增大了劳务费用。此外，设备的超负荷运转也带来了磨损的增大、寿命的缩短和维修费用的增加。

非线性平衡分析包括以下步骤。

非线性的成本函数一般用二次曲线表示，即

$$C = C_F + aQ + bQ^2 \tag{2-7}$$

式中，a, b 为常数，Q 为年产量。

在产品销售税率不变的条件下，销售净收入也可用二次曲线来表示，即

$$S = dQ + eQ^2 \tag{2-8}$$

式中，d, e 为常数。

盈亏平衡时，$C - S = 0$，即 $(b-e)Q^2 + (a-d)Q + C_F = 0$，可得

$$Q^* = \frac{-(a-d)}{2(b-e)} \pm \sqrt{\frac{(a-d)^2 - 4(b-e)C_F}{2(b-e)}} \tag{2-9}$$

将式(2-7)、式(2-8)和式(2-9)在同一坐标上表达，如图 2.8 所示。

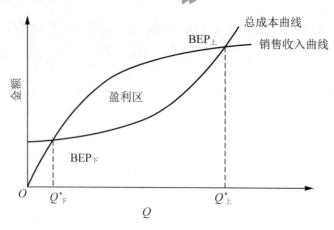

图 2.8 非线性盈亏平衡分析图

总成本曲线和销售净收入曲线有两个交点，即转亏为盈点和转盈为亏点。

利润最大时，有

$$\frac{d(C-S)}{dQ} = 2Q(b-e) + (a-d) = 0 \tag{2-10}$$

所以利润最大时的产量是

$$Q_{利润最大} = \frac{-(a-d)}{2(b-e)} \tag{2-11}$$

【例2-2】某物流包装项目总成本表达式 $C = 180\,000 + 150Q - 0.02Q^2$，销售净收入表达式 $S = 350Q - 0.04Q^2$，试求利润最大时的产量。

解：盈亏平衡时 $C - S = 0$，由式(2-9)知

$$200Q - 0.02Q^2 - 180\,000 = 0$$

$$Q_1^* = 1\,000, \quad Q_2^* = 9\,000$$

当 $1\,000 \leq Q \leq 9\,000$ 时，即物流项目年包装件数为 1 000～9 000 件时盈利，$Q < 1\,000$ 或 $Q > 9\,000$ 时，即年包装件数小于 1 000 或大于 9 000 件时亏损。

$$Q_{利润最大} = \frac{200}{2 \times 0.02} = 5\,000\,(件)$$

$$最大利润 = 200 \times 5\,000 - 0.02 \times 5\,000^2 - 180\,000 = 32\,(万元)$$

盈亏平衡分析是对拟建物流项目进行不确定性分析的方法之一，它可以对物流项目的一些主要参数，如产量、售价和成本等做出决定。此外，对于不易确定的经济数据可以用盈亏平衡分析法对高度敏感的产量、售价、成本和利润等因素进行分析，有助于了解物流项目可能承担的风险。

盈亏平衡分析是建立在生产量等于销售量的基础上，即要求产品全部销售完无积压，此外，它所使用的数据是某一正常年份的数据，但是物流项目是一个长期的过程，所以用盈亏平衡分析很难得到一个全面的结论。但是由于其计算方法简单，仍被广泛使用。

2.5.3 敏感性分析

敏感性分析是指从众多不确定性因素中找出对物流项目经济效益指标有重要影响的敏

感性因素,并分析、测算其对物流项目经济效益指标的影响程度和敏感性程度,进而判断项目承受风险能力的一种不确定性分析方法。

敏感性分析具有以下几个目的。

(1) 找出影响项目经济效益变动的敏感性因素,分析敏感性因素变动的原因,并为进一步进行不确定性分析(如概率分析)提供依据。

(2) 研究不确定性因素变动如引起项目经济效益值变动的范围或极限值,分析判断项目承担风险的能力。

(3) 比较多方案的敏感性大小,以便在经济效益值相似的情况下,从中选出不敏感的投资方案。

根据不确定性因素每次变动数目的多少,敏感性分析可以分为单因素敏感性分析和多因素敏感性分析。

1. 敏感性分析的步骤

进行敏感性分析,一般包括以下几个步骤。

(1) 确定分析的经济效益指标。评价项目的经济效益指标主要包括:净现值、内部收益率、投资利润率、投资回收期等。

(2) 选定不确定性因素,设定其变化范围。一般来说,投资额、产品价格、产品产量、经营成本、项目寿命期、折现率和原材料价格等因素经常会被作为影响财务评价指标的不确定因素。一般选取不确定因素变化的百分率,通常选择±5%、±10%、±15%、±20%等。

(3) 计算不确定性因素变动对物流项目经济效益指标的影响程度。

(4) 确定敏感性因素,作出物流项目风险情况的大致判断。

(5) 绘制敏感性分析图,求出不确定性因素变化的极限值。

2. 单因素敏感性分析

每次只变动一个因素而其他因素保持不变时所做的敏感性分析,称为单因素敏感性分析。

【例 2-3】G 公司有一投资项目,其基本数据见表 2-3。假定投资额、年收入、折现率为主要的敏感性因素。试对该投资项目净现值指标进行单因素敏感性分析。

表 2-3 敏感性分析基础数据

项目	投资额	寿命期	年收入	年费用	残值	折现率
数据	100 000 元	5 年	60 000 元	20 000 元	10 000 元	10%

解:(1) 敏感性因素与分析指标已经给定,我们选取±5%、±10%作为不确定因素的变化程度。

(2) 计算敏感性指标。首先计算决策基本方案的 NPV;然后计算不同变化率下的 NPV。见表 2-4 和表 2-5。

$$NPV = -100\,000 + (60\,000 - 20\,000) \times (P/A, 10\%, 5) + 10\,000 \times (P/F, 10\%, 5) = 57\,840.68$$

表 2-4 不确定因素变化后的取值

变化率	投资额	年收入	折现率
−10%	90 000	54 000	9%
−5%	95 000	57 000	9.5%
0	100 000	60 000	10%
5%	105 000	63 000	10.5%
10%	110 000	66 000	11%

表 2-5 不确定因素变化后 NPV 的值

变化率	NPV				
	−10%	−5%	0	+5%	+10%
投资额	67 840.68	62 840.68	57 840.68	52 840.68	47 840.68
年收入	35 095.96	46 468.32	57 840.68	69 213.04	80 585.40
折现率	62 085.36	59 940.63	57 840.68	55 784.33	53 770.39

(3) 计算临界值。

投资临界值：设投资额的临界值为 I，则

$$NPV = -I + (60\,000 - 20\,000) \times (P/A,10\%,5) + 10\,000 \times (P/F,10\%,5) = 0$$

得：$I=157\,840$。

收入临界值：设年收入的临界值为 R，则

$$NPV = -100\,000 + (R - 20\,000) \times (P/A,10\%,5) + 10\,000 \times (P/F,10\%,5) = 0$$

得：$R=44\,741.773$。

折现率临界值：设折现率的临界值为 i，则

$$NPV = -100\,000 + (60\,000 - 20\,000) \times (P/A,i,5) + 10\,000 \times (P/F,i,5) = 0$$

得：$i=30.058\%$。实际上，i 的临界值就是该项目的内部收益率。

(4) 绘制敏感性分析表，见表 2-6。

表 2-6 敏感性分析表

序号	不确定性因素	变化率	净现值	临界值
	基本方案		57 840.68	
1	投资额	−10%	67 840.68	157 840
		−5%	62 840.68	
		+5%	52 840.68	
		+10%	47 840.68	
2	年收入	−10%	35 095.96	44 741.773
		−5%	46 468.32	
		+5%	69 213.04	
		+10%	80 585.40	
3	折现率	−10%	62 085.36	30.058%
		−5%	59 940.63	
		+5%	55 784.33	
		+10%	53 770.39	

(5) 绘制敏感性分析图。如图 2.9 所示，与横坐标相交角度最大的曲线对应的因素就是最敏感的因素。

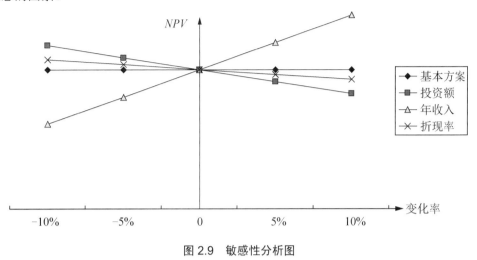

图 2.9 敏感性分析图

还可以在图中做出分析指标的临界曲线。对于净现值指标而言，横坐标为临界曲线(NPV=0)；对于内部收益率指标而言，以基本方案的内部收益率为 Y 值作出的水平线为基准收益率曲线(临界曲线)。各因素的变化曲线与临界曲线的交点就是其临界变化百分率。从敏感性分析表和敏感性分析图可以看出，净现值指标对年收入的变化最敏感。

3. 多因素敏感性分析

多因素敏感性分析是指在假定其他不确定性因素不变条件下，计算分析两种或两种以上不确定性因素同时发生变动，对物流项目经济效益值的影响程度，确定敏感性因素及其极限值。多因素敏感性分析一般是在单因素敏感性分析基础进行，且分析的基本原理与单因素敏感性分析大体相同，但需要注意的是，多因素敏感性分析须进一步假定同时变动的几个因素都是相互独立的，且各因素发生变化的概率相同。

【例 2-4】某物流项目投资 170 000 元，寿命 10 年，残值 20 000 元，基准利率为 13%，预计现金流入和流出分别为 35 000 元和 3 000 元。试对现金流入和流出作双因素敏感性分析。

解：设 x 和 y 分别为年现金流入和流出的变化率，则净现值为

$$NPV = -170\,000 \times (A/P, 13\%, 10) + 3\,500 \times (1+x) - 3\,000 \times (1+y) + 20\,000 \times (A/F, 13\%, 10)$$
$$= -170\,000 \times 0.184 + 3\,500 \times (1+x) - 3\,000 \times (1+y) + 20\,000 \times 0.054$$
$$= 1\,757 + 3\,500x - 3\,000y$$

只要 $NPV > 0$，即 $y > 0.586 + 11.67x$ 物流项目就可行，如图 2.10 所示。

由图 2.10 知，在直线 $y=0.586+11.67x$ 上时，$NPV=0$；在直线上方 $NPV>0$，物流项目可行；在直线下方 $NPV<0$，物流项目不可行。

敏感性分析是一种动态不确定性分析，是项目评估中不可或缺的组成部分。它用以分析物流项目经济效益指标对各不确定性因素的敏感程度，找出敏感性因素及其最大变动幅度，据此判断项目承担风险的能力。但是，这种分析尚不能确定各种不确定性因素发生一定幅度的概率，因而其分析结论的准确性就会受到一定的影响。实际生活中，可能会出现这样的情形：敏感性分析找出的某个敏感性因素在未来发生不利变动的可能性很小，引起

的项目风险不大；而另一因素在敏感性分析时表现出不太敏感，但其在未来发生不利变动的可能性很大，进而会引起较大的项目风险。为了弥补敏感性分析的不足，在进行项目评估和决策时，需要进一步作概率分析。

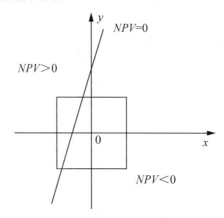

图 2.10　双因素敏感性分析图

2.5.4　概率分析

概率分析又称风险分析，是通过研究各种不确定性因素发生不同变动幅度的概率分布及其对物流项目经济效益指标的影响，对物流项目可行性和风险性作出判断的一种不确定性分析法。概率分析通过计算项目目标值(如净现值)的期望值及目标值大于或等于零的累积概率来测定项目风险大小，为投资者决策提供依据。概率分析常用于对大中型重要若干项目的评估和决策之中。

1. 概率的主观估计和客观估计

1) 主观概率与客观概率

主观概率是由决策者或专家对事件的概率作出一个主观估计。它是用较少信息量做出估计的一种方法。主观概率是根据对某事件是否发生的个人观点用一个 0~1 的数来描述此事发生的可能性，此数即为主观概率。

客观概率的计算方法有两种：一种是根据大量实验，用统计的方法进行计算；另一种是根据概率的古典定义，将事件分解为基本事件，用分析的方法进行计算。用这两种方法得到的数值都是客观存在的，不以计算者或决策者的意志而转移，称为客观概率。计算客观概率需要足够的信息、数据及对事件的了解和分析。

2) 三种估计

(1) 客观估计：用客观概率对风险进行分析。

(2) 主观估计：用主观概率对风险进行分析。

(3) 第三种估计：介于主客观估计之间。

2. 概率分析的方法

进行概率分析具体的方法主要有期望值法(Expectancy Method)、效用函数法(Utility Function Method)和模拟分析法(Model Analysis)等。

1) 期望值法

期望值法在项目评估中应用最为普遍，是通过计算项目净现值的期望值和净现值大于或等于零时的累计概率，来比较方案优劣、确定项目可行性和风险程度的方法。

2) 效用函数法

所谓效用，是对总目标的效能价值或贡献大小的一种测度。在风险决策的情况下，可用效用来量化决策者对待风险的态度。通过效用这一指标，可将某些难以量化、有质的差别的事物(事件)给予量化，将要考虑的因素折合为效用值，得出各方案的综合效用值，再进行决策。效用函数反映决策者对待风险的态度。不同的决策者在不同的情况下，其效用函数是不同的。

3) 模拟分析法

模拟分析法就是利用计算机模拟技术，对项目的不确定因素进行模拟，通过抽取服从项目不确定因素分布的随机数，计算分析项目经济效果评价指标，从而得出项目经济效果评价指标的概率分布，以提供项目不确定因素对项目经济指标影响的全面情况。

其中期望值法在项目评估中应用最为普遍，所以对期望值法进行主要介绍。

3. 期望值法

采用期望值法进行概率分析，一般需要包括以下几个步骤。

(1) 选用净现值作为分析对象，并分析选定与之有关的主要不确定性因素。

(2) 按照穷举互斥原则，确定各不确定性因素可能发生的状态或变化范围。

(3) 分别估算各不确定性因素每种情况下发生的概率。各不确定性因素在每种情况下的概率，必须小于等于1、大于等于零，且所有可能发生情况的概率之和必须等于1。这里的概率为主观概率，是在充分掌握有关资料基础之上，由专家学者依据其自己的知识、经验经系统分析之后，主观判断作出的。

(4) 分别计算各可能发生情况下的净现值。各年净现值期望值、整个项目寿命周期净现值的期望值、各年净现值期望值的计算公式为

$$E(NPV_t) = \sum_{i=1}^{n} X_{it} P_{it}$$

式中，$E(NPV_t)$为第 t 年净现值期望值；X_{it}为第 t 年第 i 种情况下的净现值；P_{it}为第 t 年第 i 种情况发生的概率，n 为发生的状态或变化范围数。

整个项目寿命周期净现值的期望值的计算公式为

$$E(NPV) = \sum_{t=1}^{m} \frac{E(NPV_t)}{(1+i)^t}$$

式中，$E(NPV)$为整个项目寿命周期净现值的期望值；i 为折旧率；m 为项目寿命周期长度，$E(NPV_t)$为第 t 年净现值的期望值。

项目净现值期望值大于零，则物流项目可行，否则，不可行。

(5) 计算各年净现值标准差、整个物流项目寿命周期净现值的标准差或标准差系数，各年净现值标准差的计算公式为

$$\delta_t = \sqrt{\sum_{i=1}^{n} [X_{it} - E(NPV_t)]^2 P_{it}}$$

式中，δ_t 为第 t 年净现值的标准差，其他符号意义同前。

整个物流项目寿命周期的标准差计算公式为

$$\delta = \sqrt{\sum_{t=1}^{m} \frac{\delta_t^2}{(1+i)^t}}$$

式中，δ 为整个物流项目寿命周期的标准差。

净现值标准差反映每年各种情况下净现值的离散程度和整个物流项目寿命周期各年净现值的离散程度，在一定的程度上，能够说明物流项目风险的大小。但由于净现值标准差的大小受净现值期望值影响甚大，两者基本上呈同方向变动。因此，单纯以净现值标准差大小衡量物流项目风险性高低，有时会得出不正确的结论。为此需要消除净现值期望值大小的影响，利用下式计算整个物流项目寿命周期的变异系数：

$$V = \frac{\delta}{E(NPV)} \times 100\%$$

式中，V 为变异系数。

一般地，V 越小，物流项目的相对风险就越小，反之，物流项目的相对风险就越大。依据净现值期望值、净现值标准差和标准差系数，可以用来选择投资方案。判断投资项目优劣的标准是：期望值相同、标准差小的项目为优；标准差相同、期望值大的项目为优；变异系数小的项目为优。

(6) 计算净现值大于或等于零时的累计概率。累计概率值越大，物流项目所承担的风险就越小。

(7) 对以上分析结果作综合评价，说明物流项目是否可行及承担风险性大小。

【例 2-5】某公司以 2.5 万元购置一台设备，寿命为 2 年，第一年净现金流量可能为：2.2 万元、1.8 万元和 1.4 万元，概率分别为 0.2、0.6 和 0.2；第二年净现金流量可能为：2.8 万元、2.2 万元和 1.6 万元，概率分别为 0.15、0.7 和 0.15，折现率为 10%。问购置设备是否可行。

解：$E(NPV_1) = 2.2 \times 0.2 + 1.8 \times 0.6 + 1.4 \times 0.2 = 1.8$

$E(NPV_2) = 2.8 \times 0.15 + 2.2 \times 0.7 + 1.6 \times 0.15 = 2.2$

$E(NPV_3) = E(NPV_1)/(1+i) + E(NPV_2)/(1+i)^2 - 2.5 = 0.9543$

$\delta_1 = 0.253$，$\delta_2 = 0.3286$，$\delta_3 = 0.3559$

$V = \delta/E(NPV) \times 100\% = 37.33\%$

通过计算得到购置设备是可行的，且风险较小。

本 章 小 结

物流项目的前期策划阶段是指一个物流项目从构思到批准正式立项的过程。其主要工作是根据物流需求识别、构思物流项目，寻找并确立项目目标、定义项目，并对项目进行详细的技术经济论证，使整个项目建立在可靠的、坚实的、优化的基础之上。

物流项目的识别和物流项目的构思这两个阶段是物流项目前期策划的首要工作。物流项目识别有一个过程，它起始于需求、问题或机会的产生，结束于需求建议书的发布；物流项目构思，就是针对客户的需求，提出各种各样的实施设想，向客户推荐最佳方案。

可行性研究是一项在具体实施某一项目前，对项目方案是否可行以及潜在的效果进行分析、论证和评价的工作。而物流项目的可行性研究是指在物流项目投资决策之前，对于拟建物流项目有关的经济、技术等各方面进行深入细致的调查研究，对各种可能采用的技术方案和建设方案进行认真的技术经济分析和比较论证，对项目建成后的经济效益进行科学的预测和评价。

在物流项目可行性研究中，可行性研究报告的编制是一项十分重要、严肃而又非常复杂的工作。可行性报告的大纲包括一般性物流项目所涉及的普遍内容，对于具体物流项目的可行性研究，应针对该项目本身的特点进行，做到具体问题具体分析。

物流项目不确定性分析也是物流项目可行性研究的重要工作。通过物流项目不确定性分析可以预测在物流项目实施过程中不确定性因素对物流项目经济效益影响的程度，从而尽量避免企业亏损。不确定性分析的方法有盈亏平衡分析、敏感性分析和概率分析。

关键术语

可行性研究(Feasibility Study)　　物流项目可行性研究(Feasibility Study on Logistics Project)　　项目识别(Project Identification)　　项目构思(Project Conception)

知识链接

物流项目可行性研究通常由特别组成的专家小组来负责，这个小组包括了与项目有关的各方面人员。进行物流项目可行性研究的人员应以客观、公正的态度对项目进行论证，为了搞好可行性研究工作，达到预期目标，必须注意以下几处关键点。

(1) 站在咨询的立场上，从与项目有不同利害关系的人们的观点出发，对项目进行调查分析，而不偏袒于任何一种观点。

(2) 以中立的观点导出结论，要防止以偏概全。

(3) 要有多种替代方案，并对它们进行方案经济比较，从而选择最优方案。

(4) 决定投资时机和投资规模。也就是要对该项目进行经济分析论证，将项目与费用、利益联系起来，从而获得有关最佳投资时机和投资规模方面的方案。

(5) 要提出可能采取的具体措施，分析物流项目赢利的途径和方法，选出可行的方案。

(6) 对于改扩建物流项目，要把原来资源的有效利用放在中心位置。

综合练习

一、选择题

1. 需求建议书是(　　)项目意向的一种表现形式。它是从客户的角度出发，全面、详细地向承约商陈述、表达为了满足其某种特定的需求应做哪些准备工作，这些将是(　　)进行项目构思的主要依据。

　　A. 客户　　　　B. 承约商　　　　C. 咨询公司

2．投资前时期的可行性研究工作主要包括4个阶段：(　　)阶段、(　　)阶段、(　　)阶段、(　　)阶段。

  A．机会研究   B．初步可行性研究
  C．详细可行性研究   D．评价和决策
  E．投资前时期 F．投资时期 G．运营时期

3．一个令客户满意的项目的构思不是一蹴而就的，它需要一个逐渐发展的递进过程，一般可以分为(　　)阶段、(　　)阶段和(　　)阶段3个阶段。

  A．准备   B．投资前时期 C．酝酿
  D．投资时期 E．运营时期   F．调整完善

4．物流项目不确定性分析包括(　　)。

  A．盈亏平衡分析   B．敏感性分析
  C．概率分析   D．市场价格分析

二、判断题

1．所谓的项目构思，就是针对承约商的需求，提出各种各样的实施设想，向客户推荐最佳方案。(　　)

2．物流项目建设的全过程一般分为3个主要时期：投资前时期、投资时期和运营时期。(　　)

3．项目建议书实际上是客户对项目构思的具体而详细的书面表达。(　　)

4．物流项目可行性研究的结果一般要回答以下5个方面的问题：要干什么，为什么要建这个物流项目，何时为宜，由谁来承担，物流项目在何处建。(　　)

三、简答题

1．什么是物流项目前期策划？其主要工作内容有哪些？
2．物流项目可行性研究对物流项目的实施有哪些重要的作用？
3．什么是项目构思？项目构思有哪些方法？
4．什么是物流项目可行性研究？物流项目可行性研究由哪些阶段构成？
5．物流项目可行性研究报告的编写有哪些注意事项？

实际操作训练

课题：物流项目可行性报告。

实训项目：物流项目可行性报告的编写。

实训目的：学习如何编写物流项目可行性报告。

实训内容：各小组通过资料收集与市场调研，选定某一物流项目，依据可行性报告的大纲，进行必要工作内容的实施。通过调查、汇总、研究、讨论等过程，确定报告相关内容，完成该项目可行性报告的编写。报告编写完成之后，各小组进行评比，讨论、交流报告编写过程中遇到的问题、注意事项等。

实训要求：将参加实训的学生划分成若干工作小组，任命其中一名组员为组长即项目经理，由其对该组组员进行分工，开展可行性分析的相关工作，如市场供需分析、场址选择、技术、设备和工程方案，完成选定物流项目可行性报告的编写。报告完成后，各小组开展评比活动，交流、探讨报告编写过程中遇到的问题及解决方案，使学生熟练掌握物流项目可行性报告的编写要领及可能遇到问题的解决方法。

根据以下案例所提供的资料，试分析以下问题。

(1) 针对该项目，其可行性研究是从哪些角度开展的？
(2) 哪些方面的论据论证了该项目的可行性？

现代商贸物流中心项目可行性研究报告

1. 前言

本项目的主要任务及目的是建设大型商贸物流中心，加强与省内外发达地区商贸流通业的对接步伐，推进商贸物流现代化。现代商贸物流中心项目的建设，对南屿镇的工业、物流业、建筑业、服务业的发展具有极大的促进作用。

2. 项目建设地点概况

根据《福州市南屿南通新城区总体规划》，南屿南通新城区规划为面积为68平方千米，位于福州中心城的西侧，旗山脚下，北靠大学城，东临乌龙江，西、南为旗山和五虎山，大樟溪从中穿过。高新区产业基地北起316、324国道连接线，东至大樟溪，西南至山体，与城区仅"一江之隔"，拥有闽江、乌龙江、大樟溪水运之便利；福银高速公路、沈海高速公路、316国道、324国道、101省道穿境而过；外福铁路、温福铁路途经县境57.8千米，至长乐国际机场35千米，至福州港57千米。随着洪塘大桥、金上大桥、浦上大桥和湾边大桥等重大交通基础设施的建设，上街南屿南通区域与福州中心城的联系更加紧密，具备了开发建设的基本条件，成为未来几年内福州市中心城重点开发建设的区域之一。伴随着福州鳌峰洲的蔬菜、果品、副食品、家禽四大批发市场昨起陆续迁址闽侯南通，诸多政策倾斜必然使该区域成为各类物资集散基地。

3. 项目提出的背景及建设必要性

(1) 突破发展瓶颈：A公司是福州市乃至福建省综合实力较强的企业之一，历经多年的精心经营，公司的综合实力取得了长足的发展与提升。尽管各分支机构运行良好，但仍感不足：一方面，公司客户近年发展迅猛，纷纷抢滩各地市场，对于作为供应商的贸易机构要求越来越高，并导致业界整合，一些规模较小、适应能力弱的公司惨遭淘汰出局；另一方面，公司各机构独立运营，经营品牌及渠道不一，无法整合并共享各机构间资源，规模效应难以实现，加上现有的物流体系相对落后，难以实现各机构统一调度、统一配送、节约能耗、降低运营成本的目标。根据公司的发展规划，决定组建集团公司，建立集团营销中心，统一制定营销战略、统一各机构的步调、集中各机构资源、提升公司在业界的影响力。

(2) 项目建设的必要性：建设大型商贸物流中心，加强与省内外发达地区商贸流通业的对接步伐，推进商贸物流现代化。新型商贸流通业态的介入将会极大地提升南屿商贸流通业的层次。现代商贸物流中心项目的建设，对南屿镇的工业、物流业、建筑业、服务业的发展具有极大的促进作用。

4. 项目建设方案

1) 建设内容

该项目为现代商贸物流中心建设项目。现代商贸物流中心主要分集团总部、研发中心、物流调度中心、信息中心和仓库五个部分。现代物流中心规划总占地面积50~60亩，项目分两期建设。

一期项目占地面积40亩，主要包括集团总部、综合楼、仓储一区、物流调度中心、信息中心等，还包括道路和绿化。集团办公大楼一幢：建筑面积6 280平方米；配电房一幢：建筑面积50平方米，综合楼一幢：建筑面积2 560平方米；信息中心与物流调度中心一幢：建筑面积2 240平方米；停车场一排：

建筑面积1 170平方米；仓储一区包括仓储综合楼一幢，建筑面积2 600平方米，普通仓库两幢，建筑面积12 820平方米；一期建筑面积26 550平方米。

二期项目占地面积20亩，主要包括研发中心和仓储二区。研发中心一幢：建筑面积1 250平方米；仓储二区包括综合服务楼一幢，建筑面积2 165平方米，普通仓库两幢，建筑面积11 120平方米。

2) 设计指导思想

建立科学、完整的物流体系，提高流通效益，减少流通环节，把本项目建设成档次高、功能全、辐射面广、对区域性经济有影响和带动作用的物流中心。

5. 经济评价

1) 营业收入、营业税金和附加估算

集团公司成立首年预计实现年营业额5亿元人民币，其中A公司将实现年营业额2亿元人民币；集团将实现增值税约600万元，城市建设维护税为约42万元，教育费附加为约24万元。

集团公司第3年计划年营业额7亿元，其中A公司将实现年营业额3.2亿人民币。集团将实现增值税约750万元，城市建设维护税为约53万元，教育费附加为约30万元。5年后集团公司将实现年营业额15亿元人民币，A公司预计将年营业额近8亿元人民币。集团将实现增值税约1 650万元，城市建设维护税为约115.5万元，教育费附加为约66万元。

2) 财务评价结论

通过对项目从筹建到投产经营全过程各项评价指标的测算，项目虽然投资较大，但投产后效益较好，项目建成投产后，所得税后财务内部收益率为16.86%，高于设定的12%基准收益，投资回收期为7.36年(含建设期)，银行借款偿还为5年(含建设期)，能满足银行要求。从敏感性分析看，项目有一定的抗风险能力，从项目的资产负债情况看，项目的财务负债正常，不存在财务风险，项目在财务上是可行的。

6. 结论

(1) 南屿镇区位优势明显，建设商贸物流中心是很适宜的。项目社会效益显著，经济效益明显。

(2) 投资方为民营企业主，具有较强的实力和经验，有能力做好这一项目。

(3) 项目建设符合国家产业发展规划，符合国家发展政策，投产后，能够充分发挥辐射区的人力资源优势，调整产业结构，促进企业经济健康、协调、可持续发展。

通过以上分析，本报告认为该项目具备了技术上的先进性、经济上的合理性、实施上的可行性，因此是切实可行的。

资料来源：http://wenku.baidu.com/view/a9c7e70316fc700abb68fcfa.html。

第3章 物流项目组织与人力资源管理

【学习目标】

通过本章的学习，了解项目组织的概念、物流项目组织的特征及类型，明确项目经理及物流项目经理的概念、物流项目经理的职责、能力及权限，掌握项目团队的含义、物流项目团队的概念及其组建过程，并能够了解项目人力资源管理的含义，掌握物流人力资源管理的概念及其主要内容。

【学习要求】

知识要点	能力要求	相关知识
物流项目组织的基本知识	了解项目组织的概念； 了解物流项目组织的特征、类型； 能够合理选择物流项目组织形式	项目组织的概念； 物流项目组织的特征，物流项目组织的几种基本类型及其优、缺点； 物流项目组织形式的选择
物流项目经理的相关知识	明确项目经理及物流项目经理的概念； 掌握物流项目经理的职责、能力及权限	项目经理及物流项目经理的概念； 物流项目经理的主要职责、应具备的能力及其具有的权限
物流项目团队管理	掌握项目团队及物流项目团队的含义； 熟练掌握物流项目团队组建过程	项目团队的定义、特征； 物流项目团队的发展阶段、人员选定及其组成
物流项目人力资源管理	掌握项目人力资源管理及物流人力资源管理的含义； 掌握物流项目人力资源管理的主要内容	物流项目人力资源管理的概念及其与组织人力资源管理的区别； 物流项目人力资源管理的规划、招聘、激励、绩效评价及培训与开发

某公司 A 项目组织结构的选择

某计算机公司计划拟开展 A 项目。该项目目标是设计、生产并销售一种多任务的便携式个人电脑，配置包括 32 位处理器、32 兆以上内存、2G 以上硬盘、200 兆以上处理速度、质量不超过 1.5 千克、点阵式彩色显示器、电池正常操作下可用 6 小时以上、零售价不超过 2 万元。

根据 A 项目的目标，相关负责人列出了项目的关键任务以及相应的组织单元，见表 3-1。

表 3-1 项目的关键任务及组织单元

编号	项目的关键任务	相关的组织单元
A	描述产品的要求	市场部、研究部
B	设计硬件，做初步测试	研发部
C	筹备硬件生产	生产部
D	建造生产线	生产部
E	进行小批量生产，及质量和可靠性测试	生产部、质保部
F	编写(或采用自己的)操作系统	软件开发部
G	测试操作系统	质保部
H	编写(或采用自己的)应用系统	软件开发部
I	测试应用软件	质保部
J	编写所有文档，包括用户手册	生产部、软件开发部
K	建立服务体系，包括备件、手册等	市场部
L	制订营销计划	市场部
M	准备促销演示	市场部

根据上述内容，项目的关键任务主要有 4 个方面：①设计、生产、测试硬件；②设计、编制、测试软件；③建立服务和维修体系；④营销策划，包括演示、宣传等。

此外，项目还需要下面一些支持子系统：①设计软件的小组和设计硬件的小组；②测试软件的小组和测试硬件的小组；③组织硬件生产的小组；④营销策划小组；⑤文档编写小组；⑥管理以上各小组的行政小组。

这些子系统涉及公司的五个部门，其中软件设计小组和硬件设计小组的工作关系非常密切，而测试小组的工作则相对独立，但测试的结果对软件和硬件设计的改善很有帮助。

该计算机公司在人力上完全有能力完成这项任务，在硬件和操作系统设计上也能达到当前的先进水平，A 项目预计持续 18～24 个月，是目前为止该公司投资最大的项目。

资料来源：http://wenku.baidu.com/view/e3a24a4a2e3f5727a5e9629f.html。

问题：针对 A 项目，该公司的高层管理者应采用什么类型的项目组织结构？

当代的项目管理已深入到各行各业，特别是随着近年来物流业的迅猛发展，物流项目正以不同的类型、不同的规模存在于物流业的各个角落。由于物流项目管理有其行业特殊性，如何选择合适的物流项目组织形式、选择具备何种素质及能力的物流项目经理、如何组建物流项目团队、如何进行成功的物流项目人力资源管理成为确保物流项目顺利实施、物流项目目标成功实现的关键。

3.1　物流项目组织

1. 项目组织的概念

项目组织是为完成特定的项目任务而建立起来的从事项目具体工作的组织。项目组织同一般组织一样，具有相应的组织领导(项目经理)、规章制度(项目章程)、配备人员(项目团队)及组织文化等。

项目管理作为一种新型的管理方式，由于其自身具有一次性、临时性等特征，决定了项目实施过程中其组织管理与传统的组织有所不同，最大的区别在于项目管理更强调项目负责人的作用，强调团队的协作精神，其组织形式具有更大的灵活性。项目活动能否有效地展开，项目目标是否能最终实现，在很大程度上取决于该组织是否选择了合适的组织形式形式来满足于该项目的管理。

2. 物流项目组织的特征

虽然物流项目因项目性质(工程类/非工程类)、投资规模与复杂程度不同，可能采取的项目形式各异，但也具有一般项目组织的特征。

(1) 目的性。任何组织都有其目的，这样的目的既是这种组织产生的缘由，也是组织形成后使命的体现。例如为了参与物流项目的竞标，物流公司组建了项目小组，显然争取中标是该组织的工作目标。项目小组无论是组长(项目经理)还是组员(工程师、会计师、融资顾问等)，大家都认可"争取项目中标"的组织目标。

(2) 专业化分工。组织是在分工的基础上形成的，组织中不同的职务或职位承担不同的组织任务，专业化分工符合处理工作的复杂性及人的生理、心理等有限性特征的矛盾，便于积累经验及提高效率。

(3) 周期性。项目组织最显著的特征就是它的周期性。项目组织的发展周期与项目的生命周期基本同步，它也有组建阶段、磨合阶段、正规阶段、成效阶段和解散阶段。

(4) 依赖性。组织内部的不同职务或职位并非孤立的而是相互联系的。

(5) 等级制度。任何组织都存在上下级关系。下属有责任执行上级的指示，而上级不可以推卸掉组织下属活动的责任。项目组织的层次视项目的大小和复杂性而不同，一般在项目前期层次少，随着项目实施工作的展开，会产生出一些新的分支机构。

(6) 开放性。所有项目组织都与外界环境存在资源及信息交流。

(7) 环境适应性。项目组织本身是一个系统，然而它又存在于整个社会和经济的更大的环境系统中。具有环境适应性的项目组织才能够生存和发展。

3. 物流项目组织形式的类型

常见的物流项目组织形式主要有职能式、项目式、矩阵式，而物流项目具有一般项目的特点，因此，对于物流项目而言，这几种组织形式也同样适用。

1) 职能式组织形式

职能式组织形式(Functional Organization)是通过在实施项目的组织内部建立一个有各个职能部门相互协调的项目组织来完成某个特定的项目目标。在这种类型的组织形式中，高层管理者处于组织形式的最顶层,中、低层管理者逐步向下分布,公司按照管理职能划分为生产、财务、营销、人事和研发等若干个职能部门,职能式组织形式主要承担内部项目,较少承担外部项目,该组织形式如图 3.1 所示。

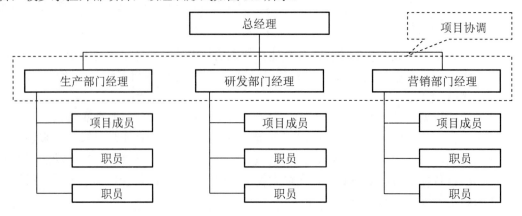

图 3.1　职能式组织形式

职能式组织形式具有以下优点。

(1) 有利于提升企业技术水平。职能式组织是以职能的相似性划分部门的,部门中同仁(包括项目组之外人员)交流方便,有利于积累经验并提高业务水平。这可使项目获得部门内所有的知识和技术支持,对创造性地解决项目的技术问题非常有帮助。

(2) 资源应用具有灵活性。充分利用公司内部的资源,人员使用灵活,可避免人员和设备的重复设置,可根据项目需要动态分配资源,从而降低了成本。

(3) 项目管理具有连续性。当有人员离开项目组甚至公司时,职能部门可作为保持项目技术连续性的基础。同时,将项目作为部门的一部分还有利于在过程、管理和政策等方面保持连续性。

职能式组织形式具有以下缺点和不足。

(1) 协调难度大。由于项目实施组织中没有明确项目负责人,项目的职能是分解到各个部门的。因此,不可避免地会产生局部利益矛盾,这样就会影响项目整体目标的实现。

(2) 项目组成员责任淡化。由于项目实施组织只是临时从职能部门抽调而来的,有时工作重心还在职能部门。因此,很难树立积极承担项目责任的意识,项目责任难以真正落实,加大了项目的风险。

2) 项目式组织形式

项目式组织形式(Project Organization)是按照项目来设置组织机构的,每个项目是一个相对独立的机构,都有自己的项目经理及其下属的职能部门。项目经理全权管理项目,享有高度的权力和独立性,能够配置项目所需的全部资源,并对项目成员有直接的管理权力。所有的项目成员都是专职的,当一个项目结束后,团队通常就解散了,团队中的成员可能会被分配到新的项目中去。项目式组织中通常还设有项目管理办公室(Project Management Office,PMO)来为各个不同的项目提供服务。项目式组织形式最突出的特点就是"集中决策,分散经营",也就是说,公司的总部控制着所有部门的重大决策,各部门分别独立完成其承担的项目,这也体现了组织领导方式由集权向分权的转化,项目式组织形式如图 3.2 所示。

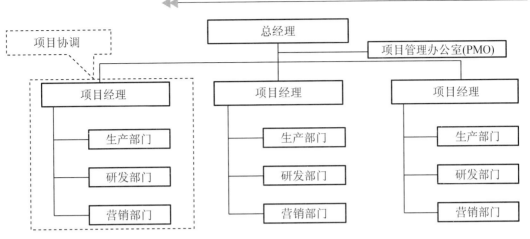

图 3.2 项目式组织形式

项目式组织形式具有以下优点。

(1) 在项目式组织形式中,项目团队成员不像职能式组织形式中那样具有双重身份,通常都是专职人员。因此,项目组织较为稳定,而且每个项目组成员都有明确的责任,便于项目经理进行统一指挥和管理。

(2) 每个部门都是基于项目而组建的,他们的首要目标就是圆满地完成项目的任务,项目成员都能够明确理解并致力于项目目标,团队精神得以充分发挥。

(3) 项目经理享有最大限度的决策自主权,可以统一协调整个组织的管理工作,而且对客户的需求和公司高层的意图可以作出快捷的响应,从而保证了项目的成功实施。

(4) 项目经理可以避开职能部门直接与高层管理人员沟通,避免沟通中信息失真与延误。

项目式组织形式具有以下缺点和不足。

(1) 每个独立的项目组织都设有自己的职能部门,不利于资源共享,同时由于项目各阶段的工作重点不同,且项目组之间的人力资源又不能相互协调,这样会使项目组成员的工作出现忙闲不均的现象,影响了员工的工作积极性,导致管理成本较高,资源配置效率低下。

(2) 各项目团队的技术人员往往只注重自身项目中所需的技术,不同的项目团队之间很难共享知识,不利于项目团队成员技术水平的提高。

(3) 项目一旦结束,项目团队成员就有可能失去工作,使得他们缺乏事业上的保障。由于他们担心项目结束后的生计,项目的收尾工作可能会因此被推迟。

3) 矩阵式组织形式

矩阵式组织形式(Matrix Organization)是为了最大限度地利用组织中的资源而发展起来的,它是由职能式组织形式和项目式组织形式结合而成的一个混合体。它在职能式组织的垂直结构中叠加了项目式组织的水平结构,兼有职能式组织形式和项目式组织形式的特征。矩阵式组织形式在职能式组织形式和项目式组织形式之间找到最佳耦合,在一定程度上避免了上述两种结构的缺陷,并且能发挥它们的优势,矩阵式组织形式如图 3.3 所示。

矩阵式组织形式具有以下优点。

(1) 矩阵式组织形式具有灵活性的特点,能够对客户和项目的要求做出较快的响应。

(2) 项目经理负责管理整个项目,具有从职能部门抽调所需人员的权利。

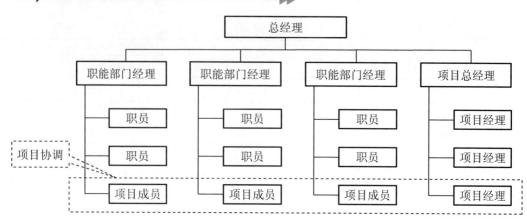

图 3.3 矩阵式组织形式

(3) 当多个项目同时进行时，公司可以对各个项目所需的资源、进度和成本等方面进行总体协调和平衡，保证每个项目都能达到预定的目标。

(4) 当项目结束时，项目团队的成员可以回到原来的职能部门，不必担心生计问题。

(5) 项目团队中有来自公司行政管理部门的人员，他们能保证项目的规章制度与公司章程一致，从而增加公司高层管理者对项目的信任。

矩阵式组织形式具有以下缺点和不足。

(1) 矩阵式组织形式对项目经理的要求较高，项目经理不仅要处理资源分配、技术支持和进度安排等方面的问题，还要懂得如何与各职能部门进行协调和分配。

(2) 项目团队成员可能会接受多重领导，即项目经理和职能部门经理的领导等。当他们的命令发生冲突时，就会使项目团队成员无所适从。

(3) 项目经理可能会只关心所负责项目的成败，而不以公司的整体目标为努力方向。

(4) 项目经理和职能部门经理之间存在分歧和矛盾，或他们对各自成员的影响力不同，都可能会影响项目进度和职能部门的日常工作。

4. 物流项目组织形式的选择

由前文介绍可知，职能式、项目式和矩阵式 3 种组织形式各有其优点和缺点，但同时这 3 种组织形式之间存在着内在联系，其内在联系如图 3.4 所示，它们都有其适用的场合和条件。因此人们在进行物流项目组织形式设计时，要采取具体问题具体分析的方法，选择合适的组织形式。项目组织模式的选择是决定项目实施与公司日常业务工作的关系问题，项目组织形式及其对项目的影响见表 3-2，3 种模式对影响项目因素的适应程度见表 3-3。

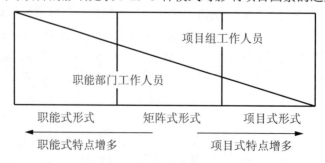

图 3.4 组织形式变化图

表 3-2 项目组织形式及其对项目的影响

组织 形式特征	职 能 式	矩 阵 式	项 目 式
项目经理的权限	很少或没有	小到中等	很高，甚至集权
全职工作人员的比例	几乎没有	15%～60%	85%～100%
项目经理投入时间	半职	全职	全职
项目经理的常用头衔	项目协调员	项目经理	项目经理
项目管理行政人员	兼职	半职	全职

表 3-3 3 种模式对影响项目因素的适应程度对比表

组织 形式特征	职 能 式	矩 阵 式	项 目 式
不确定性	低	高	高
所用技术	标准	高	新
复杂程度	低	复杂	高
持续时间	短	中等	长
规模	小	中等	大
重要性	低	中等	高
客户类型	各种各样	中等	单一
对内部依赖性	弱	中等	强
对外部依赖性	强	中等	强
时间限制性	弱	中等	强

物流项目内外环境较一般项目更为复杂，这就增加了物流项目组织形式选择的难度，常常依赖于物流项目管理者的经验。针对物流项目，组织形式的选择主要受到 3 个关键因素的影响：①新项目的发生频率；②项目的规模和工期；③项目的复杂程度。物流项目组织形式选择的因素如图 3.5 所示。

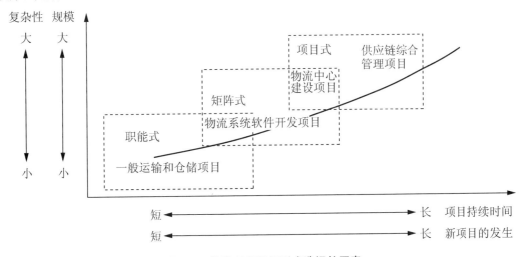

图 3.5 物流项目组织形式选择的因素

阅读案例 3-1

海尔的组织形式演变

在海尔的发展进程中,其组织结构也在不断调整,大的调整一年会有一两次,小的就更不必说了。一个企业应建立一个有序的非平衡结构,一个企业如果是有序的平衡结构,这个企业就是稳定的结构,是没有活力的,但如果一个企业是无序的非平衡结构,肯定就是混乱。我们在建立一个新的平衡时就要打破原来的平衡,在非平衡时再建立一个平衡。

海尔最早的组织结构是直线职能式结构,后来是矩阵结构,海尔开始 BPR 流程革命,成立超事业部结构,开始了组织结构的深度变革。第一步,把原来分属于每个事业部的财务、采购、销售业务全部分离出来,整合成独立经营的商流推进本部、物流本部、资金流推进本部,实行全集团范围内统一营销、统一采购、统一结算。第二步,把集团原来的职能管理资源进行整合,如人力资源开发、技术质量管理、信息管理、设备管理等职能管理部门全部从各事业部分离出来,成立独立经营的服务公司。整合后集团形成直接面对市场的、完整的物流、商流、资金流等核心流程体系和企业基础设施、研发、人力资源等支持流程体系。第三步,把这些专业化的流程体系通过"市场链"连接起来,设计索酬、索赔、跳闸标准,经过对原来的职能结构和事业部进行重新设计,把原来的职能型组织结构转变成流程型的网络体系结构,垂直业务结构转变为水平业务流程,形成首尾相接和完整连贯的新业务流程,如图 3.6 所示。

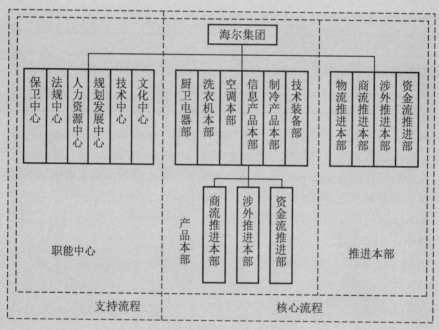

图 3.6 海尔集团流程再造后的组织结构创新

当然,在各流程内部要建立自己的子流程,例如:物流内部建立了采购事业部、储运事业部、配送事业部。采购事业部业务流程的任务主要是从分供方采购产品事业部所需要的零配件,并对分供方进行管理;储运事业部业务流程主要是仓储和运输采购事业部的零配件,以供产品事业部制造产品所用;配送事业部业务流程主要是从储运事业部的仓库把零配件直接送到产品事业部的生产线上,同时把产品成品配送到销售中心和客户手中,这样物流管理使海尔实现在全球范围内采购零配件和原材料,为全球生产线配送物资,为全球销售中心配送成品,降低了成本,提高了产品的竞争力。

资料来源: http://wenku.baidu.com/view/dd25720483d049649b6658b0.html。

3.2 物流项目经理

1. 项目经理的概念

项目经理是项目的负责人,也称为项目管理者或项目领导者,负责项目的组织、计划及实施的全过程,以保证项目目标的成功实现。他是项目的最高责任者、组织者和管理者,在现代项目管理中起着关键的作用,是决定项目成败的关键。

由于项目通常都是在一个比项目组织本身更高一级的组织背景下产生的,所以人们习惯于将项目管理定位为中层管理。由于项目管理及项目环境的特殊性,一方面,项目经理所行使的"中层管理"与职能主管所行使的"中层管理"在管理职能上有所不同,通常项目经理的决策职能有所增强而控制职能有所淡化,且行使控制职能的方式也有所不同;另一方面,在长期固定组织背景下,由于项目组织的临时性特点,项目经理通常是"责大权小"。为便于理解项目经理所扮演的角色及其在组织中的作用和地位,将其与职能部门主管这一角色进行比较,见表3-4。

表3-4 项目经理与职能部门主管角色的比较

比较项目	项目经理	职能主管
扮演角色	"帅"——为工作找到适当的人去完成	"将"——直接指导他人完成工作
知识结构	通才——具有丰富经验和广博知识的通才	专才——是某一个技术专业领域的专家
管理方式	目标管理	过程管理
工作方法	系统的方法	分析的方法
工作手段	个人实力——责大权小	职位实力——权责对等
主要任务	规定项目任务何时开始、何时达到最终目标及整个过程的经费	规定谁负责任务、技术工作如何完成、完成任务的经费

2. 物流项目经理的概念

物流项目经理也称为物流项目管理者或物流项目领导者,是指在某一物流项目的生命周期内,负责物流项目的组织、计划及实施的全过程,以保证物流项目目标成功实现的负责人。一个成功的物流项目往往是许多部门(人)成功合作的成果。除了优良设备和先进的技术外,更重要的是人的因素。物流项目经理作为物流项目管理的基石,他的管理、组织协调能力、知识素质、经验水平和领导艺术甚至个人性情都对物流项目管理的成败起着决定性的作用。成功的物流项目无一不反映了物流项目管理者的卓越管理才能;而失败的物流项目同样也说明了物流项目管理者的重要性。物流项目管理者在物流项目及物流项目管理过程中起着关键的作用,有人称物流项目经理是物流项目组织中的"灵魂"。

一般情况下,在一个物流项目立项之后,在进行各项工作之前,首先要任命物流项目经理,并以他为中心开展各项工作。

3. 物流项目经理的主要职责

物流项目经理的基本职责可分为对内和对外两大类。

1) 对内承担的责任

(1) 对所属上级组织的责任。对所属上级组织的责任包括资源的合理利用、及时准确的通信联系、认真负责的管理工作。主要表现在以下几个方面。

① 保证物流项目目标符合上级组织的目标。一家企业往往同时进行着多个项目，各具体项目仅是从属于企业的一部分。项目需要与企业的其他工作一起配合协调才能实现企业的总体目标。如物流企业管理信息化项目是企业实现战略升级、增强市场竞争力的重要举措。然而，如果没有企业各从事物流生产业务的下属部门(或子公司)提供信息来源、业务流程和客户服务的要求，该项目也难以成功完成。

② 充分利用上级分配给物流项目的资源。组织的资源是有限的，保证资源的有效利用是所有管理者的目的。如一家大型物流企业集团具有许多物流资源(如仓库、车辆、船舶、作业人员等)，当采用矩阵式组织形式时，如何实现项目之间对物流资源的最佳共享是项目经理能力和水平的重要体现。

③ 及时与上级就物流项目进展信息进行沟通。物流项目与上级组织目标的实现息息相关，及时将项目的进展信息(如进度、成本、质量等)向上级汇报，让企业主管了解项目未来可能发生的情况，有利于企业从宏观角度进行项目群的管理，同时可以取得上级对本项目的各方面的支持。比如，某一特种物流服务项目因市场发生了变化，再实施下去就会出现较大的亏损，项目经理就必须向上级准确而及时地报告，决不能报喜不报忧，以避免给企业带来更大的风险。

(2) 对所管理的物流项目团队的责任。项目团队好像是一个运动队，项目经理是教练，项目组成成员是运动员。项目经理协调和指挥团队成员的活动，使他们成为一个和谐的整体，履行其各自的职责。物流项目经理是通过对物流项目进行计划、组织、控制来领导物流项目工作的，决不可大权独揽，应让团队成员参与进来，使他们为圆满地完成项目工作作出更大的贡献。

① 计划。在明确了物流项目的目标之后，项目经理应与项目团队就这一目标进行充分的沟通和交流，对完成项目目标所应做的工作达成共识。项目经理作为带头人，领导团队成员一起制订实现项目目标的计划，共同的参与使得计划更能切合实际，具有可操作性。

② 组织。对于那些应由项目组内部成员承担的工作，项目经理应根据各种人物的性质及难度等在项目组成员中分配职责，授予权力。前提条件是这些人能够在给定的预算和时间内完成任务，并要求执行人员对项目经理做出承诺。组织工作的目的是营造一种和谐的工作氛围和环境，使得所有项目团队成员能信心十足地努力工作。

③ 控制。为了实施对物流项目的有效监控，物流项目经理需要设计一套物流项目管理信息系统或引进成熟的物流项目管理信息系统，跟踪实际工作进程并将其与计划安排的进程进行比较。物流项目经理通过物流项目管理信息系统可了解哪些工作对完成目标有意义，哪些是劳而无功的，从而及时进行计划的调整或修改；项目团队成员掌握其所承担任务的工作进程，定期提供有关工作进展、时间进度及成本的相关资料，定期召开项目工作评论会议，并对以上资料加以补充。如果实际工作进程落后于计划进程，或者发生意外事件，项目经理应立即采取相应的措施。相关的项目成员要向经理就有关的纠正措施及项目重新调整的计划提出建议并提供信息；应当及早发现问题(甚至是潜在问题)，以便采取行动。

2) 对外承担的责任

项目经理对外承担的责任指对所服务的客户承担的责任。主要表现在以下几个方面。

(1) 物流项目经理需要就物流项目目标与客户达成一致意见，并运用各种方法和手段争取客户的最大满意度。

(2) 协调各方面的关系，最大限度地争取物流项目可利用的资源，营造有利于物流项目进展的外部环境。

(3) 负责物流项目的对外谈判和合同管理。对于承包商完成的工作，物流项目应尽力对其工作范围做出清楚的划分，并与每一位承约商达成协议。

(4) 负责收取客户支付的物流项目费用并合理地分配和使用在物流项目实施的各项支出。

4. 物流项目经理应具备的能力

物流项目管理的实践表明，对于一个成功的物流项目，项目经理是不可或缺的因素。并非任何人都能成为合格的物流项目经理。除了在项目的计划、组织、控制方面发挥领导作用外，项目经理还应具备杰出的领导能力、热心培养下属的能力、非凡的沟通技巧、良好的人际交往能力、处理压力和解决问题的能力、积极的创新能力、决策能力等，这样才能激励下属发奋工作，赢得客户的信赖。

1) 领导能力

项目经理就是通过项目团队取得工作成果的。项目经理应善于设想和勾画出项目结构和利益的蓝图，采取参与和顾问式的领导方式，设计出一种富于支持和鼓励的工作环境(如给予项目团队成员展示和发表自己的才艺与意见的机会；通过不定期地组织社会活动创造项目团队成员之间的友谊，经常对每个成员的工作表示认同和奖励等)，激励项目团队成员齐心协力地工作，以成功地完成计划并实现项目目标。例如，在传统的运输企业改制成现代物流企业的项目中，项目领导必须将市场的机遇与挑战分析透彻，将转型后可能给企业及个人带来的利益解释明白、表达清楚，消除项目成员怕淘汰的心理负担。当项目团队成员想到项目的美好结果时，就会更加热情地投入工作，积极配合运输生产流程的改造和资源布局的调整，提高作业效率，促进项目任务的圆满完成。

2) 人才开发的能力

有效的项目经理应有意识地对项目团队成员进行训练和培养，使他们将项目视为能使自身经验与技能得到提高的一次良好机会，从而在项目结束时就拥有了比项目开始时更丰富的知识和岗位竞争能力。现代物流在我国正处于起步和上升期，大多数人缺乏对物流全面的了解。因此，更需要项目经理创造一种学习与成长环境，使团队成员能从他们所从事的工作或从培训及研讨活动的学习中获得知识。在开始分配项目任务时，应鼓励他们根据自己的任务扩展其知识和技能，并且创造各种机会，让有发展前途的项目团队成员在沟通交流、解决问题、领导谈判和管理时间等活动中获得更多的锻炼。

3) 沟通技巧

项目经理一定要是一个良好的沟通者，他需要与项目团队以及承约商、客户及上层领导定期交流与沟通。经常进行有效的沟通可以保证项目顺利进行，可以及时发现潜在问题，征求到改进项目工作的建议，保持客户的满意度，避免发生意外。尤其在项目工作早期，更需要进行非常完善的沟通，与项目团队建立起一个良好的工作关系，并使客户对项目的预期目标有一个清晰的理解。

4) 人际交往的能力

良好的人际交往能力是项目经理必备的技能，它常常建立在庄重的形象、自信的态度、有说服力和流畅的语言表达等因素之上。项目经理富有逻辑、条理清晰、充满诚信的语言表达会给客户带来好感,增加客户对项目成功的信心;对于项目团队成员,成功的项目经理会通过各种途径(如项目会议、工作餐会、个别约见等)让团队成员参与制订项目计划,使他们了解每个人所承担的工作任务和预期目标,以及如何将这些任务结合起来。一些物流服务性项目往往需要不同岗位人员共同参与项目方案的设计,才能制订既符合客户要求又满足企业发展的项目建议书或项目实施计划。

5) 处理压力的能力

当项目工作陷入困境或因成本超支、计划延迟以及设备、系统的技术问题等而无法实现目标或因客户要求变更工作范围或团队内就某一问题的适宜解决方案产生争议时,工作的压力就会增大,项目工作节奏会变得紧迫。成功的项目经理应具备应付不断变化的局势的能力。

即使有精心拟订的计划(如物流中心建设项目),项目也会遇到不可预见的情况(如某一投资方因运作的问题,中途停止对项目的投入),从而导致项目突然地震荡。此时,项目经理更要保持镇定和冷静,想方设法(如与其他投资商洽谈增加投入的可能性)在项目团队、客户和公司上级管理层之间起缓冲作用。如果客户或公司上级管理层对项目进程不是十分满意,项目经理要勇于承担责任,以免使项目团队受到打击。参与项目团队的成员有时也会抱怨客户的不妥要求或不愿作出变更,这时同样要项目经理充当缓冲器,"消化"这些埋怨,然后将其转化为团队成员奋斗的动力。

幽默感强、体魄健康的项目经理更容易化解矛盾,缓解压力,增强问题处理的能力。

6) 解决问题的能力

项目经理应是问题解决专家。富有经验和洞察全局能力的项目经理能及早发现问题(如项目进展落后于计划的"苗子"),从而为项目团队赢得充裕的时间来设计出完善的解决方案,并能预计到解决方案对项目其他部分的影响,以减少解决问题的成本。

7) 工作创新的能力

由于项目具有一次性特点,因此在面对激烈的市场竞争时,项目经理必须具备一定的创新能力。这就要求项目经理敢于突破传统的束缚,尽量将最新的管理理念和思想方法纳入项目管理的实践活动中去。传统的运输企业在开拓现代物流市场的项目目标时,项目经理更需要有创新意识,要以满足客户物流供应链式管理需求为目标,重新设计项目的业务流程和信息管理系统。

8) 决策能力

项目在实施过程当中会面临各种各样的决策,项目经理必须有果断的决策能力,敢于为项目航行掌舵,同时由于项目目标具有多重性(如项目的时间目标、成本目标以及质量目标),因此在进行决策时,项目经理必须根据项目所处阶段的特点,权衡各项目目标的轻重,再做决策。

5. 物流项目经理的权限

一定的权限是确保项目经理承担相应责任的先决条件,也是项目管理取得成功的保证。为了履行项目经理的职责,项目经理必须被授予应有的权利,并用制度和合同具体确定下来。物流项目经理一般应具有以下权利。

1) 用人权

项目经理应有权决定项目管理班子(包括项目副经理)的组成、选择、聘任,有权对项目组成员进行监督、考核、奖惩乃至辞退。

2) 财权

在财务制度允许的范围内,项目经理应有权根据项目需要和计划安排,动用资金、购置和使用固定资产,有权对项目管理班子的薪酬和分配作出决策。

3) 进度计划权

项目经理应有权根据项目进度总目标和阶段性目标的要求,对项目进度进行检查、调整,分配资源。

4) 技术质量决定权

项目经理应有权批准有关技术方案和技术措施,必要时可召开论证会,把好技术和质量关,防止技术失误。

5) 物资采购权

项目经理应有权对采购方案和到货要求乃至由此引起的重大问题作出决策,以确保项目成功。

3.3 物流项目团队管理

3.3.1 物流项目团队的概念

1. 项目团队的定义

团队是指在工作中紧密协作并相互负责的群体,他们拥有共同的目的、绩效目标以及工作方法,且以此自我约束。团队是为实现一个共同目标而协同工作的一组成员,团队工作就是团队成员为实现这一共同的目标所作出的共同努力。

项目团队又叫项目组,就是为保证项目有效实施而建立的团队。项目团队的具体职责、组织形式、人员构成和人员配备等方面因项目性质、复杂程度、规模和持续时间等方面的不同而异。

项目团队不仅仅是指被分配到某个项目中工作的一组人员,它更是指一组互相联系的人员齐心协力地进行工作,以实现项目目标,满足客户需要。而要使这些人员发展成为一个有效的团队,一方面要项目经理作出努力,另一方面也需要项目团队中每位成员积极地投入到团队中去。一个有效率的项目团队不一定就能取得项目的成功,但一个效率低下的团队则注定会使项目失败。

2. 项目团队的特征

项目团队是为实现项目的目标而共同合作的若干成员组成的正式组织,一般包括项目经理、项目办公室人员以及专业人员等。项目团队具有以下特征。

(1) 项目团队具有明确的目标。项目团队的使命是完成项目的任务,实现项目目标。

(2) 项目团队是一种临时性组织。在项目任务完成后,项目团队的使命即已终结,项目团队即可解散。

(3) 项目经理是项目团队的领导。在一个项目团队中,项目经理是最高的决策者和管理者。一般来说，项目的成败与项目经理能力的大小有着密切的关系。

(4) 项目团队强调合作精神。项目团队是一个整体，它按照团队作业的模式来实施项目，这就要求成员具有高度的合作精神，相互信任，相互协调。

(5) 项目团队成员的增减具有灵活性。项目团队在组建的初期，其成员可能较少，随着项目进展的需要，项目团队会逐渐扩大，而且团队成员的人选也会随着项目的发展而进行相应的调整。

(6) 项目团队建设是项目成功的组织保障。项目团队建设包括对项目团队成员进行培训、人员绩效考核以及人员激励等，这些都是项目成功的保障。

3.3.2 物流项目团队的组建

1. 物流项目团队的发展阶段

项目团队一般经历 5 个阶段，即形成阶段、磨合阶段、正规阶段、成效阶段和解散阶段。

(1) 形成阶段。这一阶段是团队发展过程中的起始阶段。项目团队成员从不同的部门或岗位集中到一起，大家开始相互认识。在这个阶段中，团队成员总体上有一个积极的愿望，急于开始工作。这时，要靠项目经理来指导和构建团队。项目经理向团队成员介绍项目背景及其目标，然后搭建团队内部框架(如项目团队的任务、目标、角色、规模、人员构成、规章制度、行为准则等)，使每个成员都能了解项目的目标、质量标准、进度计划等，并为每个人分配任务或角色。

(2) 磨合阶段。项目目标明确后，团队成员们开始运用技能着手执行分配到的任务，开始缓慢推进项目工作。各项目团队成员在任务执行中发现现实和预想有差距，预定的进度计划完成有困难，团队成员之间因任务的差异忙闲不均等，从而不可避免地会发生工作和思想上的冲突，部分团队成员会产生怨愤或者对立的情绪，以致对项目任务采取消极应对的态度，士气低下。这时，项目经理要接受并容忍团队成员的任何不满，要允许成员表达他们所关注的问题。项目经理要做好导向工作，致力于解决矛盾，努力为大家创造一个和谐的、互相理解、相互宽容的工作环境，减少团队震荡对项目的不利影响。

(3) 正规阶段。磨合后稳定了的项目团队就进入了发展的正规阶段。项目团队成员之间也较为熟悉，相互信任，建立起了相互帮助与合作，甚至超出工作范围的友谊关系。绝大部分个人矛盾已得到解决。项目团队接受了这个工作环境，项目规程得以改进和规范化。部分控制及决策权从项目经理移交给了项目团队，凝聚力开始形成。

在正规阶段，项目经理应尽量减少指导性工作，给予项目团队更多的支持、协助、修正项目进度的制定和执行。随着工作进展加快，项目经理对项目团队所取得的进步应予以表扬。

(4) 成效阶段。经过前一阶段的工作，团队确立了行为规范和工作方式，项目团队积极工作，急于实现项目目标。这一阶段的工作绩效很高，团队有集体感和荣誉感，信心十足，能开放、坦诚、及时地进行沟通。在这一阶段，团队根据实际需要，以团队、个人或临时小组的方式进行工作，小组之间相互依赖度高，能感觉到高度的授权，而且经常合作。随着工作的进展并得到表扬，团队成员会获得满足感。个体成员会意识到为项目工作的结果，使他们真正获得职业上的发展。

在成效阶段，项目经理应将注意力集中于预算、进度计划、工作范围及计划方面的项目业绩。相互理解、高效沟通、密切配合、充分授权所体现的宽松的环境增加了团队成员的工作激情，形成了本阶段的团队合力。所以，成效阶段也是项目出效率、出成果、实现创新的关键阶段。

(5) 解散阶段。项目团队完成了预定的任务并交付项目成果后，一般项目团队即告解散。当预见项目准备解散时，团队成员开始骚动不安，考虑自身今后的发展，有些团队成员会回到原先的岗位，有些可能会参加一个新的项目团队，开始新项目的工作。

项目实施过程中，在项目团队不同阶段，士气和工作效率各不相同，如图3.7所示。

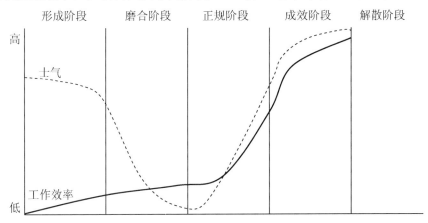

图 3.7　项目团队发展的 5 个阶段

2. 项目团队成员的选定

挑选项目团队成员时，应考虑以下条件。
(1) 具有与项目任务相关的知识与技能。
(2) 个人对项目任务有兴趣。
(3) 能分出足够的时间参与项目工作。
(4) 具有团队精神，喜欢与他人合作。
(5) 具有良好的诚信和稳定而开放的心理素质。

3. 物流项目团队的组成

不同的物流项目对项目团队组成人员的要求是不一样的。以下用两个例子来解释物流项目团队人员的组成和他们的主要职能。

(1) 工程类物流项目。对于一个中等规模的物流工程项目(如建设一个物流配送仓库)，项目团队一般由以下关键成员组成。

① 项目经理：包括业务组项目经理、设计单位项目经理和实施单位项目经理。
② 项目工程师：主管仓库及相关的设备设计，负责配送仓库功能分析、仓库布置说明、设备选型、图纸绘制、费用估算、质量、工程变更及技术文档准备。
③ 技术工程师：组织有效的土建施工和设备安装等生产活动。
④ 现场经理：为仓库的施工管理及设备、装置等现场安装、调试提供现场支持。
⑤ 合同管理员：负责项目的所有正式书面文件保管，对用户变更、提问、投诉、法律方面、成本及其他授权给项目的关于合同方面的事务保持跟踪。

⑥ 项目管理员：负责记录项目的日常收支情况，包括成本变化、劳务费用、日常用品及设备状况等；负责项目信息的管理，定期做一些报表，与项目经理和公司领导保持密切联系。

⑦ 支持服务经理：负责项目需要的材料与设备的外采或分包给其他供应商。

(2) 非工程类物流项目。劳务型或咨询类的物流项目的项目团队需要的人员相对要少。如仅提供配送(第三方)物流项目，由以下成员组成即可。

① 项目经理：包括委托人(生产企业)的项目经理和物流公司的项目经理。

② 项目工程师：负责企业产品的配送流程设计、运输方式与载运工具类型、运输路径的方案设计以及相关物流服务成本的估算。

③ 信息管理员：负责项目的所有正式文件(包括项目合同、会议纪要、来往公函等)和其他相关信息的记录、整理、保管和传达。

3.4 物流项目人力资源管理

3.4.1 基本概念

1. 项目人力资源管理的定义

项目人力资源管理是指为确保所有项目参与者的能力及积极性得到有效发挥而做的一系列工作。项目人力资源管理就是根据实施项目的要求，任命项目经理，组建项目团队，分配相应的角色并明确团队中各成员的关系，建设高效项目团队，并且对项目团队进行绩效考评的过程，目的是确保项目团队成员的能力得到有效发挥，进而能高效、高质量地实现项目目标。

项目人力资源管理包括一些程序，要求充分发挥参与项目的人员的作用，包括所有与项目有关的人员——项目负责人、客户、为项目作出贡献的个人及其他人员。项目人力资源管理主要程序如图 3.8 所示。

图 3.8 项目人力资源管理主要程序

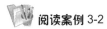
阅读案例 3-2

项目管理九大知识体系：人力资源管理

天时、地利、人和一直被认为是成功的三大因素。其中，"人和"是主观因素，就显得更为重要。比如在足球比赛中，主场球迷甚至可以被视为主队又多了一名队员。在项目管理中"人"的因素也极为重要，因为项目中所有活动均是由人来完成的。如何充分发挥"人"的作用对于项目的成败起着至关重要的作用。

项目人力资源管理中所涉及的内容就是如何发挥"人"的作用。它包括组织计划编制、人员募集和团队建设三部分。

1. 排兵布阵

组织计划编制也可以看作是战场上的"排兵布阵"，就是确定、分配项目中的角色、职责和回报关系。组织计划编制完成后将明晰以下几项任务。

1) 角色和职责分配

项目角色和职责在项目管理中必须明确，否则容易造成同一项工作没人负责，最终影响项目目标的实现。为了使每项工作能够顺利进行，就必须将每项工作分配到具体的个人(或小组)，明确不同的个人(或小组)在这项工作中的职责，而且每项工作只能有唯一的负责人(或小组)。同时由于角色和职责可能随时间而变化，在结果中也需要明确这层关系。

2) 人员配备管理计划

它主要描述项目组什么时候需要什么样的人力资源。为了清晰地表明此部分内容，经常会使用资源直方图。在此图中明确了高级设计者在不同阶段所需要的数目。

由于在项目工作中人员的需求可能不是很连续或者不是很平衡，容易造成人力资源的浪费和成本的提高。例如，某项目现有 15 人，设计阶段需要 10 人；审核阶段可能需要 1 周的时间，但不需要项目组成员参与；编码阶段是高峰期，需要 20 人，但在测试阶段只需要 8 人。如果专门为高峰期提供 20 人，可能还需要另外招聘 5 人，并且这些人在项目编码阶段结束之后，会出现没有工作安排的状况。为了避免这种情况的发生，通常会采用资源平衡的方法，将部分编码工作提前到和设计并行进行，在某部分的设计完成后立即进行评审，然后进行编码，而不需要等到所有设计工作完成后再执行编码工作。这样将工作的次序进行适当调整，削峰填谷，形成人员需求的平衡，会更利于降低项目的成本，同时可以降低人员的闲置时间，以防止成本的浪费。

3) 组织机构图

它是项目汇报关系的图形表示，主要描述团队成员之间的工作汇报关系。

2. 招兵买马

在确定了项目组什么时候需要什么样的人员之后，需要做的就是确定如何在合适的时间获得这些人员，或者说开始"招兵买马"，这就是人员募集要做的工作。人员募集需要根据人员配备管理计划以及组织当前的人员情况和招聘的惯例来进行。结束这部分工作后，就会得到项目团队清单和项目人员分配。

3. 团结就是力量

项目团队是由项目组成员组成的、为实现项目目标而协同工作的组织。项目团队工作是否有效也是项目成功的关键因素，任何项目要获得成功就必须有一个有效的项目团队。

进行项目团队建设我们通常会采用以下几种方式。

1) 团队建设活动

团队建设活动包括为提高团队运作水平而进行的管理和采用的专门的、重要的个别措施。团队建设活动没有一个确定的定式，主要是根据实际情况进行具体的分析和组织。

2) 绩效考核与激励

它是人力资源管理中最常用的方法。绩效考核是通过对项目团队成员工作业绩的评价来反映成员的实际能力以及对某种工作职位的适应程度。激励则是运用有关行为科学的理论和方法对成员的需要予以满足或限制，从而激发成员的行为动机，激发成员充分发挥自己的潜能，为实现项目目标服务。

3) 集中安排

集中安排是把项目团队集中在同一地点，以提高其团队运作能力。由于沟通在项目中的作用非常大，如果团队成员不在相同的地点办公，势必会影响沟通的有效进展，影响团队目标的实现。因此，集中安排被广泛用于项目管理中。例如，设立一个"作战室"，队伍可在其中集合并张贴进度计划及新信息。在一些项目中，集中安排可能无法实现，这时可以采用安排频繁的面对面的会议形式作为替代，以鼓励相互之间的交流。

4) 培训

培训包括旨在提高项目团队技能的所有活动。培训可以是正式的(如教室培训、利用计算机培训)或非正式的(如其他队伍成员的反馈)。如果项目团队缺乏必要的管理技能或技术技能，那么这些技能必须作为项目的一部分被开发，或必须采取适当的措施为项目重新分配人员。培训的直接和间接成本通常由执行组织支付。

在项目的人力资源管理中，团队建设的效果会对项目的成败起到很大的作用，特别是某些较小的项目，项目经理可能是由技术骨干转换过来的，对于团队建设和一般管理技能掌握得不是很多，经常容易造成团队成员之间的关系紧张，最终影响项目的实施。这就更加需要掌握更多的管理知识以适应项目管理的需要。

资料来源：http://wenku.baidu.com/view/320a933367ec102de2bd8958.html。

2. 物流项目人力资源管理的定义

物流项目人力资源管理就是在对物流项目目标、规划、任务、进展情况以及各种内外因变量进行合理有序的分析、规划和统筹的基础上，采用科学的方法对物流项目过程中所有人员，包括物流项目经理、物流项目班子其他成员、项目发起方、投资方、物流项目业主等项目干系人员以有效地协调、控制和管理，使他们能与项目管理班子紧密配合，在思想、心理、行为等方面尽可能地符合项目的发展需求，激励并保持项目人员对项目的忠诚与献身精神，最大限度地挖掘项目班子的人才潜能，充分发挥他们的主观能动性，最终实现物流项目的战略目标。

物流项目人力资源是一个涵盖甚广、较为抽象化的概念，涉及物流项目管理层、策划实施层、合作者以及项目收益者等诸多层面的不同人员。人力资源的管理应体现多维性和动态调适性，这既是一个复杂的过程，也是物流项目管理的一个难点。

3. 物流项目人力资源管理的内容及其与组织人力资源管理的区别

物流项目人力资源管理是对人力资源的获取、培训、保持和利用等方面所进行的计划、组织、指挥和控制活动。其主要包括以下内容。

(1) 人力资源规划。指物流项目为了实现其目标而对所需人力资源进行预测，并为满足这些需要而预先进行系统安排的过程。

(2) 工作分析。指收集、分析和整理某种特定工作信息的一个系统性程序,工作分析要具体说明每一个人的工作内容、必需的工作条件和员工的资格是什么,以成功地完成该项工作。工作分析信息被用来规划和协调几乎所有的人力资源管理活动。

(3) 员工招聘。是根据物流项目任务的需要,为实际或潜在的职位空缺找到合适的候选人。

(4) 员工培训和开发。为了使员工获得或改进与工作有关的知识、技能、动机、态度和行为,提高员工的绩效以及员工对物流项目目标的贡献,物流项目组织所做的有计划的、系统的各种努力。培训聚焦于目前的工作,而开发则是为员工准备未来可能的工作。

(5) 报酬管理。通过建立公平合理的薪水系统和福利制度,以起到吸引、保持和激励员工奋发地完成其工作的作用。

(6) 绩效考评。指对工作行为的测量过程,即用过去制定的标准来比较工作绩效的记录以及将绩效评估的结果反馈给员工的过程。

项目人力资源管理是组织人力资源管理的具体应用,但由于组织的长期性、稳定性、目标多变性与项目的短期性、突发性和目标固定性的不同,项目人力资源管理在内容上有自己的侧重点,在方法上也有一定的特殊性,它们的差异性见表 3-5。

表 3-5　项目与组织的人力资源管理的区别

序号	内容	组织人力资源管理	项目人力资源管理
1	人力资源规划	不但要考虑近期的需求,而且要考虑组织长远发展对人力资源的需求,因此要有不同层次的规划,对人力资源需求的预测有比较高的要求	只为满足人力资源的近期需求问题,需求的预测相对简单得多
2	人才获取	一般按照规范的程序来进行招聘、考试和录用	经常会采用非常规的程序去找到合适的人选,在项目结束时也会同样采取非常规的方法直接解聘
3	人员工作安排	以平均工作强度为原则,不超劳	为了项目进度的需要,可能会给员工分配高强度的工作,加班较为常见
4	人员培训	要同时考虑到员工、工作和组织三方面的需求,培训内容既有基础教育又有专业技能,培训目标既可能强调岗位职责,也可能是加强企业文化的	主要是针对项目任务需求进行特定的技术技能培训
5	绩效考评	一般是中、长、短分阶段考核,考核指标较复杂,内容多	通常只进行短期考核,考核指标以业绩为主
6	工作激励	采用多种激励手段,如加薪、提升、好的工作机会、福利保险制度等	对于急需临时招聘来的人员,只能以物质激励为主

3.4.2　物流项目人力资源管理的规划

物流项目人力资源管理的规划实际上就是物流项目管理班子通过对未来物流项目人员供需关系和调配关系的预测,确定项目的人力资源管理目标,制定短期或中长期物流项目人员管理策略，作出科学的人力资源获取、利用、保持和开发策略，以确保物流项目对人力资源在数量和质量上的需求，保障物流项目战略目标实现的谋划过程。

制定物流项目人力资源规划主要包括以下几个步骤。

(1) 调查分析(准备阶段)。首先，要进行必要的调查与研究，取得制定规划所需的基础信息资料，如项目涉及的专业、职能部门；需要哪些领导和部门或项目干系人的支持，当前企业内外所需的人员的供需关系(包括可能的使用酬金成本)等。不但要了解现状，还应对项目战略目标方向和内外环境的变化趋势有所了解。当前，我国物流系统的策划与管理的高级人才非常缺乏，项目经理的人选往往是项目决策人关注的重点。

(2) 预测阶段。这是物流项目人力资源规划中较具技术性的部分。是在分析所有收集来的人力资源信息的基础上，依据物流项目管理者的主观经验判断和采取其他技术方法来预测物流项目对人力资源的需求量和相对应的项目管理工作。对于有些简单的(如运输服务类)物流项目，项目管理者凭借经验即可对人力资源需求量作出较为准确的判断与估计。

(3) 制定规划阶段。根据项目管理的总规划与要求，制订各项具体的业务和人员分配计划，以及相应的人事政策，以便在项目管辖范围内形成统一的管理体系。物流项目人力资源规划在该阶段中的工作比较具体细致，比如根据项目工作分解结构图，确定出各个相对独立、内容单一、易于成本核算和检查的工作单元以及完成该工作的员工需要具备的资格，即定岗定人。

(4) 规划实施、评估与反馈阶段。本阶段是物流项目人力资源规划的最后阶段。物流项目管理班子将人力资源的总规划与各项业务计划付诸实施，并根据实施的结果进行物流项目人力资源规划的评估，并及时将评估的结果反馈，修订物流项目人力资源规划。

3.4.3 物流项目人力资源的招聘

对于采用项目式组织形式的物流项目，需要根据人力资源规划物流项目人员的数量和质量(即资格与能力)要素，通过一定的途径组建物流项目管理组织，以保证物流项目的顺利开展。

物流项目管理组织由核心雇员和应急雇员组成。核心雇员一般指被物流项目长期雇用、出现在组织工资表上的人员；应急雇员是指那些虽然为物流项目组织工作，但基本上属于一种临时"租借"的人员。在项目中经常会遇到一些特别的技术要求，因此临时性人员的使用较为常见。

物流项目人力资源的招聘可通过内部招聘和外部招聘两种渠道，它们的招聘渠道与优缺点见表3-6。

表3-6 物流项目内部招聘和外部招聘的区别

项　　目	内部招聘	外部招聘
招聘渠道	(1) 查阅组织档案； (2) 主管推荐； (3) 工作张榜	(1) 雇员推荐； (2) 毛遂自荐； (3) 广告公开招聘； (4) 校园招聘毕业生； (5) 职业介绍和代理公司

项　目	内部招聘	外部招聘
优点	(1) 雇主已经很熟悉内部候选人的资格； (2) 内部招聘花费少； (3) 内部招聘能很快地填补工作空缺； (4) 内部候选人更熟悉组织的政策和实践，因此需要较少的培训	(1) 容易控制固定的雇员的成本，非核心雇员数目可根据工作变化而增减； (2) 减轻了项目人力资源管理的负担，可委托代理机构寻找应急人员； (3) 节约人力资源成本，一般而言，应急人员的成本低于核心人员成本，因为代理机构支付了某些一般管理费(如工薪、保险等)
缺点	(1) 影响一部分人的工作积极性，当一个空缺职位多人相求时，多数被否决者会产生怨恨； (2) 会带来新的人际关系矛盾，特别是受聘项目经理，在过去的同事或朋友之间扮演领导角色困难较大	(1) 雇员的来源不确定，如登出招聘广告，难以预料何时招到需要的人员； (2) 有时要花费较高的代价，比如在校园招聘专业人才或委托猎头公司选拔物流项目高级主管人才，可能要耗费较长时间，而且这类人才往往开价较高

一般情况下，物流项目组织的雇员以内部招聘为主。有些第三方物流企业面临现代物流的挑战，在新的客户或新物流项目管理中需要通过外部招聘的渠道，更新管理的理念，创新管理方法，补充物流项目组织缺乏的某个特殊岗位。

3.4.4 物流项目人力资源的激励

1. 物流项目人员激励的概念

所谓物流项目人员的激励，是指激发物流项目人员的积极性，勉励物流项目人员向所期望的方向努力的一种对精神力量或状态加以调节的手段。它是项目人力资源管理的重要内容。科学研究和管理实践的经验表明，人的行为或工作动机产生于人的某种需要、欲望或期望。这是人的共性，是人的能动性的源泉和动力。因此，在物流项目管理中，应解决好将人员的动机和项目所提供的工作机会、工作条件和工作报酬紧密地结合起来的问题。

2. 激励的方法与技巧

在物流项目管理中，可采用以下激励方法与技巧。

(1) 荣誉激励。马斯洛的需要层次理论将人的需要划分为生理的、安全的、社会的、尊重的、自我实现的 5 个层次，当下一级层次需要获得基本满足后，追求上一级的需要就成了驱动行为的动力。荣誉激励可以满足项目人员的第四层心理需要，即荣誉、尊重的需求。越是知识丰富、层次高的人员，对荣誉激励的应激程度就越强。

(2) 成就激励。麦克里兰的成就动机理论认为，一个人在从事自认为重要的工作、任务时，会产生追求成功的动机。成就动机强的人对工作和学习非常积极，对事业有冒险精神，有强大的动力。物流项目管理者要善于发现那些有强烈的成就需要者，满足他们的特别需求，引导他们为物流项目目标服务。

(3) 报酬奖励。斯戴西·亚当斯的公平理论认为，工作报酬分配合理与否会对员工的工作积极性产生重要影响。员工的工作动机不仅取决于其所得到的绝对报酬，而且受相对报酬的影响。在市场经济环境中，报酬是一种最为直接的物质激励的手段。公平的报酬制度(如按物流项目任务的重要度和工作量制定报酬分配制度)有利于提高物流项目人员的满意度，促进物流项目人员的工作积极性和成就感。

（4）挫折激励。在项目人员从事某一活动遇到挫折后，物流项目人力资源的管理者应对挫折给人带来的影响予以足够的重视，帮助分析挫折的原因，肯定其有效的工作，激励项目人员在挫折中坚持正确的行为方向。

3.4.5 物流项目人力资源的绩效评估

物流项目人力资源的绩效评估以工作目标为导向，以工作标准为依据，对员工行为及其结果的综合管理，目的是确认员工的工作成就，改进员工的工作方式，奖优罚劣，提高工作效率和经济效益。物流项目绩效评估可按物流项目团队、物流项目小组或物流项目员工的不同层次进行，其中，员工个体的绩效评估是物流项目人力资源管理的基本内容。

物流项目人力资源管理绩效评估主要包括以下程序。

1. 建立业绩标准

绩效评估的标准必须准确化、具体化、定量化。一方面，标准的建立要以分析工作信息为依据；另一方面，这些标准要足够清楚和客观，以便被理解和测量。物流项目经理脑中对项目成员的期望也要明晰，以便能够与成员进行准确无误的交谈。

2. 将业绩期望告知员工

这种交流是双向的，不但要将标准告知员工，而且要对反馈信息进行收集和分析。

3. 测量实际业绩

选择标准和测算方法，收集有关数据和信息(如分配任务完成情况)，测量每位员工或小组的工作业绩。其中，标准的选择尤其重要，它取决于物流项目的目标和当前确定的努力方向，而且一旦选错了标准，很可能挫伤员工的积极性，导致项目功能紊乱和进展受阻。

可选用的物流项目人力资源管理绩效评估方法有：直接排序法、关键事件法、评等量表法、等级分配法和目标管理法等。

4. 比较实际业绩和标准

主要是关注标准和实际水平之间的差异。

5. 与员工讨论评估结果

物流项目经理需要向下属说明评定结果，并使下属以建设性姿态接受对他们的评定。这是一项困难的工作，因为一旦评估失去公允，将对员工的自尊心和以后的工作积极性产生较大的负面影响。

6. 必要时进行矫正

一旦发生绩效评估偏差，就必须及时矫正。成功的物流项目管理者应清楚，他们必须抽出时间去分析偏差，并在经济核算的前提下永久地消灭导致偏差的原因。

3.4.6 物流项目人力资源的培训与开发

人力资源的培训与开发是指为提高员工技能和知识、增进员工的工作能力，从而促进员工现在和未来工作业绩所做的努力。有计划地培训能提高员工的工作能力并减少项目关键人员的流失。

物流项目人力资源的培训主要包括以下几个步骤。

1. 确定培训目标

一旦项目组织认为有必要的话，就需要设计和确定培训目标，明确要达到什么样的培训目的。如确定一个物流园区的规划项目时，首先，需要向项目组织人员普及现代物流的基本理论；其次，在统一理念化下展开各项规划与设计的管理工作，这样就会少走弯路。有些培训目标是以增加员工的一些特殊的技能为目的的。如为了在整个项目团队推行项目信息管理计算机化，就需要在项目开始阶段对负责项目信息处理的各层次人员进行项目管理软件使用的短期培训。培训目标还可以被用来判断培训方案的有效性，即作为评估培训效果的依据。

2. 选择培训对象

根据不同的培训目标和要求，在不同的时间段需要选择不同的员工参与某一种培训，以满足项目对某项特殊、急需人才的需求。

3. 选择培训方法

根据不同的培训要求，可以选择以下适当的培训方法。

(1) 在职培训。在职培训是最普遍的培训方式，其最大的优点是经济。物流项目组织不必支付培训费用或专门设立培训机构，而且学员学习时所处的工作环境与他们以后在实际工作中的环境相同，工作上手快。

(2) 工作指导培训。培训者首先讲解并演示任务，然后让受训者逐步执行任务，必要时给予纠正性反馈。当受训者能够连续两次执行任务而无须提出反馈时，培训结束。比如项目管理软件的使用采用工作指导培训方式最适合。

(3) 讲授法。讲授法就是课程学习，它最适合于以简单地获取知识为目标的情形。讲授法的优点是效率高，一个培训者同时可以培训很多员工(比如新雇员集中进行项目目标的定向描述)。由于它是一种被动的学习方法，因此不容易双向沟通。有些技能的培训还需要与其他方式相结合才能取得成效。

(4) 工作模拟培训。工作模拟培训是能够提供几乎真实的工作环境，同时又不失去对培训过程的有效控制，从而为受训者创造一种较好的学习条件。这种方法适用于对项目管理人员进行培训，以提高管理人员的认知技能、决策能力和处理人际关系的能力。工作模拟可以运用适当的技术设备(如计算机仿真系统)，还可以开展十几个人的群体模拟活动，因此来考察学员在一定范围内对变化环境的应对能力。

4. 评估培训效果

评估培训效果是指在培训过程中受训者所获得的知识、才能、才干和其他特性应用于工作的程度。积极的培训效果表现为其工作绩效得到提高。如果工作绩效没有提高甚至下降的话，则反映了培训没有实现原定的目标，而且造成了培训时间和经费的损失。

本 章 小 结

项目组织是为完成特定的项目任务而建立起来的从事项目具体工作的组织。项目组织同一般的组织一样，具有相应的组织领导(项目经理)、规章制度(项目章程)、配备人员(项目团队)及组织文化等。常见的物流项目组织形式主要有职能式、项目式、矩阵式及三者的混合形式。

物流项目经理也称为物流项目管理者或物流项目领导者,是指在某一物流项目的生命周期内,负责物流项目的组织、计划及实施的全过程,以保证物流项目目标成功实现的负责人。

项目团队又叫项目组,就是为保证项目的有效实施而建立的团队。项目团队的具体职责、组织形式、人员构成和人员配备等方面因项目性质、复杂程度、规模和持续时间的不同而异。物流项目团队一般经历5个阶段,即形成阶段、磨合阶段、正规阶段、成效阶段和解散阶段。

物流项目人力资源管理就是在对物流项目目标、规划、任务、进展情况,以及各种内外因变量进行合理有序的分析、规划和统筹的基础上,采用科学的方法,对物流项目过程中所有人员,包括物流项目经理、物流项目班子其他成员、项目发起方、投资方、物流项目业主等项目干系人以有效地协调、控制和管理,使他们能沟通项目管理班子紧密配合,在思想、心理、行为等方面尽可能地符合项目的发展需求,激励并保持项目人员对项目的忠诚与献身精神,最大限度地挖掘项目班子的人才潜能,充分发挥他们的主观能动性,最终实现物流项目的战略目标。物流项目人力资源管理一般包括人力资源规划、工作分析、员工培训和开发、报酬管理、绩效考评等内容。

关键术语

项目组织(Project Organization)　　物流项目组织(Logistics Project Organization)　　项目经理(Project Manager)　　物流项目经理(Logistics Project Manager)　　项目团队(Project Team)　　物流项目团队(Logistics Project Team)　　项目人力资源管理(Project Human Resource Management)　　物流项目人力资源管理(Logistics Project Human Resource Management)

知识链接

作为物流项目工作的领导者,"懂行"是对物流项目经理最基本的要求,他必须了解诸如货物运输运价、仓库布局、库存分析、订单处理、成本分析等物流业务知识,才能满足工作的需要。物流项目经理在实际工作中不仅要管理组织物流项目工作,而且要对项目管理、生产营销、战略运营及相关领域的知识有所了解;另外,物流项目经理还应该知晓物流相关法规,以利于工作。

组建高效物流项目团队也是十分重要的,高效物流项目团队具有以下特征。

(1) 具有很强的核心价值观。这些价值观决定着每一个成员的态度与行为,并与团队的目标保持一致。

(2) 把总的目标转变成各种具体的绩效指标。当团队成员不满足于承诺共同的目标时,还要善于把目标分解成数量化的、可测量的指标,以使其更能激励与评估成员的行为。

(3) 成员具有多种技能组合,如技术能力、问题解决与决策能力、人际技能等。

(4) 具有高度创造力。团队常常利用成员的创造力来提高生产作业水平以及开发新产品、新服务、新市场的能力。

综合练习

一、选择题

1. 在以下组织中,最为机动灵活的组织形式是( )。
   A. 项目式　　　B. 职能式　　　C. 矩阵式　　　D. 混合式
2. 项目式组织形式适用于哪种情况?( )
   A. 项目的不确定因素较多,同时技术问题一般
   B. 项目的规模小,但是不确定因素较多
   C. 项目的规模大,同时技术创新性强
   D. 项目的工期较短,采用的技术较为复杂
3. 项目经理在哪种组织形式中权力最大?( )
   A. 职能式组织　　B. 项目式组织　　C. 矩阵式组织　　D. 混合式组织
4. 对于跨专业的风险较大、技术较为复杂的大型项目应采用( )来管理。
   A. 职能式组织　　B. 项目式组织　　C. 矩阵式组织　　D. 混合式组织
5. 项目经理在( )形式中的角色是兼职的。
   A. 职能式组织　　B. 项目式组织　　C. 矩阵式组织　　D. 混合式组织
6. 制定物流项目人力资源规划的主要包括调查分析(准备阶段)、预测阶段、制定规划阶段和( )4个阶段。
   A. 员工招聘　　　　　　　　B. 员工培训和开发
   C. 绩效考评　　　　　　　　D. 规划实施、评估与反馈阶段

二、判断题

1. 在项目式组织形式中,其部门是按职能进行设置的。　　　　　　　　　　( )
2. 项目经理是项目的核心人物。　　　　　　　　　　　　　　　　　　　　( )
3. 一般来说,职能式组织形式不适用于环境变化较大的项目。　　　　　　　( )
4. 项目团队一般经历4个阶段,即形成阶段、磨合阶段、成效阶段和解散阶段。( )
5. 物流项目人力资源管理绩效评估主要程序包括建立业绩标准、将业绩期望告知员工、测量实际业绩、比较实际业绩和标准、与员工讨论评估结果和必要时进行矫正。( )
6. 项目式与职能式组织形式类似,其资源可能实现共享。　　　　　　　　　( )

三、简答题

1. 物流项目组织具备哪些特征?
2. 什么是物流项目经理?物流项目经理有哪些主要职责?
3. 一名合格的物流项目经理应具备哪些素质和能力?
4. 物流项目人力资源管理的内容有哪些?它与组织人力资源管理有哪些区别?
5. 物流项目人力资源的激励可采取哪些方式?

实际操作训练

课题：物流项目团队和物流项目经理。
实训项目：物流项目团队的组建和物流项目经理的选择。
实训目的：掌握物流项目团队组建及物流项目经理选择的基本原则和要领。

实训内容：以一个中等物流项目为例，如建设一个物流配送仓库，依据该项目市场调研、技术等方面的需要组建项目团队及选择项目经理。

实训要求：组织参加实训的学生了解、分析此项目的相关信息，根据项目技术等方面的需要，结合成员的特征和优势，合理组建项目团队，并进行有效分工，明确职责，并根据项目经理应具备的素质和能力及选择原则，选择能带领团队高效完成该项目的项目经理。

案例分析

根据以下案例所提供的资料，试分析以下问题。
(1) 图 3.9、图 3.10 和图 3.11 是哪种组织形式？这三种组织形式有哪些优缺点？
(2) 通过分析，该公司项目组应该采用哪种组织形式更为合适？

M 公司项目组织结构的选择

项目描述：M 公司是一个以国防装备设计及科研开发为主的大型国有企业，其前身为某研究所。该公司的主要业务是对国际上尖端的及国防事业需求的高科技武器装备进行科研开发，同时还负责一些国家重点科研项目。由于这些高科技武器装备的生产工艺要求高，所以相应的成本也较高，且各种产品之间没有什么共同点。公司拥有自己的生产部门。公司副总裁和各项目部门经理负责确认哪些项目是有较大需求和开发价值的，然后由总裁做出决策，是否投入开发设计。如果投入，就把它分到项目组中去。产品开发出来后，自行生产制造。该企业开发人员的工资和开发设备的费用都来自国家拨款，其项目的经费预算主要是研发人员的工资和硬件设备的使用费。该公司的各机构具有以下职能。

总裁：协调公司与上级领导部门的关系，以及公司的日常行政工作，受信息产业部领导并对其负责。

副总裁：统筹和协调各项目组工作，接受国家指派的项目和根据市场热点自行立项的项目，并把各项目分派到项目组，同时协调公共资源的使用(主要是人力资源)。他实际上是领导各项目组进行开发工作的核心人物。

项目经理：实际领导各项目组进行项目开发，分配和协调各项工作，对项目工作进行控制，行政上对副总裁负责。

研究开发部门：负责实际的产品开发。
工程设计部门：负责产品的工程设计。
生产制造部门：负责产品的实际生产制造。
人事行政部门：负责公司内的人员调动。

目前该公司研发生产和制造 D 产品采用的组织结构如图 3.9 所示。由于其存在一些弊端，正在考虑是否转换为新型的组织结构，如图 3.10 和图 3.11 所示。

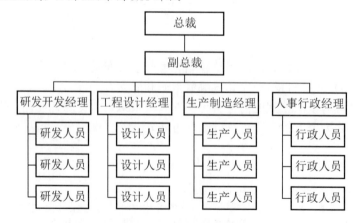

图 3.9　M 公司组织形式

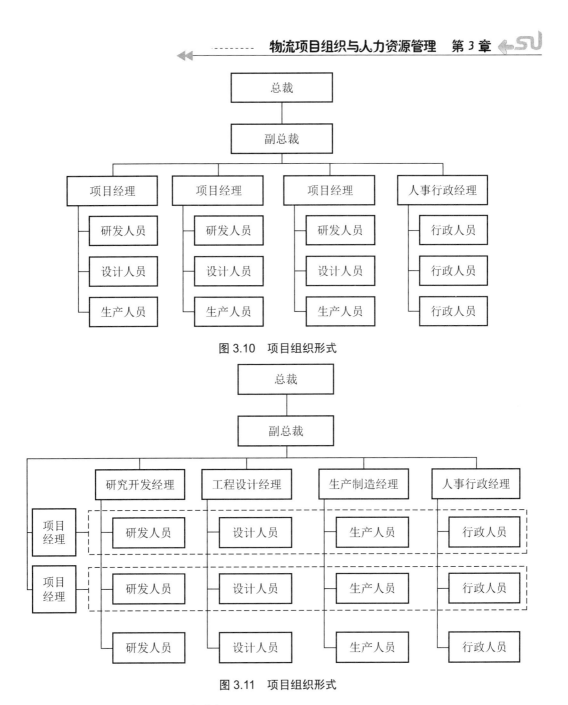

图 3.10 项目组织形式

图 3.11 项目组织形式

资料来源：http://wenku.baidu.com/view/e3a24a4a2e3f5727a5e9629f.html.

第4章 物流项目计划管理

【学习目标】

通过本章的学习，了解物流项目目标的确定过程，明确物流项目范围规划的基本内容，掌握工作结构分解的基本方法。

【学习要求】

知识要点	能力要求	相关知识
物流项目目标的确定	了解项目目标的确定过程； 掌握项目项目目标体系的建立； 熟悉物流项目目标的描述	项目目标的特点； 项目目标确定的意义和要求； 确定项目目标因素
物流项目范围规划	了解对项目范围进行阐述； 掌握对阐述进行辅助说明； 掌握项目范围管理计划书的制定	项目范围规划的输入； 为范围规划投入的工具和技术； 项目范围规划的输出
物流项目分解	掌握应用分解技术对项目进行分解； 掌握项目工作分解结构图的绘制	项目工作分解的依据； 项目工作分解技术
物流项目计划	了解物流项目计划管理的基本问题； 熟悉物流项目计划的编制	物流项目计划编制的依据和原则； 物流项目计划过程和内容

物流企业项目计划与控制管理体系的编制

随着项目管理理念越来越深入人心,很多企业都开始研究如何实现对项目的规范化管理,以达到提高效率、节省成本的目的。作为项目管理规范化的一种重要手段,项目管理体系的编制逐渐成为企业关注的焦点。计划是项目实施的依据和指南,合理的控制可以保证项目有序地进行,因此,计划与控制是项目管理体系中很重要的一部分。

1. 项目背景

郑州某物流公司于 1965 年 10 月成立,公司主要致力于机械产品的物流服务。该物流的品牌以高品质、高可靠性在物流行业中得到广泛认可,作为本行业中的佼佼者在技术上和产品上都有一定的优势,在充分调研的基础上,企业决定通过技术攻关和改造来丰富自己的产品,提升企业的竞争力。为了使项目顺利进行,该物流公司结合自身资源制定项目管理体系,据此体系来管理和监督项目的实施,以达到项目管理流程的标准化和项目管理文件的规范化。

2. 项目计划体系

在对该物流公司的调研中发现,该物流公司在以往的项目运作过程中,对于项目计划并不重视,一般只是制订粗略的计划,而在项目具体实施过程中几乎完全抛开了计划,经常造成项目延期或超支。为了解决这一问题,针对这种现实情况,根据该项目的特点和管理需求,在项目管理体系中设计了一个三级的项目计划体系。其中,总体计划包括项目任务书、业务计划书;研发项目计划包括进度计划、费用计划、质量计划、资源计划、风险计划;物流服务计划包括生产作业计划、物料需求计划、资源计划、运输配送计划和安全预防措施等。

3. 项目计划编制过程

1) WBS 的编制

工作分解结构(WBS)是进度计划、成本预算、人员需求、质量计划等编制的基础,是项目成功的关键。在项目管理体系中设计的由厂办下达的《项目任务书》仅仅包括项目的目标,项目计划比较粗,要制订出周密的计划,就必须对项目进行结构分析,以明确项目所包含的各项工作。

该公司物流服务项目的特点是子项目任务多、服务环节复杂、质量要求高、工期要求紧,因此,为确保总体目标的实现,进度主管组织项目团队相关人员将项目按照工作分解的基本原则,分解为既相互独立又相互影响、相互联系的项目单元。此项目 WBS 具体到每一个工作包,其负责人员还可以根据自身的需要将工作继续分解。

2) 编制项目计划

项目启动后,项目经理可安排人员根据项目 WBS、项目工作包时间估计、项目工作包先后关系等来编制项目进度计划;在此基础上,再编制其他的项目计划,如资源计划、质量计划等,项目经理组织相关人员评审,评审"不通过",计划修改"通过"后经厂长批准实施,进度主管监督执行。

4. 项目控制

项目控制主要就是将项目计划和项目的实施状况进行对比,在比较、分析二者的基础上,从总体上把握项目建设和开发的进展情况,分析影响项目顺利实施的因素,从而采取相应措施,合理地调配各类资源,使整个项目的设计研制能够顺利地进行。项目计划的执行需要多次反复协调,消除与计划不符的偏差。

1) 设立监控点

项目监控点的设立应由总工程师负责，但监控点设立之后须得到项目成员的认可。总工程师可以根据项目计划，找出各级计划的关键点并将它们归纳到一起，形成计划监控一览表，既直观又便于控制。此阶段需要注意的是《计划监控一览表》中的监控点必须包括各级计划的重要里程碑，并且在监控过程中要设置合理的时间间隔。通过计划监控一览表，严格定义每一监控点的完成标志，从而不会产生对监控点的歧义性理解。

2) 及时掌握项目进展情况

项目实施状况数据的来源主要有两方面：一方面是项目成员在执行过程中出现了进度偏差，通过项目组内部的协调无法解决，项目经理必须把相应数据上报生产主管；另一方面是项目经理必须在每个监控点所规定的时间将项目进展的具体情况上报生产主管。另外，可以在每个监控时间点召开评审会，有效监控项目的执行情况。

3) 分析计划进度偏差的原因

该阶段的偏差分析由项目经理负责。以项目计划为基准，通过头脑风暴法、专家判断法等对实际执行过程中出现的偏差进行分析。

4) 确定纠偏方案，及时修改项目计划

对偏差的原因分析清楚之后，可以通过评审会的方式确定出纠偏的最佳方案，如果该方案的实施只涉及项目组内部人员，由项目经理负责，如果涉及项目组以外人员，则由生产主管负责协调解决。注意此阶段出现的问题有可能引起项目计划的修改，原则上里程碑计划不能改动，项目的详细计划要及时修订，以保证项目最终按目标实现。

5) 执行纠偏方案

根据所涉及人员的范围不同，纠偏方案分别由项目经理或生产主管来负责协调执行。

5. 总结

除规定了详细的计划和控制管理流程，在项目管理体系文件中还给出了和计划与控制管理流程相对应的标准表格和模板。运用该项目计划与控制管理体系，该物流公司对具体的物流服务项目进行了管理，并结合使用 Project 2003 来完成项目计划的制订和控制，取得了很好的效果，解决了该公司以往的项目拖期和超支的问题。因此，通过项目计划与控制管理体系的实施，不仅使物流服务项目得到了有效的控制管理，而且实现了企业项目管理的规范化和标准化，为企业后续项目的实施及类似项目的实施奠定了良好的基础，提供了很好的借鉴。

资料来源：http://www.chinaqking.com/yc/2010/88503.html

问题：(1) 该物流公司在总结分析自身项目计划管理方面问题的基础上进行了哪些改进？
(2) 该公司物流项目计划的制订流程是什么？运用了哪些方法？
(3) 作为一个物流企业，在进行项目计划时需要考虑哪些因素？

为了顺利地推动项目的实施，需要在项目启运之前明确项目涉及多个方面的问题，如项目要达到什么目标、需要投入多少资源、要求在什么时间完成、要求达到什么样的质量等。如果项目发起人或委托人是由多个人或组织构成，由于对项目的目的、内容、范围和行动方案等方面的认识存在差异，在很多情况下各自的想法或期望很难完全一致，有时甚至彼此冲突、相互矛盾。因此，需要通过项目系统分析、项目目标设计和项目范围界定来统一项目发起人和委托人之间的认识，协调相互之间的关系，为项目的推进铺平道路。

4.1 物流项目计划管理概述

4.1.1 物流项目目标

物流项目目标就是指实施项目所要达到的期望结果。其中，期望结果可能是一类所期望的产品，也可能是所希望得到的一项服务。目标管理的中心思想就是让具体化展开的组织目标成为组织中每个成员、每个层次、每个部门的行为的方向，同时又使其成为评价组织每个成员、每个层次、每个部门等工作绩效的标准，从而使组织能够有效运作。物流项目组织要取得项目的成功，必须要有明确的项目目标。

1. 物流项目目标的特点

物流项目目标具有多目标性、优先性和层次性3个基本特点。

1) 多目标性

对一个项目而言，项目目标往往不是单一的，而是一个多目标系统，组织希望通过实施一个项目，实现一系列的目标，满足多方面的需求。但是很多时候不同目标之间存在冲突，实施项目的过程就是多个目标协调的过程，有同一个层次目标的协调，也有不同层次总项目目标和子目标的协调、项目目标和组织战略的协调等。

项目目标基本表现为 3 个方面，即时间、成本、技术性能(或质量标准)。实施项目的目的就是充分利用可获得的资源，使得项目在一定时间内，在一定的预算基础上，获得期望的技术成果，然而这 3 个目标之间往往存在冲突。例如，通常时间的缩短要以成本的提高为代价，而时间及成本的投入不足又会影响技术性能的实现，因此三者之间要进行一定的平衡。再如，第三方物流企业在承接物流配送服务性项目时，其目标无外乎是：保证服务质量、降低物流成本、增加物流收入和减少资源消耗等。其中服务质量对于物流服务对象(即客户)最为关键。比如，承诺在规定的时限内货物的可得率不低于 95%(或缺货率不超过 5%)。然而项目运行费用(即物流成本)往往与服务质量矛盾。货物的按时送达是物流服务质量的核心指标之一。在当前多变的市场环境条件下，货物配送时间性要求强，但货物的单件配送成本远高于批量配送成本，而批量配送又会恶化配送的时间性指标，并且作为物流企业还需要取得必要的经济效益。因此，这些目标之间的协调往往是项目目标设计的重要内容，它包括在同一层次的多个目标之间的协调、项目总体目标与其子项目目标之间的协调等。

2) 优先性

项目是一个多目标的系统，不同目标在项目的不同阶段根据不同需要，其重要性也不一样，例如在启动阶段可能更关注技术性能，在实施阶段主要关注成本，在验收阶段关注时间进度。对于不同的项目，关注的重点也不一样，例如单纯的软件项目可能更关注技术指标和软件质量。当项目的 3 个基本目标发生冲突时，成功的项目管理者会采取适当的措施来权衡，进行优选。当然项目目标的冲突不仅限于 3 个基本目标，有时项目的总体目标体系之间也会存在协调问题，都需要项目管理者根据目标的优先性进行权衡和选择。

3) 层次性

项目目标的层次性是指对项目目标的描述需要有一个从抽象到具体的层次结构。即一个项目目标既有较高层次的战略目标，也要有较低层次的具体目标。通常明确定义的项目目标按其意义和内容表示为一个递阶层次结构，层次越低的目标描述得应该越清晰具体。上层目标是下层目标的目的；下层目标是上层目标的手段。上层目标一般表现为模糊的、不可控的；下层目标则表现为具体的、明确的、可测量的。这里需要注意的是，各个层次的目标需要具有一致性，不能自相矛盾。

2. 项目目标确定的意义和要求

确定项目目标的意义体现在以下几个方面。

1) 明确项目及项目组成员共同努力的方向

作为各方沟通的方式，这种沟通体现在项目组成员之间，大家为了一个共同目标走进一个项目组，明确了项目目标也就明确了自己该做什么。这种沟通还体现在项目组与母公司之间，由于项目目标与公司目标之间有内在的联系，因此项目组成员一开始就清楚项目是为实现组织的什么目标服务的，另外，沟通还体现在项目与顾客之间，项目的目标实质上就是满足顾客的具体要求，通过目标的确定，项目与顾客之间达成了统一。

2) 产生激励作用

这种激励具体表现为对项目组成员的激励，每个项目组成员都有一定的个人目标，然而无论是在自觉的或不自觉的，还是明确的或含蓄的状态下，项目组成员总是根据项目目标来调整自己的努力程度。因此项目目标的确定可以促使项目组成员调整个人目标，使个人目标与项目目标一致，因此在一定程度上可以激励项目组成员为实现项目目标而努力。

3) 为制订项目计划打下基础并为项目计划指明方向

实际上，项目计划就是为实现项目目标而服务的，它又是项目组成员的行动指南。

4) 作为评价项目成功的依据

如果没有明确的项目目标，项目的有关利益人员将不清楚项目是否处在通向成功的道路上；如果没有明确的项目目标，将很难评估项目的结果是否与期望相符；如果没有明确的项目目标，个人目标将难以与项目整体目标相联系。

项目目标要起到以上作用，必须具备一些基本条件，如所确定的项目目标应该被所有项目组成员及组织中各个层次的经理人员所了解。不同类型的项目在项目的初始阶段，项目目标确定的难度也不相同。为了协调好各方的利益，往往需要经历一个过程。比如对于一个新产品的开发项目，一开始项目的目标往往难以非常清晰具体地描述。有些项目还会在项目实施过程中，根据遇到的新问题和新情况对项目中间成果进行分析、判断、审查，探索新的解决办法，作出决断，逐渐明确并不断修改目标，最终得到一个结果。

项目目标一般由项目发起人或项目委托人(项目经理)确定。完成的项目目标内容将写入项目建议书中。理想状况下，项目经理是项目建议书的最佳起草人。因为项目经理是项目执行的重要主体，他对项目目标的理解和定义正确与否很大程度上也决定了项目的成败。

项目目标需要加以具体描述。项目目标的描述应力求反映项目本质目标，应该清楚明确。描述项目目标应遵循以下基本准则。

(1) 能定量描述的目标，不定性描述。

(2) 尽量使目标具体化，使项目组每个成员都有可依据的明确工作目标。

(3) 目标应该是经过努力可以实现的，而不是理想化的。

(4) 目标的描述应尽量简洁、明确。

3. 物流项目目标的确定过程

物流项目目标的确定过程是从一个模糊到清晰明确的过程。从项目的背景情况分析开始，通过开展定义问题、提出目标因素、构成目标系统、研究目标系统各因素的关系等各项工作，完成项目目标的最终定义。

1) 项目情况分析

目标是以环境和系统上层状况为依据确定的。情况分析是在项目构思的基础上对环境和上层系统状况进行调查、分析、评价，它是目标设计的前导工作。项目实践证明，正确的项目目标设计和决策需要良好的计划条件、熟悉环境和掌握大量的信息。情况分析首先要作大量的环境调查，掌握大量的资料，应该对项目的整体环境进行有效分析，具体工作包括以下几个方面。

(1) 上层组织系统。上层组织系统包括上层系统的组织形式、企业的发展战略、状况及能力，以及上层系统运行存在的问题。项目的实施与管理离不开上层系统的制约。企业从长远战略发展出发，往往注重于项目的总体目标，看重的是项目运行的结果。

(2) 市场情况。市场研究在项目目标设计中具有十分重要的地位。要在大量历史情况和数据调查与分析基础上选择适当的理论方法，如趋势分析法、回归分析法、产品份额分析法等，对项目提供给市场的产品或服务需要有一个合理的估计，并对市场竞争的风险有一个初步的评估。

(3) 相关干系人的情况。相关干系人的情况包括企业所有者或业主的状况。一个较大的项目往往有较长的建设工期和较大的前期资金的投入。项目发起人(或合伙人)的当前状况、经济实力和发展趋势会直接影响未来项目的进展。"胡子工程""烂尾楼工程"项目常常是由于对(项目发起人)企业的实力估计不足，当市场发生变化时，企业难以支撑项目的开支所造成的结果。另外还有客户、承包商、相关供应商等的情况。对于通过项目融资实施的项目，合资者、资金提供者、设备供应商、工程承包商、产品购买者等各方面的状况，以及合同兑现程度对项目实施的效果会产生较大的影响。

(4) 社会经济情况。社会经济情况包括对社会的经济、技术、文化环境，特别是市场问题的分析。在市场经济条件下，一个物流中心的生存价值可能完全取决于它能否提高地区的物流方便性、能否加强不同运输方式之间的协作、能否真正降低物流成本。经济落后地区对物流中心的需求会明显低于经济发达、经济区域化乃至国际化显著的地区。

(5) 政治环境和法律环境。环境调查应是系统的，并尽可能定量，即用数据说话。调查可以用调查表进行，主要应着眼于历史资料和现状，并对将来状况进行合理预测。

2) 项目问题界定

对项目情况分析后，发现是否存在影响项目开展和发展的因素和问题，并对问题分类、界定。分析得出项目问题产生的原因、背景和界限。

对问题的定义必须从上层系统全局的角度出发，要抓住问题的核心。问题界定包括以下基本步骤。

(1) 对上层系统问题进行罗列、结构化，即明确上层系统有几个大问题，一个大问题又可能由几个小问题构成。根据问题之间的逻辑关系，采用层次分析法构造出问题的层次结构关系。

(2) 对原因进行分析，可应用因果关系分析法，将症状与背景、起因联系在一起进行分析。比如，造成第三方物流企业利润下降的原因可能是：燃料油涨价、工人工资上涨、货物装卸作业工艺落后等造成生产成本升高；由于装卸作业工具的落后，装卸中货损率上升，使得生产质量下降，营业外赔偿费用增加；由于落后的运输工具不能满足客户的要求，需要新置或租赁新型车辆，旧车的闲置也会增加物流生产成本等。

(3) 分析这些问题将来发展的可能性和对完成目标的影响。有些问题会随着时间的推移逐渐减轻或消除，而有的问题却会逐渐严重。例如，"冷冻运输"曾经是我国副食品运输的主导模式，一些城市建有大容量的冷冻仓库。但随着人民生活水平的提高，人们在食品消费方面更注重"营养"和"保鲜"。海鲜和水果等"保鲜"运输正成为"冷冻运输"的替代模式，形成中国新的特种物流市场需求，上海、广州、北京等大城市正形成航空(飞机)—公路(汽车)—保鲜库的特种物流链。对冷藏仓库的品种与功能的调整需要针对该城市的产品生产和消费情况来进行。因为项目要在建成后才会发挥效用，所以必须分析和预测项目未来运行时的状况，即未来的问题。

3) 确定项目目标因素

根据项目当前问题的分析和定义，确定可能影响项目发展和成败的明确、具体、可量化的目标因素，如项目风险大小、资金成本、项目涉及领域、通货膨胀、回收期等。具体应该体现在项目论证和可行性分析中。

常见的目标因素通常包括以下几类。

(1) 问题解决的程度。问题解决的程度指项目建成后所实现的功能或所达到的运行状态。包括产品的市场占有率；产品的年产量或年增加量；新产品开发达到的销售量、生产量、市场占有率、产品竞争力；物流中心仓库的面积利用率；拟达到的服务标准或质量标准等。

(2) 项目自身的(与建设相关)目标。项目自身的目标主要有：①生产能力目标，指项目所能达到的生产能力规模，如物流仓储中心的仓储容量、一定包装加工流水线的日包装能力、物流综合配载中心的停车场泊车位数量等；②经济性目标，指项目投资规模、投资结构、效用、运营费用及其比例、项目投产后的产值目标和利润目标、该项目的投资收益率等，如物流仓储单位面积建设成本、吨货存储收益与成本；③时间性目标，包括短期(建设期)、中期(产品生命期、偿还期或投资回收期)、长期(厂房或企业设施的生命期)等目标。

(3) 其他目标因素。其他目标因素主要有：工程的技术标准与水平；劳动生产率提高的水平；人均产值或利润额；生产成本降低水平；生产机械化、自动化提高水平；增加就业人数；对自然和生态环境的影响；事故的防止；对企业或当地其他产品、部门、国民经济等的连带影响。

4) 建立项目目标体系

通过项目因素确定项目相关各方面和各层次的目标，并对项目目标的具体内容和重要性进行表述。目标系统的建立是按照目标因素的性质不同进行分类、排序、归纳、选择、分解和结构化，形成协调一致的目标系统，如图4.1所示。

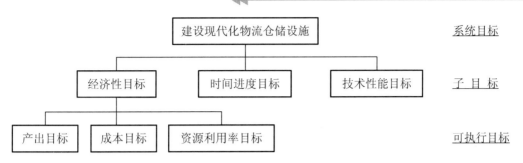

图 4.1　目标体系示意图

对于大型、复杂项目，其目标系统可划分为 3 个层次。

(1) 系统目标。系统目标是对项目总体目的的确定，一般由项目的上层系统(发起人或决策部门)决定，具有普遍的适用性。它可分为功能目标、技术目标、经济目标、社会目标和生态目标等。

(2) 子目标。子目标通常由系统目标分解得到，有时一个系统目标的实现需要数个子目标来支持。或是指系统目标的补充，或是边界条件对系统目标的约束。如当设定"建设现代化物流仓储设施"为总目标时，可以设定经济性目标、时间进度目标和技术性能目标3 个子目标来支持。3 个子目标使系统目标具体化，也为下一步目标的细化提供了依据。

(3) 可执行目标。可执行目标决定了项目的详细构成，它们是由子目标分解得到的。可执行目标经常与解决方案(技术设计或实施方案)相联系。例如图 4.1 中的"经济性目标"，可细化为"产出目标""成本目标"和"资源利用率目标" 3 个可执行目标。

5) 各目标的关系确认

确认哪些是必然(强制性)目标，哪些是期望目标，哪些是阶段性目标，不同的目标之间有哪些联系和矛盾，便于对项目的整体把握和推进项目的发展。

4.1.2　物流项目计划概述

物流项目计划是项目组织根据项目目标，对项目实施的各项工作作出周密安排。物流项目计划围绕物流项目目标的完成系统地确定项目的工作、安排工作的进度、编制完成工作所需的资源预算等，从而保证项目能够在合理的工期内，用尽可能低的成本和尽可能高的质量完成。

1. 物流项目计划的目的及作用

制订物流项目计划是为了便于高层管理部门与项目经理、职能经理、项目团队成员及项目委托人、承包商之间的交流沟通，项目计划是沟通的最有效工具。因此，从某种程度上说，项目计划是为了方便项目的协商、交流及控制而设计的，而不仅仅在于参与者提供技术指导。

项目计划的作用主要有以下 4 个方面。

(1) 可以确定完成项目目标所需的各项工作范围，落实责任，制定各项工作的时间表，明确各项工作所需的人力、物力、财力并确定预算，保证项目顺利实施和目标实现。

(2) 可以为进行分析、协商及记录项目范围变化的基础，也是约定时间、人员和经费的基础。这样就为项目的跟踪控制过程提供了一条基线，可用以衡量进度、计算各种偏差及决定预防或整改措施，便于对变化进行管理。

(3) 可以确立项目团队各成员及工作的责任范围和地位，以及相应的职权，以便按要求去指导可控制项目的工作，减少风险。

(4) 可以促进项目团队与各方的沟通与交流，从而增加客户的满意度和项目成功的概率。

2. 物流项目计划的形式

项目计划阶段位于项目批准之后，项目实施之前，作为项目管理的一个职能，贯穿于整个项目的全过程。项目计划按计划制订的过程可分为概念性计划、详细计划和滚动计划3种形式。

(1) 概念性计划。概念性计划通常称为自上而下的计划。概念性计划的任务是确定初步的工作分解结构图(WBS 图)，并根据图中的任务进行估计，从而汇总出最高层的项目计划。在项目计划中，概念性计划的制订规定了项目的战略导向和战略重点。

(2) 详细计划。详细计划通常称为由下而上的计划。详细计划的任务是制订详细的工作分解结构图，该图需要详细到为实现项目目标必须做的每一项具体工作。然后由下而上再汇总估计，成为详细项目计划。在项目计划中，详细计划的制订提供了项目的详细范围。

(3) 滚动计划。滚动计划的制订是在已经编制出的项目计划的基础上，再经过一阶段，根据变化了的项目环境和计划实际执行情况，从确保实现项目目标出发，对原项目计划进行主动调整。而每次调整时，保持原计划期限不变，而将计划期限顺序逐期向前推进一个滚动期。

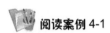

阅读案例 4-1

海 尔 物 流

海尔物流在当初的物流重组阶段，整合了集团内分散在 28 个产品事业部的采购、原材料仓储配送、成品仓储配送的职能，并率先提出了三个 JIT(Just in Time)的管理，即 JIT 采购；JIT 原材料配送、JIT 成品分拨物流。通过它们，海尔物流形成了直接面对市场的、完整的以信息流支撑的物流、商流、资金流的同步流程体系，获得了基于时间的竞争优势，以时间消灭空间，达到以最低的物流总成本向客户提供最大的附加价值服务。

在供应链管理阶段，海尔物流创新性地提出了"一流三网"的管理模式。海尔集团自 1999 年开始，进行以"市场链"为纽带的业务流程再造，以订单信息流为中心，带动物流、商流、资金流的运转。海尔物流的"一流三网"充分体现了现代物流的特征："一流"是以订单信息流为中心；"三网"分别是全球供应链资源网络、全球配送资源网络和计算机信息网络；"三网"同步流动，为订单信息流的增值提供支持。

海尔物流的信息化技术一直处于不断革新、改进的过程之中。建立 ERP 系统是海尔实现高度信息化的第一步。在成功实施 ERP 系统的基础上，海尔建立了 SRM(招标、供应商关系管理)，B2B(订单互动、库存协调)，扫描系统(收发货、投入产出、仓库管理、电子标签)，定价支持(定价方案的审批)，模具生命周期管理，新品网上流转(新品开发各个环节的控制)等信息系统，并使之与 ERP 系统连接起来。这样，用户的信息可同步转化为企业内部的信息，实现以信息替代库存，零资金占用。

在基础设施方面，以强大的网络技术为依托，自 2002 年开始逐渐推广条码扫描和 RF 技术在物流中的使用，以解决成品物流过程中面临的准确率、实时性、高效性和问题可追性的要求。2003 年海尔推广全程扫描后，物流业务的准确率有了明显提高。发货的准确率达到100%，提高了客户的满意率。同年年底，海尔物流开始进行先进先出系统闸口的试点，并于2004年年初在全国42个配送中心进行推广，全面实行严格的先进先出管理，提高了库存的周转效率。

好的企业满足需求，伟大的企业创造市场。海尔物流在拥有了3个JIT的速度、一流三网的资源和信息化平台的支持，在不断完善内部业务运作的同时，积极发展品牌集群和社会化物流业务：其一是品牌集群，打造搭建一条完整的家电产业链；其二是构建社会化的采购平台。海尔目前在全球有10个工业园，30个海外工厂及制造基地，这些工厂的采购全部通过统一的采购平台进行，全球资源统一管理、统一配置，一方面实现了采购资源最大的共享，另一方面全球工厂的规模优势增强了海尔采购的成本优势。

海尔通过整合全球化的采购资源，建立起双赢的供应链，多产业的积聚促成一条完整的家电产业链，极大地提高了核心竞争力。建立起强大的全球供应链网络，使海尔的供应商由原来的2 200多家优化至不到800家，而国际化供应商的比例却上升至82.5%。目前世界五百强企业中有五分之一已成为海尔的合作伙伴。全球供应链资源网的整合使海尔获得了快速满足用户需求的能力。

2003年，海尔物流在发展企业物流的同时，成功地向物流企业进行了转变，以客户为中心，为客户提供增值服务。目前海尔第三方物流服务领域正迅速拓展至IT业、食品业、制造业等多个行业，并取得一定成效。另外，在不断拓展第三方物流业务的同时，海尔开始提供第四方物流服务，同第三方物流相比，第四方物流服务的内容更多，覆盖的地区更广，更能开拓新的服务领域，提供更多的增值服务。它帮助客户规划、实施和执行供应链的程序，并先后为制造业、航空业等领域的企业提供了物流增值服务，现在来看物流业务已经成为海尔一个新的经济增长点。

2001年3月31日，"海尔现代物流同步模式研讨会暨海尔国际物流中心启用仪式"，在青岛海尔总部举行，这标志着海尔物流进入了实质性的运作阶段。海尔物流的成功经验已在不同场合有过详细报道，此处就不再赘述，只是做一简要归纳。

在海尔，首先根据其发展战略的需要，改变了传统的按库存生产(Make to Stock，MTS)的模式，转而采用按订单生产(Make to Order，MTO)的管理模式，消除了对需求预测的盲目性和误差。为了保证按单生产模式的成功，海尔集团实施了现代物流同步的模式，全球供应链网络得到了全面优化整合，国际化供应商的比例大幅度上升，保证了产品质量和JIT交货。海尔集团每月平均接到6 000多个销售订单，定制的产品品种达7 000多个，通过整合物流，库存资金减少了67%。海尔物流中心货区面积只有7 000多平方米，但其吞吐量相当于普通仓库的30万平方米。

4.2 物流项目的范围和分解

项目目标确定以后，需要对项目的具体工作范围进行定义。范围定义要求对已有的项目工作说明所定义的项目进行进一步的细分，将项目作业划分得更细小、更容易操作和管理，即进行项目结构分解，从而为制订物流项目计划做准备。

4.2.1 物流项目范围规划

1. 物流项目范围的概念

物流项目范围是指为了成功地达到物流项目的目标，项目团队所要完成的任务。所说的范围就是一个界限，该界限规定了哪些工作是项目内必须完成的，哪些工作是不包含在项目工作范围内的。该界限可以通过确定项目的目标和可交付成果来定义。所谓的项目可交付成果是指项目的每个阶段结束后所提供的有形的、可检验的工作成果。

为了真正地理解和掌握项目范围的含义，需要注意区分项目范围和产品范围的关系。

项目范围是指项目的"产品范围"(即项目业主/客户所要的项目产出物)和项目的"工作范围"(即项目组织为提交项目最终产品所必须完成的各项工作)的总和。项目范围管理是指对于项目"产品范围"和"工作范围"的全面管理，其中最主要的是对于项目"工作范围"的管理。

一个项目的"产品范围"既包括项目产品或服务的主体部分，也包括项目产品或服务的辅助部分。这些产品或服务的主体与辅助部分之间有彼此独立却又相互依赖的关系，所以在项目范围管理中，必须将它们作为一个整体去管理。项目的工作范围既包括完成项目产出物的主体的工作，也包括完成项目产出物的辅助部分的工作，所以项目范围管理的内容既包括对于项目主体部分工作范围的管理，也包括对于项目辅助部分工作范围的管理。例如，一个物流信息系统项目通常包括 4 个部分——硬件、软件、人员和软硬件的辅助部分，这 4 个部分既彼此独立又相互依存，所以这 4 个部分都是项目范围管理的对象。

任何一个项目都需要对项目范围进行严格的管理，都需要将项目产出物范围和项目工作范围很好地结合在一起进行认真的管理，从而确保项目组织能够提供项目业主/客户满意的项目工作成果。

2. 对范围规划的输入

1) 产品说明

产品说明应该阐明项目工作完成后所生产出的产品或服务的特征。产品说明通常在项目工作的早期阐述得少，而在项目的后期阐述得多，因为产品的特征是逐步显现出来的。

产品说明也应该记载已生产出的产品或服务同商家的需要或别的影响因素间的关系，它会对项目产生积极的影响。尽管产品说明的形式和内容是多种多样的，但是，它应该对以后的项目规划提供详细的、充分的资料。

许多项目都包括一个按购买者的合同进行工作的销售组织。在这种情况下，最初的产品说明通常是由购买方提供的。如果买者的工作本身就是制定项目，则买者的产品说明就是对自己工作的一种陈述。

2) 项目证书

项目证书是正式认可项目存在的一个文件。它对其他文件既有直接作用，也有参考作用。项目证书应该在管理者对项目及项目所需的条件进行客观分析后颁发，它提供给项目经理运用、组织生产资源，进行生产活动的权力。当一个项目按照合同执行时，合同条款通常与项目证书一样，是为销售者服务的。

3) 制约因素

制约因素是限制项目管理团队进行运作的要素。例如，事先确定预算是制约项目团队的操作范围、职员调配和进度计划的一个很重要的因素。当一个项目按照合同执行时，合同条款通常是受合同制约的。

4) 假设条件

为了规划目标的准确性，考虑到的假设因素必须具有科学性、真实性和确定性。如果关键人物的到场日期不能落实，那么项目团队就应该设置一个具体的开始时间。假设通常包含有一定程度的风险。在此它们可能被确认或可能是一个风险界定的输出。

3. 为范围规划投入的工具和技术

1) 产品分析

通过对于项目产出物的分析，可以使项目业主/客户与项目组织形成对项目产出物的准确和共同的理解，从而指导人们编制项目范围计划。对项目产出物的分析方法包括系统分析方法、价值工程方法、功能分析方法和质量功能配置技术等一系列的方法和技术。只有使用这些不同的方法和技术，从不同的角度对项目产出物进行全面的分析和界定，才能更好地指导项目范围计划的制订。

2) 收益/成本分析方法

收益/成本分析方法是指对不同的项目备选方案进行各种成本和收益的识别与确认，和对项目方案的成本(费用)与收益(回报)的全面评估的方法。其中最主要的是从项目业主/客户的角度出发的项目财务评价方法，它使用净现值、项目投资回报率、投资回收期等财务评价指标去确定备选项目方案的经济性。使用这种方法可以确定出哪个项目备选方案更经济合理，这对编制项目范围计划有很重要的指导意义，所以它是项目范围计划编制中必要的方法。

3) 提出项目备选方案的方法

在项目范围计划的编制中，首先需要提出各种各样的项目备选方案。有许多管理技术和方法可以用于提出不同的项目备选方案，其中最常用的管理方法和技术是"头脑风暴法"和"横向思维法"。

(1) 头脑风暴法。头脑风暴法是一种有利于创造性思维的集体思辨和讨论的会议方法。在典型的头脑风暴法讨论会中，一般是 6～12 人围坐在桌旁，一个主持人用简单明了的方式把问题提出，让每个人都了解了问题之后，大家在给定的时间内自由发言，尽可能多地想出各种解决问题的方案。在这种会议过程中，任何人都不得对发言者加以评价和批评，无论是受到别人启发而提出的观点，或者是自己提出的稀奇古怪的观点。所有提出的方案都需要记录在案，直到最后，大家再来一起分析与评价这些建议和方案，从而找出可行的项目备选方案。

(2) 横向思维法。传统的思维方法多数是纵向思维的方法。纵向思维法是高度理性化的，是一个逐步深化的思维过程，每一步与前一步都是不可分割的关联环节。在这一过程中，每一步都必须正确有序。横向思维则没有这种限制，它不要求人们按照一种模式或程序去思维，而要求人们打破原有的框框，重构一种思维模式。它要求人们在处理问题时也可以不从初始状态入手(即从分析问题入手)，而可以从解决问题的办法入手。例如，一个管理者可以根据项目的工作任务去考虑项目的备选方案，然后再倒推出要实施这一项目备选方案所需的资源和前提条件等。

(3) 专家判断法。专家判断法适用于那些定性的决策分析。专家判断法强调由那些具备特定知识或受过专项训练的个人或群体提供"专家判断"，然后人们使用一些定性分析和转化办法作出项目选择与定义的最终判断与决策。在这类方法中，层次分析法是最具有代表性的方法。层次分析法是针对非定量决策所提出的一种评价分析方法。它是 1973 年由美国学者萨蒂(A Saaty)最早提出的，其英文原名为"The Analytical Hierarchy Process"，简称 AHP 法。因为现实社会中具有大量技术、经济和社会问题，包含众多不确定因素，往往很难使用纯定量的方法进行分析和决策，因为许多不确定性因素的分析需要考虑决策者的心理、知识、经验和承担风险能力等因素。层次分析法能够通过建立和使用两两比较判断矩阵的方法，分层次地、逐步地将众多的因素和决策者的个人因素综合起来进行逻辑判断和分析，从而可以实现使一个复杂的决策问题从定性分析判断入手，最终获得一种定量分析的结果。在实际使用中，层次分析法可以将一个复杂问题按照目标层、准则层、指标层等层次进行分层，然后根据决策目标和准则将问题分解为不同层次的构成要素，形成一个层次分析模型，进一步对各层的要素进行对比和分析并按照"比率标度"的方法构造出判断矩阵；最后运用求解判断矩阵的最大特征根及其特征向量得到各要素的相对权重，并使用"和积法"汇总得到项目备选方案的优先序列，根据项目各备选方案的有限序列得分就可以作出项目选择和决策了。

4. 范围规划的输出

1) 范围阐述

范围阐述是为制定未来项目决策，进一步明确或开发一个参与者之间能达成共识的项目范围提供的一个纪实基础。作为项目的过程，阐述的这个范围可能需要修改得精确些，从而很好地反映项目范围的变化。这个范围阐述可以直接进行分析，也可以通过参考其他文件来得出。

(1) 项目调整——调整商家的既定目标。项目调整要为估算未来的得失提供基础。

(2) 项目产品——说明产品的简要概况。

(3) 工作细目成果——列一个子产品级别概括表，完整的、满意的子产品标志着项目工作的完成。例如，为一个软件开发项目设置的主要子项目可能包括工作所需的电脑代码、工作手册和专门的导师。当这些子产品都完成了，那么这个软件的开发也就结束了。

(4) 项目目标。项目目标是指完成项目所必须达到的标准和指标。项目目标必须包括项目成本、项目进度和项目质量等。任何一个项目目标都应该包括其属性(如成本)、计量单位(如人民币元)和绝对或相对的指标值(如少于150万元)。项目目标中那些不可量化的目标(如项目业主/客户满意度等)往往会导致一定的项目风险。具体而言，一个项目的目标主要包括项目产出物的各种属性指标、项目的工期指标与项目阶段性里程碑、项目产出物的质量标准和项目的成本(造价)控制目标等。另外，在一些专业应用领域中，项目产出物本身就被称作项目目标，而项目工期、成本、质量等被称作项目的关键成功因素。在这种情况下，需要特别注意概念的转换，以使项目的范围计划意义明确。

为了使项目目标能够有效，项目业主/客户和项目组织及所有的项目风险承担者都必须正式地认可和同意既定的项目目标。通常，由项目经理创建的项目目标文档应该成为项目最重要的文件。在这一文件中，项目目标的界定必须明确，项目目标的指标值必须明确规定，而且必须可行、具体和可度量。不可度量的项目目标会给项目带来各种各样的风险，所以一定要避免模糊不清的项目目标。例如，"建成一所房屋"这类项目目标就太模糊了，因为人们在"建成"的意义上可能会存在不同的理解，究竟是指完成了房子的土建工程，还是包括完成项目的安装工程，还是进一步连房子的装修工程也一起完成。较好的项目目标描述应该是："用150万元，根据第16种型号的楼面布置图和说明书，在6个月之内建成这所房子的土建和安装部分,不包括室内装修。"这样,项目业主/客户与项目组织就不会在项目目标问题上产生争议了。

2) 辅助说明

为项目范围阐述作辅助说明,应该是根据需要记录和编组一些文件,并通过其他项目管理程序,使它易被利用。辅助说明总是包括所有已认定的假设文件和制约因素。附加说明的数量在不同的领域中会有所不同。

3) 范围管理计划

项目范围管理计划文件主要描述如何控制项目的范围及如何对项目范围变更进行集成管理。项目范围管理计划还应包括对项目范围变更的期望和确定性评估。例如,项目变更的可能性有多大,如何顺利实现项目的变更,以及变更的幅度有多少等。

项目范围管理计划也应该包括一个关于"如何识别和分类项目范围变更"的说明与描述。当项目产出物的特征还没有考虑成熟和完全定型时,要做到这一点是特别困难的,但是做好这件事情是特别重要的。例如,在一个物流仓储设施项目中,如果客户所要求的设计变更需要花费很少资金(比如只需 1 000 元),项目经理和客户就很容易批准这种变更;但是如果变更需要花费很大,则项目经理和客户必须根据项目成本、资源和其他因素重新评估项目的范围。

一个项目范围管理计划可以是正式的或非正式的,详细的或粗略的,根据项目需求的不同而不同。它是项目集成计划中的一个专项计划文件。一份精心准备的项目范围管理计划可以作为整个项目应急计划的基础和核心。

4.2.2 物流项目分解结构

1. 物流项目分解

将项目整体系统地分解成有内在联系的若干工作任务主要有以下 4 个原因。

(1) 当将项目分解成具体的工作任务时,就可以按工作任务的逻辑顺序来实施项目,这有助于制订出一个完美的项目计划。将性质相似的工作任务归成同种工作(即工作包),能够更容易地掌握各项工作任务是如何关联、重叠的,以及如果一项工作任务不能及时完成会怎么影响其他的工作任务。

(2) 通过对物流项目的分解可以确定完成项目所需要的技术和人力资源。

(3) 通过对工作任务的界定,无须复杂的协调,团队成员就能知道自己相应的职责和权利,从而进行有效的沟通。

(4) 将物流项目分解成具体的工作任务,项目团队成员会更清楚地理解任务的性质及其要努力的方向。

因此,物流项目分解有助于将无数的工作元素组织起来最终形成一个完善的物流项目计划。如果没有这种项目分解和任务归类,面对众多繁杂项目工作,就无法理出一个头绪,无法决定应该先做什么后做什么。

工作任务又称工作单元或工作包,它是实现项目目标所要完成的相关工作活动的集合。为了准确把握工作任务的含义,需要理解下面的原则。

(1) 同一工作任务中只能包括相关的工作元素。

(2) 同一工作任务中,所有工作活动(或工作元素)应该平行或连续地发生,其间不应该插入不相关的工作活动。

(3) 同一工作任务中的大多数工作应当使用相同的项目成员，这能提高成员之间的沟通和交流。如果工作的某些地方出现了失误，责任会一目了然，这有助于问题的尽快解决。

2. 分解技术

分解技术是指将项目产出物(或者说是项目目标)逐层细分为更小、更易管理的子项目或项目要素，直到将项目产出物分解成非常详尽，并能够支持下一步的项目活动分析和定义工作为止。换句话说，分解技术是用来建立一个项目的工作分解结构的技术方法。这种技术方法可以不借用项目工作分解结构模板，而是通过对项目目标和要素进行分解而得到项目的工作分解结构。

工作分解结构(WBS)是指以可交付成果为导向，对项目要素进行的分解。它归纳定义了项目的整个工作范围，每一层代表对项目工作的更详细的定义，是系统地安排项目工作的一种常用的标准技术。对于一些小型项目，可以将所需的工作列在一张纸上，做成一张工作活动一览表；而对于一些更大、更复杂的项目，要制定出一份全面活动一览表而又不遗漏某些活动是相当的困难的，对于这些项目，更好的方法就是建立一个工作分解结构。

工作分解结构常被用作一个新项目工作结构分解的模板，根据新项目的各种情况和条件使用这种模板，通过增删项目的工作就可以对新项目的范围作出定义了。虽然每个项目是独一无二的，但是绝大多数同一专业应用领域中的项目都在一定程度上有相似之处，所以许多项目的工作分解结构经常被作为新项目的工作分解结构模板。

项目工作分解结构中的每项工作都应有唯一的负责人。处于项目工作分解结构最低层上的工作通常被称作"工作包"(Work Package)。这些工作包可以在项目时间管理中进一步被分解，从而获得项目实施中需要开展的各种项目活动(项目活动是进一步分解和细化项目工作包得到的)。分解成最基本的工作包后，为了方便使用，适应现代化信息处理的要求，要设计一个统一的编码体系，确定编码规则和方法，有利于网络分析、成本管理、数据的存储、分析统计等，且要相互接口；项目工作结构分解图常采用"父码+子码"的方法编制。

项目分解技术主要包括以下几个步骤。

1) 识别主要的项目要素

一般来说，项目的主要要素就是根据项目产出物分解得到的项目管理和项目实施工作。通常，项目主要要素的定义是按照"项目实际上将如何开展和管理"的形式去分解得到的项目工作。例如，项目产出物可以作为项目工作分解结构的第一级要素给出，而项目生命周期的各个阶段可以作为项目工作分解结构的第二级要素给出。图 4.2 给出了一个软件开发项目按照分解技术得到的项目工作分解结构示意图。当然，项目工作分解结构的层次划分和分解技术的使用对于不同的组织会有所不同。

图 4.3 给出的就是另一种项目的工作分解结构，这是按照子项目划分去分解一个项目全部工作的实例。

2) 项目构成要素的分解

为使项目绩效度量容易进行，识别出的主要项目要素需要进一步分解成更为细化和详细的项目构成要素。项目构成要素是使用有形的、可检验的成果来描述的项目要素。与识别和定义项目主要要素的方法一样，项目构成要素的分解和定义工作也应该按照"实际上项目的工作将如何开展和管理"的形式来进行。分解出的项目构成要素主要有：有形的和可检验的成果，这既可以是一种有形的产品，也可以是一项具体的服务，或者是一项具体的管理工作。例如，"项目计划完成情况报告"就是以"每周计划完成情况报表"这种有形的和可检验形式给出项目构成要素的。

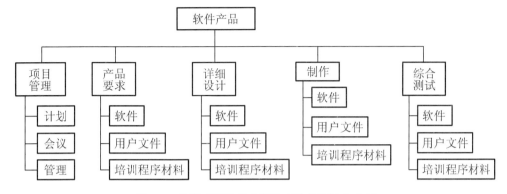

图 4.2　按照项目阶段分解的工作分解结构实例

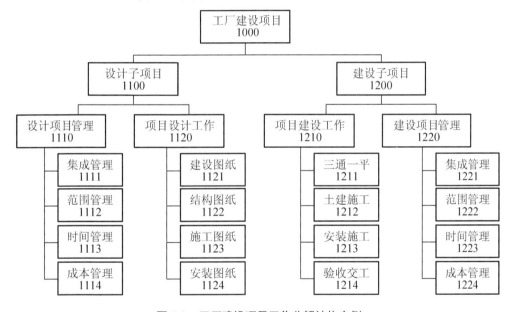

图 4.3　工厂建设项目工作分解结构实例

项目构成要素分解常受到管理者的工作经验和管理水平的影响与制约。项目的高层管理者切莫在计划初期就试图将项目分解得很细，或仅按自己主观意图进行分解。应结合项目产品的特点和项目自身的规律性，充分吸收项目责任人和实施者参与，利用他们的经验一并使他们能够理解和接受分解结果。

3) 构成要素分解结果的正确性检验

在检验构成要素分解结果的正确性时，需要回答的问题有：为完成整个项目工作，分解给出的各层次子项目或工作是否是必要和充分的，如果不是，则这些项目构成要素就必须被修改、增删或重新定义；分解得到的每项工作界定得是否清楚完整，如果不是，则必须修改、增删或重新识别、分解和界定这些工作；分解得到的每项工作是否都能列入项目工期计划和预算计划，是否每项工作都有具体的责任单位，如果不是，就必须重新修订项目的工作分解结构。

需要注意的是，任何项目不是只有唯一正确的工作分解结构。例如，两个不同的项目团队可能对同一项目设计两种不同的工作分解结构。决定一个项目的工作分解详细程度和层次多少的因素包括为完成项目工作任务而分配给每个小组或个人的责任和这些责任者的能力，以及在项目实施期间管理和控制项目预算、监控和收集成本数据的要求水平。

通常，项目责任者的能力越强，项目的工作结构分解就可以粗略一些，层次少一些；反之就需要详细一些，层次多一些；而项目成本和预算的管理控制要求水平越高，项目的工作结构分解就可以粗略一些，层次少一些；反之就需要详细一些，层次多一些。因为项目工作分解结构越详细，项目就会越容易管理，要求的项目工作管理能力就会相对越低。

3. 物流配送中心建设项目工作分解结构示例

1）背景介绍和项目意义

第二次世界大战以后，配送中心在许多国家兴起并迅速发展，零售业的多店铺化和连锁化对物流作业的效率提出了更高的要求，原来相互分割、缺乏协作的仓储、运输、批发等传统物流企业无法适应现代物流业的发展。欧美国家和日本为适应经济发展和商品流通的需要，在仓储、运输、批发等企业基础上发展建设了众多形态各异的配送中心。配送中心在现代物流体系中起着十分重要的作用，配送中心的业务几乎涉及物流运作的方方面面，配送中心把收货验货、存储保管、装卸搬运、拣选、流通加工、配送、结算和信息处理，甚至订货等作业有机地结合在一起，其一般作业流程如图4.4所示。

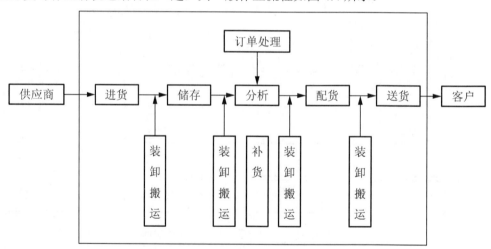

图4.4 配送中心作业流程

著名的沃尔玛公司之所以能取得如此辉煌的业绩，是因为公司在效率和规模成本方面取得了明显优势，拥有高效运转的物流配送系统是其中一个主要因素。到20世纪80年代末，沃尔玛的配送中心已增至16个；20世纪90年代初达到20个，总面积约160万平方米，而公司的全球卫星配送系统更是使它成为全球最有效率的"物流配送公司"。在沃尔玛公司的配送运作中，大宗商品通常经由铁路送达配送中心，再由公司卡车送到商店。每店1周约收到14卡车货物。60%的卡车在返回配送中心途中又捎回从供应商处购买的商品，这样的集中配送为公司极大地降低了成本。据统计，20世纪70年代初公司的配送成本占销售额的2%，比一般零售大公司低了近一半。同时集中配送还为各分店提供了更快捷、更可靠的送货服务，并使公司能更好地控制存货。从以上介绍就可以看出，高效的配送效率使沃尔玛一直保持低成本、高效益，业绩不断增长确保了公司的发展，是公司成功的一个核心竞争力。

在信息化时代，随着物流管理的创新和新技术的不断发展，以网络技术和电子商务为代表的物流配送进入了新的时期，现代物流配送的发展离不开现代物流中心的建设，因此这样的项目在物流界已经呈现出快速发展的势头。

2) 现代物流配送中心建设项目的目标描述

(1) 成果描述：该系统根据现代化物流的特点，物流配送中心应该是一种多功能、集约化的物流节点。一个订购量大、集约化的配送中心通常应该包括集散功能、储存功能、流通加工功能、分拣功能、配送功能、信息整合功能和资源回收功能。

(2) 质量目标：上述功能的实现并通过详细的质量测试。

(3) 时间目标：两年。

(4) 成本目标：2 000 万元。

3) 工作分解结构图

根据项目范围定义的步骤进行项目结构分解时，可以根据项目运作过程进行分解，绘制出工作分解结构(WBS)图，如图4.5所示。

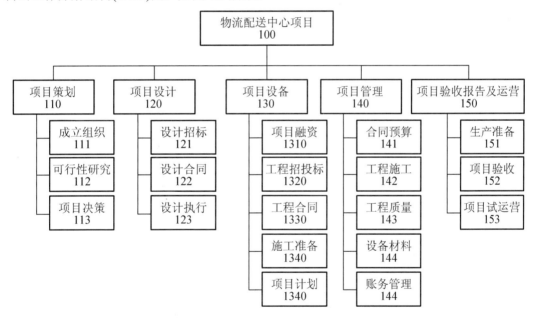

图4.5 物流配送中心建设项目工作分解结构图

4.3 物流项目计划的制订

4.3.1 物流项目计划管理的基本问题

1. 物流项目计划编制的依据

项目计划编制的详细依据应当整理组织起来，以便在项目执行期间使用。用于项目计划的详细依据包括以下内容。

(1) 不包括来自其他计划编制过程中的输出。
(2) 在项目计划制订过程中产生的辅助信息和文档。
(3) 技术文档，如所有要求、规范和概念设计等的历史记录。
(4) 早期的项目开发计划编制中的规范。

2. 物流项目计划涉及的工作

(1) 计划必须在相应阶段对目标和工作进行精确定义，即计划是在相应阶段项目目标的细化、技术设计和事实上方案的确定后作出的。
(2) 详细的微观项目环境调查，掌握影响计划和项目的一切内外部影响因素，写出调查报告。
(3) 项目结构分析的完成。通过项目的结构分析不仅获得项目的静态结构，而且通过逻辑关系分析，获得项目动态的工作流程。
(4) 各项目单位基本情况的定义，即将项目目标、工作进行分解，例如项目范围、质量要求、工作量计算等。
(5) 详细的实施方案的制定。为了完成项目的各项工作，使项目经济、安全、稳定、高效率地实施和运行，必须对实施方案进行全面研究。

3. 物流项目计划制订的原则

物流项目计划作为项目管理的重要阶段，在项目中具有承上启下的作用，因此在制订过程中要按照项目总目标、总计划进行详细计划。在项目计划制订过程中一般应遵循以下4个原则。

(1) 目的性。任何项目都有一个或几个确定的目标，以实现特定的功能、作用和任务，而任何项目计划的制订正是围绕项目目标的实现展开的。在制订计划时，首先必须分析目标，弄清任务。因此，项目计划具有目的性。
(2) 经济性。项目计划的目标不仅要求项目有较高的效率，而且要有较高的效益。所以在计划中必须提出多种方案进行优化分析。
(3) 动态性。这是由项目的生命周期决定的，一个项目的生命周期长短不一，在这期间环境处于不断变化中，使计划的实施会偏离项目基准计划，因此项目计划要随着环境和条件的变化而不断调整和修改，这就要求项目计划要有动态性，以适应不断变化的环境。
(4) 系统性。项目计划本身是由一系列的子计划组成的，各个子计划不是孤立存在的，彼此之间相对独立，又紧密相关，从而使制订出的项目计划也具有系统的目的性、相关性、层次性等。

4.3.2 物流项目计划过程

1. 物流项目计划确定过程

物流项目计划确定从开始到最终计划的修订与完善是一个不断发展变化的过程，主要包括以下4个阶段。

1) 项目目标设计阶段

在物流项目的目标设计和项目定义中，会形成一个总体的计划。它包含了物流项目的规模、作业能力、行动方案、预计的项目建设期和运行期，所需人力、物力等资源数量及其来源。虽然此时的总体计划还是一个非常大而粗的轮廓，但它也属于初步计划，可以避免项目管理者异想天开的错误。

2) 项目可行性研究

它既是对计划的论证，又包含了项目计划绝大部分内容。比如一个物流项目的建设计划、投资计划、筹资方案、年物流生产计划和作业量等。可行性研究报告不仅提供项目总投资和各个分项投资的估算、分年度的项目收支情况，而且还对项目总工期、主要活动和重大事件等时间作出了安排，使它成为项目计划制订的重要依据之一。

3) 项目批准后

随着物流项目设计的深入，计划也在不断地细化，逐渐形成可指导项目实施活动的正式计划文件。

4) 项目执行中

在物流项目实施中，随着情况不断的变化，每一个阶段都应研究是否需要修改、调整原计划期所制订的计划，并且采用滚动方法，再详细地拟订出近期计划。

项目的计划是一个持续的、循环的、渐进的过程。项目计划期(项目批准后，设计阶段前)的计划是最重要，也是最系统的。

2. 物流项目计划制订过程

在物流项目计划整体结框架中，具体到物流计划的制订过程是最重要的，它是形成计划的书面性和指导性文件的阶段。制订物流项目计划包括以下几个步骤。

(1) 定义项目的交付物。这里的交付物不仅指项目的最终产品，而且也包括项目的中间产品。例如，一个物流信息系统设计项目标准的项目产品可以是系统需求报告、系统设计报告、项目实施阶段计划、详细的程序说明书、系统测试计划、程序及程序文件、程序安装计划、用户文件等。

(2) 确定工作。确定实现项目目标必须做的各项工作，并以工作分解结构图反映。

(3) 建立逻辑关系图。建立逻辑关系图是结合资源独立确定各项工作之间的相互依赖关系。

(4) 为工作分配时间。根据经验或应用相关的方法给工作分配可支配的时间，确定项目团队成员可支配的时间。可支配时间是指具体花在项目中的确切时间，应扣除正常可支配时间中的假期、教育培训等。

(5) 为工作分配资源并进行平衡。对工作持续时间、工作开始日期、资源分配进行调整、从左到右平衡计划、保持各项工作之间的相互依赖关系、证实合理性。通过资源平衡可使项目团队成员承担合适的工作量，还可调整资源的供需状况。

(6) 确定管理支持性工作。管理支持性工作往往贯穿项目的始终，具体指项目管理、项目会议等管理支持性工作。

(7) 重复上述过程直到完成。

(8) 准备计划汇总。

4.3.2 物流项目计划内容

物流项目计划作为项目计划的交付性成果,包括一般内容和辅助资料两部分。

1. 一般内容

一般内容包括以下几个方面。

(1) 物流项目许可证和项目章程。这是一个重要的文档,正式承认项目的存在并对项目提供一个概览。

(2) 物流项目管理采取的方法。其包括管理目标、项目控制措施等内容。

(3) 物流项目范围说明。其包括项目可交付成果和项目目标。

(4) 项目工作分解。这可作为一个基准范围文件。

(5) 费用基准计划、进度基准计划。

(6) 责任分解与费用基准。

(7) 主要里程碑及实现的日期。

(8) 人员安排计划。关键的或所需的人员及其预期的费用和工作量。

(9) 业绩考核和评估制度。

(10) 物流项目主要风险。这包括主要风险及针对各个主要风险所计划的应对措施和应急专用。

(11) 未解决问题和决策。给予各个项目的具体要求,在真实的项目计划中还包括其他项目计划编制的输出。

2. 辅助资料

辅助资料一般包括:项目各具体计划未考虑的事项、项目规划期间新增的文件或资料、技术文件等。

本 章 小 结

物流项目计划管理是物流项目管理的一个重要环节,为了顺利地推动物流项目的实施,项目在启动之前,需要明确物流项目涉及多个方面的问题,需要通过项目系统分析、项目目标设计和项目范围界定,来统一项目发起人和委托人之间的认识,协调相互之间的关系,为物流项目的推进铺平道路。

本章首先阐述了物流项目目标的概念与特点,从而提出了物流项目目标的确定过程,即项目情况分析、项目问题界定、确定项目目标因素、建立项目目标体系、各目标的关系确认等环节;项目计划的形式、项目范围,以及物流项目范围的相关定义;重点介绍了工作结构分解方面的相关知识;通过介绍编制项目计划的步骤和主要方法工具,总结了项目计划路线图,用以指导如何运用本章所介绍的各种项目计划的编制方法与工具来完成项目计划的编制。

通过本章的学习,在按照制订物流项目计划步骤的指导下,结合介绍的方法和工具、技术,进行项目计划的编制。项目计划的编制可以进行项目的活动定义、活动分解、时间估算,在综合考虑项目资源和其他制约因素的前提下,确定优化整个项目的计划。

目标体系 (Target System)　　目标描述 (Object Description)　　范围管理 (Scope Management)　　范围规划 (Scope Planning)　　工作分解结构 (Work Breakdown Structure)

项目范围管理的精益原则

1. 项目精益管理的战略思想

项目精益管理的战略思想是：杜绝负价值活动。负价值活动是指消耗了资源而不创造价值的一切人类活动。项目作为实现上级目标的具体手段，其本质目的是为上级目标的实现贡献价值，项目追求的最高目标是"创造价值的最大化"，一般通过从两个方向——提高项目产出功能和降低成本来实现，由于项目产出的刚性较强，因此其最高目标主要是通过降低成本来实现的。由于项目的单次活动特点及项目治理主体和管理主体的分离，在项目活动中存在大量的无价值活动，这些无价值活动加大了项目的成本，降低了项目的价值。

2. 项目中负价值活动的表现

项目中存在难以数计的各种各样的负价值活动，归纳为以下 7 种：过多功能的负价值活动、功能欠缺的负价值活动、等待的负价值活动、搬运的负价值活动、存货的负价值活动、施工产生不合格品的负价值活动、施工过程的负价值活动。过多功能就是项目的产出品提供了过多的功能，比如北京奥运项目——主体育场的屋顶的设计，其可敞开和闭合功能就属于过多功能。过多功能的提供就是负价值活动，需要杜绝。

功能欠缺的负价值活动就是由于项目的设计缺陷而造成项目没能很好地完成项目的使命。如某地建设一条快速路——高架桥，但是该桥的一个出口刚好处在十字路口前。当十字路口出现红灯时，在高峰时期，大量汽车堵塞在桥出口的下坡，大大降低了汽车的行驶速度，起不到高架桥的快速行驶功能。并且由于出口是一个下坡，当下雪下雨时经常出现汽车的追尾状况。

另外在项目中还存在大量的失误，造成等待、无谓的搬运、过多的存货、施工产生不合格品等负价值活动。

3. 项目范围管理的精益原则

(1) JIT 原则。JIT 是 Just in Time 的缩写，原意是"恰好及时"，在精益生产中引申为"只在需要的时候，按需要的量生产所需的产品"。在项目范围管理中可引申为项目提供的产品功能刚刚好，项目的工作内容刚刚符合实现这些功能的需要。

(2) 系统化原则。系统化原则就是项目产品的功能和工作要形成系统性的结构，这些功能和工作的有机联系可实现项目的系统性目标。

(3) 无缝化原则。无缝化原则就是指项目范围的管理部门之间、工作任务和工作任务之间、前一阶段的工作和后一阶段的工作之间应是连贯与一体的。

(4) 专注于项目的使命。项目的范围管理一定要专注于项目的使命。只有与项目使命一致的功能才是有价值的。设计出工程师自己喜欢但与项目使命不一致的功能就是负价值活动。在施工过程中工作人员的一个动作如果不能为项目带来价值就是负价值活动。从设计、材料采购、工程施工的所有活动必须将焦点放在项目的使命上。

(5) 简化。简化就是在项目范围管理中尽量使工作变得简单、容易。简化是项目成功的关键,项目设计应易于施工、安装及维修,例如供货商按照看板准确及时地提供材料,所以不需要订单;材料存放在使用点,因此不需要领料单。

(6) 变"成批移动"为"单件流动"。成批移动就是物料成批地移动,单件流动就是物料一件一件地按照工艺流程经过各工作地进行。成批移动是工业社会的特征,随着社会的进步、经济的发展,在信息化社会的今天,单件移动将大大地降低项目的负价值活动。

综 合 练 习

一、填空题

1. 项目目标的特点是_____、_____、_____。
2. 对物流项目目标的描述一般从_____、_____、_____ 3 个方面进行描述。
3. 项目工作分解结构字典也可以称为_____,是对于项目工作分解结构的逐条说明。

二、判断题

1. 项目目标一般由项目发起人或项目委托人(项目经理)确定。( )
2. 收益/成本分析方法是指对不同的项目备选方案进行各种成本和收益的识别与确认,并对项目方案的成本(费用)与收益(回报)的全面评估的方法。( )
3. 一个项目单元只能从属于某一个上层单元,能同时交叉从属于两个上层单元。( )
4. 在分解结构图中,分解的详细程度是用级数的大小来反映的。( )
5. 项目合同工作分解结构(WBS),它是用来定义项目承包商或分包商向项目业主/客户提供产品和劳务的说明报告。( )

三、简答题

1. 确定项目目标的意义体现在哪些方面?
2. 项目范围管理有哪些主要的工作?为什么要开展这些工作?
3. 项目范围管理有哪些主要作用?为什么项目范围管理会有这些作用?
4. 项目工作分解过程中应遵循的原则是什么?
5. 工作分解结构(WBS)与项目组织分解结构(OBS)的区别是什么?

实际操作训练

课题:物流项目计划管理。
实训项目:目标描述和项目工作分解结构。
实训目的:掌握项目目标的描述和工作分解结构的基本方法和基本原则。
实训内容:选定一个项目,收集项目的背景资料,制定项目目标和工作分解结构。
实训要求:将参加实训的学生几个人分成一个工作小组,任命其中一成员为项目经理,由其进行任务的安排,如安排专人进行资料查询、绘制 WBS 图等,最后由全体小组成员确定终稿。

 **案例分析**

根据以下案例所提供的资料，试分析以下问题。
(1) 物流管理实验室建设项目进度需要优化哪些方面？
(2) 给出物流管理实验室建设项目的工作分解结构。

物流实验室项目建设进度管理

校内实验室已经成为当前各高校提升学生实际动手能力的重要保障，为此中央和地方财政曾出巨资投入到高校的校内实验室建设之中。但是由于负责实验室项目管理的高校教师很多是非项目管理专业，因此在实验室项目进度管理中花费了很大的精力，走了不少弯路。物流实验室建设项目是高校实验室建设中投入资金较大的一类项目，利用项目管理理论对其建设实施优化管理控制能够节约教师精力，促进实验室项目顺利地完成。将运用项目管理理论研究物流实验室项目的建设，优化该项目的建设，确保项目顺利高效地完成。

1. 实验室项目进度管理的特点

1) 项目团队经验欠缺，进度控制意识较弱

高校的实验室项目一般是由其所属的教研室负责项目的规划、设计和验收工作。在高校中，由于每个教研室教师并未进过企业，参与的项目建设较少，因此这些项目团队的成员往往项目建设经验缺乏，对项目的进度控制意识较弱，使得项目的效果打了折扣。

2) 项目工期界定较严格，延期的成本高

高校建设的实验室项目多依托于财政资金的投入。而在当前我国财政资金的调配中，存在到期若资金未被使用就会被财政收回的情况，这就使得项目结算日期较严格。许多高校为了防止资金被财政收回，最终草草地完成项目的竣工验收，使得项目的质量难以保证，建成的实验室项目在后期使用中会暴露出很多问题。

3) 项目建设管理的层次性较强，管理体系复杂

高校实验室项目的实际负责人是教研室主任，名义负责人是系领导，学校的教务、国资等部门对项目具有监督权力。同时，学校领导和财政厅对项目的资金调动也有控制的职能。这种管理体制下，高校实验室项目被多层次所管理，因此建设项目监管较多。

综上所述，目前高校的实验室项目在建设中存在着诸多问题，为了保证项目的施工质量，本文借用项目管理的理论对物流实验室项目的进度进行优化研究，从而减少项目建设中存在的问题。

2. 物流管理实验室建设项目优化

1) 物流实验室项目启动阶段管理优化

(1) 成立实验室项目团队。物流实验室项目不仅是物流专业的实验场所，同时为其他相关专业提供实验服务。实验室包含大量的设备，这些设备性能和参数的设定单凭物流教师是无法解决的。因此，在项目团队的构成方面，既要有物流管理类教师的参与，也应该有工科教师的加入。同时，还应该由专家组为整个项目的建设过程提出咨询。

(2) 召开项目启动会。为了保证项目组成员的相互了解，彼此认知，做好合适的项目分工。在项目组成员选定以后，项目组召开了实验室项目启动会。在项目启动会上，项目团队主要做以下工作。

① 向项目组成员介绍项目的目标和项目的重要性。

② 介绍项目组团队成员相互认识。

③ 建立项目团队的运行规则。
④ 向项目团队传达项目的实施阶段和注意事项。
⑤ 确定项目团队的组织管理体系和团队分工。
⑥ 制定项目建设的里程碑计划表、工作任务分解表、责任矩阵表和进度计划表等，确保对项目进度的控制。

2) 实验室项目设计阶段管理优化

本阶段的主要任务是在项目启动后，完成物流实验室项目书的总体设计和项目询价，在项目书被批复后形成项目招标文件。本阶段的工作重点是项目书的设计过程，在管理中应该按照项目管理的理论(如网络图)分析出项目的关键路线，并据此确定项目的关键团队，从而加强对关键团队工作的监督和控制，以提高工作绩效。

3) 实验室项目招标阶段管理优化

本阶段的主要工作是发布招标公告、接受投标文件、开标、评标、定标和签订项目合同。为了保证项目的质量，物流实验室项目一般采取的是委托某招标公司招标的方式。按照项目的进度，项目组在此阶段主要负责以下几项工作。

(1) 确定招标公司。由于物流实训室项目是中央财政支持项目，涉及金额较大，参与人员较多，为了避免招标中可能存在的腐败问题，高校需委托财政厅选定招标公司。最终财政厅按招标程序选取合适的公司为招标实施企业。

(2) 提交标书。物流管理实验室项目组将标书按要求提交给招标公司。招标书主要包括项目设备名称、设备参数、设备性能、安装和售后要求等方面，并附标的价格。

(3) 开标、评标和定标。开标在负责招标的公司制定的地点进行，需有三家公司以上的公司参与竞标。评标小组对投标公司的投标书进行评比。经过认真地核对与对比，并通过各公司的单独陈述，最终确定中标公司。

(4) 签订项目合同。在定标以后，物流实验室项目有关人员与中标公司签署《物流实验室项目建设合同》。合同明确规定了双方的权利和义务，并确定了施工方式、施工时间和施工要求。

4) 实验室项目施工阶段管理优化

物流实验室项目的施工阶段是项目时间最长的阶段，一般需要10个月以上的时间。这个阶段的主要任务是中标公司按照项目合同和标书的要求，在项目组团队的配合下，完成设备的安装和调试工作。具体可以分为以下几个步骤。

(1) 中标公司绘制项目施工图。在施工开始前，中标公司需绘制不同版本的项目施工图，将实验室建成后的效果提供给项目组，由项目组来审核，最终确定合适的施工图。

(2) 中标公司进行施工。中标公司根据项目施工效果图和标书的要求，组织力量完成项目施工。在这个过程中，项目组不需要介入，一切交给施工单位完成。在施工过程中，项目组要配合中标公司，满足其提出的一些有利于施工顺利进行的合理要求，确保施工保质、如期、高效地完成。

(3) 组织项目配套施工。在项目的施工过程中，会产生对水、电等方面的要求，物流实验室项目组要按照中标公司的要求如期地完成水电方面的安装和调试工作。

5) 实验室竣工验收阶段管理优化

(1) 物流实验室单项实验项目验收。项目中标公司在实验室总体项目竣工后，邀请项目组对实验室验收。在物流实验室项目的验收中，项目组采取的是首先由基础项目团队中各子项目团队分别验收各自设计的实验室子项目的方法。

对于在项目验收中发现的问题，项目组需要与中标公司进行沟通。经过双方的协调沟通，结合标书的要求及项目组提出的新的验收方案，双方共同确认验收方式及最终结算的协议，规定了一系列设备和文件的最终验收要求，最终完成物流实验室单项实验项目验收工作。

(2) 物流实验室整体项目验收。物流实验室项目不仅要保证单项实验项目的顺利运转，而且要保证整个实验室实验项目的有效衔接。为了保证项目质量，高校需组织学校专家组对物流实验室开展整体项目验收工作。最终，在施工方中标公司进行有限整改的基础上，专家组完成了对项目的整体验收工作。

(3) 物流实验室资料验收(移交)。设备验收完毕后，按照标书、合同的规定，以及最终验收协议的要求，双方进行了涉及项目投中标、合同缮制、总体设计图、实验室实训方案和设备保养要求等各方面相关资料的收集及移交验收工作，总体项目符合项目法和国家相关制度的管理要求，最终资料的移交得以顺利验收通过。

6) 实验室项目人员培训阶段管理优化

项目在交付以后，施工方需要承担对相关教师的培训工作，以便于其更好地利用好实验室。具体培训可以分为以下3个方面。

(1) 实验室管理人员的培训。这类培训主要面向的是实验中心的教师。由于实验中心教师承担着实验室的日常维护工作，因此，如何更加了解设备的特点以制定合适的维护策略就显得尤为重要。该培训的内容包括：实验室设备特性培训、实验室设备保养培训和实验室设备简单故障排除培训等，以解决实验室设备的日常管理问题。

(2) 实验室设备操作培训。这类培训主要面向的是授课教师。授课教师在教授学生使用实验室设备时，自己要能够很好地操作设备。该培训的内容包括：实验室设备特性培训、实验室设备操作规程培训和实验室设备简单故障排除培训等，从而保证教师的上课效果。

(3) 实验室实验项目培训。这类培训主要面向的是授课教师。该培训的内容包括：实验项目培训和教学组织培训等。

资料来源：李伟其，赵相忠，秦杰. 物流实验室项目建设进度管理研究[J]. 沿海企业与科技，2012，2: 7-9.

第5章 物流项目进度管理

【学习目标】

通过本章的学习,掌握物流项目进度管理的方法,明确进度管理各个阶段的基本内容,掌握进度管理每个阶段的主要业务操作。

【学习要求】

知识要点	能力要求	相关知识
物流项目进度管理的内容	熟悉常见物流项目进度拖延的情况分析	项目进度管理的含义; 物流项目进度管理的影响因素; 物流项目进度管理的内容
物流项目进度计划的制订	了解用项目活动分解法进行项目活动定义; 熟悉用前驱图法或箭线图法绘制网络图; 掌握应用三角模拟法进行时间估计; 掌握应用用CPM方法、时间压缩法、资源调整法、甘特图法进行进度编制	项目活动定义; 项目活动排序; 项目活动时间估计; 项目进度编制
物流项目进度控制	了解实际进度前锋线比较法; 理解S型曲线比较法; 掌握甘特图比较法	项目进度控制的概念和过程; 项目进度控制的依据

物流项目进度管理 第 5 章

太澳高速公路物流运作进度管理

1. 太澳高速公路物流情况分析

太澳高速公路工程是一项大段路段由桥梁构建的公路。由于该工程涉及的范围大、施工路线长并且其间还有跨海的桥梁建设项目。这必然导致该工程项目的物流工作烦琐且冗长，其中不仅包括传统的物资运作管理，还会涉及许多相关的管理人员的责任落实等问题。并且，作为工程项目施工的辅助，物流运作如何合理地与工程项目具体施工过程相结合都是问题的所在。如果采用传统的物资管理方式，不仅使得物流管理效率低下，更会导致责任不清、任务顺序混乱等情况的发生。为了避免以上情况的发生，可以借鉴 MS Project 的管理方法，这样可以合理有效地提高物流管理效率，任务与责任人相联系，合理安排物流活动顺序等。

2. 太澳高速公路物流运作工作分解结构

根据 WBS 的制定原则及中铁二局第五工程有限公司《项目物资管理实施细则》的相关内容，可以得到以标段为着眼点的太澳高速公路物流运作管理的工作分解结构。

3. 物流运作的进度计划制订

根据对物流工作的工作结构分解可以得到物流运作的任务列表，再根据具体实施过程中的层次关系得到物流运作的进度计划表，其中包含任务名称、工期、开始时间、完成时间、前置任务等。

根据物流活动之间的关系确定物流活动的顺序，按照实际操作情况进行活动时间的估算。由于活动时间大多是主观的信息，并且存在一定的时间误差和时间延迟，所以为了能够支精确地规划项目可以利用三点估算法进行估算。然后将物流进程计划与资源相结合，形成责任到人的甘特图。

由于物流活动进程的控制是一个动态的过程，随着计划的下达及任务的交付，物流活动进程应该根据工程项目的进行过程不断地制定和变化。因此，以上的分析过程只是作为物流项目进程控制的一个模板和范例。

资料来源：陈思.大型土木工程项目物流运作管理[D].成都：西南交通大学，2007.

问题：(1) 从该案例中可以获知物流项目进度管理包括哪几项活动？
(2) 你认为物流项目时间管理与普通运输的时间管理有哪些不同点？

本章将全面讨论有关物流项目进度管理的内容、方法和理论。本章将着重讨论物流项目进度管理的基础工作和物流项目工期计划与控制的程序和方法，这包括项目活动的定义、项目活动的排序和项目活动的工期估算，以及项目工期计划的编制程序、编制技术与方法；同时还将深入地讨论物流项目工期计划控制的内容和方法。

5.1 物流项目进度管理概述

5.1.1 项目进度管理的含义

项目进度管理又称项目工期管理，是指在项目实施过程中，对各阶段的进展程度和项目最终完成的期限所进行的管理。项目进度管理是在规定的时间内，拟订出合理且经济的进度计划(包括多级管理的子计划)，并在执行该计划的过程中要经常检查实际进度是否按计划要求进行，如果出现偏差，便要及时找出原因，采取必要的补救措施或调整、修改原计划，直至项目完成。其目的是保证项目能在满足其时间约束条件的前提下实现其总体目标。

项目进度管理是根据项目的进度目标编制经济合理的进度计划，并据此检查项目进度计划的执行情况，如果发现实际执行情况与计划进度不一致，就及时分析原因，并采取必要的措施对原项目进度计划进行调整或修正的过程。项目进度管理的目的就是为了实现最优工期，多快好省地完成任务。

项目进度管理是项目管理的一个重要方面，它与项目投资管理、项目质量管理等同为项目管理的重要组成部分。它是保证项目如期完成或合理安排资源供应、节约工程成本的重要措施之一。

5.1.2 物流项目进度管理的影响因素

1. 影响物流项目进度管理的因素

现代物流要求物流服务提供者能在恰当的时间、恰当的地点，以恰当的质量为用户提供所需的服务，物流服务也逐渐向用户需求拉动型方向发展。以项目组织方式展开的物流服务的新产品(如专户配送)对于时间有更高的要求，其中某一项活动进度的延误将会对整个物流服务项目产生较大的影响。

不同的物流项目其影响项目进度的因素是不同的。一般物流工程项目的工期目标实现主要有以下几种影响因素。

1) 人的因素

项目实施的各个阶段对人力资源的需求强度是不同的。及时地调度、招募补充工程需要的专业技术人员和作业人员是项目进度管理的重要内容，它不仅影响项目工期，而且还直接影响项目人力资源的成本。

2) 材料和设备的因素

工程项目所需要的工程材料和设备的数量与供给需要根据项目推进阶段分批分次到位。一旦所订购的工程材料交付延期、开发的物流管理软件出现意外困难就会造成停工的不利后果。

3) 方案与工艺的因素

项目选定的技术方案与工艺有时也会给项目的完成造成困难，特别是一些基于信息技术自动化的物流仓库，技术含量和集成程度高，各技术设备的安装与调试之间关联度高，需要控制任一子项目工作按期完成。

4) 资金因素

项目的资金是项目能否顺利推进的最重要的因素。工程项目的人、财、物的消耗都需要资金的支持。由于资金不到位而影响项目工期的事件经常会发生。

5) 环境因素

任何一个物流项目都具开放性，都包罗在企业或社会的大系统之中。项目的实施也免不了会受到来自上层领导、市场变化等方面的因素影响。

2. 常见物流项目进度拖延的情况分析

在实际物流项目的执行过程中,由于项目规模、性质等原因,影响项目进度因素的具体表现形式非常多,比较常见的有以下几种情况。

1) 错误估计了项目实现的特点及条件

例如:①对于一些科技开发类、技术含量高的物流项目(如区域物流信息管理系统),低估了它们的设计和实施难度;②有些项目还需要进行局部的科研攻关和试验,而这些工作既需要资金又需要时间,还需要项目实施的各参与者之间良好地配合与协调(如系统分析设计人员需要与软件编程开发人员之间保持良好的沟通);③有些项目因对环境因素、物资供应条件、市场价格的变化趋势等了解不全面、不深入,以致开工项目不能如期进行下去。

2) 盲目确定工期目标

例如:在对项目所需时间进行估算时没有充分考虑项目的特点,盲目确定工期目标,使得项目实际进度与预期进度相差甚远,造成项目工期估计过长或过短,不能合理有效地完成。

3) 工期计划方面的不足

例如:①项目设计、材料、设备等资源条件不落实,进度计划缺乏资金的保证,以致进度计划难以实现,进度计划编制质量粗糙,指导性差;②进度计划未认真交底,操作者不能切实掌握计划的目的和要求,以致贯彻不力;③项目经理未考虑项目计划具有可变性或项目计划的编制缺乏科学性,以致计划缺乏贯彻的基础而流于形式;④项目的实施者不按计划执行,凭经验办事,以致编制的项目计划徒劳无益,不能发挥应有的控制与协调作用。

4) 项目参加者的工作失误

项目设计进度拖延或实施中突发事件处理不当或项目参加各方关系不协调等都会造成项目进度拖延。

5) 不可预见事件的发生

项目实施过程中遭遇了恶劣的气候条件或遇到意外复杂的地质条件等都会造成项目进度拖延。

5.1.3 物流项目进度管理的内容

项目进度管理是为确保项目按时完工所开展的一系列管理活动与过程。物流项目进度管理包括两大部分的内容,即物流项目进度计划的制订和物流项目进度计划的控制。

1. 物流项目进度计划的制订

在物流项目实施之前,必须先制订出一个切实可行的、科学的进度计划,然后再按计划逐步实施。其制订步骤一般包括收集信息资料、进行项目结构分解、估算项目活动时间、编制项目进度计划等几个步骤。

为保证项目进度计划的科学性和合理性,在编制进度计划之前,必须收集真实、可信的信息资料作为编制进度计划的依据。这些信息资料包括项目背景、项目实施条件、项目实施单位、人员数量和技术水平、项目实施各个阶段的定额规定等。

2. 物流项目进度计划的控制

在物流项目进度管理中,制订出一个科学、合理的项目进度计划只是为项目进度的科学管理提供了可靠的前提和依据,但并不等于项目进度的管理就不再存在问题。在项目实施过程中,由于外部环境和条件的变化,往往会造成实际进度与计划进度产生偏差,如不能及时发现这些偏差并加以纠正,项目进度管理目标的实现就会受到影响。所以,必须实行项目进度计划控制。

项目进度计划控制的方法是以项目进度计划为依据,在实施过程中对实施情况不断进行跟踪检查,收集有关实际进度的信息,比较和分析实际进度与计划进度的偏差,找出偏差产生的原因和解决办法,确定调整措施,对原进度计划进行修改后再予以实施。随后继续检查、分析、修正;再检查、分析、修正……直至项目最终完成。

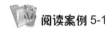
阅读案例 5-1

麦德龙苦心经营物流新政

一场人事地震揭开了麦德龙苦心经营物流新政的内幕。表面上看,这是麦德龙采购人员不满采购新政的"高压政策"愤而出走。实质上,是麦德龙试图建立起一个更加有效的监管体制,向采购腐败开刀,从而对旧利益体系产生了强烈的冲击。

7月末,麦德龙中国区突然颁布采购新政,打破了以前全部商品都由上海总部说了算的传统,采取总部采购部门与区域采购部门联合采购。华北、华中、华东和东北四大区域的区域采购部取代以前总部,担负起收集资料、与当地供应商洽谈业务等工作。同时也正是这场新政针对采购人员制定的"量化业绩、优胜劣汰"的业绩考核体系,遭到了采购人员抵触。据报道,非食品采购部门的员工辞职率一度超过30%。《第一财经日报》日前获悉,到目前为止,辞职的采购人员已经超过10人。

"一方面是权力下放,一方面是考核更加严格,而且新的考核指标的下限要求达到的利润指标是过去的好几倍,一些人就觉得没法干下去了。"一位麦德龙内部人士告诉《第一财经日报》。采购新政一位已离开麦德龙的员工告诉记者,早在今年的上半年,麦德龙就已在着手策划此事,将以前由总部统一管理的商品目录数据库分类之后交付给了四大区域中心各自管理。该举措打破了麦德龙全球通行的中央集权采购体系。无论是德国麦德龙,还是法国的家乐福,其本国都以中央采购为主。而家乐福在1995年进入中国之后,一直以"比对手更快"为最高目标,将中国市场分为5个大区,各大区各自为政,实行分区采购。据介绍,麦德龙之所以将采购权下放是因看到与其同年进入中国的家乐福在中国发展的顺风顺水,有模仿之意。2003年年初,麦德龙在上海建立自己的全国配送中心,麦德龙原本希望配送中心介入到供应商管理,即把不同供应商的货物汇集到一起再配送到各个门店。麦德龙以为,比供应商自己送货,物流费用会减少很多。"一位业内人士说。实际上,麦德龙试图将其德国的全套做法都搬到中国来:以中央采购为主体,再辅以配送中心的集中配送,从而达到降低成本的目的。物流效益的体现是以规模经济为前提的,在德国,麦德龙物流体系不仅包含了现购自运制商场,也包括超级市场和百货商店。在德国门店总数已超过1700家。并且在德国,从配送中心到门店的平均距离少于250公里。而在中国,同一区域内平均送货距离就接近500公里。2003年,麦德龙18家店散布于全国各地,相对于他们在德国本土以至于欧洲开店的密度终究差之千里。实际上,麦德龙的物流成本不降反升。

"会员制,只买不租,中央采购,这些做法都使得麦德龙与其他零售企业风格迥异。作为一家德国企业,麦德龙以固执而出名。"这位业内人士说。但是麦德龙也为自己的固执付出代价:在中国辛苦了10年后，麦德龙仍承受着巨大的亏损压力。直到今年6月初，麦德龙在昆明投资1亿元开设其在云南的第一个大型会员制批发商场，第一次放弃了"只买不租"的开店策略。此举被视为麦德龙反思应该更加顺应中国特殊情况的开始。"下放采购权是在这个大背景下的第二步。"这位业内人士说。

据透露，此次采购新政的另外一个非常重要的原因之一，是麦德龙原来的采购管理体系不仅没有达到降低成本的预期，而且漏洞百出，给采购腐败造成了可乘之机。据麦德龙的一位供应商反映，在没有配送中心的时候，供应商在跟麦德龙的采购经理谈好价格后，自己会负责把货送到各个卖场，现在采购经理来跟他们谈好商品价格后，同时也给供货商提供进入物流配送中心的选择。现在，这个全国配送中心的建立，给麦德龙采购经理创造了一个获利空间。据一位知情者透露，麦德龙的配送中心沿用了它在德国的一套成本核算方法，在这套方法之下，供应商的商品在进入麦德龙的配送中心之后，无论是运到上海还是运到哈尔滨的卖场，价格都一样。由于是由采购经理跟供应商来决定商品是否进物流中心，因此采购经理为了能够跟供应商获得更多的"返点"，便跟供应商达成交易，如进哈尔滨卖场的货品全部进了物流中心，上海卖场则由供应商直接送，长此以往，麦德龙物流中心里大量聚集着供应商至哈尔滨、至沈阳等远距离的商品。

"几乎60%的商品都是由上海外运，物流成本居高不下。"这位业内人士说，"在德国，由于麦德龙供应商所有的商品都必须送到物流中心配送，杜绝了投机行为滋生的空间。但是在中国，由于不是全部商品都是通过这个配送中心运送，给一些人造成可乘之机。"

根据麦德龙中国的内部流程，采购部门决定进物流中心的商品价格之后，会在系统中标注一个"进入"的记号，物流部门就会在下一环节当中扣除一定比例的物流费用。但如果采购部更改记录，将"进入"改成"不进"后，物流费用会自动归零；如果采购部再将"不进"改成"进入"之后，物流部门的系统上就不会有任何的显示了，这种情况下，商品其实已经进了物流中心，但物流部浑然不知。一些采购经理与物流部门相关人员"串通"，不计成本地为供货商降低商品物流费用。而根据麦德龙内部一位人士透露，2006年上半年麦德龙物流部一位员工正是因此而被辞退，这位员工造成的损失达50万元。2005年，麦德龙物流部亏损人民币100万元，今年上半年就达人民币200万元。潜藏在麦德龙内部的这只看不见的"手"已愈来愈危险。记者在向麦德龙中国区供应链经理恭庆国询问此事时，他只是说"很难回答"，拒谈此事。但据麦德龙内部人士反映，采购新政下，很大一部分商品将实行区域采购和配送，采购中心的权力大大被削弱；同时，采购权力下放到地区，也造成了新的危险，所以才配合以严格的业绩考核体系。

"采购腐败的问题还是不能完全杜绝。采购权力向区域下放后，如果管理不善，将会比集中采购更加严重。"这位人士说。1995年麦德龙正式进入中国，与上海锦江集团有限公司按照60%与40%的比例合资成立锦江麦德龙现购自运有限公司。2006年5月麦德龙增持合资公司的股权使其持有比例达到90%。有消息指出，麦德龙在中国辛苦10年还没有实现盈利。但在2006年年初，麦德龙外资方却还要投入巨资加速拓展，按每店1亿元计算，至少还需投资40亿元。锦江集团不想在10年间没有得到任何回报的情况下，再继续承担其中四成、高达16亿元的投资比例，因此才导致股权变动。根据知情人士向记者透露："2001年以后，麦德龙中国区划分成四个大区，目前麦德龙唯一盈利的就是华东区。华中区的业绩尚可，而新进入的华北和东北大区一直处于亏损状态。""我们对目前的状况很满意。"麦德龙中国公关经理黄忠杰则向记者表示，去年集团的数据显示，麦德龙目前在中国的24家门店中，已经有17家老门店实现"可同比盈利"。除此之外，他不愿再对经营业绩作出任何评述。但据业内人士的解释，"可同比盈利"不是真正意义上的盈利，麦德龙还没有完全赚回已经投资在中国的3亿欧元。

5.2 物流项目进度计划的编制

5.2.1 进度计划编制的实施步骤

物流项目进度计划的制订是物流项目管理的重要内容之一。一个项目能否在规定的时间内按规定的要求(或质量标准)完成是衡量项目管理成功与否的重要标志,而项目进度计划一般是在工作分解结构的基础上对项目、活动作出的一系列时间计划,以达到控制和节约项目时间的目的。制订项目进度计划的目的体现在:保证按时获利以补偿已经发生的费用支出;协调资源,使资源在需要时可以利用;预测在不同时间所需的资金和资源的级别,以便赋予项目不同的优先级;满足严格的工期要求。

物流项目进度计划的编制因项目性质、类型的不同会有所不同,但以下几项工作是必不可少的,见表5-1。

表5-1 物流项目进度计划编制的实施步骤

实施步骤	输 入	工具和方法	输 出
(1) 活动的定义	① 工作分解结构; ② 确认的项目范围; ③ 历史资料; ④ 约束和假设	① 项目活动分解法; ② 平台法	① 项目活动清单; ② 详细说明; ③ 工作分解结构更新
(2) 活动的排序	① 活动清单及其详细说明; ② 产品描述; ③ 活动之间的内在相关性和指定相关性; ④ 项目活动的外部依存关系; ⑤ 约束和假设	① 前驱图法(PDM); ② 箭线图法(ADM); ③ 网络模板法	① 项目网络图; ② 更新后的项目活动清单
(3) 活动时间估计	① 活动清单; ② 约束和假设; ③ 资源需求; ④ 资源质量; ⑤ 历史信息	① 专家评估法; ② 类比估计法; ③ 模拟法	① 活动时间估计; ② 估计的支持细节; ③ 活动目录更新
(4) 进度编制	① 项目网络图; ② 活动时间估计文件; ③ 资源需求和资源库描述; ④ 日历; ⑤ 约束和假设; ⑥ 提前和滞后	① 数学分析法; ② 时间压缩法; ③ 资源调整法; ④ 甘特图法; ⑤ 项目管理软件	① 项目工期计划书; ② 详细说明; ③ 进度管理计划; ④ 资源需求更新

本节将对其中的每个实施内容进行详细的阐述。

5.2.2 项目活动的定义

1. 项目活动定义的概念及其输入信息

项目活动是指识别实现项目目标所必须开展的项目活动,定义为生成项目产出物及其组成部分所必须完成的这样一项特定的项目进度管理工作。在项目进度管理中，定义项目活动的主要依据是项目的目标、范围和项目工作分解结构。同时，在项目活动定义过程中，还需要参考各种历史信息与数据，考虑项目的各种约束条件和假设前提条件等。项目活动定义的结果是给出一份项目活动清单，以及有关项目活动清单的支持细节和对于项目工作分解结构的更新。正确地定义一个项目的全部活动必须依据以下信息和资料。

1) 项目工作分解结构

项目工作分解结构(WBS)是定义项目活动所依据的最基本和最主要的信息。项目工作分解结构是一个关于项目所需工作的一种有层次性、树状的分解结构及其描述。它给出了一个项目所需完成工作的整体表述。项目活动定义所依据的项目工作分解结构的详细程度和层次多少主要取决于两个因素：一个是项目组织中各个项目小组或个人的工作责任划分及其能力水平；另一个是项目管理与项目预算控制的要求和能力水平。一般情况下，项目组织的责任分工越细，管理和预算控制水平越高，工作分解结构就可以详细一些，并且层次多一些；反之，工作分解结构就可以粗略一些，层次少一些。因此，任何项目在不同的项目组织结构、管理水平和预算限制前提下，都可以找到许多种不同的项目工作分解结构。例如，不同项目团队可能为同一个管理咨询项目作出两种不同的项目工作分解结构，这两种工作分解结构都能够实现这一项目的目标，只是在项目组织管理与预算控制方面会采用不同的模式和方法。因此，在项目活动定义中还必须充分考虑项目工作分解结构的详细程度和不同详细程度的方案对于项目活动定义的影响。

2) 确认的项目目标和项目范围

项目活动定义的另一个依据是既定的项目目标和项目范围，以及这方面的信息和资料。实际上，如果一个项目的目标不清楚，或者项目范围不确定，那么就可能在定义该项目活动的过程中漏掉一些项目必须开展的工作与活动；或者是将一些与实现项目目标无关的工作定义成为项目的必要活动，从而形成出现超越项目范围的工作与活动。这些都会给项目进度管理和整个项目管理带来很大的麻烦。所以项目活动定义中必须以引进获得确认的项目范围作为主要依据。

3) 历史信息

在项目活动定义过程中还需要使用各种相关的项目历史信息，这既包括项目前期工作所收集和积累的各种信息，也包括项目组织或其他组织过去开展类似项目时获得的各种历史信息。例如，在类似的历史项目中究竟曾经开展过哪些具体的项目活动，这些项目活动的内容与顺序如何，这些项目活动有什么经验与教训等，这些都属于项目的历史信息。

4) 项目的约束条件

项目的约束条件是指项目所面临的各种限制因素和限制条件。任何一个项目活动都会有一定的限制因素和限制条件。这些限制因素与限制条件也是定义项目活动的关键依据之一，也是定义项目活动所必须使用的重要信息。例如，一个高科技产品开发项目会受到高科技人才资源、资金、时间等各种因素和条件的限制，这些限制条件都是在定义这一项目的活动中所必须考虑的重要因素。

5) 项目的假设前提条件

这是指在开展项目活动定义的过程中，对于那些不确定性的项目前提条件所给出的假设，这些假设的前提条件对于定义一个项目的活动来说是必需的，否则就会因为缺少条件而无法定义项目活动。因为到项目活动定义时，项目的某些前提条件仍然无法确定，所以就需要根据分析、判断和经验，假定出这些具体的项目前提条件，以便作为项目活动定义的前提条件使用。需要注意的是项目假设前提条件存在一定的不确定性，会给项目带来一定的风险。

上述这些都是在项目活动定义工作中所需的依据和信息。另外，在进行项目活动定义时，还要考虑进一步分析、修订和更新项目的范围、历史信息、各种项目限制条件和假设前提条件，以及各种可能发生的项目风险等要素。

2. 项目活动定义的工具和方法

如果要完成一个项目，首先就要确定究竟需要通过开展哪些活动才能够实现项目目标。项目活动定义的结果就是要给出这样一份包括所有项目活动的清单。准备这样一份项目活动清单可以采用很多不同的方法，一种方法是让项目团队成员利用"头脑风暴法"，通过集思广益去生成一份项目活动清单，这种方法主要适合定义较小项目活动，对于大型和较复杂的项目，则需要使用项目工作分解结构，依据以下的方法去定义项目活动和给出项目活动的清单。

1) 项目活动分解法

项目活动分解法是指为了使项目便于管理，通过进一步分解和细化项目工作任务，从而得到全部项目具体活动的一种结构化的、层次化的项目活动分解方法。这种方法将项目任务按照一定的层次结构逐层分解成详细、具体和容易管理控制的一系列具体项目活动，从而更好地进行项目的进度管理。这种项目活动分解法有助于完整地找出一个项目的所有活动。使用项目活动分解法最终得到的是关于项目活动的定义，而不是对于项目产出物的描述，这种项目活动定义的结果是为项目进度管理服务的，而不是为项目质量管理服务的(项目产出物的描述主要是为项目质量管理服务的)。

2) 项目活动定义的平台法

项目活动定义的平台法也叫原型法，它使用一个已完成项目的活动清单(或该活动清单中的一部分)作为新项目活动定义的一个平台，根据新项目的各种具体要求、限制条件和假设前提条件，通过在选定平台上增减项目活动来定义出新项目的全部活动，从而得到新项目的活动清单。这种方法的优点是简单、快捷、明了，但是可供使用的平台或原型(已完成项目的活动清单)的缺陷和缺乏会对新的项目活动定义结果带来一定的影响，而且会由于既有平台的局限性而漏掉一些必要的项目活动或额外增加一些不必要的项目活动。

3. 项目活动定义过程的输出

项目活动定义的结果是给出以下信息和文件，以便指导下一步的项目进度管理工作。

1) 项目活动清单

项目活动定义工作给出的最主要信息和文件是项目活动清单。项目活动清单开列出了一个项目所需开展和完成的全部活动。项目活动清单是对项目工作分解结构(WBS)的进一步细化和扩展，项目活动清单中列出的活动与项目工作分解结构与给出的工作包相比更为详细、具体和具有可操作性。对于一份项目活动清单的具体要求有两条，其一是要包括一个项目的全部活动内容；其二是不能包含任何不属于本项目的活动内容，即与实现项目目标无关的任何活动。

2) 详细说明

这是指用于支持和说明项目活动清单的各种细节文件与信息,这既包括对于给定的项目假设条件和各种项目限制因素的说明与细节描述,也包括对项目活动清单的各种解释和说明的细节信息与文件等。这些相关的支持细节信息都必须整理成文件或文档材料,以便在项目进度管理中能够很方便地使用。它们通常需要与项目活动清单一起共同使用。

3) 更新后的工作分解结构

在使用项目活动分解方法定义一个项目的活动过程中,项目管理人员会发现原有的项目工作分解结构中的一些遗漏、错误和不妥的地方,这就需要对原有项目工作分解结构进行必要的增删、更正和修订,从而获得一份更新后的项目工作分解结构,这也是项目活动定义工作的结果之一。当出现这种情况时,还需要同时更新其他相关项目管理文件。特别是在项目活动定义过程中,如果决定采用新的技术或方法,或者采用新的组织结构与管理控制方法时,就必须进行这类项目工作分解结构的更新工作;否则会造成项目活动定义文件与项目其他管理文件的脱节现象,从而使项目管理陷入混乱。

5.2.3 项目活动的排序

1. 项目活动排序的概念

项目活动排序是通过识别项目活动清单中各项活动的相互关联与依赖关系,并据此对项目各项活动的先后顺序进行合理安排并确定的项目进度管理工作。为制订项目进度(工期)计划就必须科学合理地安排一个项目各项活动的顺序关系。一般较小的项目或一个项目阶段的活动排序可以通过人工排序的方法完成,但是复杂项目的活动排序多数要借助计算机信息系统来完成。为了制订项目进度(工期)计划,必须准确和合理地安排项目各项活动的顺序并依据这些活动顺序确定项目的各种活动路径及其构成的项目活动网络。这些都属于项目活动排序工作的范畴。

2. 项目活动排序过程的输入

项目活动排序过程的输入主要包括以下几个方面的信息。

1) 项目活动清单及其详细说明

这些是项目活动定义阶段的工作成果。其中,项目活动清单列出了项目所需开展的全部活动,项目活动清单的支持细节文件说明和描述了项目活动清单的相关细节、依据与假设前提条件。它们都是项目活动排序工作非常重要的依据。

2) 项目产出物的说明与描述

项目产出物是开展项目活动的最终结果,也叫项目的产品。项目产出物的专业特性和管理特性会直接影响项目活动顺序的确定。对于项目产出物的特性分析可以帮助人们确定项目活动的顺序,通过对照项目产出物的描述,人们可以审查项目活动排序的正确性。所以项目产出物描述也是项目活动排序的重要依据之一。

3) 项目活动之间的内在相关性

内在相关性是指所做工作中各活动间固有的依赖性,通常由客观条件限制造成,例如,一个物流仓库的建设项目在地基完成前先进行仓库的建设是不可能的。一个物流信息系统的开发项目只有在原型完成后才能对它进行测试。因此，项目活动之间的内在相关性也称为项目活动的"硬逻辑"关系，这是一种不可违背的逻辑关系。所以它也是项目活动排序的重要依据之一。

4) 项目活动之间的指定相关性

指定性是指由项目管理团队所规定、确定的相关性，应小心使用这种相关性并加以充分陈述，因为承认并使用这样的相关性进行排序会限制以后进度计划的选择。这种相关性通常发生在以下一些情况：在一个特定应用领域有一个"最好的做法"，有时即使有几种可接受的排序，但因某种原因一个特定的活动排序关系被偏爱。指定性相关也可称偏好相关或软相关。

5) 项目活动的外部依存关系

项目活动的外部依存关系是指项目活动与其他组织的活动，以及项目活动与组织所开展的其他活动之间的相互关系。这就是一种典型的项目活动与其他组织(政府)活动所形成的外部依存关系。例如，就一个物流仓库建设项目的选址而言，在确定之前可能需要召开由政府组织的环境听证会，并需要获得政府或主管部门的审批才能够开展项目下一步的活动。再如，一个软件项目的测试活动依赖于外部硬件的运作，或建设项目施工之前应先听取人们对于环保的意见。

6) 项目的约束条件与假设前提条件

项目的约束条件是指项目所面临的各种资源与环境限制条件和因素，它们会对项目活动的排序造成影响。例如，在没有资源限制的情况下，两种项目活动可能可以同时开展，但是在有资源限制的条件下，它们就只能够依次进行了。项目的假设前提条件是对项目活动所涉及的一些不确定条件的假设性认定，项目的假设前提条件同样也会直接影响项目活动的排序。

3. 项目活动排序的方法

项目活动排序需要根据上述项目活动之间的各种关系、项目活动清单和项目产出物的描述，以及项目的各种约束和假设条件，通过反复地试验和优化去编排出项目的活动顺序。通过项目活动排序确定出的项目活动关系需要以网络图或文字描述的方式给出。通常安排和描述项目活动顺序关系的方法有以下几种。

1) 前驱图法

前驱图法(Precedence Diagramming Method，PDM)也叫节点网络图法(Activity On Node，AON)。这是一种通过编制项目网络图给出项目活动顺序安排的方法，又叫单代号网络图法，它用节点表示一项活动，用节点之间的箭线表示项目活动之间的相互关系。

图 5.1 是一份使用前驱图法给出的简单项目活动排序结果的项目网络图。这种项目活动排序和描述的方法是大多数项目管理中使用的方法。这种方法既可以用人工方法实现，也可以用计算机软件系统实现。

前驱图法有以下 4 种相关的前驱关系。

(1) 结束→开始：某项活动必须结束，然后另一项活动才能开始。

(2) 结束→结束：某项活动结束前，另一项活动必须结束。

(3) 开始→开始：某项活动必须在另一项活动开始前开始。

(4) 开始→结束：某项活动结束前，另一项活动必须开始。

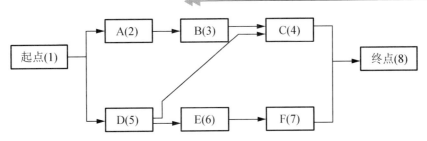

图 5.1　用前驱图法绘制的项目网络图

在前驱图法中,"结束→开始"是最常见的逻辑关系,"开始→结束"关系极少使用。也许只有职业进度计划工程师使用。对于管理软件,如果用"开始→开始""结束→结束"或"开始→结束"关系会产生混乱的结果,因为很多管理软件编制时并没有对这3种类型的相关性加以考虑。

在用节点表示活动的网络图中,每项活动由一个方框或圆框表示,对活动的描述(命名)一般直接写在框内。每项活动只能用一个框表示,如果采用项目活动编号则每个框只能指定唯一的活动号。项目活动之间的顺序关系则可以使用连接活动框的箭线表示。例如,对于"结束→开始"关系,箭头指向的活动是后序活动(后续开展的活动),箭头离开的活动是前序活动(前期开展的活动)。一项后序活动只有在与其联系的全部前序活动完成以后才能开始,这可以使用箭线连接前后两项活动方法表示。例如,在物流信息系统开发项目中,只有完成了"系统设计"后,"系统实施"工作才能开始,如图5.2所示。

图 5.2　用节点和箭线表示的项目活动顺序示意图

另外,有些项目活动可以同时进行,虽然它们不一定同时结束,但是只有它们全部结束以后,下一项活动才能开始。例如,在物流信息系统开发项目中,系统设计中的"逻辑设计"和"物理设计"可以同时开始,但是不一定同时结束,然而只有所有设计工作完成以后才能够开展项目的"设计评审"和"系统实施"工作。这些项目活动之间的关系可以如图5.3所示。

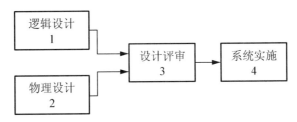

图 5.3　物流信息系统开发项目系统设计和实施活动前驱关系图示

2) 箭线图法

箭线图法(Arrow Diagramming Method,ADM)也是一种描述项目活动顺序的网络图方法。这一方法用箭线代表活动,而用节点代表活动之间的联系,又叫双代号网络图。图5.4是用箭线图法绘制的一个简单项目的网络图。这种方法虽然没有前驱图法流行,但是在一些应用领域中仍不失为一项可供选择的项目活动顺序关系描述方法。在箭线图法中，通常只描述项目活动间的"结束→开始"关系。当需要给出项目活动的其他逻辑关系时，就需要借用"虚活动"(Dummy Activity)来描述了。箭线图法同样既可以由人工完成，也可以使用计算机专用软件系统完成。

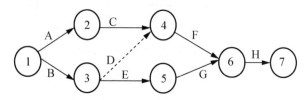

图 5.4　用箭线图法绘制的项目网络图

在箭线图中，一项活动由一条箭线表示，有关这一活动的描述(命名)可以写在箭线上方。描述一项活动的箭线只能有一个箭头，箭线的箭尾代表活动的开始，箭线的箭头代表活动的结束。箭线的长度和斜度与项目活动的持续时间或重要性没有任何关系。在箭线图法中，代表项目活动的箭线通过圆圈连接起来，这些连接用的圆圈表示具体的事件。箭线图中的圆圈既可以代表项目的开始事件，也可以代表项目的结束事件。当箭线指向圆圈时，圆圈代表该活动的结束事件；当箭线离开圆圈时，圆圈代表该活动的开始事件。在箭线图法中，需要给每个事件确定唯一的代号。例如图 5.5 中给出的项目活动网络图中，"系统设计"和"系统实施"之间就存在一种顺序关系，二者由事件"2"联系起来。事件"2"代表"系统设计"活动结束和"系统实施"活动开始这样一个事件。

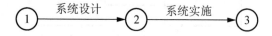

图 5.5　箭线图法中的"活动"与"事件"示意图

项目活动的开始事件(箭尾圆圈)也叫该项活动的"紧前事件"，项目活动的结束事件(箭头圆圈)也叫该活动的"紧随事件"。例如，对于图 5.5 中的项目活动"系统设计"而言，它的紧前事件是圆圈 1，而它的紧随事件是圆圈 2；但是对于项目活动"系统实施"而言，它的紧前事件是圆圈 2，它的紧随事件是圆圈 3。在箭线图法中，需遵守以下几条基本绘制规则。

(1) 正确描述项目活动之间的逻辑关系。这种逻辑关系包括工艺逻辑关系和组织逻辑关系。工艺逻辑关系又称为强制性逻辑关系，这类关系是客观的、固有的，不能随意改变，也是内在的；而组织逻辑关系并不是固定不变的，它只是一种人为的安排。如图 5.6(a)所示，在物流配送项目中，"进货"和"验收"之间的关系是一种工艺逻辑关系；而图 5.6(b)所示的"验收 A"和"验收 B"之间的先后关系就是一种人为的组织关系了。

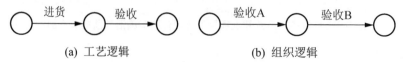

图 5.6　工艺逻辑和组织逻辑关系

(2) 网络图中不允许出现循环回路，否则整个项目将不可能完成，如图 5.7 所示。

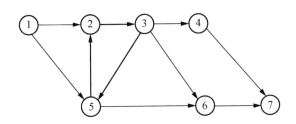

图 5.7 网络图中出现回路

(3) 在网络图中不允许出现带有双向箭头或无箭头的连线,如图 5.8 所示。

(a) 双箭头的连线　　　　　　　　(b) 无箭头的连线

图 5.8 错误的箭头画法

(4) 在网络图中不允许出现没有箭尾事件和没有箭头事件的箭线,如图 5.9 所示。

(a) 没有箭尾事件　　　　　　　　(b) 没有箭头事件

图 5.9 没有箭尾事件和没有箭头事件的箭线

(5) 在一张网络图中,一般只允许出现一个起点事件和一个终点事件,如图 5.10 所示是错误的。

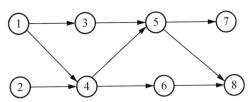

图 5.10 有多个起点事件和多个终点事件的网络图

(6) 原则上不能从一条箭线上引出一条箭线,但是当网络图的起点事件有多条外向箭线或终点事件有多条内向箭线时,为使图形简洁,可用母线法绘制,如图 5.11 所示。

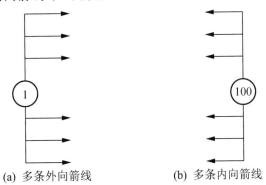

(a) 多条外向箭线　　　　　　　　(b) 多条内向箭线

图 5.11 母线的画法

(7) 图中的每项活动必须由唯一的紧前事件和唯一的紧随事件组合来予以描述。

如图 5.12 所示，项目活动 A 和活动 B 具有相同的紧前事件(圆圈 1)和紧随事件(圆圈 2)，这在箭线图法中是绝对不允许的，因为这种方法要求每项活动必须用唯一的紧前事件和紧随事件的组合来表示。

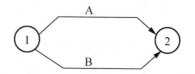

图 5.12　项目活动描述错误的示意图

为了解决图 5.12 中出现的问题，在箭线图法中规定了一种特殊的活动，被称为"虚活动"。这种活动并不消耗时间，所以它在网络图中用一个虚线构成的箭线来表示。这种"虚活动"用来描述项目活动之间的一种特殊的先后关系，以满足每项活动必须用唯一的紧前事件和紧随事件的组合来确定的要求。例如，图 5.12 中给出的活动 A 和活动 B，要想合理地描述它们就需要插入一项虚活动，如图 5.13 所示，这样就可以使活动 A 和活动 B 由唯一的紧前事件和紧随事件组合来描述了。在图 5.13 中有两种描述方法，图 5.13(a)所示的是活动 A 由事件 1 和事件 3 的组合来描述，活动 B 由事件 1 和事件 2 的组合来表示；图 5.13(b) 所示的是活动 A 由事件 1 和事件 2 的组合来表示，而活动 B 由事件 1 和事件 3 的组合来表示。这两种方法都是可行的方法。

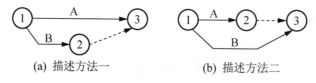

(a) 描述方法一　　　　　　(b) 描述方法二

图 5.13　加入虚活动后的箭线图

(8) 应尽量避免箭线交叉。当交叉不可避免时，可采用过桥法和指向法等方法表示，如图 5.14 所示。

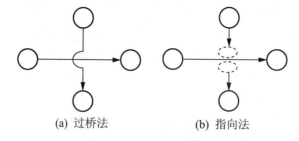

(a) 过桥法　　　　　　(b) 指向法

图 5.14　交叉箭线的处理方法

(9) 网络图节点编号规则。原则上说，只要不重复、不漏编，每条箭线的箭头事件编号大于箭尾事件的编号即可。但一般的编号方法是，网络图的第一个事件编号为 1，其他事件编号按自然数从小到大依次编排，最后一个事件的编号就是网络图节点的个数。有时也采用不连续编号的方法以留出备用事件号。

根据项目活动清单等信息和上述网络图方法的原理就可以安排项目活动的顺序并绘制

项目活动的网络图了。这一项目进度管理工作的具体步骤是：首先选择是使用顺序图法还使用箭线图法去描述项目活动的顺序安排，然后按项目活动的客观逻辑顺序和人为确定的优先次序安排项目活动的顺序，最后使用网络图法绘制出项目活动顺序的网络图。在决定以哪种顺序安排项目活动时，需要对每一个项目活动明确回答以下 3 个方面的问题。

(1) 在该活动可以开始之前，必须完成哪些活动？
(2) 哪些活动可以与该活动同时开始？
(3) 哪些活动只有在该活动完成后才能开始？

通过明确每项活动的这 3 个问题，就可以安排项目的活动顺序并绘制出项目网络图，从而全面描述项目所需各项活动之间的相互关系和顺序。

另外，在决定一个项目网络图的详细程度时，还应考虑下列准则。

(1) 项目不但需要有工作分解结构，而且必须有明确的项目活动定义。
(2) 先根据项目工作分解结构绘制一份概括性的网络图，然后再根据项目活动定义结果把它扩展成为详细的网络图。有些项目只需要概括性的网络图就可以满足项目管理的要求了。
(3) 项目网络图的详细程度可以根据项目实施的分工或项目产出物的性质决定。例如，如果一个小组负责装配，另一个小组负责包装，那么就应该将这些任务划分成两项独立的项目活动；如果一项项目活动的结果是一个有形的、可交付的产出物，那么该活动就必须被定义为项目的一项活动。

不管最初的项目活动网络图详细程度如何，项目活动定义应该随着项目的开展逐步细化。因为定义项目近期开展的活动要比定义项目远期将要开展的活动容易得多。所以随着项目的展开，项目网络图需要不断更新，以添加更多细节。

【例 5-1】 根据项目活动的逻辑关系(表 5-2)绘制网络图。

表 5-2　某项目活动的逻辑关系

工作代号	A	B	C	D	E	F	G	H	I	J	K
紧前工作	—	—	—	BC	BC	C	EF	EF	EF	ADG	ADGH
持续时间	2	3	5	4	7	9	5	7	3	4	5

解：根据已知逻辑关系画网络图的基础思路是：先画没有紧前活动或者是紧前活动已经画出来的活动，网络图画出来后再仔细检查有没有违背绘制网络图的原则。绘制结果如图 5.15 所示。

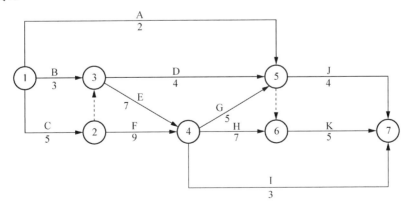

图 5.15　网络图

3) 网络模板法

在某些情况下，一个项目组织可能给不同的客户做相似的项目，此时新项目的许多活动可能包含与历史项目活动具有相同的逻辑关系安排。因此，人们有可能用过去完成项目的网络图作为新项目网络图的模板，并通过增删项目活动去修订这种模板，从而获得新项目的活动网络图。这种网络模板法有助于尽快生成项目网络图，它可以用于对整个项目或某个局部的项目活动排序和网络图的编制。对于有些项目，网络模板法是非常有效的。例如，安居工程的民用住宅建设项目就是如此。

4. 项目活动排序工作的结果

项目活动排序工作的结果是一系列有关项目活动排序的文件，主要有项目网络图和更新的项目活动清单。

1) 项目网络图

项目网络图是有关项目各项活动和它们之间逻辑关系说明的示意图。本章在前面已经讨论了项目网络图的两种基本方法。项目网络图既可人工绘制，也可用计算机绘制。它可以包括项目的所有具体活动，也可以只包括项目的主要活动。项目网络图中需附带有基本排序符号和活动的简要说明(命名)。

2) 更新后的项目活动清单

在项目活动定义和项目活动排序的过程中通常会发现项目工作分解结构中存在各种问题，而在项目网络图的编制过程中通常也会发现项目活动排序中存在的问题。为了正确反映项目活动间的逻辑关系就必须对前期确定的项目活动进行重新分解、定义和排序，以改正存在的问题。当出现这种情况时，就需要更新原有的项目活动清单，从而获得更新后的项目活动清单，而且有时还需要进一步更新原有的项目工作分解结构等文件。

5.2.4 项目活动时间估计

1. 项目活动时间估计的概念

项目活动时间估计指预计完成各活动所需时间长短，在项目团队中熟悉该活动特性的个人和小组可对活动所需时间作出估计，也可以由计算机进行模拟和估算，再由专家审查确认这种估算。对一项项目活动所需时间的估算通常要考虑项目活动的作业时间和延误时间。例如，"混凝土浇铸"会因为下雨、公休而出现延误。通常在输入各种依据参数之后，绝大多数项目计划管理软件都能够处理这类时间估算问题。

整个项目所需时间也是运用这些工具和方法加以估计的，它是制订项目进度计划的一个结果。

2. 项目活动工期估算的依据

项目活动工期估算的主要依据有以下几个方面。

1) 项目活动清单

项目活动清单是在"项目活动定义"阶段得到的一份计划工作文件。项目活动清单列出了项目所需开展的全部活动，它是对项目工作分解结构进行细化后的项目计划文件。

2) 项目的约束条件和假设前提条件

这是指项目在工期估算方面的各种约束条件和假设前提条件。其中，约束条件是项目工期计划面临的各种限制因素，假设前提条件是对项目工期估算假定的各种可能发生的情况。

3) 项目资源的数量要求

绝大多数项目活动工期会受项目所能得到资源数量的影响。例如，对于两个人工作一整天的项目活动，如果只有一个人作业就需要两天时间。一般情况下，项目资源数量的多少是决定项目活动工期长短的重要参数之一。

4) 项目资源的质量要求

绝大多数项目活动的工期还受项目资源质量的影响。例如，一项活动需要两个"五级技工"工作两天，但是如果只有"三级工"可能就需要 4 个人工作两天了。一般而言，项目资源质量水平的高低也是决定项目活动工期长短的重要参数之一。

5) 历史信息

在估算和确定项目活动工期中，还需要参考有关项目活动工期的历史信息。有关各类活动所需时间的历史资料来源于以下情况。

(1) 项目档案——与这个项目有关的一个或几个组织也许保留有先前项目结果的记录，而这些记录非常详细，有助于时间估计。在许多应用领域，个别小组成员也许会保留这些记录。

(2) 商业用的时间估计数据库——过去的一些数据往往是有价值的，当活动所需时间不能由实际工作内容推算时这些数据库特别有用(例如混凝土多少时间干、一个政府机构对某种类型申请的批复需要多少时间)。

(3) 项目团队知识——项目团队的个别成员也许记得先前活动的实际或估计数。虽然这种重新回忆的方法也许有用，但相比记录的档案文件可靠性低得多。

3. 项目活动工期估算的方法

项目活动工期估算主要包括以下几种方法。

1) 专家评估法

专家评估法是由项目进度管理专家运用他们的经验和专业特长对项目活动工期作出估计与评价的方法。由于项目活动工期受许多因素的影响，所以使用其他计算和推理的方法是很困难的，但专家评估法十分有效。估计所需时间经常是困难的，因为许多因素会影响所需时间(例如，资源质量的高低、劳动生产率的不同)，只要可能，专家会依靠过去资料信息进行判断。如果找不到合适的专家，估计结果往往不可靠并具有较大风险。

2) 类比估计法

类比估计法是利用一个先前类似活动的实际时间作为估计未来活动时间的基础，在以下情况下常用这种方法估计项目活动所需时间：只有很有限的关于项目的资料和信息(例如在早期)。类比估计是专家判断的一种形式。以下情况类比估计是可靠的：①先前活动和当前活动是本质上类似而不仅仅是表面相似；②专家有所需专长，但是这种方法的结果不够精确，一般用于最初的项目活动工期估算。

3) 模拟法

模拟法是以一定的假设条件为前提进行项目活动工期估算的一种方法。常见的方法有蒙特卡罗模拟、三角模拟等。这种方法既可以用来确定每项项目活动工期的统计分布，也可用来确定整个项目工期的统计分布。其中，三角模拟法相对比较简单，这种方法具体包括以下做法。

(1) 单项活动的工期估算。对于活动持续时间存在高度不确定的项目活动，需要给出活动的 3 个估计的时间：乐观时间 t_o(假设活动所涉及的所有事件均对完成该活动最为有利的情况下完成该活动需要的时间)、最可能时间 t_m(一般情况下完成活动所需要的时间，相当于活动时间随机分布的均值)、悲观时间 t_p(假设现实中总是遇到不利因素，使得活动的完成被延误，该活动在最糟的情况下完成所需要的最长时间)，以及这些项目活动时间所对应的发生概率。通常对于设定的这 3 个时间，还需要假定它们都服从 β 概率分布。然后，用每项活动的 3 个时间估计时间就能确定每项活动的期望(平均数或折中值)工期了。这种项目活动工期期望值的计算公式为

$$t_e = \frac{t_o + 4t_m + t_p}{6}$$

【例 5-2】 假定一项活动的乐观时间为 2 周，最可能时间为 4 周，悲观时间为 6 周，这项活动工期的期望值为

$$t_e = \frac{2 + 4 \times 4 + 6}{6} = 4(周)$$

(2) 总工期期望值的计算方法。在项目的实施过程中，一些项目活动花费的时间会比期望工期少，另一些会比它们的期望工期多。对于整个项目而言，这些多于期望工期和少于期望工期的项目活动耗费的时间有很大一部分是可以相互抵消的。因此所有期望工期与实际工期之间的净总差额值同样符合正态分布规律。这意味着在项目活动排序给出的项目网络图中关键路经(工期最长的活动路径)上的所有活动的总概率分布也是一种正态分布，其均值等于各项活动期望工期之和，方差等于各项活动的方差之和。依据这些就可以确定出项目总工期的期望值了。

(3) 项目工期估算实例。现有一个项目的活动排序及其工期估计数据如图 5.16 所示。假定项目的开始时间为 0 并且必须在第 40 天之前完成。

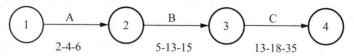

图 5.16 项目工期估计示意图

图 5.16 中每个活动工期的期望值计算如下。

A 活动　　$t_e = \dfrac{2 + 4 \times 4 + 6}{6} = 4(天)$

B 活动　　$t_e = \dfrac{5 + 4 \times 13 + 15}{6} = 12(天)$

C 活动　　$t_e = \dfrac{13 + 4 \times 18 + 35}{6} = 20(天)$

把这 3 个项目活动估算工期的期望值加总,可以得到一个总平均值,即项目整体的期望工期 t_e,具体做法可以见表 5-3。

表 5-3 项目活动工期估算汇总表   单位:天

活 动	乐观时间 t_o	最可能时间 t_m	悲观时间 t_p	期望工期 t_e
A	2	4	6	4
B	5	13	15	12
C	13	18	35	20
项目整体	20	35	56	36

由表 5-3 可以看出,3 项活动的乐观时间为 20 天,最可能时间为 35 天,而悲观时间为 56 天,据此计算出的项目整体期望工期与根据 3 项活动的期望值之和(4+12+20=36)的结果是相同的,这表明对整个项目而言,那些多于期望工期和少于期望工期的项目活动所耗时间可以相互抵消,因此项目整体工期估算的时间分布等于 3 项活动消耗时间平均值或期望值之和。另外,这一工期估算中的方差有以下关系。

活动 A $\delta^2 = \left(\dfrac{6-2}{6}\right)^2 \approx 0.444$

活动 B $\delta^2 = \left(\dfrac{15-5}{6}\right)^2 \approx 2.778$

活动 C $\delta^2 = \left(\dfrac{35-13}{6}\right)^2 \approx 13.444$

由于总分布是一个正态分布,所以它的方差是 3 项活动的方差之和,即 16.666。总分布的标准差 σ 为

$$\text{标准差} = \sigma = \sqrt{\delta^2} = \sqrt{16.666} \approx 4.08(\text{天})$$

图 5.17 给出了总概率曲线与其标准差的图示。

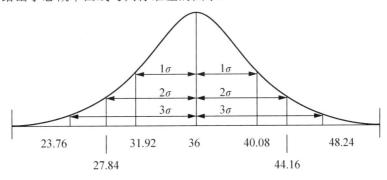

图 5.17 项目实例的正态分布

图 5.17 所示是一个正态曲线,其在 $\pm 1\sigma$ 的范围内(即为 31.92～40.08 天)包含总面积的 68%;在 27.84～44.16 天包含总面积的 95%;在 23.76～48.24 天包含总面积的 99%。对于这些概率分布可以解释如下:在 23.76～48.24 天完成项目的可能性为 99%(概率为 0.99);在 27.84～44.16 天完成项目的可能性为 95%(概率为 0.95);在 31.92～40.08 天完成项目的可能性为 68%(概率为 0.68)。

4. 项目活动工期估算的工作结果

项目活动工期估算工作的结果包括以下内容。

1) 项目活动时间估计

项目活动时间估计是对完成一项活动所需时间及其可能性的定量计算，根据项目各项活动的时间估计可以进一步估算出整个项目所需工期。项目活动时间估算应包括对项目活动时间可能变化范围的评估。例如："项目活动需要 2 周±2 天的时间"，这表示项目活动至少需要 8 天，而且不会超过 12 天，最可能的是 10 天(每周 5 天工作日)。

2) 估计的支持细节

这是有关项目工期估算的依据与支持细节的说明文件。其中，项目工期估算的依据给出了项目工期估算中所使用的各种约束条件和假设前提条件、各种参照的项目历史信息，以及项目活动清单、资源需求数量和质量等方面的依据资料和文件。项目工期估算的支持细节包括所有与项目工期估算结果有关的文件与说明。

3) 活动目录更新

在项目活动估算的过程中可能会发现项目工作分解结构和项目活动清单中存在的各种问题，因此需要对它们进行修订和更新。此时就需要更新原有的项目活动清单，从而获得更新后的项目活动清单和项目工作分解结构，并且要将其作为项目工期估算的工作文件，与其他项目工期估算正式文件一起作为项目工期估算的工作结果而输出。

5.2.5 项目进度编制

1. 项目进度编制的概念

项目进度编制是根据项目活动定义、项目活动顺序安排、各项活动工期估算和所需资源所进行的分析和项目计划的编制与安排。项目进度编制要决定项目活动的开始和结束日期，如果开始和结束日期是不现实的，项目不可能按计划完成。进度编制、时间估计、成本估计等过程交织在一起，这些过程要反复进行多次，最后才能确定项目进度。

2. 项目进度编制的依据

在开展项目进度编制以前的各项项目进度管理工作所生成的文件及项目其他计划管理所生成的文件都是项目工期计划编制的依据。其中最主要的有以下几种。

1) 项目网络图

这是在"项目活动排序"阶段所得到的各项活动及它们之间逻辑关系的示意图。

2) 项目活动时间估计文件

这也是项目进度管理前期工作得到的文件，它是对于已确定项目活动的可能工期估算文件。

3) 项目的资源需求和资源库描述

资源需求包括有关项目资源质量和数量的具体要求及对项目各活动以哪种形式与项目其他活动共享哪种资源的说明。对于进度编制而言，有关什么资源、在什么时候、以哪种方法可供利用是必须知道的。例如，安排共享的资源也许是特别困难的一件事，因为这些资源的可利用性是高度可变的。在资源库描述中，对各种资源的详细程度的要求是变化的。

例如，一个咨询项目最初的进度计划编制仅须知道在某一段时间内有两个咨询人员可供利用，然而同一项目的最终进度编制必须确定使用哪一位特定的咨询人员。

4) 项目作业制度安排

项目作业制度安排(又称项目日历)也会影响到项目的进度编制。项目日历表和资源工程日历表确定了可用于工作的日期。项目日历表对所有资源有影响(例如，一些项目仅在法定的工作时间内进行，而有的项目可一日三班安排工作)，各资源日历表对特定的资源有影响(例如，项目团队的成员可能正在放假接受培训；某一劳动合同可能限定工人一周的工作天数)。

5) 项目作业的各种约束条件

在制订项目工期计划时，有两类主要的项目作业约束条件必须考虑。

(1) 强制性日期。某些工作细目必须按项目资助者(或项目顾客或其他外界因素)的要求在某一特定日期完成(例如，某技术项目的市场窗口；某董事会要求在某日期前完成一个环保项目)。

(2) 关键事件或里程碑事件。项目资助者、项目顾客或其他项目相关人提出在某一特定日期前完成某些工作细目，一旦定下来，这些日期就很难被更改了。

6) 项目活动的提前和滞后要求

任何一项独立的项目活动都应该有关于其工期提前或滞后的详细说明，以便准确地制订项目的工期计划。例如，对项目定购和安装设备的活动可能会允许有一周的提前或两周的延期时间。

3. 制订项目工期计划的方法

项目工期计划是项目专项计划中最为重要的计划之一，这种计划的编制需要反复地试算和综合平衡，因为它涉及的影响因素很多，而且它的计划安排会直接影响到项目集成计划和其他专项计划。所以这种计划的编制方法比较复杂，主要使用以下几种方法。

1) 数学分析法

数学分析包括理论上计算所有活动各自的最早和最迟开始与结束日期，但计算时无须考虑资源限制。这样算出的日期并不是实际进度，而是表示所需的时间长短。考虑活动的资源限制和其他约束条件，把活动安排在上述时间区间内，最常用的数学方法有以下几种。

(1) 关键路线法(CPM)——借助网络图和各活动所需时间(估计值)，计算每一活动的最早和最迟开始与结束日期。CPM法的关键是计算总时差，这样可决定哪一活动有最小时间弹性。CPM算法也在其他类型的数学分析中得到应用。

(2) 图表审评技术(GERT)——对网络结构和活动估计进行概率处理(即某些活动可不执行，某些仅部分执行，某些可不止一次执行)。

(3) 计划评审技术(PERT)——利用项目的网络图和各活动所需时间的估计值(通过加权平均得到的)计算项目总时间。PERT法不同于CPM法主要在于PERT法利用期望值而不是最可能的活动所需时间估计(在CPM法中用的)。PERT法如今很少应用，然而类似PETR法的估计方法常在CPM法中应用。

本节将通过一个例子介绍最常用的CPM法。

【例5-3】 某项研制新产品工程的各活动与所需时间及它们之间的相互关系见表5-4。要求编制该项工程的网络计划。

表 5-4 各活动所需时间及相互关系表

工 序	活动代号	所需时间/天	紧后活动
产品设计与工艺设计	a	60	b，c，d，e
外购配套件	b	45	l
下料、锻件	c	10	f
工装制造 1	d	20	g，k
木模、铸件	e	40	h
机械加工 1	f	18	l
工装制造 2	g	30	k
机械加工 2	h	15	l
机械加工 3	k	25	l
装配调试	l	35	—

要编制网络计划，首先需绘制网络图。网络图是由节点(点)、弧及权所构成的有向图，即有向的赋权图。根据网络图的绘制规则和表 5-4 的已知条件与数据绘制的网络如图 5.18 所示。

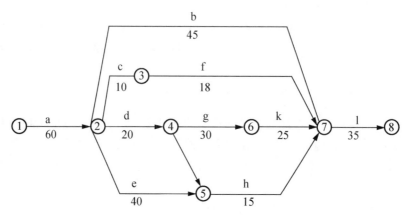

图 5.18 网络图

下面就介绍用 CPM 法确定网络计划。

CPM(Critical Path Method)法就是关键路线法，确定关键路线的方法一般有比较线路长度法、计算时差法、标号法和破圈法。先介绍比较线路长度法。

在网络图中，从始点开始，按照各活动的顺序，连续不断地到达终点的一条通路称为路线。如在图 5.18 中，共有 5 条路线，5 条路线的组成及所需要的时间见表 5-5。

表 5-5 比较线路长度确定关键路线

路 线	路线的组成	各活动所需的时间之和/天
1	①→②→⑦→⑧	60+45+35=140
2	①→②→③→⑦→⑧	60+10+18+35=123
3	①→②→④→⑥→⑦→⑧	60+20+30+25+35=170
4	①→②→④→⑤→⑦→⑧	60+20+15+35=130
5	①→②→⑤→⑦→⑧	60+40+15+35=150

在各条路线上，完成各活动的时间之和是不完全相等的。其中，完成各活动需要时间最长的路线称为关键路线，或称为主要矛盾线，在图中用粗线表示。在图 5.18 中，第三条路线就是关键路线，组成关键路线的活动称为关键活动。如果能够缩短关键活动所需的时间，就可以缩短工程的完工时间。而缩短非关键路线上的各活动所需的时间却不能使工程的完工时间提前。即使在一定范围内适当地拖长非关键路线上各活动所需的时间，也不至于影响工程的完工时间。编制网络计划的基本思想就是在一个庞大的网络图中找出关键路线。对各关键活动，要优先安排资源，挖掘潜力，采取相应措施，尽量压缩所需的时间。而对非关键路线上的各活动，只要在不影响工程完工时间的条件下，可抽出适当的人力、物力等资源用在关键活动上，以达到缩短工程工期、合理利用资源等目的。在执行计划过程中，可以明确工作重点，对各关键活动加以有效控制和调度。

关键路线是相对的，也是可以变化的。在采取一定的技术组织措施之后，关键路线有可能变为非关键路线，而非关键路线也有可能变为关键路线。

当网络图所包含的活动比较少时，通过上述方法确定关键路线是可行的，但是当项目比较复杂时，所有路线不容易全部精确地找到并计算出来，这种方法就表现出它的局限性，这时可以选用计算时差法。

为了编制网络计划并找出关键路线，要计算网络图中各事件及各活动的有关时间，称这些有关时间为网络时间。

网络时间包括作业时间(T_{ij}：为完成某一活动所需要的时间称为该活动的作业时间)、事件时间和活动时间 3 类。

(1) 事件时间包括以下几种。

① 事件最早时间 $T_E(j)$——如果事件为某一活动的箭尾事件时，事件最早时间为各活动的最早可能开始时间；如果事件为某一或若干活动的箭头事件时，事件最早时间为各活动的最早可能结束时间。通常是按箭头事件计算事件最早时间，用 $T_E(j)$ 表示，它等于从始点事件起到本事件最长路线的时间长度。计算事件最早时间是从始点事件开始，自左向右逐个事件向前计算。假定始点事件的最早时间等于零，即 $T_E(1)=0$。箭头事件的最早时间等于箭尾事件最早时间加上作业时间。当同时有两个或若干个箭线指向箭头事件时，选择各活动的箭尾事件最早时间与各自活动作业时间之和的最大值。即

$$T_E(i)=0$$
$$T_E(j)=\max\{T_E(i)+T(i, j)\} \quad (j=2,\cdots,n)$$

式中：$T_E(j)$ 为箭头事件的最早时间；$T_E(i)$ 为箭尾事件的最早时间。

例如，在网络图 5.18 中各事件的最早时间为：

$T_E(1) = 0$

$T_E(2) = T_E(1) + T(1, 2) = 0 + 60 = 60$

$T_E(3) = T_E(2) + T(2, 3) = 60 + 10 = 70$

$T_E(4) = T_E(2) + T(2, 4) = 60 + 20 = 80$

$T_E(5) = \max\{T_E(2) + T(2, 5), T_E(4) + T(4, 5)\}$
$\quad\quad = \max\{60 + 40, 80 + 0\} = 100$

$T_E(6) = T_E(4) + T(4, 6) = 80 + 30 = 110$

$T_E(7) = \max \{T_E(2) + T(2, 7), T_E(3) + T(3, 7), T_E(6) + T(6, 7), T_E(5) + T(5, 7)\}$
     $= \max \{60 + 45, 70 + 18, 110 + 25, 100 + 15\} = 135$
$T_E(8) = T_E(7) + T(7, 8) = 135 + 35 = 170$

② 事件最迟时间 $T_L(i)$——箭头事件各活动的最迟必须结束时间，或箭尾事件各活动的最迟必须开始时间。

为了尽量缩短工程的完工时间，把终点事件的最早时间，即工程的最早结束时间作为终点事件的最迟时间。事件最迟时间通常按箭尾事件的最迟时间计算，从右向左反顺序进行。箭尾事件的最迟时间等于箭头事件的最迟时间减去该活动的作业时间。当箭尾事件同时引出两个以上箭线时，该箭尾事件的最迟时间必须同时满足这些活动的最迟必须开始时间。所以在这些活动的最迟必须开始时间中选一个最早(时间值最小)的时间，即

$$T_L(n) = T_E(n) \quad (n \text{ 为终点事件})$$
$$T_L(i) = \min \{T_L(j) - T(i, j)\} \quad (i = n - 1, \cdots, 2, 1)$$

式中：$T_L(i)$ 为箭尾事件的最迟时间；$T_L(j)$ 为箭头事件的最迟时间。

按此方法，可计算各事件的最迟时间：

$T_L(8) = T_E(8) = 170$

$T_L(7) = T_L(8) - T(7, 8) = 170 - 35 = 135$

$T_L(6) = T_L(7) - T(6, 7) = 135 - 25 = 110$

$T_L(5) = T_L(7) - T(5, 7) = 135 - 20 = 115$

$T_L(4) = \min\{T_L(6) - T(4, 6), \ T_L(5) - T(4, 5)\} = \min\{110 - 30, 120 - 0\} = 80$

$T_L(3) = T_L(7) - T(3, 7) = 135 - 18 = 117$

$T_L(2) = \min\{T_L(7) - T(2, 7), T_L(3) - T(2, 3), T_L(4) - T(2, 4), T_L(5) - T(2, 5)\}$
     $= \min\{135 - 45, 117 - 10, 80 - 20, 120 - 40\} = 60$

$T_L(1) = T_L(2) - T(1, 2) = 60 - 60 = 0$

(2) 各活动时间包括活动的最早开始时间、最早结束时间、最迟结束时间与最迟开始时间。

① 活动的最早开始时间 $T_{ES}(i, j)$。任何一个活动都必须在其紧前活动结束后才能开始。紧前活动最早结束时间即为活动最早可能开始时间，简称为活动最早开始时间，用 $T_{ES}(i, j)$ 表示。它等于该活动箭尾事件的最早时间，即

$$T_{ES}(i, j) = T_E(i)$$

在表 5-6 中：

$T_{ES}(1, 2) = 0$

$T_{ES}(2, 3) = T_{ES}(2, 4) = T_{ES}(2, 5) = T_{ES}(2, 7) = 60$

$T_{ES}(3, 7) = 70$

$T_{ES}(4, 6) = 80$

$T_{ES}(5, 7) = 100$

$T_{ES}(6, 7) = 110$

$T_{ES}(7, 8) = 135$

② 活动最早结束时间 $T_{EF}(i, j)$。它是活动最早可能结束时间的简称，它等于活动最早开始时间加上该活动的作业时间。即

$$T_{EF}(i,j) = T_{ES}(i,j) + T(i,j)$$

在表 5-6 中：

$T_{EF}(1, 2) = 0 + 60 = 60$

$T_{EF}(2, 3) = 60 + 10 = 70$

$T_{EF}(2, 4) = 60 + 20 = 80$

$T_{EF}(2, 5) = 60 + 40 = 100$

$T_{EF}(2, 7) = 60 + 45 = 105$

$T_{EF}(3, 7) = 70 + 18 = 88$

$T_{EF}(4, 6) = 80 + 30 = 110$

$T_{EF}(5, 7) = 100 + 15 = 115$

$T_{EF}(6, 7) = 110 + 25 = 135$

$T_{EF}(7, 8) = 135 + 35 = 170$

③ 活动最迟结束时间 $T_{LF}(i,j)$。在不影响工程最早结束时间的条件下，活动最迟必须结束时间，简称为活动最迟结束时间，用 $T_{LF}(i, j)$ 表示。它等于活动的箭头事件的最迟时间，即

$$T_{LF}(i,j) = T_L(j)$$

在表 5-6 中：

$T_{LF}(7, 8) = 170$

$T_{LF}(6, 7) = T_{LF}(5, 7) = T_{LF}(3, 7) = T_{LF}(2, 7) = 135$

$T_{LF}(4, 6) = 110$

$T_{LF}(2, 5) = 120$

$T_{LF}(2, 4) = 80$

$T_{LF}(2, 3) = 117$

$T_{LF}(1, 2) = 60$

④ 活动最迟开始时间 $T_{LS}(i,j)$。在不影响工程最早结束时间的条件下，活动最迟必须开始的时间，简称为活动最迟开始时间，用 $T_{LS}(i,j)$ 表示。它等于活动最迟结束时间减去活动的作业时间，即

$$T_{LS}(i,j) = T_{LF}(i,j) - T(i,j)$$

在表 5-6 中：

$T_{LS}(1, 2) = 60 - 60 = 0$

$T_{LS}(2, 3) = 117 - 10 = 107$

$T_{LS}(2, 4) = 80 - 20 = 60$

$T_{LS}(2, 5) = 120 - 40 = 80$

$T_{LS}(2, 7) = 135 - 45 = 90$

$T_{LS}(3, 7) = 135 - 18 = 117$

$T_{LS}(4, 6) = 110 - 30 = 80$

$T_{LS}(5, 7) = 135 - 15 = 120$

$T_{LS}(6, 7) = 135 - 25 = 110$

$T_{LS}(7, 8) = 170 - 35 = 135$

⑤ 活动总时差 $TF(i,j)$。在不影响工程最早结束时间的条件下，活动最早开始(或结束)时间可以推迟的时间，称为该活动的总时差(即活动的完工期可以推迟的时间)，即

活动总时差 = 最迟开始 − 最早开始　　$[TF(i,j) = T_{LS}(i,j) - T_{ES}(i,j)]$
活动总时差 = 最迟结束 − 最早结束　　$[TF(i,j) = T_{LF}(i,j) - T_{EF}(i,j)]$

活动总时差越大，表明该活动在整个网络中的机动时间越大，可以在一定范围内将该活动的人力、物力资源利用到关键活动上去，以达到缩短工程结束时间的目的。

⑥ 活动单时差 $FF(i,j)$。在不影响紧后活动最早开始时间的条件下，活动最早结束时间可以推迟的时间，称为该活动的单时差。

$$FF(i,j) = T_{ES}(i,j) - T_{EF}(i,j)$$

式中，$T_{ES}(j,k)$为活动$i \rightarrow j$的紧后活动的最早开始时间。活动总时差、单时差及其紧后活动的最早开始时间、最迟开始时间的关系如图5.19所示。

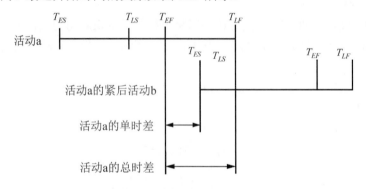

图 5.19　各参数之间的关系

总时差为零的活动，开始和结束的时间没有一点机动的余地。由这些活动所组成的路线就是网络中的关键路线，这些活动就是关键活动。用计算活动总时差的方法确定网络中的关键活动和关键路线是确定关键路线最常用的方法。在表 5-6 中，活动 a、d、g、k、l 的总时差为零，由这些活动组成的路线就是图 5.18 中的关键路线。

表5-6　项目进度计划表　　　　　　　　　　　单位：天

活动代号	持续时间	$T_{ES}(i,j)$	$T_{EF}(i,j)$	$T_{LS}(i,j)$	$T_{LF}(i,j)$	$TF(i,j)$	$FF(i,j)$
a(1-2)	60	0	60	0	60	0	0
b(2-7)	45	60	105	90	135	30	30
c(2-3)	10	60	70	107	117	47	0
d(2-4)	20	60	80	60	80	0	0
e(2-5)	40	60	100	80	120	20	0
f(3-7)	18	70	88	117	135	47	47
g(4-6)	30	80	110	80	110	0	0
h(5-7)	15	100	115	120	135	20	20
k(6-7)	25	110	135	110	135	0	0
l(7-8)	35	135	170	135	170	0	0

通过上述的网络时间参数计算过程可以看出,计算过程具有一定的规律和严格的程序。可以在计算机上进行计算,也可以用表格法与矩阵法计算。

2) 时间压缩法

工期与费用是两个相互关联的要素,要缩短工期就必须加快进度,或采取一些措施,这样就会增加费用。同样,项目费用的降低也会影响项目的进度和工期。而项目的工期与费用的优化就是将两个要素进行集成管理。

项目的成本是由直接费用(材料费、人工费、机械设备费等)和间接费用(管理人员的工资、办公费、房屋租金等)构成的。直接费用随工期的缩短而增加,因为工期越压缩则增加的额外费用越多;间接费用与工期成正比关系,即工期越长则花的费用也越多。这两种费用与工期的关系如图 5.20 所示。

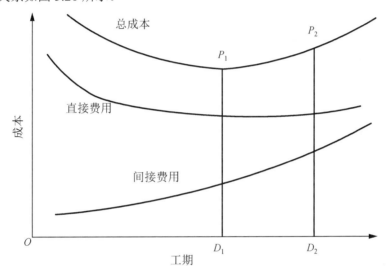

图 5.20　费用与工期的关系

由于项目总成本是直接费用与间接费用之和,所以工程项目总成本曲线上,有一个成本最低点 P_1,就是费用最低的最优方案,它对应的工期 D_1 就是最优工期。如果知道了规定工期 D_2,也可以很容易地找到与之相对应的总成本 P_2。

工作的时间与费用曲线有多种形式,但单一的连续直线型是一种近似求法,已被广泛采用。如图 5.21 所示,把正常时间点 N 与加快时间点 C 直接连成一条直线,直线中间各点代表 N、C 之间的工期所需相应的费用。对不同的工作,它的直接费的增加情况也是不一样的,可用单位时间内的费用增加率 ΔC (即赶工成本斜率)来表示。如果正常实施方案点 N 的正常时间以 DN 表示,相应的正常费用为 CN,缩短后的加快施工方案点 C,它的加快时间为 DC,相应费用为 CC,这样就可以算出费用率 ΔC。

$$\Delta C = \frac{CC - CN}{DN - DC}$$

通过费用率可以看出哪项工作在缩短工期时花费最低,需要时即优先加快该项工作。

以成本的观点来分析问题,目的就是使整个项目的总成本最低。具体需要解决以下问题。

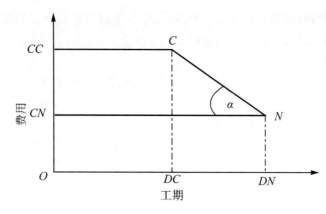

图 5.21　费用率的计算

(1) 在规定工期的条件下，求出项目的最低成本。
(2) 如果需要进一步缩短工期，则应考虑如何使所增加的成本最小。
(3) 要求以最低成本完成整个项目计划时，如何确定它的最优工期。
(4) 如果可以增加一定数量的费用来缩短项目工期，它可以比原计划缩短多少天。

3) 资源调整法

使用系统分析法制订项目工期计划的前提是项目的资源充足，但是在实际中多数项目都存在资源限制，因此有时需要使用资源水平法去编制项目的工期计划。这种方法的基本指导思想是"将稀缺资源优先分配给关键路线上的项目活动"。这种方法制订出的项目工期计划常常比使用系统分析法编制的项目工期计划的工期要长，但是更经济和实用。这种方法有时又叫作"基于资源的项目工期计划方法"。

【例 5-4】　图 5.22 所示为一个项目的网络计划，图中箭线上的数字为工作持续时间，括弧内的数字为工作资源强度，假如每天只有 10 个工人可供使用，如何安排工作时间使工期达到最短。

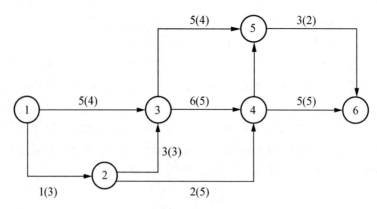

图 5.22　网络图

第一步：计算网络计划时间参数，并列入表 5-7。

表 5-7 网络时间参数计算

工作	持续时间	工资资源程度	T_{ES}	T_{EF}	T_{LS}	T_{LF}	TF	FF	关键工作
1-2	1	3	0	1	1	2	1	0	
1-3	5	4	0	5	0	5	0	0	*
2-3	3	3	1	4	2	5	1	1	
2-4	2	5	1	3	9	11	8	8	
3-4	6	5	5	11	5	11	0	0	*
3-5	5	4	5	10	8	13	3	1	
4-5	0	0	11	11	13	13	2	0	
4-6	5	5	11	16	11	16	0	0	*
5-6	3	2	11	14	13	16	2	2	

第二步：绘制时标网络图，计算每日资源需要量并绘出资源需要量曲线，如图 5.23 所示。

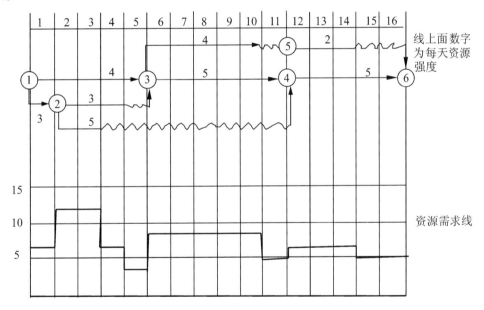

图 5.23 时标网络图和资源需求线

第三步：逐日由前往后检查资源量是否满足要求。

从资源需求线上可以看出第二天和第三天超出了 10 人的限制，从时标网络图上可以看出第二天和第三天有 1-3、2-3、2-4 这 3 项活动在进行，而 1-3 是关键活动，活动 2-3 的时差只有一天，所以只能考虑把活动 2-4 安排在活动 2-3 结束后才开始，调整后的情况如图 5.24 所示。

从图 5.24 的资源需求线可以看出，在第六天的时候超出了 10 人限制，所以可以考虑把活动 3-5 向后推一天，调整情况如图 5.25 所示。

从图 5.25 就可以看出资源需求线经过两次调整后变得比较均衡，而且所需资源没有一天超过 10 人的限制。

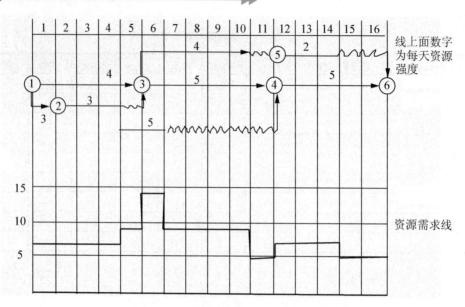

图 5.24　第一次调整后的时标网络图和资源需求线

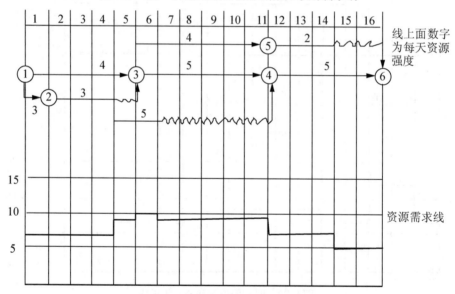

图 5.25　第二次调整后的时标网络图和资源需求线

4) 甘特图法

这是由美国学者甘特发明的一种使用条形图编制项目工期计划的方法，是一种比较简便的工期计划和进度安排方法。这种方法是在 20 世纪早期发展起来的，因为它简单明了，所以到今天人们仍然广泛使用。甘特图把项目工期和实施进度安排两种职能组合在一起，项目活动纵向排列在图的左侧，横轴则表示活动与工期时间。每项活动预计的时间用线段或横棒的长短表示。另外，在图中也可以加入一些表明每项活动由谁负责等方面的信息。简单项目的甘特图如图 5.26 所示。

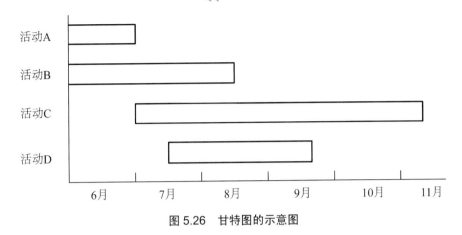

图 5.26　甘特图的示意图

甘特图具有以下特点。
(1) 表达方式直观，容易看懂计划编制的意图。
(2) 工序间逻辑关系不易表达清楚。
(3) 适用于手工编制计划。
(4) 不能确定计划的关键工作、关键路线与时差。
(5) 计划调整工作量大。
(6) 难以适应大的进度计划系统。

5) 项目管理软件法

项目管理软件法是广泛应用于项目工期计划编制的一种辅助方法。这些软件可自动进行数学计算和资源调整，可迅速地对许多方案加以考虑和选择，还可打印显示出计划编制的结果。这对于优化项目工期计划是非常有用的。当然，尽管使用项目管理软件，最终决策还是需要由人来作出的。

4. 项目工期计划制订工作的结果

项目工期计划制订工作的结果是给出了一系列的项目工期计划文件。

1) 项目工期计划书

通过项目工期计划制订而给出的项目工期计划书至少应包括每项活动的计划开始日期和计划结束日期等信息。一般在项目资源配置得到确认之前，这种项目工期计划只是初步计划，在项目资源配置得到确认之后才能够得到正式的项目工期计划。

项目进度可用简略形式或详细形式表示，虽然可用表格形式表示进度，但通常以图的形式来表示，具体包括以下几种。

(1) 有日期信息的项目网络图。这些图能显示出项目间前后次序的逻辑关系，同时也显示了项目的关键路线与相应的活动。

(2) 条形图，也称甘特图(图 5.26)。该图显示了活动开始和结束日期，也显示了期望活动时间，但图中显示不出相关性。条形图容易读，通常用于直观显示上。

(3) 重大事件图(图 5.27)。它类似于条形图，又称里程碑事件图。可列出主要的事件(又称为里程碑事件)的开始和完成时间。

(4) 有时间尺度的项目网络图(图 5.23)。它是项目网络图和条形图的一种混合图。这种网络图显示了项目的前后逻辑关系、活动所需时间和进度方面信息。

事件(里程碑)	1月	2月	3月	4月	5月	6月	7月	8月
分包合同签订			△▼					
规格书完成			△	▽				
设计审核					△			
子系统测试						△		
第一单元提交							△	
全部项目完成								△

图 5.27 重大事件图

2) 项目工期计划书的详细说明

这是关于项目工期计划书各个支持细节的说明文件，包括所有已识别的假设前提条件和约束条件说明，具体计划实施措施的说明等。其他的说明因应用领域而异。例如，对一项建筑项目，其他的说明也许包括资源的直方图、现金流量的预测、订货与交货计划；对一项电子工程其他的说明也许只包括资源的直方图。

详细说明中提供的资料信息通常包括(但不是局限于)以下内容。

(1) 不同时间阶段对资源的需求，经常以资源直方图形式表现。

(2) 替代的进度计划(在最好情况下或最坏情况下，资源可调整或不可调整情况下，有或无规定日期情况下)。

(3) 计划进度余地或进度风险估计。

3) 项目进度管理的计划安排

项目进度管理的计划安排是有关如何应对项目工期计划变更和有关项目实施的作业计划管理安排。这一部分内容既可以整理成正式的项目进度计划管理文件，也可以作为项目工期计划正式文件的附件，或者只是进行大体上的框架说明即可。但是无论使用什么方式，它都应该是整个项目工期计划的一个组成部分。

4) 更新后的项目资源需求

在项目工期计划编制中会出现对于项目资源需求的各种改动，因此在项目工期计划制订过程中需要对所有的项目资源需求改动进行必要的整理，并编制成一份更新后的项目资源需求文件。该文件将替代旧的项目资源需求文件并在项目工期计划管理、集成管理和资源管理中使用。

5.3 物流项目进度控制

5.3.1 项目进度控制的概念和过程

项目进度控制是对项目进度计划的实施与项目进度计划的变更所进行的管理控制工作。项目进度控制的主要内容包括对于项目工期计划影响因素的控制(事前控制)、对于项目工期计划完成情况的绩效度量、对于项目实施中出现的偏差采取纠偏措施，以及对于项目工期计划变更的管理控制等。项目开始实施以后就必须严格控制项目的进程，以确保项目能够按项目工期计划进行和完成。在这一工作中，必须及时定期地将项目实施的情况与项目进度计划进行比较并找出二者的差距，一旦发现这种差距超过了控制标准就必须采取纠偏措施，以维持项目工期进度的正常发展。项目经理必须根据项目实际进度并结合其他发生的具体情况，定期地改进项目的实际工作或更新项目进度计划，最终实现对于整个项目工期的全面和有效的控制。项目进度控制过程如图 5.28 所示。

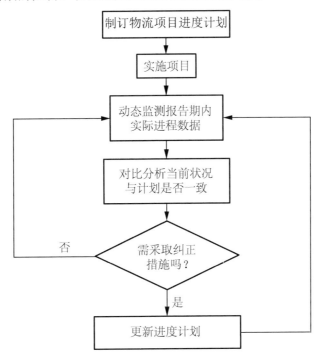

图 5.28　项目进度控制过程

5.3.2　项目进度控制的依据

项目进度控制主要包括以下依据。

1. 项目工期计划文件

项目工期计划文件是项目工期计划控制最根本的依据。该文件提供了度量项目实施绩效和报告项目工期计划执行情况的基准和依据。

2. 项目工期计划实施情况报告

该报告提供了项目工期计划实施的实际情况及相关的信息。例如，哪些项目活动按期完成了，哪些未按期完成，项目工期计划的总体完成情况等。通过比较项目工期计划和项目工期计划实施情况报告可以发现项目工期计划实施的问题和差距。

撰写项目工期计划实施情况报告需要进行进度观测和进度记录。

项目进度观测的方法有日常观测和定期观测。日常观测是指在项目执行过程中，不断观测和记录进度计划中所包含的每一项工作的实际开始时间、实际完成时间、目前状况等内容，为项目管理者提供进度控制和调整的依据。定期观测是指每隔一定时间对项目进度计划执行情况进行一次较为全面、系统的观测和检查。间隔的时间因项目的类型、规模、特点和对进度计划执行要求的不同而异。如周、旬、半月、月、季、半年等都可定为一个观测周期。对于规模大、周期大的项目常采用定期观测方式。

记录项目进度的方法有实际进度前锋线记录法、图上记录法和报告表法等。

(1) 实际进度前锋线记录法。在带有时间坐标的网络图中,将某一时刻各项工作的实际进度点连接起来,形成"实际进度前锋线",以此记录各项工作的实际进度情况,如图 5.29 所示。进度前锋线与计划时间日历线的偏差表达了该项工作是按计划推进,还是工期被拖延了或缩短了。

绝对坐标	1	2	3	4	5	6	7	8	9	10	11	12	13	14	15	16
日历坐标	11	12	13	14	15	17	18	19	20	21	23	24	25	26	27	28
星期坐标	三	四	五	六	一	二	三	四	五	六	一	二	三	四	五	六

图 5.29　实际进度前锋线

(2) 图上记录法。对于非时标的网络计划图,用文字或符号直接在图上记录工作的实际进度。如图 5.30 所示,用点划线表示其实际进度情况。从图 5.30 可以看出在第 8 天的时候 C 工作计划应该完成 3 天的工作量,而实际只完成了 2 天的工作量,拖延了 1 天,而 E 工作应该完成 3 天的工作量,而实际已经完成了 4 天的工作量,提前了 1 天,F 工作如期完成了。

(3) 报告表法。用表格形式反映实际进度状况的方法为报告表法。

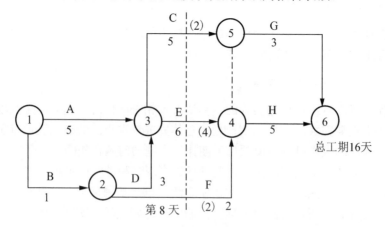

图 5.30　图上记录实际进度

3. 项目变更的请求

项目变更的请求是对项目计划任务所提出的改动要求。它可以是由业主或客户提出的，也可以是项目实施组织提出的，或者是法律要求的。项目的变更可能会要求延长或缩短项目的工期，也可能是要求增加或减少项目的工作内容。但是，无论哪一方面的项目变更都会影响到项目工期计划的完成，所以项目变更的请求也是项目工期计划控制的主要依据之一。

4. 项目进度管理的计划安排

项目进度管理的计划安排给出了如何应对项目工期计划变动的措施和管理安排。这包括项目资源方面的安排、应急措施方面的安排等。这些项目进度管理(或叫项目作业管理)的安排也是项目工期计划控制的重要依据。

5.3.3　项目进度控制的方法

项目进度控制的方法多种多样，但是最常用的有以下几种。

1. 项目工期计划变更的控制方法

项目工期计划变更的控制方法是针对项目工期计划变更的各种请求，按照一定的程序对项目工期计划变更进行全面控制的方法。该方法的主要内容包括：项目工期变更的申请程序、项目工期变更的批准程序和项目工期变更的实施程序等一系列的控制程序及相应的方法。

2. 项目进度实施情况的度量方法

项目进度实施情况的度量方法是一种测定和评估项目实施情况、确定项目进度完成程度和实际情况与计划要求的差距大小与幅度的管理控制方法，它是项目工期计划控制中使用的重要方法之一。该方法的主要内容包括定期收集项目实施情况的数据、将实际情况与项目计划要求进行比较、报告项目进度实施情况存在的偏差和是否需要采用纠偏措施。该方法要求有固定的项目进度实施情况报告期，并定期和不定期地度量和报告项目进度的实施情况。在一个报告期内，需要为项目进度的控制而收集的数据或信息包括项目实施情况的数据、项目各种变更的信息等。其中，要注重这些数据或信息的收集必须及时、准确，以便为更新项目工期计划服务。例如，如果项目报告期是一个月，这些数据和信息就应该在到月末之前收集完毕，这样才能保证信息的及时和有效；反之，如果信息已经过时或不准确，就会引起项目工期计划和控制方面的决策失误。一般从对项目的控制角度来看，这种报告的报告期越短，越有利于及早发现问题并采取纠正措施。特别是当项目的不确定性因素较多、风险较大或项目出现问题时，一定要缩短报告期，增加报告的频率，直到项目计划进度恢复正常为止。例如，如果对于一个工期 5 年的项目而言，其报告期可以是一个月，但是当出现偏离项目工期进度计划或超出项目预算等情况时，就应该立即将这一项目的报告期缩减至一周，以便更好地控制项目进度的实施。

通过测量和记录项目进度实施的情况，对项目进度进行比较分析是实现项目进度控制的重要过程，项目进度比较分析的方法主要有甘特图比较法、实际进度前锋线比较法、S 型曲线比较法、"香蕉"型曲线比较法。

1) 甘特图比较法

甘特图比较法是将在项目进展中通过观测、检查而收集到的工作进展信息，经整理后直接用不同宽度或颜色的横道线并列标于原计划的横道线来进行直观比较的方法。其按以下步骤实施。

(1) 标出检查日期。
(2) 标出已经完成的工作。
(3) 将实际进度与计划进度进行对比。
(4) 分析是否出现进度偏差。
(5) 分析偏差对后续工作及工期的影响。
(6) 分析是否需要调整进度。
(7) 采取进度调整措施。
(8) 实施调整后的进度计划。

例如，在图 5.31 中，分析第九天后的进度实施情况，可以看出第三段挖土按照计划实施 3 天，实际实施 1 天，推迟了 2 天，第一段的基础还没有开始，按照计划应该是实施 1 天，因此整个 9 天后的计划都要重新调整，如图中虚线所示，这样整个项目都需延后 1 天，即 25 天才能完成。

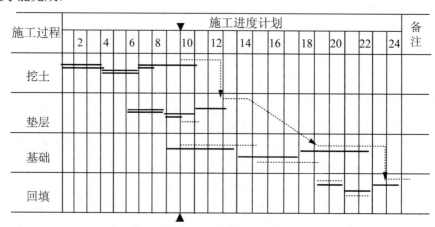

图 5.31　甘特图比较法示例

2) 实际进度前锋线比较法

前锋线比较法是从计划检查时间的坐标点出发，用点划线依次连接各项工作的实际进度点，最后到计划检查时间的坐标点为止，形成前锋线。根据前锋线与工作箭线交点的位置判断项目实施进度与计划进度偏差。其按以下步骤实施。

(1) 标出检查日期。
(2) 标出实际进度前锋线。
(3) 将实际进度与计划进度进行对比，分析是否出现进度偏差。
(4) 分析出现的进度偏差对后续工作和工期的影响。
(5) 分析是否需要调整进度。
(6) 采取进度调整措施。
(7) 实施调整后的网络进度计划。

如图 5.32 所示，在第 14 天末，I 工作按照计划应该完成，而实际只完成了一天，所以推迟了一天；J 工作两天的工作量按计划应该完成，而实际还未开始。I 工作属于关键工作，I 工作推迟了一天，会使整个工期推迟一天；而 J 工作所在线路有一天的时差，所以总的来说也会使整个工期推迟一天。如图 5.33(a)所示，这样整个工期变成了 25 天，关键路线变成了两条，即 10-11-13-15-16-17 和 9-12-14-16-17，要使整个工期仍然控制在 24 天之内，就必须同时缩短这两条路线，如图 5.33(b)所示，把 M 工作和 R 工作同时压缩一天，使整个工期又变回原来的 24 天。

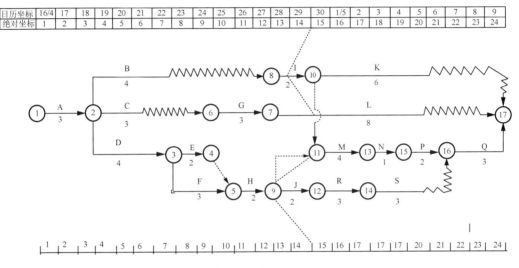

图 5.32　实际进度前锋线比较法示例

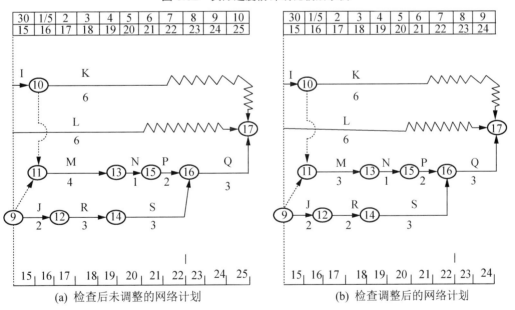

(a) 检查后未调整的网络计划　　　　(b) 检查调整后的网络计划

图 5.33　检查调整前后比较示例

3) S 型曲线比较法

S 型曲线比较法是以横坐标表示进度时间，纵坐标表示累计完成任务量，而绘制出一条按计划时间累计完成任务量的 S 型曲线(表 5-8 和图 5.34),将项目的各检查时间实际完成的任务量与 S 型曲线进行实际进度与计划进度相比较的一种方法。它反映了随时间进展累计完成任务量的变化情况。

表 5-8 完成工作量汇总表

时间/天	j	1	2	3	4	5	6	7	8	9	10
每天完成量/m²	q_j	200	600	1 100	1 500	1 600	1 600	1 500	1 100	600	200
累计完成量/m²	Q_j	200	800	1 900	3 400	5 000	6 600	8 100	9 200	9 800	10 000
每天完成百分比/%	μ_j	2	8	19	34	50	66	81	92	98	100

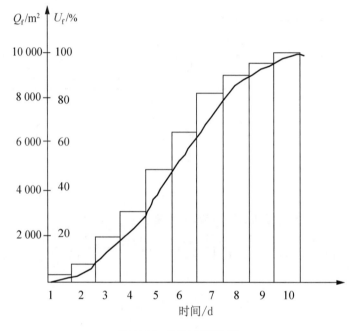

图 5.34 S 型曲线示例

如图 5.35 所示,在 a 点实际累计完成工作量高于计划累计工作量,工期提前了 ΔT_a;而在 b 点,实际累计完成工作量却低于计划累计工作量,工期拖延了 ΔT_b。按照实际进度表预测 S 型曲线的走向,可以预测出整个工期可能拖延 ΔT。

4)"香蕉"型曲线比较法

对于一个项目的网络计划,虽然有唯一的时间起点和终点,但在理论上存在工作最早和最迟两种开始和完成时间序列。如果按最早时间和最迟时间分别绘制出两条 S 型曲线,就形成了一闭合曲线,称为香蕉型曲线。以最早时间绘制的 S 型曲线称为 ES 曲线;以最迟时间绘制出的 S 型曲线称为 LS 曲线,如图 5.36 所示。

在项目实施过程中,根据每次检查的各项工作实际完成的任务量,计算出不同时间实际完成任务量的百分比,并在香蕉型曲线的平面内绘制出实际进度曲线,从而进行完成任务量的比较和所需时间的比较。显然,当实际曲线超出了 ES 曲线和 LS 曲线所包括的范围,意味着项目肯定有问题。如果实际曲线高于 ES 曲线,表明项目推进速度过于迅速,要深入检查项目的质量是否得到了保证；如果实际曲线低于 LS 曲线，项目工期被严重地拖延，要从项目组织和资源调配上去寻找问题的根源，及时予以纠正。

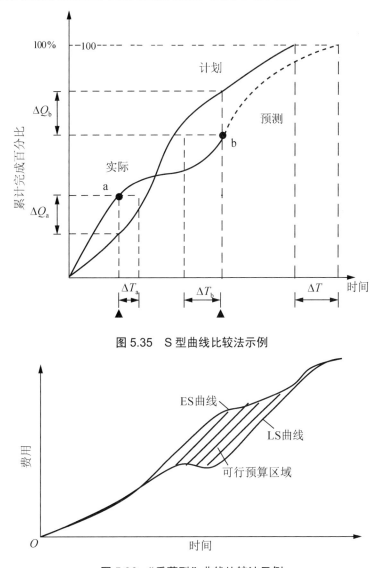

图 5.35　S 型曲线比较法示例

图 5.36　"香蕉型"曲线比较法示例

3. 追加计划法

在整个项目的实施过程中，很少有项目能完全依照工期计划实施。一些项目活动会提前完成，而另一些项目活动则会延期完成。实际项目进度无论快还是慢都会对项目的最终完工时间产生影响。因此，项目进度控制方法中还有一种追加计划法(或叫附加计划法)，这种方法可以根据可能出现的工期计划变化去修订项目活动的工期估算、项目的活动排序和整个项目的工期计划。在整个项目实施的过程中可能发生的各种变更也会对项目进度产生影响，这也要求对项目的范围、预算或工期计划进行修改。这些都需要使用项目进度控制的附加计划法。追加计划法包括 4 个步骤：首先是分析项目实施进度并找出存在的问题；

其次是确定应采取哪些具体的纠偏措施；再次是修订项目工期计划并将纠偏措施列入计划中；最后是重新计划安排项目工期，估算和评价采取纠偏措施的效果并编制出项目工期的追加计划。这种方法需要重点分析两种活动：一种是近期需要开展的项目活动；另一种是所需时间较长的项目活动。因为积极控制正在进行或随后即将开展的项目活动的工期比对很久以后开始的项目活动工期要有效得多。同时，如果能够减少所需工期较长的项目活动的工期，显然要比在所需工期较短的项目活动身上想办法有用得多。有多种方法可以用于缩短项目活动的时间，其中最显而易见的方法是投入更多的资源。例如，分派更多的人来完成同一项活动，或者要求工作人员增加每天的作业时间来缩短项目工期。另外，缩小项目的范围或降低项目的质量要求也是缩短项目工期的常用方法。在一些非常情况下，甚至可以取消一些项目活动来缩短项目工期。当然，通过改进项目工作方法或技术提高劳动生产率才是缩短项目活动工期的最佳方法。

4. 项目工期管理软件法

对于项目进度的管理控制而言，运用项目管理软件也是很有用的方法。这种方法可以用来追踪和对比项目实际实施情况与工期计划要求的差距，预测项目工期计划的变化及其影响和调整、更新与追加项目工期计划。

5.3.4 项目进度控制的结果

项目进度控制工作的结果主要包括以下几个方面。

(1) 更新后的项目工期计划。这是根据项目进度实施中的各种变化和纠偏措施，对项目工期计划进行修订以后所形成的新的项目工期计划。它是对原有项目工期计划进行全面修订后给出的结果。

(2) 项目工期计划中要采取的纠偏措施。这里的纠偏措施是指为纠正项目进度实施情况与计划要求之间的偏差所采取的具体行动方案。在项目工期管理中需要采取各种纠偏措施去保证项目按时完工，所以项目进度中要采取的纠偏措施也是项目工期控制的重要工作结果之一。

(3) 可供吸取的经验教训。在项目实施过程中，有关项目进度控制方面的各种可供吸取的经验教训也是项目进度控制工作的结果之一。这方面的内容包括有关项目工期计划变动的原因、采取纠偏措施的理由，以及项目进度失控的经验和教训等。

(4) 项目进度实施结果的改善。这是项目进度控制工作最主要的结果，正是由于项目进度控制工作的开展才使得项目进度的实施结果得以提高和改善，才使得项目实施工作能够按照计划(包括最初的和更新后的计划)去完成。

本 章 小 结

物流项目进度管理是项目管理的重要内容，本章全面讨论了物流项目进度管理的内容、方法和理论。本章着重讨论了项目进度管理的基础工作和项目工期计划与控制的程序和方法。这包括项目活动的定义、项目活动的排序和项目活动的工期估算,以及项目工期计划的编制程序、编制技术与方法;同时还深入地讨论了项目工期计划控制的内容和方法。

在本章中深入探讨了网络图的绘制方法、利用网络图进行时间压缩、资源调整等,以及利用甘特图比较法、实际进度前锋线比较法、S 型曲线比较法、"香蕉"型号曲线比较法等方法进行项目进度实施情况的度量和分析。

进度管理(Schedule Management)　　活动定义(Activities Definition)　　活动排序(Sorting Activities)　　工期估算(Project Estimates)　　进度控制(Progress Control)

IT 项目进度管理的影响因素分析

1. IT 项目进度管理和影响因素的概念

项目是由一组有起止时间、相互协调的受控活动所组成的特定过程,该过程要达到符合规定要求的目标,包括时间、费用和资源的约束条件。项目管理是以项目为对象,由项目组织对项目进行高效率的计划、组织领导、控制和协调,以实现项目目标的过程。项目管理的主要内容有范围管理、进度管理、费用管理、质量管理、人力资源管理、风险管理、沟通管理、采购管理和综合管理等。其中项目进度管理是为了确保项目按时完成而对所需的各个过程活动进行管理。进度管理的过程和内容主要有:工作界定——为完成各种项目的交付成果确定必须进行的各项具体活动;工作安排——识别项目工作清单中各项活动的相互关联与依赖关系,并据此对各项工作的先后顺序进行安排;工作持续时间估算——对项目确定的各项工作的时间长短进行估算;编制进度计划——根据项目工作顺序、工作时间和所需资源编制项目进度计划;进度计划控制——对项目进度计划实施与项目进度计划变更所进行的管理控制工作。

1997 年 Goldratt 提出了制约因素理论,主要阐述 TOC(Theory of Constraints,约束理论)在制造业中的运用,指出在流水线中,决定产出的是该流水线中的某一台机器,被称为该项流水线的"瓶颈"。为了提高该产出,就必须而且只需提高瓶颈的产出。理论看似浅显,却是管理理论的一次革命,它使人们更注重影响项目的主要因素,更注重从整体全面地看待一个项目。因此应该找出影响进度的主要因素,并对整个项目的各方面进行调配,使项目处在一个协调的环境下。IT 项目越来越多,涉及各行各业、各个领域,但有些事实值得注意,有资料表明,2003 年我国 IT 项目能达到预期质量、时间和成本的项目大概占 30%。IT 项目不同于其他项目,它有其自身的特点,在这里探讨影响 IT 项目进度的 4 个主要因素即影响因素:进度计划、项目需求的分析、项目团队管理和进度控制。

2. 进度管理中影响因素的分析

1) 进度计划

进度计划是项目管理人员根据工作的持续时间和工作之间的逻辑关系制订的工作计划。好的进度计划是成功的一半,而不合实际的进度计划会给项目带来巨大的负面影响。错误的进度计划主要具有以下两个原因。

(1) 工期估计过长。进度超期的首要原因是每个工序的计划时间过长，使项目最后没有足够的余地(或称为缓冲区)，如果有阻碍因素产生就很难按时完成项目。首先，不确定因素对任务计划的影响。由于不确定性因素有影响，任务完成者为了确保任务完成，一般考虑安全因子，作出了最悲观的时间估计。任务完成的概率分布可以认为近似为正态分布。

(2) 工期估计过短。软件的工期估计一般要客观地综合考虑员工的工作效率、工作的复杂度和历史经验，使工期的估计更合理、更接近现实情况。项目管理人员单凭主观的估计不可能得出好的结果，容易导致项目处于混乱状态。软件项目估计时间过短一般由两个方面的原因造成：一是由于公司和同行竞争，为了中标压缩了项目的时间；二是由于设计者对问题估计过于乐观，没有从技术方面作一个具体全面的分析，只是凭借以往的经验估计。

2) 项目需求的分析

IT 项目的主要风险来自于不准确的需求。没有清晰的项目目标，导致了在开始就没有找准项目的范围，范围不对就很难按时完成任务。造成这个问题的主要原因有两个方面：一方面是计算机程序设计人员缺乏项目所在行业的专业知识，不能准确地理解客户的需求，造成需求偏差；另一方面是客户在开始时没有清晰完整的项目目标。为了了解准确、完整的需求，就要对 IT 项目的需求做细致地调研。实际上有很多 IT 项目常常是在对项目没有很好了解的基础上，就急于和客户代表进行正式的谈判。合适的做法是，在和客户代表沟通前，先了解一些反映客户业务的资料和相关书籍，有针对性地阅读，弄清客户的业务流程及每一步要达到的功能。如果对某些费解的术语和业务流程的具体细节不是很清楚，可以让客户方带领参观业务流程。这样准备工作做完了以后，再进行正式的洽谈，从而提出具有针对性的问题或关键的问题，用户也会轻松、准确地回答你所提出的问题。作为有益补充，还可以用无记名问卷进行调查，因为在无压力的情况下需求更接近真实。但在调查过程中可能由于各个部门只强调本部门，导致不能得到一个系统的、完整的认识。这时需要综合分析所得到的调查资料，找出它们之间的关系。

3) 项目团队管理

(1) 项目是由项目团队成员共同协作完成的，因此高效项目团队也是项目成功的关键之一。除了通常的一些制度管理外，树立个人的挑战意识、建立良好的沟通、增强团队的凝聚力是提高团队效率的有效途径。要让项目团队知道项目的价值、完成项目所具有的意义。通常人们都有实现自身价值的欲望，并为之接受挑战，这就是一种挑战意识。管理要做的工作就是鼓励这种意识，就是让大家明白自身价值的高低是通过项目完成的好坏来体现的，从而将个人与事业紧密地联系起来。项目团队成员会因为完成了具有挑战性的任务、实现了自身价值而感到自豪，同时为了不断获得这种自豪感，他们会更加努力地工作接受新的挑战，从而形成了一个良性循环。

(2) 建立良好的沟通。良好的沟通是协调各方面的润滑剂。项目经理制订了一个很好的计划，但不与团队成员沟通，造成团队成员不理解，因此不会对此积极响应，或是按自认为对的方法去做，这都可能导致恶性循环，使项目很难继续下去。比较合适的做法是，确定项目成员的沟通需求，再找到合适的沟通方式，进行及时有效的沟通。

(3) 增加团队的凝聚力。凝聚力实际上就是一种团结协作的精神。比如做某项工作的人 A 遇到了困难，而 B 可以轻松解决这个问题，但 B 不愿贡献出自己的技术，导致项目出现问题，这就是缺少凝聚力带来的后果。要让项目团队成员像一个整体一样工作，互相帮助、互相尊重，不能因完不成任务而互相指责。项目中的成员应有团队观念，也就是有共同的责任、共同的利益，以及只有协作才能完成任务的意识。

4) 进度控制

在这里所讨论的是一种进度控制的新技术——关键链技术，这种方法是不但考虑了子任务之间的逻辑关系，而且考虑了人力资源约束时间最长的路径。关键链技术主要考虑以下几个方面。

(1) 削减安全因子，设置项目缓冲区 PB。已有人统计过，安全因子是项目延期的主要原因之一。因此为了按时完成项目必须对每一任务计划时间进行削减。

(2) 不能让非关键链上的工序制约关键链上的工序，设置供应缓冲区 FB。在实际的项目中，大部分影响关键路线的问题并不发生在关键链(Critical Chain，CC)上，而是发生在供应路线上。解决办法是在供应路线和 CC 交汇处引入一个供应缓冲区。

(3) 为了保证关键链上的工序，设置资源缓冲区 RB。资源缓冲区设置在关键链工作的前面，目的是保证当关键链上工作开始执行时需要的资源就绪。在现实中采用资源预报机制，即在关键链上工作的前序工作开始执行前一段时间对相关资源发出通知，以便资源做好关键链工作的准备。

(4) 让不能并行的工作串行。即由于人员少而引起了人力资源冲突。由于多任务并行会欲速则不达，应给这些任务按轻重缓急排一个序，关键链技术让关键的工序先做，次要的后做，从而解决资源冲突的问题。这是一个具有现实意义的问题，也是目前重点探讨的问题。解决方法就是让尽量多的工序并行，否则就串行。

综 合 练 习

一、填空题

1. 影响物流项目进度管理的因素是_____、_____、_____、_____、_____。
2. 项目进度管理的内容有_____、_____。
3. 进度计划编制的步骤有_____、_____、_____、_____。

二、判断题

1. 项目活动清单是对项目工作分解结构的进一步细化和扩展。　　　　　　（　）
2. 项目活动排序是通过识别项目活动清单中各项活动的相互关联与依赖关系，并据此对项目各项活动的先后顺序进行合理安排与确定的项目进度管理工作。　　（　）
3. 项目活动的内部依存关系是指项目活动与其他组织的活动，以及项目活动与组织所开展的其他活动之间的相互关系。　　　　　　　　　　　　　　　　（　）
4. 在 PDM 法中，"开始→结束"是最常见逻辑关系，"结束→开始"关系极少使用。　　　　　　　　　　　　　　　　　　　　　　　　　　　　　　（　）
5. CPM(图表审评技术)可对网络结构和活动估计作概率处理(即某些活动可不执行，某些仅部分执行，某些可不止一次执行)。　　　　　　　　　　　　　　（　）

三、简答题

1. 项目活动的含义及要输入的信息有哪些？
2. 在决定一个项目网络图的详细程度时应考虑哪些准则？
3. 项目工期计划书的支持细节有哪些主要内容？
4. 项目活动之间的内在相关性和指定性相关性有什么区别？
5. 箭线图法的绘制规则有哪些？

实际操作训练

课题：物流项目进度管理。
实训项目：项目进度计划的编制。
实训目的：掌握进度计划的编制方法。
实训内容：选定一个项目，收集项目的背景资料，制定项目目标和工作分解结构，制订项目里程碑计划、甘特图计划和网络图计划。
实训要求：将参加实训的学生按几个人分成一个工作小组，任命其中一名成员为项目经理，由其进行任务的安排，如安排专人进行资料查询、绘制 WBS 图、制订各种计划等，最后由全体小组成员确定终稿。

案例分析

根据以下案例所提供的资料，试分析以下问题。
(1) 分析工作分解结构在制订进度计划时所起的作用。
(2) 分析甘特图计划和网络图计划的优缺点。

青岛啤酒公司改扩建项目进度计划的编制

1. 项目背景

为了进一步扩大青岛啤酒的生产能力，青岛啤酒股份公司在兼并了一家酒精厂后，决定利用该厂一定的存量资产将其改造成年产 8 万吨啤酒的啤酒公司。

工程内容包括 10 000m² 厂房土建和公用系统改造、50 多台主要工艺设备采购和安装、13 000m(65t 重)工艺管道的铺设。

项目总投资为 7 800 万元人民币。项目开工日期为 2000 年 8 月初，工程于 2002 年 1 月底试运行完成后正式交付使用。

项目投资大、工期长、工艺复杂、施工单位多。为此，青岛啤酒公司专门成立了项目管理机构。

2. 项目目标

交付成果：设计改造青岛啤酒股份公司兼并后的酒精厂，利用该厂一定量的存量资产将其改造成年产 8 万吨啤酒的啤酒公司。工程内容包括 10 000m² 厂房土建和公用系统改造、50 多台主要工艺设备采购和安装、13 000m(65t 重)工艺管道的铺设等。

工期目标：2000 年 8 月初至 2002 年 1 月底，历时 18 个月。
费用目标：项目总投资为 7 800 万元人民币。
质量目标：工程一次竣工合格率 100%，单位工程优良率 95%。争创国家优质工程，确保用户满意。
安全目标：杜绝重大人身伤亡事故，年轻伤频率低于 8‰。
环境保护：达到国家环保要求，建设绿色工程。

3. 项目工作分解结构(图 5.37)

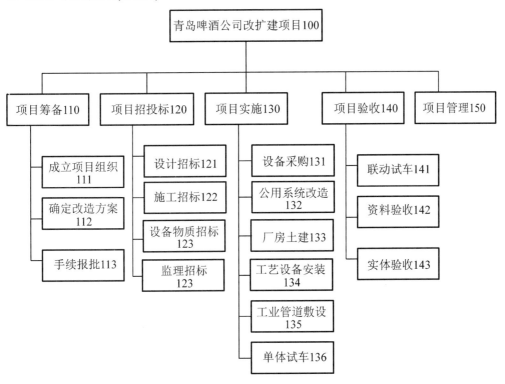

图 5.37 项目工作分解结构

4. 项目里程碑计划(图 5.38)

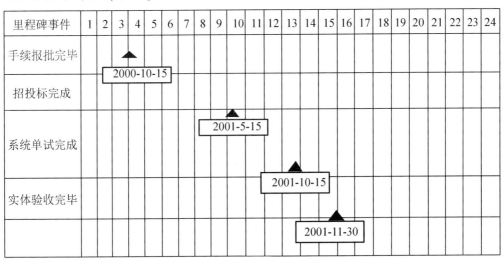

图 5.38 里程碑计划

5. 项目工作先后关系表(表5-9)

表5-9 工作先后关系表　　　　　　　　　　　　　　　　　　　单位：半个月

任务编号	任务名称	工 期	紧前工作	搭接关系
111	成立项目组织	1		
112	确定改造方案	4	111	
113	手续报批	2	111、112	SS2
121	设计招标	1	113	
122	施工招标	2	113、121	SS1
123	设备物质招标	1	113	
124	监理招标	2	113	
131	设备采购	3	122、123、124	
132	公用系统改造	12	131	SS3
133	厂房土建	8	131	SS3
134	工艺设备安装	3	135	SS1
135	工业管道敷设	4	132、133	
136	单体试车	2	134、135	
141	联动试车	1	136	
142	资料验收	1	141	
143	实体验收	1	142	

6. 项目计划甘特图(图5.39)

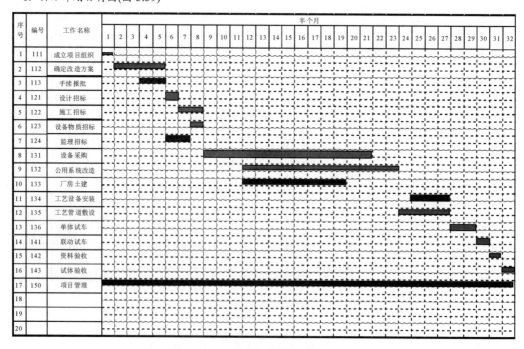

图5.39 甘特图计划

注：▅▅▅▅ 表示关键路径；▅▅▅ 表示非关键路径。

7. 项目网络计划图(图 5.40)

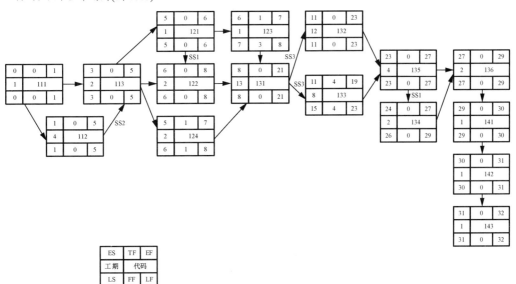

图 5.40　网络计划图

第6章 物流项目质量管理

【学习目标】

通过本章的学习，了解物流项目质量管理、质量规划、质量保证及质量控制的概念，明确物流项目质量规划的工具和技术、物流项目质量保证的内容，掌握物流项目质量保证的依据与方法，物流项目质量控制的依据、方法与工具。

【学习要求】

知识要点	能力要求	相关知识
物流项目质量	理解"与物流项目相关商品的质量"的含义； 理解物流服务质量的含义； 理解物流项目工作质量的含义； 理解物流项目工程质量的含义	物流项目质量的概念
物流项目质量管理的职能	掌握物流项目质量管理的职能	物流项目质量管理的概念
物流项目质量规划	理解物流项目质量管理规划常需注意的问题	质量规划的工具和技术、质量规划的结果
物流项目质量保证	掌握物流项目质量保证的内容	物流项目质量保证的依据与方法
物流项目质量控制	理解物流项目质量控制的原则； 掌握物流项目质量控制的依据、方法和工具	物流项目质量控制的概念、结果

蒙牛物流质量管理：打造快速物流系统

物流运输是乳品企业重大挑战之一。蒙牛目前的触角已经伸向全国各个角落，其产品远销到香港、澳门地区，甚至还出口东南亚。蒙牛要如何突破配送的瓶颈，把产自大草原的奶送到更广阔的市场呢？另外一个重要的问题是，巴氏奶和酸奶的货架期非常短，巴氏奶仅10天，酸奶也不过21天左右，而且对冷链的要求最高。从牛奶挤出运送到车间加工，直到运到市场销售，全过程巴氏奶都必须保持在0℃～4℃，酸奶则必须保持在2℃～6℃储存。这对运输的时间控制和温度控制提出了更高的要求。为了能在最短的时间内、有效的存储条件下、以最低的成本将牛奶送到商超的货架上，蒙牛采取了以下措施。

1. 缩短运输半径

对于酸奶这样的低温产品，由于其保质日期较短，加上消费者对新鲜度的要求很高，一般产品超过生产日期三天以后送达商超，商超就会拒绝该批产品，因此，对于这样的低温产品，蒙牛要保证在2～3天内送到销售终端。

为了保证产品及时送达，蒙牛尽量缩短运输半径。在成立初期，蒙牛主打常温液态奶，因此奶源基地和工厂基本上都集中在内蒙古，以发挥内蒙古草原的天然优势。当蒙牛的产品线扩张到酸奶后，蒙牛的生产布局也逐渐向黄河沿线以及长江沿线伸展，使牛奶产地尽量接近市场，以保证低温产品快速送达卖场、超市的要求。

2. 合理选择运输方式

目前，蒙牛的产品的运输方式主要有两种：汽车和火车集装箱。蒙牛在保证产品质量的原则下，尽量选择费用较低的运输方式。

对于路途较远的低温产品运输，为了保证产品能够快速地送达消费者手中，保证产品的质量，蒙牛往往采用成本较为高昂的汽车运输。例如，北京销往广州等地的低温产品，全部走汽运，虽然成本较铁运高出很多，但在时间上能有保证。

为了更好地了解汽车运行的状况，蒙牛还在一些运输车上装上了GPS系统，GPS系统可以跟踪了解车辆的情况，比如是否正常行驶、所处位置、车速、车厢内温度等。蒙牛管理人员在网站上可以查看所有安装此系统的车辆信息。GPS的安装，给物流以及相关人员包括客户带来了方便，避免了有些司机在途中长时间停车而影响货物未及时送达或者产品途中变质等情况的发生。

而像利乐包、利乐砖这样保质期比较长的产品，则尽量依靠内蒙古的工厂供应，因为这里有最好的奶源。产品远离市场的长途运输问题就依靠火车集装箱来解决。与公路运输相比，这样更能节省费用。

在火车集装箱运输方面，蒙牛与中铁集装箱运输公司开创了牛奶集装箱"五定"班列这一铁路运输的新模式。"五定"即"定点、定线、定时间、定价格、定编组"，"五定"班列定时、定点，一站直达有效地保证了牛奶运输的及时、准确和安全。

2003年7月20日，首列由呼和浩特至广州的牛奶集装箱"五定"班列开出，将来自于内蒙古的优质牛奶运送到了祖国大江南北，打通了蒙牛的运输"瓶颈"。目前，蒙牛销往华东华南的牛奶80%依靠铁路运到上海、广州，然后再向其他周边城市分拨。现在，通过"五定"列车，上海消费者在70个小时内就能喝上草原鲜奶。

3. 全程冷链保障

低温奶产品必须全过程都保持2℃～6℃，这样才能保证产品的质量。蒙牛牛奶在"奶牛——奶站——奶罐车——工厂"这一运行序列中，采用低温、封闭式的运输。无论在茫茫草原的哪个角落，"蒙牛"的冷藏运输系统都能保证将刚挤下来的原奶在 6 个小时内送到生产车间,确保牛奶新鲜的口味和丰富的营养。出厂后,在运输过程中,则采用冷藏车保障低温运输。在零售终端,蒙牛在其每个小店、零售店、批发店等零售终端投放冰柜,以保证其低温产品的质量。

4. 使每一笔单子做大

物流成本控制是乳品企业成本控制中一个非常重要的环节。蒙牛减少物流费用的方法是尽量使每一笔单子变大,形成规模后,在运输的各个环节上就都能得到优惠。比如利乐包产品走的铁路,每年运送货物达到一定量后,在配箱等方面可以得到很好的折扣。而利乐枕产品走的汽运,走 5 吨的车和走 3 吨的车,成本要相差很多。

此外,蒙牛的每一次运输活动都经过了严密的计划和安排,运输车辆每次往返都会将运进来的外包装箱、利乐包装等原材料和运出去的产成品做一个基本结合,使车辆的使用率提高了很多。

资料来源:http://www.100ksw.com/zg/wls/7/174622.shtml.

问题:(1) 什么是全面质量管理?
(2) 蒙牛着重从哪些方面进行物流质量管理?

随着质量意识日益深入人们的生活,人们对工程项目质量提出了更高、更苛刻的要求,而物流项目质量也随物流遍及人们实际生活的方方面面,日益受到人们的重视。物流项目质量主要包括与物流项目相关的商品的质量、物流项目服务质量、物流项目工作质量和物流项目工程质量等,物流项目的质量管理是市场经济条件下消费者各种合法权益的保障,是社会可持续发展的重要因素。

6.1 物流项目质量管理概述

6.1.1 物流项目质量概述

1. 物流项目质量的概念

物流项目质量是指物流项目实现过程中满足相应企业需要和客户消费需要的各个特性的总和。由于物流项目的管理是用系统的观点和方法来指导和处理相关问题的,因此,物流项目的质量是系统性的质量,应该由组成该系统的各相关要素的质量综合体现。具体地说,物流项目质量既包含物流项目的对象质量,又包含物流项目实施的手段、物流项目运作方法的质量,还包括物流项目的工作质量,因而是一种全面质量观的系统质量。

2. 物流项目质量的内容

物流项目质量具体包含以下内容。

1) 与物流项目相关的商品的质量

物流的对象是具有一定质量的实体,即有合乎要求的等级、尺寸、规格、性质、外观。这些质量标准是在生产过程中形成的,物流过程在于转移和保护这些质量,最后实现对用户的质量保证。因此,对用户的质量保证既依赖于生产,又依赖于流通,现代物流过程不仅是积极地保护和转移物流对象,还可以采用流通加工等手段改善和提高商品的质量。因此,物流过程在一定意义上也是商品质量的形成过程。

2) 物流项目服务质量

物流业有极强的服务性质,可以说整个物流项目的质量目标就是其能提供的服务质量。服务质量因不同用户而要求各异,要掌握和了解用户要求、流通加工对商品质量的提高程度、批量及数量的满足程度、配送额度、间隔期及交货期的保证程度、配送和运输方式的满足程度、成本水平及物流费用的满足程度、相关服务(如信息提供、索赔及纠纷处理)的满意程度。

3) 物流项目工作质量

物流项目工作质量指的是物流项目各环节、各工种、各岗位的具体工作质量。工作质量和物流服务质量是两个有关联但又不完全相同的概念,物流项目服务质量水平取决于项目各项工作质量的总和。所以,物流项目工作质量是物流项目服务质量的保证和基础,重点抓好物流项目工作质量,物流服务质量也就有了一定程度的保证。

4) 物流项目工程质量

物流项目质量不但取决于项目的工作质量,而且取决于项目的工程质量。将在物流项目管理过程中对物流项目质量发生影响的各种因素(人、体制、设备、工艺方法、计量与测试、环境等)统称为"工程"。

很明显,提高物流项目工程质量是进行物流项目质量管理的基础工作,能提高物流项目工程质量,就能做好以预防为主的物流项目质量管理。

6.1.2 物流项目质量管理的概念及职能

1. 物流项目质量管理的概念

物流项目质量管理是指为确保物流项目质量达到目标要求而开展的项目管理活动,其根本目的是保证最终交付的物流项目产出物符合质量要求。换句话说,现代物流项目管理中的质量管理就是为了保障物流项目的产出物能够满足项目业主/客户及项目各方面相关利益者的需要而开展的对于项目产出物的质量、项目工作质量、项目工程质量等全面管理工作。物流项目质量管理的概念与一般质量管理的概念有许多相同之处,也有许多不同之处。这些不同之处是由项目的一次性和独特性等特性决定。物流项目质量管理的基本概念也包括项目质量方针的确定、项目质量目标和质量责任的制定、项目质量体系的建设,以及为实现项目质量目标所开展的项目质量计划、项目质量控制和项目质量保证等一系列的物流项目质量管理工作。

一般情况下,在物流项目质量管理中同样要使用全面质量管理的思想。对于全面质量管理的思想,国际标准化组织认为:"所谓全面质量管理,是指以质量为中心,以全员参与为基础,目的在于通过让顾客满意和本组织所有成员及社会受益而达到长期成功的一种质量管理模式。"从该定义可以看出,全面质量管理的指导思想分为两个层次:其一是整个组织要以质量为核心,其二是组织的每个员工要积极参与全面质量管理,而全面质量管理的根本目的是使全社会受益和使组织长期成功。确切地说,全面质量管理的核心思想是质量管理的全员性(全员参与质量管理的特性)、全过程性(管理好质量形成的全过程的特性)和全要素性(管理好质量所涉及的各个要素的特性)。现代物流项目管理认为,这种质量管理的思想必须在物流项目质量管理中使用和贯彻,物流项目质量管理必须按照全团队成员都参加的模式开展(全员性),物流项目质量管理的工作内容必须是贯穿项目全过程的(全过程性)，从物流项目的初期阶段、计划阶段、实施阶段、控制阶段，一直到项目最终的结束阶段；物流项目的质量管理要特别强调对于物流项目工作、项目工程质量的管理，强调对于项目的所有活动和工作质量的管理(全要素性)，因为物流项目产出物的质量是由项目的工作、工程等质量保证的。

专栏 6-1

全面质量管理的贡献

全面质量管理(TQM)这个名称，最初是由美国的著名专家菲根堡姆于20世纪60年代初提出的。它是在传统的质量管理基础上，随着科学技术的发展和经营管理上的需要发展起来的现代化质量管理，现已成为一门系统性很强的科学。

在中国，党的十五届四中全会《中共中央关于国有企业改革和发展若干重大问题的决定》提出，要"搞好全员全过程的质量管理"。"全员全过程的质量管理"就是全面质量管理(Total Quality Management, TQM)。自1978年以来，我国推行TQM(当时称为 Total Quality Control, TQC)已有30多年。从30多年的深入、持久、健康地推行全面质量管理的效果来看，它有利于提高企业素质，增强国有企业的市场竞争力。

近年来，TQM是正日益受到各国领导人和广大企业家所重视的一门科学管理体系。从中央到地方，从政府到企业，各行各业都针对经济全球化迅速发展和"入世"所带来的机遇与挑战，对质量工作给予高度重视，为加强质量工作采取了企业、政府、社会齐抓共管，企业自律、市场竞争、政府监督"三管齐下"，明确地方政府在产品质量工作中的责任、"以法治国"等一系列措施来实现提高产品质量的总体水平。

需要说明的是，本章所讨论的物流项目质量管理的基本思想与国际标准化组织(ISO)在ISO 9000和ISO 10000系列中的标准和方针是一致的。实际上现代质量管理与现代物流项目质量管理之间的相互影响很大，基本的理念并无大的差异。本章所介绍的物流项目质量管理的一般性方法和其他人提出的质量管理方法，以及近年来备受推崇的全面质量管理(TQM)、工作的持续改进及其他方法也是一致的。当然，物流项目质量管理的方法与产品质量管理的方法是有很大差别的。这是由物流项目本身所具有的一次性、独特性、创新性等特点所决定的。但是在质量管理思想和理念上，物流项目质量管理和产品质量管理都认为下述理念在质量管理中至关重要。

1) 使顾客满意是质量管理的目的

全面理解顾客的需求、努力设法满足或超过顾客的期望是物流项目质量管理和产品质量管理的根本目的。任何项目的质量管理都需要将满足项目业主/客户的要求(项目说明书的规定和对于项目业主/客户需求的实际了解)作为根本目的，因为整个项目管理的目标就是要提供能够满足项目业主/客户需要的项目产出物(产品或服务)。

2) 质量是干出来的而不是检验出来的

物流项目质量和产品质量都是通过工作和管理而形成的结果，而不是质量检验出来的。质量检验的目的是为了找出不合格的产品或工作，是一种纠正错误的质量管理工作。但是，避免错误的成本通常总是比纠正错误的成本要低得多，所以质量管理要把工作重心放在避免错误的质量保证方面，对于物流项目的质量管理尤其是如此。

3) 质量管理是全体员工的责任

物流项目质量管理和产品质量管理应该是全体员工的责任，物流项目质量管理的成功尤其需要物流项目全体团队人员积极努力地工作，需要项目团队的全体成员明确自己的质量责任并积极地承担自己的质量责任。物流项目质量管理的成功所依赖的关键因素是项目团队成员积极参与对于项目产出物和项目工作的质量管理。

4) 质量管理的关键是要不断地改进和提高

物流项目质量管理和产品质量管理都遵循"戴明循环"(戴明博士所提倡的 PDCA 循环，其中 P 是计划、D 是执行、C 是检查、A 是处理)。这是一种持续改进的方法和思想。这种思想和方法同样是物流项目质量管理的一种指导思想和技术方法。

专栏 6-2

PDCA——戴明循环

PDCA 是由英语单词 Plan(计划)、Do(执行)、Check(检查)和 Action(处理)的第一个字母组成的，PDCA 循环就是按照这样的顺序进行质量管理，并且循环不止地进行下去的科学程序。

全面质量管理活动的运转离不开管理循环的转动，这就是说，改进与解决质量问题、赶超先进水平的各项工作，都要运用 PDCA 循环的科学程序。不论提高产品质量还是减少不合格品，都要先提出目标，即要计划质量提高到什么程度、不合格品率降低多少；这个计划不仅包括目标，而且也包括实现这个目标需要采取的措施；计划制订之后，就要按照计划进行检查，看是否实现了预期效果，有没有达到预期的目标；通过检查找出问题和原因；最后就要进行处理，将经验和教训制定成标准、形成制度。

PDCA 循环具有以下 3 个特点。

(1) 各级质量管理都有一个 PDCA 循环，形成一个大环套小环、一环扣一环、互相制约、互为补充的有机整体。一般在 PDCA 循环中，上一级循环是下一级循环的依据，下一级循环是上一级循环的落实和具体化。

(2) 每个 PDCA 循环都不是在原地周而复始运转，而是像爬楼梯那样，每个循环都有新的目标和内容，这意味着质量管理经过一次循环，解决了一批问题，质量水平有了新的提高。

(3) 在 PDCA 循环中，A 是一个循环的关键。

2. 物流项目质量管理的职能

1) 确定质量方针和目标

质量方针是物流项目承担实体开展各项质量活动的行动指南，它体现物流项目承担实体就产品质量和服务质量向顾客及员工的承诺；质量目标是企业质量方针的具体体现，是企业质量方针得到落实的保证，也是考核企业质量管理水平的基本依据。

制定质量方针是为物流项目承担实体的全体员工在所从事的质量工作中的行动和决策提供一个明确的方向和可靠的依据。质量方针的制定通常由组织的最高管理者决定和发布，质量方针一经发布，将对整个物流项目承担实体所有与质量相关的活动产生影响，决定物流项目承担实体质量活动的总的宗旨和方向。物流项目承担实体质量方针通常涉及以下几个方面：以满足顾客的综合物流服务要求为宗旨；全心全意为物流项目承担实体外部顾客和内部顾客服务；提高全体员工的质量意识，对员工进行培训，使员工掌握质量管理技能和现代物流技术；遵守质量法规，积极实施质量管理体系标准，建立质量管理体系。

质量目标是物流项目承担实体为提高其持续满足顾客需要和期望的能力的结果。物流项目承担实体质量目标通常涉及以下几个方面：物流项目承担实体市场占有率和经营效益方面的目标；所提供物流服务满足顾客需要能力和与市场竞争能力方面的目标；有关过程能力、过程的有效性和效率、资源的有效利用和对资源利用的控制程度方面的目标；有关组织的能力、有效性和效率方面的目标；有关员工的技能、知识、能力、积极性和事业发展方面的目标。

2) 制定和实施质量管理制度

制定和组织实施质量管理制度是物流项目承担实体质量管理的重要职能。没有一定的质量规章制度和质量运行规范来制约与控制，物流项目的各项物流服务活动就不能科学、合理、高效地运转。质量管理制度并不在于多，关键在于是否科学，是否适应物流项目承担实体质量活动的实际需要，有无可操作性。质量管理制度是物流企业质量管理的内部规范和管理准则，因此要求质量管理制度要具有权威性和稳定性，一旦确定则不能随意更改。在制定质量制度时，既要明确物流项目承担实体整体服务质量目标，还应规定具体质量标准。由于物流项目承担实体经营活动有可能涉及库存、运输、加工、配送等很多相关的物流要素项目，工作的复杂性较高，对物流服务成效、服务效果、用户满意度等不仅要有定量指标，同时也要辅以定性指标。对物流服务过程的每一环节要规定其质量职责和权限，使人人都清楚在自己的岗位上应该干什么、怎么干、应该达到什么样的质量标准，将执行质量制度作为自觉的行动。

3) 质量控制

质量控制是质量管理的一部分，目标就是确保产品的质量能满足顾客、法律法规等方面提出的质量要求(如适用性、可靠性、安全性等)。质量控制的范围涉及产品质量形成全过程的各个环节，产品的质量受到各阶段质量活动的直接影响，任何环节的工作没有做好都会使产品质量受到损害而不能满足要求。

物流项目承担实体质量控制的工作内容包括作业技术和活动，也就是包括专业技术和管理技术两个方面。由于物流项目的作业是多环节作业，每一阶段的工作要保证做好，并对影响其工作质量的因素进行控制，以及对物流质量活动的成果进行分段验证，以便及时发现问题、查明原因，采取相应纠正措施，以减少经济损失。因此，物流质量控制应贯彻预防为主与事后把关相结合的原则。另外，还需注意质量控制的动态性。由于质量要求随着时间的进展而不断变化，为了满足新的质量要求，就需进行新的质量控制。应不断提高设计技术水平和工艺水平、检测率、反应水平，不断进行技术改进和改造，研究新的控制方法以满足不断更新的质量要求。因此，质量控制不能停留在一个水平上，应不断发展、不断前进。

4) 质量保证

质量保证是质量管理的一部分。质量保证是质量控制的任务，对于一般市场销售，顾客不提质量保证的要求，物流项目承担实体仍应进行质量控制，以保证产品的质量满足顾客的需要。但是，随着技术的发展，产品越来越复杂，对其质量要求越来越高，产品的不少性能已不能通过检验来鉴定，产品在使用一段时间以后，就逐渐暴露出各种质量问题。这时，顾客为了确信物流项目承担实体提供的产品达到了所规定的质量要求，就要求物流项目承担实体提供设计、运作各环节的主要质量活动，而且供方有能力提供合格产品的证据，这就是顾客提出的质量保证要求。企业要针对顾客的质量保证要求开展外部质量保证活动，就得对顾客提出的设计、运作全过程中的某些环节的活动提供必要的证据，以使顾客放心。

质量保证的内涵已经不再是单纯地为了保证质量，而是以保证质量为基础，进一步引申到提供"信任"这一基本目的。要使顾客(或第三方)能"信任"物流项目承担实体，其所属的企业首先应加强质量管理，完善质量体系，对合同产品有一整套完善的质量控制方案、办法，并认真贯彻执行，对实施过程及结果进行分段验证，以确保其有效性。在此基础上，企业应有计划、有步骤地开展各种活动，使顾客(或第三方)了解企业的实力、业绩、管理水平、技术水平，以及合同产品在设计、生产各阶段主要质量控制活动和内部质量保证活动的有效性，使对方建立信心，相信提供的产品能达到所规定的质量要求。因此，质量保证的主要工作是促使完善质量控制，以便准备好客观证据，并根据对方的要求有计划、有步骤地开展提供证据的活动。质量保证的作用可以分为内部质量保证的作用和外部质量保证的作用。

内部质量保证是为使企业领导确信本企业所生产的产品能满足质量要求所开展的一系列活动。企业领导是法人代表，他对产品的质量负全责，一旦出现质量事故，他要承担法律和经济责任。而产品的一系列质量活动是由各职能部门的有关人员去实施的，虽然各职能部门明确了职责分工，也有了一套质量控制的办法、程序，但他们是否严格按程序办事，这些程序是否确实有效，企业领导需要组织一部分独立人员(国外称质量保证人员)对直接影响产品质量的主要活动实施监督、验证和质量审核，以便及时发现质量控制中的薄弱环节，提出改进措施，促使质量控制能更有效地实施，从而使领导"放心"。因此，内部质量保证是企业领导的一种管理手段。

外部质量保证的作用是从外部向质量控制系统施加压力，促使其更有效地运行，并由供方提供信息，以便及时采取改进措施，将问题在早期解决，以避免更大的经济损失。

5) 质量改进

单纯的质量控制和保证并不能完全达到质量改进的目的，仅能提供符合要求的证据。为此，物流项目承担实体所属的企业质量管理职能必须在质量控制和保证的基础上，对企业质量活动中出现的问题加以分析和研究，制定纠正和预防措施，改进现有的质量控制计划或制订新的质量控制计划，经验证后运用到工作中，从而使整个质量控制体系处于一个闭合滚动向上的循环中，达到稳步提高产品和服务质量的目的。世界著名质量管理专家戴明博士提出的质量管理14条原则中，第一条就提到：要进行经常性的质量改进活动。这就为人们指明了使物流企业质量管理水平跃上一个新台阶的道路，即质量改进是提高产品和服务质量的有效手段。在整个组织内部采取的旨在提高活动和过程的效益与效率的各种措施就是质量改进。质量改进是个没有终点的连续性活动，停止就意味着开始倒退；而改进也不是单靠一道命令或一次宣传发动即可达到的，它是一项系统工程，涉及人们对每一件事的思维方法、行为方式、以及最终的结果。因此，企业必须认真地研究，有组织地进行改进活动，计划在一定时期内要达到的水平或应取得的成果，并通过定量化指标明确表示出来。实施过程中，要不断进行阶段性的总结，找出新问题，提出新要求，从而实现质量改进的目标。

6.2 物流项目质量规划

6.2.1 物流项目质量管理规划概述

物流项目质量管理规划也称质量规划,它确定哪种质量标准适合本项目并决定通过什么方式来达到这些标准。在物流项目规划中,质量规划是非常重要的一个环节,它是项目程序推进的主要推动力之一,也是保证项目成功的过程之一。

物流项目团队应当有规律地执行质量规划,并且与其他项目规划程序结合起来执行。例如,对管理质量的要求可能是对成本或进度计划的调节,对生产质量的要求则可能是对确定问题的风险分析。因此,事先不进行规划,仅仅指望在项目实施过程中靠检查和督促来保证项目质量是行不通的。

物流项目经理在质量规划过程中首先要注意以下一些问题。

(1) 质量策略。质量策略是指项目实施组织领导层就质量问题明确阐明的所有努力和决策,通常称为顶级管理。项目实施组织的质量策略经常能为项目所采用。例如,某项目实施组织提出"向用户提供最佳的产品和服务"的质量策略,而该组织中的某个项目团队就可能提出的质量策略是"为下面工序提供的成果无可挑剔"。然而,如果项目实施组织没有正式的质量策略,或者如果项目中包含了多个实施组织(比如合资企业),则项目团队就需要单独为这个项目提出一次质量策略。但是,不管质量策略的理由是什么,或者来自何方,项目经理有责任确保项目所有相关人员都了解它。

(2) 范围说明和产品说明。范围阐述不仅规定了项目的主要成果,而且也规定了项目的目标,是项目规划的基础依据,同时还规定了什么事项是影响项目质量的因素。虽然产品说明的因素可以在范围阐述中加以具体化,通常仍需要产品说明来阐明技术要点的细节和其他可能影响质量规划的因素。

(3) 标准和规则。项目经理必须考虑可能对该项目产生影响的任何领域的专门标准和规则,考虑这些标准和规则对本项目的质量会带来什么影响,进而为本项目的质量规划所用。

(4) 其他过程的结果。除了范围说明和产品说明外,其他过程也可能与质量规划有一定的联系。例如,采购计划就可能对承包商提出各种质量要求,因此,这些也应该在质量管理规划中有所反映。

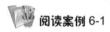
阅读案例 6-1

重视信用证单据条款防范货物质量

进口商 A 公司以信用证方式达成一笔交易,单据交到开证行柜台、经开证行确认单证相符,A 公司到银行付款赎单凭以提货,提货后才发现货物规格与合同严重不符,并将直接影响到相应出口合同的履行,遂以货物质量不符为由,要求开证行对外拒付,开证行断然拒绝,A 公司遭受重大损失。这则案例道出了进口商在信用证项下最大的风险——进口货物质量风险。

信用证业务的特色决定了开证行必须仅凭相符单据对外付款,而不管货物质量怎样。虽然,进口商可以在信用证之外凭合同,通过双方协商、仲裁或法律等程序解决,但在这一过程中,必将耗费大量人力、物力和财力,且最终也未必都能使问题圆满解决。由此,进口商事先采取一定措施,开证时利用信用证单据条款对货物品质风险进行防范,则显得尤为重要。

1. 要求出口商提供检验证书

这里的"检验",不仅包括对出口商交付或拟交付的货物进行品质、数量、包装等方面的鉴定,对某些货物,还包括根据法律或法令规定应进行的安全、卫生、环境保护和劳动保护等的检验与动植物病虫害检疫。可以说,检验证明是证明卖方所交货物品质、数量和包装方面是否符合合同规定的依据,也是买方在纠纷产生时提出异议的必不可少的前提。进口商可以根据具体业务,要求出口商提供相应的检验证书,同时为确保各类检验证书真正发挥作用,进口商在信用证中还需对检验标准、检验方法及检验证书的出具人作出明确、具体的规定,必要时可指定SGS(日内瓦通用鉴定公司)、OMIC(海外货物检验株式会社)、LLOYD'S SURVEYOR(英国劳氏公证行)等国际知名商检机构出具检验证书。

2. 要求一份提单先行寄送进口商

进口商可在信用证中要求一份正本提单通过快递或随船给进口商,同时为达到此目的可要求将快邮收据或船长证明作为提交单据的一部分。此种做法对进口商有以下两点好处。

(1) 进口商可凭从快递公司或船长那里收到的一份正本提单,先行提货并检验,一旦发现质量问题,在单据到达开证行时,如单据中存在实质性不符点,可要求开证行对外拒付或拒绝承兑,为进口商其后依据合同与出口商解决货物品质问题争取主动。

(2) 进口商可避免向开证行申请开具提货担保函所面临的风险。在信用证业务中,尤其涉及近洋运输时,经常会发生货物比单据先到的情况。这时为避免产生滞港费,进口商通常会向开证行申请开具提货担保函,凭以向船公司提货。而开证行一般会要求进口商承诺,无论将来收到的单据是否存在不符点,均放弃拒付或拒绝承兑的权利,这就使进口商面临货物质量不佳而又无从拒付的风险,而在信用证中加列一份提单径寄条款,避免了这种情形的出现。

3. 装船通知副本及传真回执

在进出口贸易中,尤其是涉及大宗货物交易时,进口商可在信用证中要求装船通知副本及传真回执作为付款的单据之一,以约束出口商在装船后,及时将装船情况通知进口商。进口商可根据通知中的有关细节如承运人、船名、航次、装运日期、装货港、卸货港等情况,向伦敦海事局等海事机构调查核实船踪、货名、数量等情况,一旦发现问题,可及时采取相应措施,有效地预防信用证欺诈行为的发生。

4. 不同结算方式结合使用,优势互补,以保证货物质量

在国际贸易中,每一种结算方式各有其优缺点,进口商可以依据具体交易特点,将不同结算方式灵活搭配使用。众所周知,出口履约保函主要是保证出口方按时、按质、按量交运合同规定的货物,如出口商做不到,担保银行将予以赔付。进口商可在信用证单据条款中要求出口商向指定银行提交履约保函,这样做可使进口方银行开立的信用证与出口方银行开出的履约保函同时生效,以达到防范货物品质风险的目的。

可以说,以单据条款来约束出口商按时、按质、按量发运货物是信用证项下进口商保护自己唯一可采取的措施,进口商务必须引起重视。值得一提的是,虽然信用证独立于基础合同之外,但却是以合同为依据开立的,进口商在与出口商签订合同时,一定要将信用证的单据条款在合同中予以明确,否则,开证时单方面加列类似条款,出口商有可能以违反合同为由拒绝接受信用证。

资料来源:http://www.100ksw.com/zg/wls/7/132658.shtml。

6.2.2 物流项目质量规划的工具和技术

1. 成本收益分析

物流项目质量规划程序必须考虑成本收益平衡。如果某个物流项目达到质量标准,首先就是减少了返工,这就意味着提高了生产效率,降低了成本并提高了项目相关人员的满意度。而为达到质量标准的最重要的成本是与项目质量管理活动有关的费用。在实际工作中,质量管理的经验表明收益比成本更重要。

2. 基本水平标准

基本水平标准就是将实际的物流项目或计划项目的实施情况与其他项目的实施情况相比较,通过比较启发改善项目质量管理的思路,并提供检测项目绩效的标准。这其中所说的其他项目,可能在项目实施组织的工作范围之内,也可能在项目实施组织的工作范围之外;可能属于同一应用领域,也可能属于其他应用领域,应该根据具体的情况进行区分。

3. 流程图

流程图是显示系统中各要素之间的相互关系的图表,它能够帮助物流项目小组预测可能发生哪些质量问题,在哪个环节发生,因此使解决问题的手段更为有效。在质量管理中常用的流程图包括以下两种。

(1) 因果图,又称鱼刺图,用于说明各种直接原因和间接原因与所产生的潜在问题和影响之间的关系。图 6.1 就是一个因果图。

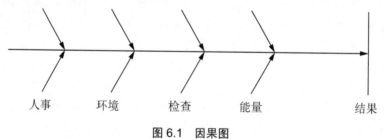

图 6.1 因果图

(2) 系统或程序流程图,用于显示一个系统中各组成要素间的相互关系。图 6.2 是系统流程图示例。

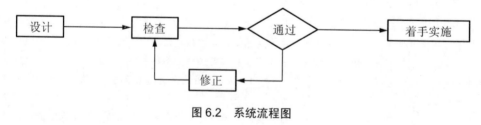

图 6.2 系统流程图

4. 实验设计

实验设计可以说是一种分析技术,它有助于鉴定哪些变量是对整个项目产生影响的最主要的因素。这种技术最常应用于项目生产的产品。例如,汽车设计者可能希望决定哪种刹车系统与轮胎的组合能具有最令人满意的运行特性,而成本又比较合理。

6.2.3 物流项目质量规划的结果

项目经理在质量规划结束后,应该得到以下结果。

1. 质量管理计划

质量管理计划用来说明项目管理团队如何具体执行它的质量策略。用 ISO 9000 的术语来描述,质量体系是"组织结构、责任、工序、工作过程及具体执行质量管理所需的资源"。质量管理计划为整个项目计划提供了输入资源,并必须兼顾项目的质量控制、质量保证和质量提高。

2. 实施说明

实施说明是用非常专业化的术语描述各项操作的实际内容以及如何通过质量控制程序对它们进行检测。例如,仅仅把满足计划时间进度作为管理质量的检测标准是不够的;项目经理还应指出是否每项工作都应准时开始,还是只要准时结束即可;另外,是否要检测个人的工作,还是仅仅对待定的子项目进行检测。在这些标准确定之后,项目经理还要明确哪些工作或者哪些工作报告需要检测。

3. 核对单

有关质量核对单的具体内容因行业的不同而不同。它通常是工业或专门活动中的管理手段,用以证明需要执行的一系列步骤是否已经得到贯彻实施。核对单可以很简单,也可以很复杂。例如,一些常用的语句有命令式"完成工作"或者是询问式"你完成这项工作了吗",国外许多组织都提供标准化的核对单,以确保对常规工作的要求保持前后一致。在一些应用领域中,核对单可能会由专业协会或商业服务机构来提供。

6.3 物流项目质量保证

6.3.1 物流项目质量保证的概念与内容

物流项目质量保证是在执行物流项目质量计划过程中,经常性地对整个物流项目质量计划执行情况所进行的评估、核查与改进等工作。这是一项确保物流项目质量计划能够得以执行和完成,使物流项目质量能够最终满足项目质量要求的系统性工作。物流项目质量保证既包括物流项目工作本身的内部质量保证,也包括为物流项目业主/客户和其他物流项目利益相关主体提供的外部质量保证。为了保证物流项目的质量,所需要开展的物流项目质量保证工作主要有以下几个方面。

1. 清晰的质量要求说明

没有需要达到什么样的质量的清晰概念,物流项目组织就无法开展项目质量保证工作,就没有物流项目质量保证的方向和目标。对于物流项目来说,质量保证的首要工作是提出项目的质量要求,既要有清晰的项目最终产出物的质量要求,又要有清楚的项目中间产出物的质量要求。这些物流项目中间产出物既包括项目各个阶段的具体活动,又包括项目具体活动生成的可交付中间产品。对于物流项目中间产出物的质量要求越详细越具体，物流项目的质量保证也就会越周密越可靠。

2. 科学可行的质量标准

物流项目质量保证工作还需要进行科学可行的质量管理标准设计，这是根据以前的经验和各个国家、地区、行业的质量标准设计得出的适合于具体物流项目质量保证的项目工作和项目产出物的质量标准。物流项目环境和一般运营企业的环境有很大差别，一般运营企业每天的工作都可以作为制定第二天工作标准的依据，而在物流项目环境中，许多工作都是一次性的，但是物流项目同样需要根据各种资料和信息制定出具体科学可行的质量标准，这对于物流项目的质量保证来说是至关重要的一项工作。

3. 组织建设物流项目质量体系

这是一项物流项目质量保证中的组织工作，该工作的目标是要建立和健全一个物流项目的质量体系，并通过该质量体系去开展项目质量保证的各项活动。一般说来，任何物流项目的质量保证如果没有一套健全的质量体系都是无法实现的。因此在物流项目质量保证中最为重要的工作之一是建立和不断健全项目的质量体系。物流项目质量体系是为实施项目质量管理所需的组织结构、工作程序、质量管理过程和质量管理各种资源所构成的一个整体。一个物流项目组织只有建立了有效的质量体系，才能够全面地开展项目质量管理活动。因为质量体系是质量管理的基础，是质量管理工作的组织保证。

4. 配备合格与必要的资源

在物流项目质量保证中需要使用各种各样的资源，它包括人力资源、物力资源和财力资源等。因此，物流项目质量保证的另一项工作内容就是要为物流项目质量保证配备合格与必要的资源。如果物流项目聘用的人员不熟悉物流项目的专业工作，不管是缺乏经验还是缺少培训(因为物流项目的一次性，所以物流项目的培训较少)，都会给物流项目的质量带来问题。同样，如果缺少足够的资金和必需的设备手段，物流项目质量管理人员就无法开展项目质量的保证和控制活动，这也会给物流项目质量造成问题。所以在物流项目质量保证工作中必须配备合格与必要的资源。例如，不管是对于专业人员(工程师、信息技术人员、研究人员及管理人员)，还是对于技术工人(电工、机械工及编程人员)，在他们承担物流项目工作之前，必须经过严格的考核，对于各种物料和设备在投入使用之前必须进行严格的测试。

5. 持续开展有计划的质量改进活动

物流项目质量保证是为了保证项目产出物能够满足质量要求，通过质量体系所开展的各种有计划和有系统的活动。物流项目质量保证的一项核心工作，是持续开展一系列有计划的、为确保物流项目产出物质量的项目实际质量的审核、评价的改进工作。其中，最重要的是持续的质量改进工作。质量改进是为向物流项目组织及项目业主/客户提供更多的收益，而在物流项目组织内部所采取的旨在提高项目活动的效果和效率的各种措施。实际上物流项目质量改进是一种持续改进与完善的项目组织活动，这包括对于物流项目工作和物流项目产出物的持续改进和完善，对于物流项目实施作业与作业方法的持续改进与完善，和对于物流项目管理活动的持续改进与完善。

6. 物流项目变化全面控制

要开展物流项目质量保证并实现规定的项目质量，必须开展对于物流项目变化的全面控制。这并不是说所有的物流项目的变化都应该避免相互消除。有些物流项目变化可以更好地提高项目质量，更好地满足物流项目业主/客户的实际需求和潜在需求，这种物流项目变化是可取的。但是有些物流项目变化却会严重影响项目的质量。例如，物流项目范围的缩小、物流项目资源的降级替代、物流项目预算的消减、物流项目工期的缩短等，都会对物流项目质量产生不利的影响，都需要进行全面的控制。一般对于物流项目的每种变化都需要仔细定义其目的，仔细分析它对项目质量的影响，设计相应的质量保证对策。这些都是物流项目质量保证的重要工作。

6.3.2 物流项目质量保证的依据与方法

1. 物流项目质量保证的依据

物流项目质量保证的依据主要包括以下几个方面。

1) 物流项目质量计划

物流项目质量计划工作的结果是有关项目质量保证工作的目标、任务和要求的说明文件，它是物流项目保证工作最根本的依据。

2) 物流项目实际质量的度量结果

物流项目实际质量的度量结果是有关项目质量保证和控制工作情况、绩效的测试与度量结果，这是一种给出与实际质量情况相应的事实分析与评价的报告，它也是物流项目质量保证工作的依据。

3) 物流项目质量工作说明

物流项目质量工作说明是指对于项目质量管理具体工作的描述，以及对于物流项目质量保证与控制方法的说明，它同样是物流项目质量保证工作的具体依据。

2. 物流项目质量保证的方法与工具

物流项目质量保证主要包括以下几种方法和工具。

1) 质量核查方法

质量核查方法是用于质量保证的一种结构化审核方法。质量核查的目标是找出可改进物流项目质量的问题，从而开展物流项目质量的改善与提高工作。物流项目质量核查可以定期进行，也可以随机抽查；可以由物流项目组织内部人员实施核查，也可由第三方(如质量监理组织、质量管理咨询公司等)或专业机构完成，然后将结果通知物流项目组织，以便开展物流项目质量的持续改进和提高工作。物流项目质量核查方法主要用于项目所用材料、半成品和配件质量的核查、项目各项工作和工序质量的核查、项目产出物或中间产出物的质量核查、项目质量控制方法的核查、项目各种管理与技术文件的核查等方面。

2) 质量改进与提高的方法

物流项目质量的改进与提高的方法可以提高项目的效率和效果，给物流项目组织和项目业主/客户带来更多的收益。质量改进与提高的方法包括质量改进建议和质量改进两个方面的方法。物流项目质量改进建议方法是通过要求和倡导项目团队成员提出物流项目质量改进建议，从而更好地保证物流项目质量的一种方法。一般的物流项目质量改进建议至少应包括以下主要内容：目前存在的物流项目质量问题及其后果、目前物流项目质量问题所处的状况、发生物流项目质量问题的原因分析、进行物流项目质量改进的建议目标、进行物流项目质量改进的方法和步骤、进行物流项目质量改进所需的资源、物流项目质量改进成果的确认方法等。物流项目质量改进与提高的行动方法多数是根据物流项目质量改进建议而确定的具体工作方法。在物流项目质量保证工作中，物流项目质量改进建议方法是一项非常重要的物流项目质量保证方法。这种方法的原理与全面质量管理中的质量小组活动方法的原理是一致的。

阅读案例 6-2

宅急送大冒险经营

在竞争对手的步步紧逼下，效率挖潜与平台开放将成为宅急送新扩张计划的有力支撑。据了解，宅急送将投入最新的信息化项目——PDA(Personal Digital Assistant，个人数字助理)无线传输系统上。

北京宅急送快运有限公司信息部总监李红兵的"五一"长假全投入到了公司最新的信息化项目——PDA 无线传输系统上。"北京分公司作为试点将在两个月内实施完成，接下来要将 PDA 系统推广到全国 300 多个直营网点，在 2007 年年底之前全面实现宅急送业务与信息流的同步处理。"李红兵表示。

以业务提速应对竞争，宅急送这些年一直在埋头飞奔。在经历了同城快递、取货送货、仓储配送等一系列业务摸索后，宅急送将重点锁定在了国内 24 小时"门到门"快递服务，由此开始了高速成长。2002 年其营业收入首次突破亿元大关，2004 年达到 6 亿元，2005 年达到 8 亿元。

然而这种风光背后藏有隐忧。一些宅急送的员工承认，公司近年来的快速扩张，确实在某些方面让宅急送产生了相当大的能力"瓶颈"。比较突出的问题之一就是，一线业务量的快速增加直接导致了业务效率相对下降，丢货、破损情况不断发生，而延迟交货、服务质量下滑等问题也引起了客户的不满。面对业务增长但企业竞争力没提高的情况，该公司总裁陈平非常着急，组织机构的调整，一线运营效率的改善成为当务之急。

2004 年宅急送痛下决心实行了扁平化管理，到 2005 年，宅急送的经营业绩开始回升，恶性事故得到了明显遏制，同时公司也开始实施有助于业务提速的 PDA 项目。

令李红兵牵肠挂肚的 PDA 项目，其实本身并不复杂。根据宅急送的信息化规划，2007 年是公司的"挖潜年"，而挖掘潜力的目标，被指向了一线车辆的运送速度和各部门协作的效率提高。虽然目前 PDA 方案在全球快递行业应用比较成熟，在中国却只是崭露头角。经过初选，该方案被推到了公司的管理会议上。

然而会上争论之激烈，还是超出了李红兵的预料。矛盾的焦点集中在 PDA 项目的投资上。"一台企业用的 PDA 价值一般都在 1 万元以上。以北京分公司为例，如果 100 多台车都安装，设备投入就需 100 多万元，还不包括无线布网的其他设备及软件和相关服务，如果再拓展到全国，确实会是一笔不小的投资。"李红兵当时对这个项目能否通过确实没有很大把握。

"公司现在上马 PDA 项目是有考虑的。"据李红兵回忆，其实早在三年前，PDA 项目就曾摆上过陈平的桌面。但由于项目成本比较高，而当时公司正处于大规模扩张网点的阶段，车辆和人员等的投资更加紧迫，所以就搁了下来。三年后，国内快递市场的情况发生了很大变化，巨头之间的竞争都从当初的网点大战，逐步进入到提升服务质量的阶段，"如何有效地使用这些车辆和人员，比单纯增加其数量更重要。"李红兵表示。

最终还是总裁陈平拍了板。"真正让陈总下决心的原因是竞争对手的步步紧逼。"李红兵的判断并非空穴来风。国内快递市场上的重量级选手中外运敦豪，最近刚刚完成了全国第三期PDA项目的实施，目前在一些重要城市，该公司的快递司机已基本做到人手一部PDA。无独有偶，宅急送的老对手中铁快运，也早在去年就完成了一期的PDA项目。"相比之下，我们还是很有些压力，尤其是来自客户的压力。"李红兵坦言。

宅急送选定的是一家美国公司的PDA解决方案，该方案在四大国际快递公司中也有应用。除了无线网络环境应用，软件系统与公司ERP对接等功能外，这一系统的重点技术，就在于PDA的远程信息传输保障。该系统设计了两种通道，一种是采用GPRS技术传输数据，而另一种备用通道则是一旦GPRS出现故障，宅急送通过与中国移动合作架设的专线，也能保证将信息及时传回总部。

"当司机从公司中转仓库提货时，会用配给他的PDA对包裹条码进行扫描，而货号、名称、规格、数量等信息马上通过PDA传输到了公司管理信息系统内，打印出库单；然后当货物送达客户手中，客户在包裹票上签字以后，司机就在PDA上确认货物送到的信息，并传回公司系统内，如果同时有代收快递费用，该费用也会对财务系统内的相关记录做核销。"李红兵表示，从项目测试结果来看，一线物流和信息流的速度及准确性都有了很大幅度的提高。

资料来源：http://www.100ksw.com/zg/wls/7/134541.shtml。

6.4 物流项目质量控制

6.4.1 物流项目质量控制的概念

物流项目质量控制是指对于项目质量实施情况的监督和管理。该项工作的主要内容包括物流项目质量实际情况的度量、物流项目质量实际情况与项目质量标准的比较、物流项目质量误差与问题的确认、物流项目质量问题的原因分析和采取纠偏措施，消除项目质量差距与问题的一系列活动。这类物流项目质量管理活动是贯穿项目全过程的一项项目质量管理工作。

物流项目质量控制和物流项目质量保证的概念最大的区别在于：物流项目质量保证是一种从物流项目质量管理组织、程序、方法和资源等方面为项目质量保驾护航的工作；而物流项目质量控制是直接对物流项目质量进行把关的工作。物流项目质量保证是一种预防性、提高性和保证性的质量管理活动；而物流项目质量控制是一种过程性、纠偏性和把关性的质量管理活动。虽然物流项目质量控制也分为项目质量的事前控制、事中控制和事后控制，但是物流项目质量控制中的事前控制主要是对于项目质量影响因素的控制，而不是从质量保证的角度开展的对于项目各方面要素的保证活动。当然，物流项目质量保证和物流项目质量控制的目标是一致的，都是确保物流项目质量能够达到项目组织和项目业主/客户的需要和要求，所以在物流项目所开展的工作和活动中，二者是有交叉和重叠的，只是方法和工作方式不同而已。

6.4.2 物流项目质量控制的原则

在物流项目建设过程中，对其质量控制应遵循以下几项原则。

1. 质量第一原则

要确立质量第一原则，必须摆正质量和数量、质量和进度之间的关系。不符合质量要求的数量和进度都失去意义,没有任何实际价值,而且数量越多,进度越快,带来的损失也将越大,因此,好中求多、好中求快、好中求省,才符合质量管理所要求的质量水平。

2. 预防为主原则

对于物流项目的质量,人们长期以来采取事后检验的方法,认为严格检查就能保证质量,实际上这是远远不够的。应该从消极防守的事后检验变为积极预防的事先管理。因为好的项目是好的设计、好的实施所产生的,不是检查出来的。必须在项目管理的全过程中,事先采取各种措施,消灭种种不合项目要求的因素,以保证项目质量。如果各质量因素预先得到保证,物流项目的质量就有了可靠的保障。

3. 为客户服务原则

实施物流项目是为了满足客户的要求,尤其要满足客户对质量的要求。真正好的质量是客户完全满意的质量。进行质量控制,就是要把为客户服务的原则作为物流项目管理的出发点,贯穿到各项工作中去。同时,要在项目内部树立"下道工序就是客户"的思想。各个部门与各种工作都有前、后的工作顺序,在自己这道工序的工作一定要保证质量,凡达不到质量要求不能交给下道工序,一定要使"下道工序"这个客户感到满意。

4. 数据说话原则

质量控制必须建立在有效的数据基础上,必须依靠能够确切反映客观实际的数字和资料,否则就谈不上科学的管理。一切用数据说话,就需要用数理统计方法对项目实体或工作对象进行科学的整理和分析,从而研究项目质量的波动情况,寻求影响项目质量的主次原因,采取改进质量的有效措施,掌握保证和提高项目质量的客观规律。

在很多情况下人们评定物流项目质量时,虽然说也有一些数据是按规范标准进行检测计量的,但是这些数据往往不完整、不系统,没有按数理统计要求积累数据、抽样选点,所以难以汇总分析,有时只能统计加估计,抓不住质量问题,不能体现项目的内在质量状态,也不能有针对性地进行质量教育,提高企业素质。所以,必须树立起"用数据说话"的意识,从积累的大量数据中找出控制质量的规律性,以保证物流项目的优质建设。

6.4.3 物流项目质量控制的依据、方法与工具

1. 物流项目质量控制的依据

物流项目质量控制的依据有一些方面与物流项目质量保证的依据是相同的,而有一些是不同的。物流项目质量控制的主要依据有以下几个。

1) 物流项目质量计划

这与物流项目质量保证是一样的,是在物流项目质量计划编制中所生成的工作成果。

2) 物流项目质量工作说明

这也是与物流项目质量保证的依据相同的,是在物流项目质量计划编制中所生成的工作成果。

3) 物流项目质量控制标准与要求

这是根据物流项目质量计划和物流项目质量工作说明所制定的具体项目质量控制的标准。物流项目质量控制标准与物流项目质量目标和计划的指标是不同的,因为物流项目质

量目标和计划给出的都是项目质量的最终要求，而项目质量控制标准是根据这些最终要求所制定的控制依据和参数。通常这种参数要比物流项目质量目标与计划更严格和更具操作性，因为如果不严格就会经常出现物流项目质量的失控现象，就会经常需要采用项目和质量恢复措施，从而形成较高的质量成本。

4) 物流项目质量的实际结果

物流项目质量的实际结果包括项目实施的中间过程结果和项目产出物的最终结果，同时还包括物流项目工作本身质量的结果。物流项目质量实际结果的信息是项目质量控制的重要依据。因为只有有了这类信息，人们才可能与物流项目的质量要求和控制标准进行对照，从而发现物流项目质量问题，并采取项目质量纠偏措施，使项目质量保持在受控状态。

2. 物流项目质量控制的方法与工具

物流项目质量控制的方法与一般运营管理的质量控制方法在许多方面是相同的。物流项目质量控制主要有以下几种方法。

1) 核检清单法

核检清单是物流项目质量控制中的一种独特的结构化质量控制方法。这种方法主要是使用一份用于检查物流项目各个流程、各项活动和各个活动步骤中所需核对和检查科目与任务的清单，并对照这一清单，按照规定的核检时间和频率去检查物流项目的实施情况，按照清单中给出的工作质量标准要求确定物流项目质量是否失控、是否出现系统误差、是否需要采取措施，最终给出相关核查结果及相应的应对措施决策。

2) 质量检验法

质量检验法是指那些测量、检验和测试等用于保证工作结果与质量要求相一致的质量控制方法。质量检验法可在物流项目的任何阶段使用(如可以检验项目的单项活动，也可以检验项目的最终产品)，质量检验法也可以在物流项目的各个方面使用。例如，对于物流项目工作的质量检验法，对于物流项目资源的质量检验法，对于物流项目产出物的质量检验法等。对于物流项目工作和物流项目产出物的质量检验法又可分为：自检(自己对自己的工作和工作结果不断进行检验的方法)、互检(团队成员相互检验对方的工作和工作结果的方法)和专检(由专门的质量检验和监督人员对工作和工作结果进行检验的方法)3 种不同的质量检验法。对一个物流项目活动而言，在必需的检验及必要的检验文件未完成且项目阶段成果未取得认可、接收或批准之前，后续工作均不能进行。物流项目的质量检验法要求每次检验结果应分别做记录，并由委任的合格人员进行评定，决定接受与否，因为物流项目是不可重复的一次性工作，如果不能按照这种检验方法去做，不但会造成各种责任纠纷，而且会出现由于物流项目的某个中间环节存在质量问题而使整个项目的最终结果全部报废的严重后果。

3) 控制图法

控制图法是用于开展物流项目质量控制的一种图示方法。图中给出关于控制界限、实际结果、实施过程的图示描述。它可用来确认物流项目过程是否处于受控状态，图中上/下控制线表示变化的最终限度。当在连续的几个设定间隔内变化均指向同一方向时，就应分析和确认项目是否处于失控状态。当确认物流项目过程处于失控状态时，就必须采取纠偏措施，调整和改进项目过程，使项目过程回到受控状态。控制图法是建立在统计质量管理方法基础之上的，它利用有效数据建立控制界限，如果物流项目过程不受异常原因的影响，从物流项目运行中观察得到的数据将不会超出这一界限。控制图法示意图如图6.3所示。

4) 帕累斯图法

帕累斯(Pareto)图法是表明"关键的少数和次要的多数"的一种统计图表，它也是质量控制中经常使用的一种方法。帕累斯图又叫排列图，它是将有关质量问题的要素进行分类，找出"重要的少数"(A类)和"次要的多数"(C类)，从而对这些要素采取ABC分类管理的方法。这种工具的具体做法和结果如图6.4所示。图6.4中两条纵轴，左边的表示频数(n)，右边的表示频率(f/%)，二者等高。图中横轴以等分宽度表示质量要素(或质量影响因素)，需要标明序号和要素名。图中按质量要素等分宽度，沿纵轴画出表示各要素的频数和频率的矩形图。累计各矩形代表的频数和频率，得到排列图，并从中找出"重要的少数"，划分出ABC三类要素，以便对质量的ABC三类要素进行分类控制。

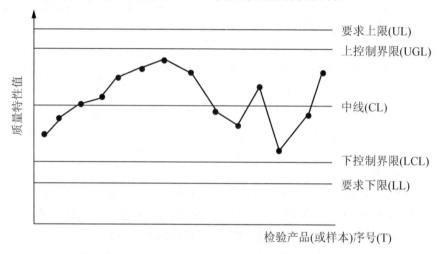

图6.3 控制图法示意图

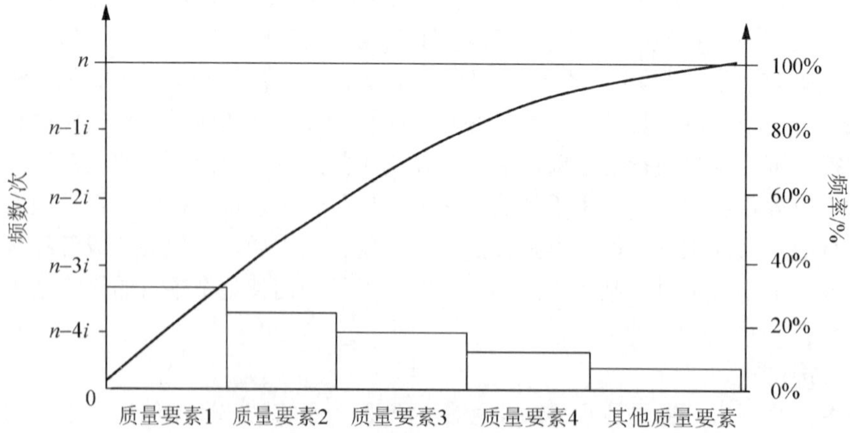

图6.4 帕累斯图(排列图)示意图

5) 统计样本法

统计样本法是指选择一定数量的样本进行检验，从而推断总体的质量情况，以获得质量信息和开展质量控制的方法。这种方法适用于大批量生产的质量控制。因为样本比总体少许多,所以可以减少质量控制的成本。虽然统计样本法在一般运营的质量管理中广泛使用,是质量控制最重要的方法之一,但是在物流项目质量控制中使用得不多,因为物流项目多数是一次性、单件性(相对于项目最终产出物而言)的,因此只有在某些项目零件的生产中使用这种方法。例如,一辆高速列车的实质是一个项目,高速列车所需的某些零件是大批量生产的,此时可以使用统计样本法。

6) 流程图法

流程图法原理和内容在前面已经作了介绍和描述。流程图法在物流项目质量管理中是一种非常有用和经常使用的质量控制方法,这是由物流项目的过程性所决定的。这种方法主要用于分析在物流项目质量控制中项目质量问题发生在项目流程的哪个环节,造成这些质量问题的原因和这些质量问题发展与形成的过程。

7) 趋势分析法

趋势分析法是指使用各种预测分析技术来预测物流项目质量的未来发展趋势和结果的一种质量控制方法。这种质量控制方法所开展的预测工作都是基于物流项目前期的历史数据的。趋势分析法常用于物流项目质量的监控,这种方法的原理是统计分析和预测,包括回归分析、相关分析、趋势外推分析等一系列的统计分析预测方法。

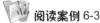

阅读案例 6-3

博远物流公司质量控制:"联盟共赢"

山东博远物流发展有限公司是一家以钢材流通为主业的现代物流企业。该企业成立两年,就由原先的几个发展到现今的近百人,总资产达到 4 亿多元人民币。如此惊人的速度,如此骄人的业绩是怎样创造出来的?不妨来探访一下博远公司独特的钢材流通模式。

1. "联盟"模式的兴起

中国加入 WTO,市场进一步开放,钢铁行业的竞争更趋激烈,特别是一些中小钢铁流通商,由于融资环境差、融资渠道少、奖金受限制,因而只能从各钢厂的大户手里第二手甚至三手资源,这就使得采购成本过高、资源受限制。由于小而散,流通中资源无法统筹运输,导致运输成本增加、安全系数低。这些企业之间存在的相互低价竞争,甚至赊销竞争等不规范行为,也致使下游生产商不讲诚信,而使其利益严重缩水。中小钢铁流通企业的发展步履维艰,他们积极寻找新的合作方式,壮大实力。

当前,各行业中联盟形式日渐兴起,如家电行业的"中永通泰"公司就是由北京"大中"、上海"家乐"等企业联合组建的采购联盟。还有像江苏"五星"、天津"一商"等流通大户发起组建的"超级采购联盟"。于是,2002 年,钢铁流通界也出现了联盟——"山东博远钢铁联盟"。这是山东博远物流发展有限公司超越传统钢材营销模式,不拘一格地创造全新的钢材流通模式。

2. "联盟"模式的效果

通过成立这种互利互惠、合作共赢的联盟方式,统购分销,以其中实力较强的山东博远物流发展有限公司为龙头,集中联盟其他企业力量以更强大的姿态集中采购,取得在价格、服务等方面企业分散采购无法享有的优势。同时,该公司结合自身的优势兴建了"博远物流经济园""山东博远钢材市场",利用政府给予的政策支持广泛吸纳客户入驻,并引进了先进的钢材剪切设备及运输车辆等为客户提供采购、仓储、剪切加工及配送等一条龙服务。这就大大降低了单个企业的采购成本与运行等各种费用,从而提高了联盟各企业的竞争力,对用户端来讲也可得到更多的实惠。

"博远物流钢铁联盟"网络覆盖山东全省及省外其他地区。联盟并未设立固定的办公机构，其动作方式主要是采用现代通信手段或定期聚会等形式来汇总或分享相关信息，共同商定后由山东博远物流发展有限公司牵头来操作采购。联盟企业享受协议价，各企业间互利互惠、合作共赢。这一举措无疑会对维护钢市，特别是山东地区钢市的稳定起到积极作用。毫无疑问，在钢铁流通领域，"博远钢铁联盟"成为先行者、排头兵，做了榜样，树了大旗，创立了行业内中小企业的联盟运作模式。总之，博远公司钢铁流通的"联盟共赢"是一种全新的思路，开创了一种不拘一格的经营模式，它必将会在壮大中小企业实力、维护市场秩序等方面起到积极的作用。相信该模式将会为更多行业企业所接受并采纳。

资料来源：http://www.100ksw.com/zg/wls/7/134155.shtml.

本 章 小 结

物流项目质量管理是指为确保物流项目质量目标要求而开展的项目管理活动，其根本目的是保证最终交付的物流项目产出物符合质量要求。其职能主要有：确定质量方针和目标，制定质量管理制度，实施质量控制和质量保证等。

在项目规划中，质量规划是非常重要的一个环节，它是项目程序推进的主要推动力之一，也是保证项目成功的过程之一。物流项目团队应当有规律地执行质量规划，并且与其他项目规划程序结合起来一起执行。

物流项目质量保证是在执行物流项目质量计划过程中，经常性地对整个物流项目质量计划执行情况所进行的评估、核查与改进等工作。需开展的物流项目质量保证工作主要有以下几个方面的工作：清晰的质量要求说明，科学可行的质量标准，组织建设物流项目质量体系，配备合格与必要的资源，持续开展有计划的质量改进活动，物流项目变化全面控制。

物流项目质量控制是指对于项目质量实施情况的监督和管理。在物流项目所开展的工作和活动中，质量控制和质量保证二者是有交叉和重叠的，只是方法和工作方式不同而已。在物流项目建设过程中，对其质量控制应遵循质量第一原则、预防为主原则、为客户服务原则和数据说话原则。

关键术语

物流项目质量管理(Logistics Project Quality Management)　　质量规划(Quality Planning)
质量保证(Quality Guarantee)　　质量控制(Quality Control)

知识链接

全面质量管理

全面质量管理(Total Quality Management，TQM)是指在全社会的推动下，企业中所有部门、所有组织、所有人员都以产品质量为核心，把专业技术、管理技术、数理统计技术集合在一起，建立起一套科学严密高效的质量保证体系，控制生产过程中影响质量的因素，以优质的工作和最经济的办法提供满足用户需要的产品的全部活动。

全面质量管理的基本原理与其他概念的基本差别在于，它强调为了取得真正的经济效益，管理必须始于识别顾客的质量要求，终于顾客对他手中的产品感到满意。全面质量管理就是为了实现这一目标而指导人、机器与信息的协调活动。

TQM 的基础包括以下几点。

(1) 系统工程与管理(系统工程)。
(2) 完善的技术方法(控制工程)。
(3) 有效的人际关系(行为工程)。

TQM 的工作包括以下内容。

(1) 新设计的控制。
(2) 进厂材料的控制。
(3) 产品的控制。
(4) 专题研究。

综 合 练 习

一、填空题

1. 物流项目质量具体包含与物流项目相关的商品的质量、_____、_____、物流服务质量。

2. 戴明博士所提倡的 PDCA 循环，其中 P 是计划、D 是_____、C 是_____、A 是处理。

3. _____的目标就是确保产品的质量能满足顾客、法律法规等方面提出的质量要求。

4. _____是在执行物流项目质量计划过程中，经常性地对整个物流项目质量计划执行情况所进行的评估、核查与改进等工作。这是一项确保物流项目质量计划能够得以执行和完成的工作。

5. 提高物流项目工程质量是进行物流项目质量管理的基础工作，能提高物流项目工程质量，就能做好_____的物流项目质量管理。

二、判断题

1. 物流项目质量和产品质量都是通过工作和管理而形成的结果，是质量检验出来的。
(　　)

2. 因果图，又称鱼刺图，用于说明各种直接原因和间接原因与所产生的潜在问题和影响之间的关系。
(　　)

3. 统计样本法是指选择一定数量的样本进行检验，从而推断总体的质量情况，以获得质量信息和开展质量控制的方法。这种方法适用于大批量生产的质量控制，在物流项目质量控制中使用较多。
(　　)

4. 物流项目质量控制和物流项目质量保证的概念最大的区别在于：物流项目质量控制

是一种从物流项目质量管理组织、程序、方法和资源等方面为项目质量保驾护航的工作，而物流项目质量保证是直接对物流项目质量进行把关的工作。（ ）

三、简答题

1. 物流项目质量包括哪些内容？
2. 物流项目质量管理的职能有哪些？
3. 物流项目质量规划的常见工具和技术有哪些？
4. 物流项目质量保证的工作主要有哪些？
5. 物流项目质量控制和物流项目质量保证的关系是什么？
6. 物流项目质量管理的原则是什么？

四、名词解释

物流项目质量管理　　物流项目质量规划　　物流项目质量保证　　物流项目质量控制
全面质量管理

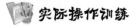

课题： 物流项目质量管理体系。
实训项目： 物流项目 ISO 质量管理体系的构建。
实训目的： 学习如何建立物流项目 ISO 质量管理体系。
实训内容： 物流项目质量管理推行 ISO 质量管理体系认证的必要性和紧迫性；实施 ISO 质量管理体系认证的过程及应注意的事项。
实训要求： 将参加实训的学生分成若干小组，分别讨论物流项目质量管理体系的相关内容，并写出一份实施 ISO 质量管理体系的计划书。

 案例分析

根据以下案例所提供的资料，试分析以下问题。
(1) 白沙物流从哪些方面提高质量管理？
(2) 怎么样推动企业质量管理创新？

白沙物流专业经营成就核心竞争力

日前，记者从白沙物流了解到，在 2007 年 6 月公司开展的外部客户满意度调查中，白沙物流业务服务的总体顾客综合满意度高达 95.62%，后勤业务服务总体顾客综合满意度为 85.36%，均较去年下半年有所提高。白沙物流公司的负责人在欣慰之余，还提到了一件让该公司员工深感振奋的事。

2008 年 6 月，白沙公司收到 TCL 公司对配送服务供应商的质量考核报表，结果显示，在其国内 51 家配送供应商名录中，深圳白沙物流公司的服务质量由 2008 年 4 月的第 40 名上升到 5 月的第 2 名，获得了 TCL 公司的优质服务质量奖和奖金。"我们是非常重视来自客户的评价，这份报表是对我们公司的高度肯定！"白沙物流的负责人对记者说。

1. 调整定位，以专业经营赢得市场

2006 年年底，合并重组后的湖南中烟工业公司成为深圳白沙物流的股东，湖南中烟工业公司明确提出，要将白沙物流建设成为湖南中烟工业公司原辅料进口的周转基地、成品卷烟二次配送的区域配送中心。虽然，深圳白沙物流公司有着优越的地理位置，有着十多年市场化的运作经验，公司仓库供不应求，但为更好满足湖南中烟工业公司在华南乃至全国的配送和进出口业务的发展，公司毅然对自身定位进行了一定的调整。

深圳白沙物流公司旨在利用深圳、湖南两地经济合作的优势，利用湖南中烟工业公司的雄厚资金和深圳特殊的经济地理位置，建立一个湖南中烟工业公司乃至整个湖南的对外窗口，为湖南中烟工业公司迈向跨国集团公司行列创造条件，为中烟工业公司降低成本、减少环节，保障货物进出口通畅，提高履约能力，争取获得更高的经济效益和社会效益。

在经营方向上，白沙物流以"诚信经营、科学管理、先进技术"为宗旨，以"为全国客户提供优质的物流服务"为使命，最终打造以"区域配送与运输业务为支柱、具备现代化物流管理模式与经营理念"的综合型知名现代物流企业。公司将利用大规模的网点布局，为烟草主业发展提供优质专业的物流服务，发展成为湖南中烟在华南地区的重要窗口与物流基地。

"按此部署，我们为实现发展战略，已扩大了经营范围，开办了国际货运代理业务。目前，公司正积极开展物流专业英语和报关业务知识培训，为发展做好充分的人力资源储备"，公司负责人告诉记者。事实证明，这些调整带来的是变革、活力和效益。

去年年底，湖南中烟和深圳烟草在考察深圳白沙物流后，即达成合作意向，深圳白沙物流承接湖南中烟烟草辅料运输项目于3月正式启动。截至目前，已为湖南中烟运输200多车、上万吨烟草辅料。与此同时，深圳烟草配送服务商都市物流也在年后进驻白沙物流仓库，每天早上40多台烟草配送车辆在白沙物流公司和深圳各区的香烟专卖店往来穿梭，车水马龙，公司上下一片繁忙，白沙物流小区已成为深圳烟草配送的第二个基地。

2. 苦练内功，以优质服务彰显品牌

围绕中烟的最新定位，2007年公司市场战略转移到"稳健发展珠三角、华南区域配送业务，积极拓展中南线货代运输"。2008年上半年，运输配送业务稳步增长，运作效率和服务质量也明显提高。公司有关部门负责人介绍说，在仓储方面，公司拟定了建多层仓的方案，继续按照"精品仓储"路线提高仓储管理服务水平，还顺利承接了中烟辅料仓储管理和深圳烟草成品烟仓储的中转业务，目前，仓库销售比较稳定，顺利实现了客户转仓和调仓的协调工作。在运输配送方面，公司增加了国际货运代理业务，发展了中南运输精品线路，承接了中烟运输项目，同时开展了华南城市配送业务，成功引进TCL、华为等大项目，设立了长沙网点，目前各网点业务增长前景良好。

"我们开展了目标客户的市场调查，狠抓流程优化和服务质量，顾客满意度明显提高"，白沙物流的负责人说。在内部管理上，顺利通过了深圳市认证中心ISO 9001和OHSAS 18001双体系的外部审核，进一步落实了各部门的目标管理和绩效考核，改善了员工福利，开展了物流专业类课程的培训，提高了员工的素质和公司的凝聚力。

"品牌打造是我们不变的追求"，总经理罗卫对记者说，"白沙的品牌建设，是在以往中国百强物流企业、中国诚信物流企业和深圳最具竞争力品牌等基础上的更高追求"。2008年4月，在由市物流协会、航空运输协会、海运协会、集装箱拖车运输协会、国际配送协会和深圳特区报、深圳新闻网联合主办的"第二届深圳物流界年度盛典风云榜"评比中，深圳白沙物流公司再次荣登"深圳物流年度盛典风云榜"，被评选为"深圳高端服务业十大成长型物流企业"，总经理罗卫也入选"深圳物流十大风云人物榜"，显示了公司在业内的声誉。2008年上半年，白沙公司又获得了"最受深圳市工商企业好评的物流与供应链公司""深圳高端服务业十大成长型物流企业"等众多荣誉，公司品牌不断提升，品牌张力也日益显现。

"我们的思路，就是通过专业经营，打造我们的核心竞争力"，罗卫充满自信地对记者说。

资料来源：http://www.100ksw.com/zg/wls/7/133495.shtml.

第7章 物流项目的采购与合同管理

【学习目标】

通过本章的学习，了解物流项目采购规划的内容、物流项目合同管理的概念、特征与物流项目合同签订的注意事项，理解物流项目合同终止、解除与变更的区别及物流项目合同纠纷的处理途径，明确物流项目招标程序与要点、物流项目投标步骤与要点、物流项目合同管理工作过程，掌握物流项目货物采购规划技术、合同价格的确定方法。

【学习要求】

知识要点	能力要求	相关知识
物流项目的采购	了解物流项目采购规划的内容；掌握物流项目货物采购规划技术	采购的定义、项目采购计划、物流咨询/服务的内容、平衡点分析法、咨询/服务采购与工程采购的区别
物流项目合同管理	了解物流项目合同管理工作过程；掌握合同价格的确定方法	合同、物流项目合同管理的概念，项目合同的特点与类型
物流项目的招投标	掌握物流项目招标程序与要点；掌握物流项目投标步骤与要点	招标、投标、物流项目招标的概念，物流项目招标公告形式

导入案例

物流合同范例

订立合同双方

托运方：_____

承运方：_____

托运方详细地址：_____

收货方详细地址：_____

根据国家有关运输规定，经过双方充分协商，特订立本合同，以便双方共同遵守。

第一条　货物名称：_____　规格：_____

　　　　数　　量：_____　价款：_____

货物编号：_____　品名：_____　单位：_____

单　　价：_____　金额(元)：_____

第二条　包装要求：托运方必须按照国家主管机关规定的标准包装；没有统一规定包装标准的，应根据保证货物运输安全的原则进行包装，否则承运方有权拒绝承运。

第三条　货物起运地点：_____　货物到达地点：_____

第四条　货物承运日期：_____　货物运到期限：_____

第五条　运输质量及安全要求：有两种情况，一、货物丢失，按保价赔偿；二、货物损坏，功能丧失，按保价偿还。

第六条　货物装卸责任和方法：托运方上门收货，承运方负责搬运。在我公司处搬运的过失由我方负责，其他的搬运由托运方负责，赔偿金额按保价支付。

第七条　收货人领取货物及验收办法：凭身份证验收。

第八条　运输费用：_____　结算方式：_____

第九条　各方的权利义务

1. 托运方的权利义务

(1) 托运方的权利：要求承运方按照合同规定的时间、地点，把货物运输到目的地。货物托运后，托运方需要变更到货地点或收货人，或者需要取消托运时，有权向承运方提出变更合同的内容或解除合同的要求。但必须在货物未运到目的地之前通知承运方，并应按有关规定付给承运方所需费用。

(2) 托运方的义务：按约定向承运方交付运杂费。否则，承运方有权停止运输，并要求对方支付违约金。托运方应按照规定的标准对托运的货物进行包装，遵守有关危险品运输的规定，按照合同中规定的时间和数量交付托运货物。

2. 承运方的权利义务

(1) 承运方的权利：向托运方、收货方收取运杂费用。如果收货方不交或不按时交纳规定的各种运杂费用，承运方有权对其货物扣压。查不到收货人或收货人拒绝提取货物时，承运方应及时与托运方联系，在规定期限内负责保管并有权收取保管费用，对于超过规定期限仍无法交付的货物，承运方有权按有关规定予以处理。

(2) 承运方的义务：在合同规定的期限内，把货物运到指定的地点，按时向收货人发出货物到达的通知。对托运的货物要负责安全，保证货物无短缺、无损坏、无人为的变质，如有上述问题，应承担赔偿义务。在货物到达以后，按规定的期限负责保管。

3. 收货人的权利义务

(1) 收货人的权利：在货物运到指定地点后有以凭证取货的权利。必要时，收货人有权向到站或中途货物所在站提出变更到站或变更收货人的要求，签订变更协议。

(2) 收货人的义务：在接到提货通知后，按时提取货物，缴清应付费用。超过规定提货时间，应向承运人交付保管费。

第十条　违约责任

1. 托运方责任

(1) 未按合同规定的时间和要求提供托运的货物，托运方应按其价值的___%偿付给承运方违约金。

(2) 由于在普通货物中夹带、匿报危险货物，错报笨重货物重量等而导致吊具断裂、货物摔损、吊机倾翻、爆炸、腐蚀等事故，托运方应承担赔偿责任。

(3) 由于货物包装缺陷产生破损，致使其他货物或运输工具、机械设备被污染腐蚀、损坏，造成人身伤亡的，托运方应承担赔偿责任。

(4) 对于在托运方专用线或在港、站公用线、专用铁道自装的货物，在到站卸货时，发现货物损坏、缺少，在车辆施封完好或无异状的情况下，托运方应赔偿收货人的损失。

(5) 罐车发运货物时，因未随车附带规格质量证明或化验报告造成收货方无法卸货的，托运方应偿付承运方卸车等费用及违约金。

2. 承运方责任

(1) 不按合同规定的时间和要求配车(船)发运的，承运方应偿付托运方违约金_____元。

(2) 承运方如把到货地点或接货人弄错，应无偿运至合同规定的到货地点或接货人。如果货物逾期到达，承运方应偿付逾期交货的违约金。

(3) 运输过程中货物灭失、短少、变质、污染、损坏，承运方应按货物的实际损失(包括包装费、运杂费)赔偿托运方。

(4) 联运的货物发生灭失、短少、变质、污染、损坏，应由承运方承担赔偿责任的，由终点阶段的承运方向负有责任的其他承运方追偿。

(5) 在符合法律和合同规定条件下的运输，由于下列原因造成货物灭失、短少、污染、损坏的，承运方不承担违约责任。

①不可抗力；②货物本身的自然属性；③货物的合理损耗；④托运方或收货方本身的过错。

本合同正本一式两份，合同双方各执一份；合同副本一式___份，送_____等单位各留一份。

托运方：　　　　　　　　　　　　　承运方：
代表人：　　　　　　　　　　　　　代表人：
地　址：　　　　　　　　　　　　　地　址：
电　话：　　　　　　　　　　　　　电　话：

　　　　　　　　　　　　　　　　　　　　　年　月　日订

资料来源：http://www.bokee.net/company/weblog_viewEntry/415388.html。

问题：(1) 上述案例说明了物流合同一般包括哪几个要素？
　　　(2) 该案例给我们带来什么启示？

物流的发展对市场经济的发展是非常重要的，关系到我国经济体制改革的成败，关系到企业的生存和发展。物流市场合理运行要用合同来明确，物流项目的实施离不开物流项目的采购与合同管理，物流项目的采购与合同管理在物流管理中起着极其重要的作用，是物流项目管理的重要组成部分。

7.1 物流项目的采购

7.1.1 采购规划概述

1. 采购的定义

采购是从系统外部获得货物、土建工程和服务(以下统称商品)的完整的采办过程。货物采购是指购买项目建设所需的投入物(如机械、设备、材料等)及与之相关的服务；工程采购是指选择工程承包单位及其相关的服务。咨询服务采购主要指聘请咨询公司或咨询专家。

物流项目缺少不了采购。项目的采购工作是项目执行中的重要一环。如要做好物流企业中长期的战略规划，"采购"(聘请)专业公司咨询服务是完全必要的；建设一个现代化的物流配送中心必须慎重地选择工程的承包商；而立体自动化物流仓库还需要大量地采购可调整货架、专用(带有起重平台)装卸货小车、辊式输送机、条码印表机、信息采集机、RF(Radar Frequency)传输设备等；企业物流业务的"外包"更需要挑选理想的战略合作伙伴。这些都属于采购规划要解决的问题。因此，在物流项目实施过程中，就有必要选择适当的采购方式。如果采购的产品不符合项目设计预订的要求，将直接影响项目质量，严重时会导致项目的失败。因此，规范物流项目采购可以有效地降低物流项目成本，促进物流项目的顺利实施和按期完成。

2. 采购方式

采购按方式不同可以分为招标采购和非招标采购。

1) 招标采购

由需方提出招标条件和合同条件，由许多供应商同时投标报价。通过招标，需方能够获得价格更为合理、条件更为优惠的供应。对受客观条件限制和不易形成竞争的项目还可以采取协商议标的方式。

2) 非招标采购

需方直接与某供应商按协议价格采购。它可以分为询价采购和直接采购等。

(1) 询价采购。即比价方式，一般习惯称作"货比三家"。先收集来自几家供应商(至少3家)所提供的报价，然后将各个报价进行比较，其目的是确保价格的竞争性。这种方式无需正式的招标文件，具体做法同一般的对外采购区别不大，只不过是要向几个供应商询价来进行比较，最后确定采购的厂家。它适用于项目采购时即可直接取得的现货采购，或价值较小的、属于标准规格的产品采购。

(2) 直接采购。直接采购是指在特定的采购环境下不进行竞争而直接签订合同的采购方法。它主要适用于不能或不便进行竞争性招标或竞争性招标优势性不存在的情况。例如，有些货物或服务具有专卖性质，只能从一家制造商或承包商处获得；在重新招标时没有一家承包商愿意投标等。

3. 物流项目采购规划的内容

物流项目采购计划是在考虑了买卖双方之间的关系之后，从采购者(买者)的角度考虑物流项目的哪些需要可以通过从物流项目实施组织外部采购产品和设备来得到满足。物流项目采购规划一般要对下列事项之一作出决策。

1) 通过一家总承包商采购所有或大部分所需要的货物和服务

例如，某物流企业可以选择一家系统集成公司来构架公司的计算机网络和开发物流管理信息系统软件。在这种情况下，从询价到合同终止的各个过程采购只需要实施一次。

2) 不采购货物和设备

对于研究型、科技开发项目(如物流企业内部管理体制改革、作业流程优化等)，从询价到合同终止的各个过程采购都不必实施。

3) 向多家承包商采购需用的货物和服务

对于物流配送中心建设的工程类项目，需要在实施过程中不断向不同供应商采购材料和电器等设备。此时，在从询价直至合同终止的各个采购过程中，每一个采购活动都实施一次。对于采购量大的项目，需要引入一定的订货策略或咨询采购专家。

7.1.2 物流咨询/服务项目采购

1. 物流咨询/服务的内容

1) 物流项目投资前研究

对于投资规模较大的项目(如物流中心的选址与建设)，在项目确定之前必须进行必要的市场调查与项目可行性研究。将项目委托给专业性的咨询公司有利于减少外界的不良影响，依靠科学的分析方法和手段，从实际出发，对项目进行全面的、客观的、公正的评价，以减少可能的投资失误或项目失败。

2) 项目准备性服务

指为了充分明确项目内容和准备实施项目所需的技术、经济和其他方面的工作，如项目建议书拟定、工程项目设计(包括投资概算与运营费估算)、物流中心的配送方案策划、招投标代理等。有时还包括与编制采购文件有关的服务，如确定保险要求、预审专利人和承包人的资格、分析投标书、提出投标建议等。

3) 执行项目采购

指工程监理和项目管理，包括检查和督促工作、审核承包商和供货商出具的发票，以及与合同文件的解释有关的技术性服务，还可以包括协助采购并且协调同一项目的不同承包商和供货商的投入，以及在开始和营运阶段的各种设施。

4) 技术援助

指其他支持投资人或业主项目管理方面的咨询服务。例如，物流开发计划、企业重组规划、人员技术培训等。

2. 咨询/服务采购与工程采购的区别

1) 业主提出的任务范围不同

咨询/服务采购的业主在邀请之初提出的任务范围不是已确定的合同条件，只是合同谈判的一项内容，咨询公司和物流供应商可以而且往往会对其提出改进建议；而工程项目采购的内容则是正式的合同条件，投标者无权更改，只能在必要时按规定予以澄清。

2) 选聘的条件不同

咨询/服务采购项目的选聘应当以技术方面的评审为主，选择最佳的被委托人，有时不以价格最低为主要标准；而工程项目采购一般则是以技术达到标准为前提，通常将合同授予报价最低的投标者。

3) 对业主的投标书的处理方式不同

咨询/服务采购项目中，被委托人可以对业主的任务大纲提出修改意见；而工程项目采购的投标书必须以招标书规定的采购内容和技术要求为标准，达不到标准的即为废标。

4) 公布结果的方式不同

对于咨询/服务项目承包商的选聘可以不进行公开招标，不宣布应聘者的报价。对于那些晚于规定期限送到的建议书，也不一定宣布无效而退回；而工程项目采购则要求公开招标，宣布所有投标者的报价，迟到的投标书作为废标。

7.1.3 物流项目货物采购规划技术

项目实施组织对需要采购的产品拥有一定的选择权，对于物流项目所涉及的货物(产品或设备)的采购，通常运用以下技术进行选择。

1. 自购还是外租分析

对于项目中需要的一些独立的设备(如可移动式机械、车辆等)，既可以采取自我购置长期使用，也可以针对项目一次性、临时性特点，采用短期租借的方式，以节省项目资源使用成本。如一家第三方物流企业在承揽一项配送合同(项目)时，车辆运力不足或车辆种类不符带来的是运力补充或调剂的问题。管理技术中常用的平衡点分析法可解决自购或外租的决策问题。

【例 7-1】 A 物流企业承接了某配送物流项目。根据 3 年的合同要求，必须用 4t 的冷藏货车送货，而企业尚未配置此类货车。如果为此项目购置冷藏车，购置费为 25 万元/辆；年运营成本为 3.5 万元/(辆·年)；如果考虑到项目合同期的长短，采用租车方案，年租车开销约 8.5 万元/(辆·年)。试问：该企业如何根据项目的寿命期进行决策？

解： 单纯从成本有利的角度，分析两者的项目寿命平衡点。

设 n 为项目寿命期的年份数；就单个冷藏货车而言，如果存在寿命平衡点 n_0 则有

$$25+3.5n_0 = 8.5n_0$$

解得：$n_0 = 5$(年)

如图 7.1 所示，由平衡点可得出以下两点结论。

(1) 当项目寿命期 $n < n_0$ 时，宜采用租车方案，以减少投资的风险。由题意，A 企业首次进入冷藏货运市场，经验不足。当签订的合同仅为 3 年，而且合同执行中达不到客户的要求时，随时可能中止合同的执行。因此采用保守的决策，即租车方案。

(2) 当项目寿命期 $n > n_0$ 时，可采用购车方案，为企业的发展奠定基础。当前 A 企业正在积极努力改制，以适应物流市场发展。以此为契机，通过改善项目的运作体制与机制，为客户提供满意的服务，很有可能续签合同。因此，从发展和竞争的角度，可选择购车方案。

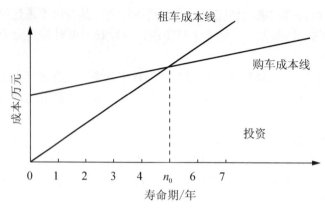

图 7.1　平衡点分析图

2. 短期租赁或长期租赁分析

当某些项目需要短期用到某特种设备时,专门购置会造成浪费,因此可从市场上去租赁。至于是短期租赁还是长期租赁,通常取决于财务上的考虑。根据项目对某租赁品的预计使用时间、租金大小来分析短期租赁与长期租赁的成本平衡点。

【例 7-2】 某专项运输项目因承担特大物件运输项目而外租某台特殊设备,如果短期租赁,租金为每天 150 元;也可以长期租用,租金为每天 90 元,但须额外交纳固定手续费用 6 000 元。问如何选择?

解: 设预计租期为 X 天时,长短期租赁费用相等,则有 $90X+6\,000=150X$。解得: $X=100$(天)。

建议:从节约租赁成本考虑,如果预计租用设备不超过 100 天,应选择短期租赁;如果预计租用设备超过 100 天,则选择长期租赁更经济。

7.2　物流项目合同管理概述

7.2.1　物流项目合同管理的概念

物流项目合同管理是指以《合同法》为依据,更新合同管理观念,做到"机构、人员、制度"三落实,运用科学理论和现代科学技术,诚实信用,提高物流企业效益,以服务企业根本利益为目的,依法进行订立、变更、解除、转让、履行、终止,以及审查、监督、控制等一系列行为的总称。

7.2.2　物流项目合同管理的特征

1. 物流项目合同管理是现代管理观念和现代管理手段相结合的管理

企业与企业之间既相互竞争又相互依赖,因此合同管理的重大作用凸显。物流项目合同管理是现代企业管理的不可或缺的部分,贯穿于企业经、技、贸交往,合资、联营、兼并和承包经营、租赁经营,以及劳动分工之中。物流项目合同管理内容更具有广泛性,包括合同订立、履行、变更、解除、处理争议等各项内容,与企业计划、原材料采购、质量、技术、物流及成本核算等管理相融合。所以，企业必须树立科学的现代管理观念，同时，管理手段必须日益现代化，否则企业将难以驾驭和适应腾飞的经济建设、激烈的市场竞争和巨大的社会进步。

2. 物流项目合同管理是物流企业发展的自我管理

物流项目合同管理是物流企业集经济手段、行政手段、法律手段于一体，对企业自身订立合同和签订合同进行的自我审查、自我监督、自我控制，达到自我约束、自我保护、自我发展的目的。

7.2.3 物流项目合同签订的注意事项

现代物流不是简单的代理、运输、仓储、保管、报关等合同的签订，它所出售的是一个按一定流程管理的设计方案，该流程要解决企业的各种疑难问题，达到简化程序、降低成本、提高管理水平、提高企业经济效益和市场竞争能力的效果，合同涉及的环节多、时间长、要求复杂，所以企业在签订物流项目合同时应注意以下几点。

1. 所签合同要合理

物流项目合同中要考虑双方的利益，达到双赢的目标，这点很重要。如果只考虑一方赚钱，而使另一方无利可图，这样的合同即使签下来，履约中也会出现各种问题。实践证明如果双方的理念一致，且所签合同的目标相同，履约中一般就不会产生什么问题，即使有问题也较容易解决。

2. 所签合同要完善

物流商与客户签订合同是一种非常复杂的过程，任何一方如果在签约前考虑不周或者准备不足，都有可能在未来执行合同的过程中出现问题。此外，合同的执行标准及衡量标准是客户与物流商在签约时首先应协商解决的问题，但在实践中，大量的合同根本未对此作出规定，导致双方在执行合同时对所提供的服务方面产生争议。许多合同只规定双方交易的主要条款，却忽略了双方各自应尽的责任和义务，特别是违约应承担的责任。这样，无形中等于为双方解除了应负的责任，架空了合同或削减了合同的约束力。

3. 明确双方当事人的签约资格

物流项目合同是具有法律效力的法律文件。因此，要求签订物流项目合同的双方都必须具有签约资格；否则，即使签订合同，也是无效的合同。在签约时，要调查对方的资信情况，应该要求当事人相互提供有关法律文件，证明其合法资格。一般来讲，重要的谈判、签约人应是董事长或总经理。有时，虽在具体业务谈判中出现签约的不是上述人员，但也要检查签约人的资格，如了解对方提交的由法人开具的正式书面授权证明，常见的有授权书、委托书等。了解对方的合法身份和权限范围能保证合同的合法性和有效性。

4. 明确服务范围、条款

许多物流商往往忽视了服务范围的重要性。物流商与客户第一次签订合作合同时，一定要对"服务范围"给予一个明确的界定，包括如何为客户提供长期的物流服务、服务的具体内容、服务到哪种程度及服务的期限，总之，要对服务好到哪种程度有一些具体的规定。否则，物流商对要干什么都不清楚，而客户也不清楚支付的是什么服务费用。"服务范围"应详细描述有关货物的物理特征，所有装卸、搬运和运输的需要，运输方式，信息流和物流过程中的每一个细节。同时，合同中的条款应明确无误，不能重复，更不能出现前后矛盾的情况。例如，我国某物流企业与外商签订了一份合同，在价格条款中有这样一条规定："上述价格包括卖方装到船舱的一切费用。"而在交货条款中却又出现了这样的规定："买方负担装船费用的1/2，凭卖方费用单据支付。"这种前后矛盾的现象，最容易被人钻空子。

5. 不要误导客户

物流商不要为了争取客户而使其产生误解，将物流服务视为灵丹妙药，认为物流商可将客户所有的毛病都连根治愈。应让客户认识到，没有一个物流方案能十全十美地解决企业的全部问题；即使要解决某一方面的问题，也需要有详尽的策划、充足的时间，以及付诸实施这样一个过程，最终才能见效。

6. 避免操之过急

许多企业在尚未做好任何准备的情况下就去寻求物流商的帮助，并对物流商寄予过高的期望匆匆签约，或许他们有太多的、迫在眉睫需要解决的问题，但这样做的结果往往会带来忙中出错的后果。

7. 确保合同具有可行性

专业性较强的企业在签约前应向有关专家咨询，甚至请他们参与谈判，分析企业生产、管理的特殊性、特殊要求及需要特别注意的问题，避免留下难以弥补的后患。而对于物流商经过努力仍无法做到的，千万不要轻易承诺。

8. 合同文字不要含糊不清，模棱两可

有些物流项目合同条款写得含糊不清、模棱两可，导致在执行过程中往往争议纷纷，甚至遗祸无穷。例如，某一合同中有这样一条："合同生效后不得超过45天，乙方应向甲方缴纳××万美元的履约保证金……超过两个月如未能如期缴纳，则合同自动失效。"这里"两个月"究竟从哪一天开始算起，是合同生效之日开始算起还是合同生效45天以后算起，写得不明确。

9. 必须考虑经济性

物流商接受和签订的协议影响最终能产生效益的项目，而适当水平的物流成本开支必然与所期望的服务表现有关。要获得物流企业的领导地位，关键是要掌握使自己的能力与关键客户的期望和需求相匹配的艺术，对客户的承诺是形成物流战略的核心。一个完善战略的形成需要具有对未实现所选方案的服务水平所需成本的估算能力。

7.2.4 物流项目合同终止、解除与变更的区别

物流项目合同签订后是不允许随意终止的。当事人双方依照物流项目合同的规定，履行其全部义务后，合同即行终止。合同签订以后，因一方的法律事实的出现而终止合同关系，为合同的终止，根据我国的现行法律和有关司法实践，合同的法律关系可由于下列原

因而终止。

1. 合同因履行而终止

合同的履行，就意味着合同规定的义务已经完成，权利已经实现，因而合同的法律关系自行消灭。所以履行是实现合同、终止合同的法律关系的最基本方式，也是合同终止的最通常原因。

2. 当事人双方混同为一个而终止

法律上对权利人和义务人全为一人的现象，称为混同。既然发生合同当事人合并为一人的情况，那么原有的合同已无履行的必要，因而自行终止。

3. 合同因不可抗力而终止

合同不是由于当事人的过错而是由于不可抗力的原因致使合同义务不能履行的，应当终止合同。

4. 合同因当事人协商同意而终止

当事人双方通过协议而解除或者免除义务人的义务，也是合同终止的方式之一。

5. 仲裁机构裁决或者法院判决终止合同

合同解除是一种特殊情况的合同终止，是指消灭既存的合同效力的法律行为。其主要特征：一是合同当事人必须协商一致；二是合同当事人应负恢复原状的义务；三是其法律后果是消灭原合同的效力。

项目合同变更与解除属于两种法律行为，但也有其共同之处，即都是经合同当事人双方协商一致，改变原合同法律关系。所不同的是项目变更将产生新的法律关系，而前者是消灭原合同关系，并不再建立新的法律关系。

7.2.5 物流项目合同纠纷的处理途径

合同纠纷通常表现为合同当事人双方对合同规定的义务和权利理解不一致，或是合同当事人一方故意不按合同约定履约，或是由于其他原因，最终导致对合同的履行或不履行的后果和责任分担产生争议。物流项目合同纠纷的解决通常有以下 4 种途径。

1. 协商

当事人双方在自愿、互谅的基础上，通过双方谈判达成解决纠纷的协议。该方法具有简单易行、不伤和气的优点。

2. 调解

在第三方(如上级主管部门、合同管理机关等)的参与下，以事实、合同条款和法律为依据，通过对当事人的说服，使合同当事人双方自愿、平等、合理地达成纠纷解决协议。

3. 仲裁

由仲裁委员会对合同纠纷进行裁决。我国实行一裁终局制，在裁决作出后，合同当事人如果不能达成纠纷解决协议，则不再裁决，双方须在规定的期限内履行仲裁机构的裁决，如果一方不履行，另一方可以申请法院强制执行。

4. 诉讼

诉讼指司法机关和项目合同当事人在其他诉讼参与人的配合下为解决案件依法定诉讼程序所进行的全部活动。

7.3 物流项目的招投标

招投标是市场竞争的重要方式之一。当前，物流外包越来越多地使用招投标方式进行，而且招标、投标已从企业扩展到政府、非营利单位。物流企业应充分运用招投标方式获取物流服务项目。

7.3.1 招投标概述

1. 招投标的定义

招投标是在市场经济条件下进行大宗货物的买卖、工程建设项目的发包与承包，以及服务项目的采购与提供时所采用的一种交易方式。

2. 招投标的原则和程序

1) 招投标的原则

招标投标活动应当遵循公平、公正、公开和诚实信用的原则。招标人不得向他人透露已获取招标文件的潜在投标人的名称、数量，以及可能影响公平竞争的有关招标投标的其他情况。对于招标人设有标底的，标底必须保密。投标人不得相互串通投标报价，不得排挤其他投标人，不得损害招标人或者其他投标人的合法权益。投标人不得与招标人串通投标，损害国家利益、社会公共利益或者他人的合法权益。投标人不得以低于成本的报价竞标，也不得以他人名义投标或者以其他方式弄虚作假，骗取中标。

2) 招投标的程序

招投标的一般程序可归结为招标、投标、开标、评标、中标、签约。

(1) 招标。招标是一种特殊的交易方式和特殊的订立合同程序，分为公开招标和邀请招标。

① 公开招标是指招标人以招标公告的方式邀请不特定的法人或者其他组织投标。采用公开招标方式的招标人应当发布招标公告，依法进行招标项目的招标公告，应当通过国家指定的报刊、信息网络或者其他媒介发布。

② 邀请招标是指招标人以投标邀请书的方式邀请特定的法人或者其他组织投标。招标人采用邀请招标方式的，应当向 3 个以上具备承担招标项目的能力、资信良好的特定的法人或者其他组织发出投标邀请书。邀请书应当载明招标人的名称和地址、招标项目的性质、数量、实施地点和时间，以及获取招标文件的办法等事项。

招标人应当根据招标项目的特点和需要编制招标文件。

(2) 投标。投标是指投标人(指响应招标、参加投标竞争的法人或者其他组织)接到招标通知后，根据招标通知的要求填写招标文件(也称标书)，并将其送交给招标人的行为。

投标人应当按照招标文件的规定编制投标文件。投标文件通常可分为商务文件、技术文件和价格文件。

① 商务文件。这类文件是用以证明投标人履行了合法手续及招标人了解投标人商业资信、合法性的文件。一般包括投标保函、投标人的授权书及证明文件、联合体投标人提供的联合协议、投标人所代表的公司的资信证明等，如有分包商，还应出具资信文件供招标人审查。

② 技术文件。如果是建设项目，则包括全部施工组织设计内容，用以评价投标人的技术实力和经验。技术复杂的项目对技术文件的编写内容及格式均有详细要求，投标人应当认真按照规定填写。

③ 价格文件。这是投标文件的核心，全部价格文件必须完全按照招标文件的规定格式编制，不允许有任何改动，如有漏填，则视为其已经包含在其他价格报价中。

(3) 开标。开标应当按照招标文件规定的时间、地点和程序以公开方式进行。

开标由招标人或者招投标中介机构主持，邀请评标委员会成员、投标人代表和有关单位代表参加。投标人检查确认投标文件密封后，由有关工作人员当众拆封、验证投标资格，并宣读投标人名称、投标价格，以及其他主要内容。投标人可以对唱标作必要的解释，但所作的解释不得超过投标文件记载的范围或改变投标文件的实质性内容。开标应当作记录，存档备查。

(4) 评标与中标。评标应当按照招标文件的规定进行。

招标人或者招投标中介机构负责组建评标委员会。评标委员会由招标人的代表及其聘请的技术、经济、法律等方面的专家组成，总人数一般为 5 人以上单数，其中受聘的专家不得少于总人数的 2/3。与投标人有利害关系的人员不得进入评标委员会。评标委员会负责评标。评标委员会对所有投标文件进行审查，对与招标文件规定有实质性不符的投标文件，应当决定其无效。评标委员会可以要求投标人对投标文件中含义不明确之处进行必要的澄清，但澄清不得超过投标文件记载的范围或改变投标文件的实质性内容。

评标委员会应当按照招标文件的规定对投标文件进行评审和比较，并向招标人推荐 1～3 个中标候选人。招标人应当从评标委员会推荐的中标候选人中确定中标人。中选的投标者应当符合下列条件之一：满足招标文件各项要求，并考虑各种优惠及税收等因素所报投标价格最低的；最大满足招标文件中规定的综合评价标准的。

(5) 签约。招标人或者招投标中介机构将中标结果书面通知所有投标人，招标人与中标人按照招标文件的规定和中标结果签订书面合同。

3. 招投标中有关文书的基本格式和要求

1) 招标邀请通知书

招标邀请通知书一般由以下几个部分组成。

(1) 标题。即"招标邀请通知书"。

(2) 称谓。抬头顶格写邀请单位名称。

(3) 正文。用以说明招标目的的依据及招标具体事项。如果另有招标公告或招标启示，则不需要就招标事项进行详细说明，只需声明随函邮寄即可。如果没有招标公告或招标启示，则应将其内容列入招标邀请通知书。

(4) 署名署时。写明招标单位全称、地址、联系人、电话、时间等。

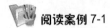

阅读案例 7-1

××物流项目招标邀请通知书

×××××(单位名称)：

××物流项目是我省××年度重点计划安排项目，×××××，先采取招标办法进行发包。

随函邮寄"××××物流项目招标书"一份。如同意，望于××年××月××日光临××大楼××房间领取"招标文件"，并请按规定参加工程投标。

招标单位：××省××厅××处招标办

地　　址：××省××市××路××号××楼　　邮政编码：××××××

联系人：×××

电　　话：×××××××××

××省招标中心
××××年××月××日

2) 招标申请书

招标申请书是招标单位在发布招标公告之前，向招投标主要部门报送进行招标的请求文件。

3) 招标公告

向社会公开招标可以采用招标公告方式。招标公告由招标人设立的招标委员会发布，其内容主要包括：招标委员会的名称，招标采购产品或服务项目的主要性能、规格、数量、方式，投标人资格预审要求，索取招标书的时间、地点、手续。招标通告必须经招标委员会主席签字方予以公布。

4) 投标预审资格申请书

在招标过程中，凡愿参加投标的单位必须领取或购买资格预审文件，以提供相关资料供招标委员会或招标单位审核，同时应呈交申请书，而资格预审文件清单也应一起附上。

5) 投标申请书

投标申请书是投标单位按照招标公告在规定的时间内递交的要求参加投标的申请书，以供各招标单位审定招标资格用。通常，只有在投标申请获准后才能拟写投标书。

专栏 7-1

投标申请书的组成要素

投标申请书，一般由以下几个部分组成。

①标题：写上"投标申请书"；②称谓：抬头顶格写明招标单位名称；③正文：用以说明参加投标的意愿和保证；④署名署时：写明投标单位全称、联系人、时间等。

6) 投标书

投标书(简称标书)是投标者按照招标的要求向招标单位报送的文书。标书应按一定次序装订成册，装订成册的标书应配以封皮。封皮应有招标单位的名称、附以简要文字如"现送上××××投标书正本一份，请审核"、投标单位名称和负责人、投标日期等。

7.3.2 物流项目招标程序与要点

物流项目招标，是指招标人(又称业主)对自愿参加某一特定项目的投标人(承包商)进行审查、评比和选定的过程。如对于物流工程项目的招标，业主要根据建设目标对特定工程项目的建设地点、投资目的、任务数量、质量标准及工程进度等予以明确，以发布广告或发出邀请函的形式使自愿参加投标的承包商按业主的要求投标，业主根据其投标报价、技术水平、人员素质、施工能力、工程经验、财务状况及企业信誉等方面进行综合评价，全面分析，择优选择中标者并与之签订合同。

1. 物流项目招标程序流程

具备了物流项目招标条件的单位一般按图7.2所示的程序开展工作。

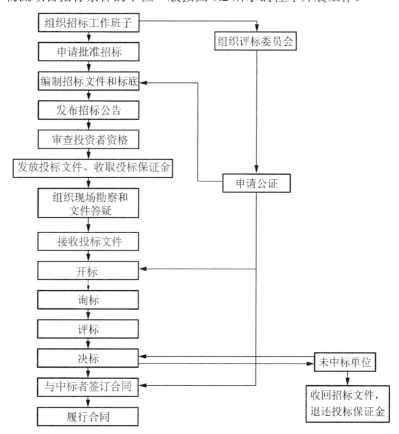

图 7.2 项目招标程序

2. 工作要点

1) 组建招标工作班子

对于已列出国家主管部门投资计划并且相关的设计文件、项目建设资金等均有着落的项目即可组建招标工作组，并向上级申请批准招标。建设工程项目招标工作组的成员应包括以下人员。

(1) 业主单位法人代表或其委托代理人。

(2) 有与工程规模相适应的技术、预算、财务和工程管理人员。

(3) 具有对投标企业进行资格评审能力的人员。

对于不具备上述条件的业主，可由其上级主管单位帮助组建招标工作组或以合同方式委托专业招投标公司或具有法人资格的咨询服务单位代理招标工作。

物流业是一个以提供服务为主要特征的行业，因此非工程类建设项目居多。在现代物流发展过程中，很多制造商、加工企业、商业连锁经营企业都希望由实力强、经验丰富、网络齐全的第三方物流企业为其提供物流服务，结成战略合作伙伴。这类服务性(如专户、专线服务)物流项目也可以采取招标的方式挑选最佳的合作者，降低企业物流成本支出，提高企业物流质量和客户满意度，从而达到综合提高市场核心竞争力的目标。与这类项目的招标条件相比，工程类项目要简单得多，比如当企业已将物流系统改造列入企业近期的工作计划，且相关的改造和资金方案已经企业决策机构讨论通过时，即可转入招标的程序，招标工作组除应有企业主管物流的老总参加外，还应有物流部、计财部、采购供应部等相关部门的人员参加。

2) 编制招标文件和标底

招标文件是标明招标工程数量、规格、要求和招投标双方责、权、利关系的书面文件。项目招标首先要有一份内容明确、考虑细致周密、兼顾招投标双方权益的招标文件。招标文件的作用首先是向投标人提供招标信息，以指导承包人根据招标文件提供的资料进行投标分析与决策；其次，招标文件又是承包商投标和业主评标的依据；最后，招标、投标成交是业主和承包商签订合同的主要组成部分。因此，招标文件的编制是招标工作中非常重要的部分，它影响项目的质量甚至成败，必须加以足够的重视。

物流招标文件的内容和篇幅大小与物流项目的规模和类型有关。一般而言，物流服务的招标文件简单些，工程建设招标的内容复杂些，特别是大型物流园区或中心综合性建设项目，其招标文件的篇幅可能长达数千页，不仅内容全面而且要求前后连贯。

(1) 工程类物流项目。对于不同工程项目的招标文件，内容虽有繁简、详略之别，但招标文件一般都包括以下几个主要部分：①招标邀请书、投标人须知；②合同的通用条款、专用条款；③业主对货物、工程与服务方面的要求一览表(格式)、技术规格(规范)、图纸；④投标书格式、资格审查需要的报表、工程量清单、报价一览表、投标保证金格式及其他补充资料表；⑤双方签署的协议书格式、履约保证金格式、预付款保函格式等。

(2) 非工程类物流项目。非工程类物流项目的招标文件内容与工程类项目有所不同。如物流咨询项目根据咨询任务具体要求，招标文件一般包括以下主要内容：①咨询任务简介；②咨询的工作大纲、合同草案、背景资料、当地相关法律法规等；③项目的评选方法与程序；④关于预期工作量按人数表示的说明；⑤要求咨询公司提供费用估算的资料；⑥投标书编制使用的语言、提交份数和截止日期；⑦合同谈判与工作开始日期；⑧关于咨询承约商访问业主机构、实地考察的说明；⑨关于业主提供的支持、生活设施和服务等说明。

标底又称底价，是招标人对招标项目所需费用的自我测算的期望值，它是评定投标价的可行性的重要依据，也是衡量招标投标活动经济效果的依据。工程项目标底的构成一般包括 3 个部分：项目成本(含主体工程费用、临时工作费用及其他工程费用)、投标者合理利润和风险系数。我国规定工程项目标底不得超过经批准的工程概算或修正概算。物流服务项目的标底视其提供服务的内容与范围而定,涉及人员、机构、资源的调整时,还需要包括人员和资产处置产生的相关费用。非工程类项目劳务的时间成本和资料收集与处理费用及对项目研究中创造性劳动的"奖励"等是构成标底的主体。标底直接关系到招标人的经济利益和投标者的中标率,应严加保密。如有泄密,应对责任者严肃处理,并对其追究法律责任。

3) 发布招标公告

招标文件编制好后即可根据既定的招标方式在主要报刊上刊登招标公告或发布投标邀请通知。见报日期至截止投标日期至少要 20 天,国际招标要 30~60 天。

招标公告和投标邀请通知的主要内容包括项目名称,项目建设地点,项目内容概述,投资来源,招标内容和数量,工期要求,发放招标文件的日期和地点,招标文件的价格,投标地点,投标截止日期(必须具体到年、月、日、时)和开标时间(一般与投标截止日期一致),招标单位的地址、电话号码、邮编、传真、电子邮箱或网址等。

物流项目的招标公告形式与一般工程项目相近,但由于招标业主不同、项目的性质不同,招标公告的差异较大,尚未形成统一的范本或格式。

阅读案例 7-2

SY 市 HN 新区物流园区项目招标公告

(1) SY 市 HN 新区综合物流园项目位于 SY 市 HN 新区现代物流园区内,项目占地约 600 亩,总投资 8 500 万元(人民币),新建标准仓库 25 万平方米。招标报建和申请已得到市建设管理部门批准,现通过公开招标选定项目承包单位。

(2) 工程质量要求达到国家施工验收规范优良标准。计划开工日期为 2014 年 2 月 1 日,计划竣工日期为 2015 年 12 月 1 日,工期为 22 个月。

(3) SY 市锦程咨询公司受建设单位的委托作为招标单位,现邀请合格的投标单位进行密封投标。

(4) 投标单位的施工资质等级须为一级以上的施工企业,愿意参加投标的施工单位可携带营业执照、施工资质等级证书向招标单位领取招标文件(成本费 500 元),同时交纳保证金 10 万元。

(5) 该工程采用包工包料方式,招标范围为国内建筑工程企业。

(6) 招标工作安排如下。

① 发放招标文件单位: 锦程公司。

② 发放招标文件时间: 2013 年 10 月 10 日至 2013 年 10 月 20 日,每天上午 9:00~11:30,下午 13:30~17:00(公休日、节假日除外)。

③ 投标地点及时间: 2013 年 12 月 10 日起在 SY 市胜利大街 16 号锦程咨询公司接受投标文件。

④ 现场勘察时间: 2013 年 10 月 25 日。

⑤ 投标截止时间: 2013 年 12 月 15 日 15 时(北京时间)。

⑥ 开标时间: 2013 年 12 月 15 日 15 时(北京时间)。

⑦ 开标地点: SY 市丽都喜来登大酒店二楼会议室,SY 市青年大街 386 号。

⑧ E-mail 或网址: www.Jincheng.com.cn。

招标单位: 锦程公司(盖章)

法定代表人: 刘保乐(签字、盖章)

地　　址: SY 市胜利大街 16 号

邮政编码: 231032

联系人: 李庆国　　　　　电话: 024-32555888　　　　　日期: 2013 年 9 月 30 日

4) 审查投标者资格

资格审查是对申请投标的单位进行资质预审或后审，以确保招投标活动按预期要求进行。投标者都是有实力、有信誉的法人。通过预审筛选掉一部分不合格者，也可减少开标、评标的工作量。资格预审的主要内容有：投标者的法人地位、资产财务状况、人员素质、各类技术力量及技术装备状况、企业信誉和业绩等。

5) 组织现场勘察和文件答疑

对于建设工程项目，业主在招标文件中要注明投标人进行现场勘察的时间和地点。通常招标人组织投标人统一进行现场勘察并对工程项目作必要的介绍。投标人现场勘察的费用将由投标人自行承担。按照国际惯例，投标人提出的标价一般是在审核招标文件后并在现场勘察的基础上编制出来的。

标前会议是业主给所有投标者提供的一次质疑机会。在勘察现场前，投标人应消化招标文件中提到的各类问题，并整理成书面文件寄往招标单位指定地点要求答复，或在答疑会上要求澄清。业主在回答问题的同时，应展示工程勘探资料，供投标单位参考。对于答疑会上提出的问题和解答的概要情况，应做好记录，如有必要可以作为招标文件的补充部分发给所有投标人。

7.3.3 物流项目投标步骤与要点

1. 物流项目投标步骤

针对物流项目招标，物流企业需决定是否进行投标。在投标以前，物流企业将决定该项目对自身而言是否有意义，并成立一个专门小组来评估该项目，该小组将研究项目目标是否与本公司的发展战略与发展方向相符，本公司是否有足够的实力来完成该项目。评估后，如果决定要投标，则物流企业应成立一个投标小组来开发该项目，把项目分成几个部分，有人负责研究运输部分，有人负责研究仓储部分，还有人负责研究先进的技术和完善的系统等。另外，物流企业还可以参观招标方企业的具体流程，与之正面接触，以便获得更多的信息。

物流企业的物流项目投标可按以下几个步骤进行：参加资格预审、组织投标小组、购买标书及有关资料、制订编标工作计划、确定投标方针、市场调查、研究标书和现场调查、参加标前会议、编制投标文件、签署、加封、送出投标文件。

1) 参加资格预审

资格预审是投标方投标的第一关。资格预审文件通常包括投标方的组织机构、承接同类项目的经验、拥有的资源(包括技术人员、管理人员、工人、施工设备等)、财务状况和信誉 5 个方面。如果招标项目规模大、涉及范围广，而本企业实力有限，则还需要及时寻找信誉良好的其他公司联合参加资格预审，共同编制资格预审文件。

2) 组织投标小组

如果通过资格预审，则需要组织投标小组。投标小组的成员要根据物流项目的性质和规模而定，一般应包括熟悉投标程序和合同管理的业务开发人员、有管理经验的项目组织计划人员及精通业务的预算人员等。要由既有经验又有经营决策权的领导担任投标组长，还要有担任未来项目经理的人员参加。

3) 购买标书及有关资料

通过资格预审后或登报或由招标方通知投标方,并通知购买标书的时间和地点及标书价格和交标时间。投标方要及早购买标书,然后确定编标需要的有关资料,如标书条文涉及的有关法律(公司法、商业税法、劳动法等)、技术规范或标准。

4) 制订编标工作计划

这一步是在规定的时间内要完成市场调研、标价计算和研究决策、编制标书的工作,必须制订严格的工作计划,各部门分工协作,按照统一的编标进度和质量要求严格执行。

5) 确定投标方针

投标方针是指某次投标的指导思想和策略。它首先体现出本企业对该地区的战略开发和部署,并且要结合当时的市场情况和该物流项目的特点确定具体策略,包括报价水平和资源投入。对于需要尽快开发并且准备长期开发的市场,一旦遇到有利于本企业的物流项目,应采取积极争取的方针,可以在成本预算中对某些固定资产采取减少摊入、降低利润率或保本报价等措施降低报价水平,把获利寄希望于以后的物流项目,另外要加强对竞争对手的了解。对于该地区发展前景没有把握或项目隐蔽部分较多、风险较大的物流项目,特别是不明竞争对手情况时,不能盲目降价。可以采取较高报价争取名列第二、三标,以便取得参加评比的权利,然后进行必要的活动。

6) 市场调查

(1) 商业市场调查。主要是对构成项目成本的各因素的市场价格和支付条件进行调查。如购买所需工程材料、添加机械设备、配件、油耗、运输成本等。

(2) 劳务市场调查。了解当地可能雇到的劳务工种、工人的素质、数量、雇佣的手续、基本工资和福利等。

(3) 竞争调查。它着重于当时的市场动态,调查本次投标的竞争形势。调查内容包括以下几方面:了解和分析有几家公司参加本次投标;分析主要竞争对手及其可能采取的策略;搜集以往的报价资料,估算报价水平。

(4) 金融市场调查。对于国外项目,应调查国家银行、当地银行和外国银行分行的资信和资金融通条件及利率、保函手续费等。经过调查选择资信好、融通条件优惠的银行作为在当地的开户银行并委托其转开保函等手续。

7) 研究标书和现场调查

(1) 认真研究合同条件:对工期的规定及延误的惩罚;报价方式和支付条件;关于税收;其他方面。

(2) 认真研究技术条件和报价项目内容。

(3) 进行项目现场调查。

8) 参加标前会议

标前会议往往与现场考察相结合,投标方可就标书及现场的有关问题向招标方代表提问。对于一些问题,投标方会在会上澄清,对于带有共性的问题或招标文件中不明确之处,招标方将用书面形式通知投标方。

9) 编制投标文件

(1) 编制物流项目规划。

(2) 比较方案的编制。

(3) 标价的计算。

(4) 其他文件的填报。

10) 签署、加封、送出投标文件

投标文件全部签署完毕后，按投标须知要求的清单及份数，把投标方的资格文件和投标报价文件包装好，外包装袋上只写招标机构的项目名称，不准写投标人或投标公司名称，以示保密。投标文件一经送出，在投标有效期内对于投标人就具有法律效力，不能反悔，不能以任何理由修改或取消。如果招标方接受了投标方的报价和条件，就会发出中标通知书。

2. 物流项目投标要点

1) 选择与组织投标项目

随着我国物流市场的发展，具有明显对外服务特征的第三方物流企业将会遇到许多投标机会。正确地选择投标项目将直接影响到企业的利益、信誉、生存和发展。因此，针对本企业的设施与设备条件、技术管理水平和经济实力进行投标可行性评价，确定选择哪一个项目参加投标竞争，是投标前期的一项重要的工作。项目投标选择依据的原则是：它能发挥本企业优势，能给企业带来一定的利润，并且本企业有能力使项目保质、保量按期完成。

投标项目选定后，就需要组织专门的人员对投标的全部活动过程进行组织和跟踪。投标班子一般由3类人才组成。

(1) 管理类人才。指专门从事经营管理，制订和贯彻经营方针与规划，具有决策水平的人才。这类人才也是投标班子的领军人物，往往是企业决策层领导人。

(2) 技术专业类人才。指与项目有关的各类技术人员，如土木工程师、电气工程师、机械工程师、软件工程师、物流师等。他们具有较强的实战能力，掌握本行业最新的技术与发展动态，并从技术可行的角度拟定项目的实施方案。

(3) 商务金融类人才。指具有金融、贸易、税法、保险、采购、索赔等专业知识的人才，并从经济和风险角度为实施方案的制定把关。

在投标过程中，要跟踪该项目的动态，摸准招标人对招标项目的特殊要求和意向，研究招标项目所在国家和地区的法律、税务和相关环境，及时了解其他投标者的竞争力和动向。在与招标人交往中应积极主动向对方宣传介绍本单位的优势，使招标方全面了解本单位的技术、管理、质量、服务、资信等方面的实力，以提高中标的概率。

2) 申请投标与购买投标文件

投标单位一旦决定了投标目标，就要向招标单位提出投标申请，报送资格预审表，并提供一套可以证明投标资格的相关资料，如营业执照、企业资质证书、企业简历、企业资金、人员、经营状况等。

3) 编制投标文件

投标文件是承包商参与投标竞争的重要凭证，是对招标文件提出实质性要求和条件的响应，也是日后评标、决标和订立合同的依据。因此，需要精心地、严格地按招标文件中规定的内容、式样和评标原则进行编制和装订(如双封套)。不仅内容要翔实、全面，文件齐全,而且要尽可能主动地介绍和宣传本单位在资金、技术、管理、服务上的优势。

类型不同的物流投标项目的投标文件的具体内容有所不同,但一般包括以下基本内容。

(1) 法人代表授权委托书和营业执照副本。
(2) 根据招标文件提供的格式填写的"投标书"(包括附件)。
(3) 各种证明文件,如证明投标者具备投标资格并有能力履行合同的文件。
(4) 根据招标文件提供的格式所填写的报价单和投标保证书。
(5) 投标者认为要说明的事项等。

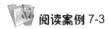
阅读案例 7-3

"实质要求"莫遗漏

某招标文件规定,投标者须具备 5 个方面的条件。若投标者 E 在投标书中遗漏了对"招标货物有经营许可证要求的,投标人必须具有该货物的经营许可证"这一要求作出的响应;投标者 F 在投标书中遗漏了对"投标人必须取得对所投设备生产企业的授权文件"这一要求作出的响应,则投标者 E 和投标者 F 都将因"遗漏"而被淘汰。

对于非工程类的物流服务项目,应答的投标书一般可由以下几个部分内容组成。
(1) 项目目标与要求综述。
(2) 本公司承包此项目的优势和对项目的理解。
(3) 作业流程和单据流程设计。
(4) 项目管理组织结构及质量指标承诺和保障措施。
(5) 分地区的配送报价表。

4) 合理报价

投标书中的报价是核心问题。报价由项目成本(标价)、风险费和预期投标利润 3 个部分组成。报价的高低程度取决于投标者的投标目的。如果本次投标的目标是赢利,相对应的报价取高限;如果本次投标目标是抢占市场、扩大影响、提高声誉,为今后扩大生产经营规模打基础,报价可相对偏低,但最低价不得低于合理的预算工程成本价(即标价),以避骗标之嫌。第三方物流企业承包配送物流项目时,其配送报价应包括运输(仓储)成本和预期利润,其中合理测算运输成本是关键。

5) 询标答辩

在评标过程中,招标班子或评标委员会通常会要求投标者对投标文件中的技术、商务、报价计算等问题进行澄清和答辩。投标者如果能充分利用这次机会,不仅能圆满回答招标方的问题,还可以利用答辩的机会主动弥补投标文件的不足,做最后一搏。

一方面,答辩小组成员应根据开标记录和项目跟踪时收集的情报,认真研究竞争对手的报价、特点、优势,预测招标人可能提出的问题、本单位投标文件中的优势和欠缺,拟订答辩提纲;另一方面,要挑选业务精通、知识面广而且随机应变能力强、口齿伶俐的人士做主答,力求压倒竞争对手,博得招标人和评委的好感。

"细小项目"莫大意

在制作投标书的时候,有一些项目很细小,也很容易做,但稍一粗心大意就会影响全局,导致全盘皆输。这些细小项目主要有以下几个方面。

(1) 投标书未按照招标文件的有关要求封记的。
(2) 未全部加盖法人或委托授权人印签的,如未在投标书的每一页上签字盖章,或未在所有重要汇总标价旁签字盖章,或未将委托授权书放在投标书中。
(3) 投标者单位名称或法人姓名与登记执照不符的。
(4) 未在投标书上填写法定注册地址的。
(5) 投标保证金未在规定的时间内交纳的。
(6) 投标书的附件资料不全,如设计图纸漏页,有关表格填写漏项等。
(7) 投标书字迹不端正、无法辨认的。
(8) 投标书装订不整齐,或投标书上没有目录、页码,或文件资料装订前后颠倒等。

7.4 物流项目合同过程管理

合同管理贯穿于物流项目管理的整个过程中,并与项目的其他管理职能相协调。物流项目合同管理主要工作过程如图 7.3 所示。

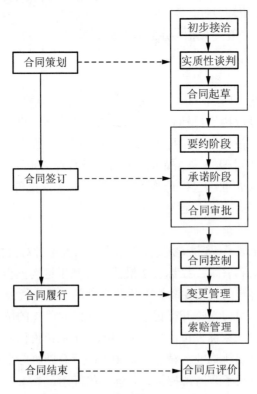

图 7.3 合同管理主要工作过程

7.4.1 物流项目合同策划

物流项目合同策划主要包括以下几个方面。

1. 初步接洽

项目中标后,双方当事人就可以进行初步接洽。为达到预期的效果,双方就各自最感兴趣的事项向对方提出、澄清一些问题。这些问题一般包括项目的名称、规模、内容和所要达到的目标与要求;项目是否已列入年度投资计划或具有实施的许可和实施的条件(重点在于物资方面);当事人双方的主体性质;双方主体的资质状况与信誉等。当双方了解的资料及信息同各自所要达到的预期目标相符时,即可进入下一阶段的实质性谈判。

2. 实质性谈判

实质性谈判是双方在取得相互了解的基础上举行的。主要是双方就项目合同的主要条款进行具体商谈。物流项目谈判的主要内容包括项目承包的价格、履行和质量验收方式、违约责任等条款;物流服务项目则重点关注服务的酬金、质量与数量的要求(如按时、按量送达的原料或产品)、违约的惩罚(指货物延误送达给委托方造成直接或间接的经济损失)等。

3. 合同起草

被委托人根据谈判的结果,按照招标文件和合同格式的要求提出合同的草案。合同主要包括以下内容。

(1) 明确合同当事人,即签订合同的并享有权利和义务的各方主体。

(2) 合同的标的物。项目不同,合同的标的物也不同,它可能是实物(如物流项目中的仓库、综合楼与信息系统等)、行为(如物流配送合同中的加工、配送计划与行动)或服务性工作(如培训项目中的人数、期数、内容等)。

(3) 标的物的数量和质量。标的物的数量(如建设仓库)一般以度量衡作为计算单位(如平方米),以数字作为衡量标的物的尺度;标的物的质量(如物流配送服务)是指质量标准、功能、技术要求、服务条件等(如保证售货点不断货、不积压)。没有标的物数量和质量的定义,合同是无法生效和履行的。

(4) 合同价款或酬金。合同价款或酬金即取得标的物(物品、劳务或服务)的一方向对方支付的代价作为对方完成合同义务的补偿。合同中应写明价款数量、付款方式和结算程序。

(5) 合同期限、履行地点和方式。合同期限指履行合同的期限,即从合同生效到合同结束的时间;履行地点指合同标的物所在地,如以承包某超市物流配送为标的物的合同,其履行地点就是超市公司或配送中心的所在地。合同方式是指合同当事人双方依法就合同内容达成一致的形式,可以采用书面方式、口头方式、公证方式、批准方式、鉴定方式和登记方式等。合同当事人意思表示一致后,通过各种方式来表现合同内容。

(6) 违约责任。即合同一方或双方因过失不能履行或不能完全履行合同责任而侵犯了另一方权利时所应负的责任。违约责任是合同的关键条款之一。没有规定违约责任的合同对双方难以形成法律约束力,难以确保圆满地履行,发生争执也难以解决。

(7) 解决争执的方法。这些是一般项目合同必须具备的条款,不同类型项目合同按需要还可以增加许多其他内容。

7.4.2 物流项目合同签订

合同谈判结束后，就可以依据谈判的实际成果签订合同。合同一经双方法人(或其代表)签字同意订立，对签约双方都具有法律效力，成为双方履行各自职责、保证工程项目顺利实施并圆满完成的有力保证。合同订立通常要经历两个阶段。

1. 要约

要约指订约的提议，是当事人一方向另一方提出订立合同的建议。要约对合同双方当事人不产生任何义务。

2. 承诺

承诺指当事人一方对另一方提出的要约作出的完全同意的表示，它代表合同权利义务的形成，双方当事人都比较慎重。因此，在物流项目合同洽谈中，承诺往往要经过当事人双方数次反复协商和讨价还价才能最后确定。

3. 合同审批

项目合同在履行之前还必须完备必要的法定手续——合同审批。项目合同一般要经过国家有关主管部门和项目合同的当事人的审批，才完成了法律程序上的批准和承认，使之具有法律效力。

7.4.3 物流项目合同履行

项目合同的履行要求合同双方当事人根据项目合同的规定在适当的时间、地点，以适当的方法全面完成自己所承担的义务。主要包括以下内容。

1. 合同控制

物流项目的实施过程实质上是项目相关的各个合同的执行过程。要保证项目正常、按计划、高效率地实施，必须保证各个合同能得到实际履行或适当履行。对于业主(委托方)的项目管理者，需要指派人(如合同工程师)，负责监督、协调各个相关合同的执行，即合同实施控制。合同实施控制主要包括以下工作。

(1) 给项目经理、各职能人员、所属承(分)包商在合同关系上予以帮助。解释合同，做工作指导，对来往信件、会谈纪要、指令等进行合同法律方面的审查。

(2) 协助项目经理正确行使合同规定的各项权力，防止产生违约行为。

(3) 对项目的各个合同执行予以协调。

(4) 对合同实施档案管理，记录工程范围变更、商务及法律条款变更和因此导致的成本、进度计划的变更；记录对合同的修订、收集、记录和保存客户的批准、通知等文件、谈判纪要和来往信件。

(5) 对合同实施过程进行监督，对照合同监督自己的各工程小组、各承(分)包商的施工，做好协调和管理工作，以确保项目组、各承(分)包商、业主的工作都满足合同要求。

(6) 及时向各层次的管理人员提供合同实施情况的报告，并对合同的实施提出建议、意见甚至警告。

(7) 调解合同争执，包括各个合同争执及合同之间界面的争执。

(8) 处理索赔与反索赔的事务。

2. 变更管理

合同的变更通常是指由于一定的法律事实而改变合同的内容和标的物的法律行为。合同变更或解除一般需具备下列条件。

(1) 双方当事人经过自愿协商同意，并且不因此损害国家利益和社会公共利益。

(2) 由于不可抵抗力致使项目的全部义务不能履行。

(3) 由于另一方在合同约定的期限内没有履行合同，且在被允许的推迟履行的合理期限内仍未履行。

(4) 由于项目合同当事人的一方违反合同，以致严重影响订立项目合同时所期望实现的目的或致使项目合同的履行成为不必要。

(5) 项目合同约定的解除合同的条件已经出现。

当项目合同的一方当事人要求变更、解除项目合同时，应当及时通知另一方当事人。因变更或解除项目合同使一方当事人遭受损失时，除依法可以免除责任之外，应由责任方负责赔偿。

3. 索赔管理

物流工程项目的合同是在项目实施前签订的，合同规定的工期和价格是基于对环境状况和工程状况预测来制定的，并且假定了合同相关的各个方面都能正确地履行合同所规定的义务。由于项目实施的技术和环境的复杂性，以及项目实施中的变数是很多的，项目的索赔事件不可能完全避免。索赔的额度通常在项目合同价的 10%~20%。

7.4.4 物流项目合同结束

按照合同全生命期管理的要求，在合同执行后应进行合同后评价。合同管理属于经验型管理工作，只有通过总结合同签订和执行过程中的利弊得失、经验教训，提出分析报告，才能不断提高管理水平，才能通过项目不断培养出高水平的合同管理者。

合同后评价一般由下列内容组成：①合同签订情况评价；②合同执行情况评价；③合同管理工作评价；④合同条款分析。

本 章 小 结

采购按方式不同可以分为招标采购和非招标采购。物流项目采购计划是在考虑了买卖双方之间关系之后，从采购者(买者)的角度考虑项目的哪些需要可以通过从项目实施组织外部采购产品和设备来得到满足。咨询/服务采购与工程采购的区别有：业主提出的任务范围不同、选聘的条件不同、对业主的投标书的处理方式不同、公布结果的方式不同。

管理技术中常用的平衡点分析法可解决自购或外租的决策问题。

物流项目合同管理指以《合同法》为依据，更新合同管理观念，做到"机构、人员、制度"三落实，运用科学理论和现代科学技术，诚实信用，提高物流企业效益，以服务企业根本利益为目的，依法进行订立、变更、解除、转让、履行、终止，以及审查、监督、控制等一系列行为的总称。物流项目合同纠纷的解决有协商、调解、仲裁、诉讼4种途径。

物流项目招标工作要点有：组建招标工作班子、编制招标文件和标底、发布招标公告、审查投标者资格、组织现场勘察和文件答疑。

物流企业进行物流项目投标可按以下几个步骤进行：参加资格预审、组织投标小组、购买标书及有关资料、制订编标工作计划、确定投标方针、市场调查、研究标书和现场调查、参加标前会议、编制投标文件、签署、加封、送出投标文件。

合同管理贯穿于物流项目管理的整个过程中，并与项目的其他管理职能相协调。其主要工作过程包括：合同策划、合同签订、合同履行、合同结束。

 关键术语

采购合同(Contract for Purchase)　　索赔(Claim)　　招投标(Tendering and Bidding)
合同管理(Contract Management)

 知识链接

索赔与反索赔

(1) 索赔。指对自己已经受到的损失进行追索。包括在日常的合同实施过程中预测索赔机会，即对引起索赔的干扰事件作预测；在合同实施中寻找和发现索赔机会；处理索赔事件，及时提出索赔要求，妥善解决争执。

(2) 反索赔。着眼于防止和减少损失的发生。包括反驳对方(合同伙伴)不合理的索赔要求，即反驳索赔报告；推卸自己对已发生的干扰事件的责任，否定或部分否定对方的索赔要求；防止对方提出索赔，通过有效的合同管理，使自己不违约，处于不能被索赔的地位。

综合练习

一、填空题

1. 采购按方式不同可以分为_____和非招标采购。
2. 管理技术中常用的_____分析法可用解决自购或外租的决策问题。
3. 物流项目合同纠纷的解决通常有协商、调解、_____、诉讼4种途径。
4. 招投标的一般程序可归结为招标、_____、开标、评标、中标、签约。
5. _____是平等主体的自然人、法人、其他经济组织(包括中国的和外国的)之间建立、变更、终止民事法律关系的协议。

二、判断题

1. 物流项目合同管理是以《合同法》为依据的。　　　　　　　　　　　　(　)
2. 直接采购即比价方式，一般习惯称作"货比三家"。　　　　　　　　　　(　)

3. 咨询/服务采购与工程采购的区别在于：业主提出的任务范围不同、选聘的条件不同。( )

4. 招标是一种特殊的交易方式和特殊的订立合同程序，分为公开招标和邀请招标。( )

5. 投标书(简称标书)是投标者按照招标的要求向招标单位报送的文书。( )

6. 项目合同按承包范围可分为：总承包合同、分包合同、货物购销合同、转包合同、劳务分包合同。( )

三、简答题

1. 咨询或服务采购与工程采购的区别有哪些？
2. 简要阐述物流项目合同终止、解除与变更的区别。
3. 物流项目招标工作要点有哪些？
4. 物流项目投标步骤有哪些？
5. 物流项目投标要点有哪些？
6. 物流项目合同策划的内容有哪些？
7. 合同变更或解除一般需具备哪些条件？
8. 物流项目合同签订的注意事项有哪些？

四、名词解释

公开招标　　投标　　物流项目合同管理

实际操作训练

课题：物流项目招标。
实训项目：物流项目招标书的编制。
实训目的：学习怎样做好物流项目招标书。
实训内容：UT斯达康公司对售后产品(终端产品备品、备件)的物流项目进行招标。

1. 仓储服务

仓储地与UT各售后服务网点及指定单位之间的物料收发、仓储及日常管理，包括但不限于指定系统操作及提供相应的账务、信息服务。

2. 检测服务

UT各服务网点返回物料的检测、仓库物料质量检测、新物料检测等。

3. 运输服务

(仓储地—全国各售后服务点往返运输)。

各投标人需对以上3项内容同时投标，UT斯达康不接受对其中几项的单独投标。如果你是招标负责人，怎样才能做好该项目的招标书呢？

实训要求：将参加实训的学生分成若干小组，分别写出一份UT斯达康公司物流项目招标书，并与其他小组讨论物流项目招标书的编制需要考虑的要素。

案例分析

根据以下案例所提供的资料，试分析以下问题。

(1) 贵铁物流公司在物流服务项目开发方面是如何发挥"一体化"管理优势的？

(2) 贵铁物流公司在物流项目合同管理方面有哪些好的做法？

提升物流项目合同管理效率，促进物流经营发展

贵州贵铁物流有限公司针对新一年物流项目合同签订早谋划、早准备，积极采取有效措施提升物流项目合同管理效率，方便老客户，吸引新客户，促进了企业经营水平不断提升。

贵铁物流公司是成都铁路局多元集团下属的区域性物流企业，成立于1998年，资产总额18.4亿元，业务涵盖铁路货运代理、延伸服务、装卸、配送、仓储、加工、集装箱等全程物流服务及煤炭等大宗矿产品运贸一体化经营。截至2011年9月底，公司经营收入已完成28.5亿多元，拥有各类客户2 800多家。

2012年年初以来，贵铁物流公司不断完善物流项目合同管理制度，充实物流项目合同管理队伍，采取有效措施努力提升各项业务合同管理效率和水平。

贵铁物流公司积极运用电子网络技术和12306电子商务平台，简化客户签订物流项目合同手续，革除物流项目合同保管查询容易丢失或损毁的弊端，实现总(分)公司、经营网点两级电脑系统"格式化"业务合同签订方式。如今，公司客户只需提供一次资料和一个地点，就可在计算机上完成所有物流项目合同签订业务，并迅速转发到各相关部门、经营网点，不仅大大节约了客户的时间成本，方便了客户，而且有效提高了物流项目合同签订的效率及质量，规范了合同管理。

贵铁物流公司积极发挥"一体化"管理优势，采取运输业、非运输业强强联手、共同营销和信息共通、共享、共用等方式，通过对客户在经营管理、价格、服务优势等方面的承诺，不仅增加了客户对铁路货物运输服务的信任度，而且增加了除铁路运输以外的"两端"延伸服务项目。2012年前9个月，公司签订仓储、加工、配送、站到门、门到站延伸服务合同270份，所涉项目增加经济收入数千万元。

贵铁物流公司提前谋划，加大营销投入力度，积极做好客户合同跟踪服务。每年进入10月后，公司在充分调查和分析市场变化需求的基础上，及时排查分析现有客户合同产品和价格变化趋势，帮助和指导客户了解经营销售方向，同时积极拓展适应市场需求的新客户，以期签订新的产品合同。公司通过召开跨省市、跨地区的各种客户座谈会等形式，针对不同客户在思想观念和认识上的差别，采取措施算大账、细账，把握营销谈判技巧、时机与关键结合点，做好充分准备，为来年新一轮物流项目合同签订打下坚实的基础。

http://www.56885.net/news/20121029.

第8章 物流项目成本管理

【学习目标】

通过本章的学习，了解物流项目成本管理、成本预算、成本控制的概念及影响物流项目成本管理的因素，明确物流项目资源计划的依据、物流项目成本预算的特性和内容、物流项目成本控制的方法，掌握物流项目资源计划的工具和方法、物流项目成本估算的步骤和方法、物流项目成本预算的步骤、物流项目成本控制的流程。

【学习要求】

知识要点	能力要求	相关知识
物流项目成本管理概述	了解物流成本管理的概念及构成； 掌握影响物流项目成本管理的因素	物流项目成本的概念、影响物流项目成本管理的因素
物流项目资源计划	理解物流项目资源计划的依据； 掌握编制物流项目资源计划的工具和方法	物流项目资源计划的概念
物流项目成本估算	掌握物流项目成本估算的步骤及方法	物流项目成本估算的结果、物流项目成本具体估算
物流项目成本预算	掌握物流项目成本预算的步骤	物流项目成本预算的内容
物流项目成本控制	理解物流项目成本控制的流程； 掌握物流项目成本控制的主要方法	物流项目成本控制的概念

 导入案例

电子商务物流园项目成本管理

电子商务物流园区项目的建议书包括总论、发展概况、项目选址等部分,其中项目投资估算中有关成本估算如下。

1. 土地购买费用

电子商务物流园预计占地面积100亩(一期项目60亩),每亩土地购买费用约20万元,购买土地总成本2 000万元。

2. 道路建设费用

除江北产业集中区目前已经修建的道路外,根据物流用路需要,项目地块内仍需修建2~4条支线道路,具体成本费用根据实际批复用地核算。

3. 土地三通一平费用

参照物流园区类似项目工程费用进行估算,土地三通一平,即道路工程建设、给排水工程、供电工程等工程的费用为5万元/亩,共计500万元。

4. 交易区(含仓储配送功能)建设费用

本项目交易区占地面积为50亩,按容积率1.0计算,建筑面积共3.33万平方米,参照类似园区综合市场项目的建设投资标准,计算得出本项目的建筑材料费用约为1 100元/平方米,可计算得出交易区建筑安装总成本为3 666.7万元。

5. 配套服务区建设费用

本项目配套服务区占地面积为20亩,按容积率2.0计算,建筑面积共2.67万平方米,参照类似园区综合市场项目的建设投资标准,计算得出本项目的建筑材料费用约为1 200元/平方米,可计算得出交易区建筑安装总成本为3 200万元。

6. 园区内休闲区建设及绿化

本项目内生活休闲区域占地5亩,按造价100元/平方米估算,该休闲区域建设及项目内绿化总成本约33.33万元。

7. 停车场建设费用

本项目停车区占地面积为10亩,参照类似园区综合市场项目的建设投资标准,计算得出本项目的建筑材料费用约为80元/平方米,可计算得出交易区建筑安装总成本为53.33万元。

8. 其他费用

综上道路建设、土地三通一平、交易区、配套服务区、停车场等区域的建设,休闲区域及绿化等的建设成本为7 453.36万元。建设过程中还包括以下其他相关费用。

(1) 前期费用,按建设成本的3%计算,约为223.6万元。

(2) 工程管理费用:按建设成本的3%计算,约为223.6万元。

(3) 营销费用:按建设成本的3%计算,约为223.6万元。

(4) 报建费用:按每平方米100元计算,该费用约为666万元。

(5) 不可预见费用:在开发过程中的某些零星税费、杂费、预算外支出,按建设成本的5%估算,约为372.67万元。

(6) 营运费用: 一年期营运周转资金备用 1 000 万元。

9. 设施设备购买费用

本项目建设过程中，需要购置叉车、各种加工和包装设备、电器设施、电子地磅、运输车辆等设施设备，购置成本估算约为 200 万元。

10. 总投资成本

根据上述成本估算，本项目总投资约为 10 362.83 万元。

资料来源: http://wenku.baidu.com/view/d7c758277cd184254b3535fc.html。

问题: 该项目考虑了哪些费用？成本估算运用了哪些方法？

市场经济中效率是决定项目成功的必要条件，而影响项目效率的重要因素是成本和收益的治理与控制。在我国，物流项目的成本管理更是物流项目管理一直以来的弱项。那么，如何进行物流项目成本管理呢？

8.1 物流项目成本管理概述

8.1.1 物流项目成本管理的概念及构成

物流项目成本管理是指在物流项目的具体实施过程中，为了保证完成物流项目所花费的实际成本不超过预算成本而开展的物流项目成本估算、物流项目成本预算编制和物流项目成本控制等方面的管理活动，其目的是实现资源的有效利用，进而实现物流项目成本的最优化。

物流项目成本管理的具体内容包括物流项目资源计划编制、物流项目成本估算、物流项目成本预算和物流项目成本控制 4 个方面。具体实施过程如图 8.1 所示。

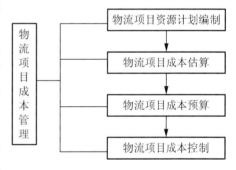

图 8.1 物流项目成本管理框架图

8.1.2 影响物流项目成本管理的因素

物流项目成本管理一般应考虑以下几个因素。

1. 所需资源的成本

完成物流项目活动所需资源的成本是应首先考虑的因素，这也是物流项目成本管理的主要内容。

2. 各种决策对物流项目最终成本的影响程度

如增加检测次数会增加该过程的测试成本，但是这样会减少物流项目客户的运营成本。在决策时，要比较增加的测试成本和减少的运营成本的大小，如果增加的测试成本小于减少的运营成本，则应该增加检测次数。

3. 不同物流项目干系人对物流项目成本的不同要求

物流项目干系人会在不同的时间以不同的方式了解物流项目成本的信息。例如，在采购过程中，项目客户可能在物料的预订、发货和收货等阶段详细或大概地了解成本信息。

4. 资源的约束性

在实际中，几乎所有项目的资源都不可能在需要的时候即刻获得，因此，常需考虑以下问题：资源的可获得性、资源的功能及与项目进度之间的关系，也就是说，不得不考虑成本、时间和员工的熟练程度等相关因素对物流项目的制约作用，即资源的约束问题。

物流项目全过程成本管理

从时间上说，全面成本管理就是对影响物流项目全生命周期成本的全过程进行管理，包括事前管理、事中管理和事后管理。首先，通过加强定额与预算，建立和健全原始记录与统计工作，建立和健全各项责任制度，认真抓好投标环节，不承揽招标价格低于成本的工程，有效控制经营风险。通过加强标后预算，进行成本预测，确定项目成本管理的目标以及选准项目经理，合理确定项目经理部的目标成本并确定实施责任预算，实现项目成本管理的事前管理，从源头上控制成本。其次，通过严把材料关，提高机械设备的利用率；严把项目结算关，抓好工期、质量和安全生产；加强合同管理，避免法律风险；加强沟通管理来抓好实施阶段的成本管理，努力降低成本。最后，加强事后成本分析与考核、成本总结、成本资料归档等工作。项目经理部在项目保质期内应根据实际项目质量合理预计可能发生的维修费用，并制订保修计划，以此作为保修费用的控制依据。

8.2 物流项目资源计划

8.2.1 物流项目资源计划的概念

物流项目资源计划(Logistics Project Resource Planning)就是要确定完成物流项目活动所需资源(人力、设备、材料等)的种类及每种资源的需要量，从而为成本的估算提供信息。也就是说，物流项目资源计划就是回答项目的活动在特定的时间需要投入什么样的资源及每种资源的需要数量。物流项目资源计划的主要工作见表 8-1。

表 8-1 物流项目资源计划的主要工作

依 据	工具和方法	结 果
工作分解结构	资源数据表	资源计划说明书
物流项目进度计划	资源计划矩阵	
历史资料	资源需求甘特图	
物流项目范围说明书	专家判断法	
物流项目资源说明书	资料统计法	
项目组织的策略和有关原则	资源平衡法	

8.2.2 物流项目资源计划的依据

1. 工作分解结构

工作分解结构(Work Breakdown Structure，WBS)是资源计划过程的最基本的输入，确定了完成物流项目目标所要进行的所有活动，是资源计划编制的主要依据。为确保控制恰当，其他计划过程的相关结果应通过 WBS 输入。物流项目工作分解结构是自上而下逐层分解的，而各类资源的需要量则是自下而上逐级累积的。

2. 物流项目进度计划

物流项目进度计划是项目计划中最主要的计划，资源计划必须服从于进度计划，因此什么时间需要哪种资源必须围绕进度计划来安排。

3. 历史资料

历史资料是先前项目中类似工作需要什么样的资源及资源使用情况的资料，这些资料对确定资源需求具有重要的参考价值。

4. 物流项目范围的陈述

物流项目范围的陈述是对项目的合理性和目标的论述，确定了物流项目的目标及完成项目所做的工作，在资源计划编制过程中应该认真考虑资源需求是否可以保证项目目标的实现。

5. 物流项目资源说明

物流项目资源说明对项目所需资源(人力、设备、材料)的类型、数量、质量，什么时间需要哪种资源，每种资源的特性要求等信息进行描述，这些信息都是在编制资源计划时必须考虑的。

6. 项目组织的策略和有关原则

在资源计划编制过程中，必须考虑项目组织的企业文化、组织结构、相关人员聘用、设备租赁或购置，以及资源消耗量的计算等原则。

8.2.3 编制资源计划的工具和方法

1. 编制资源计划的工具

编制资源计划的工具主要是一些资源统计和说明的图表，在此简要列举如下。

(1) 资源计划矩阵。它是项目工作分解结构的直接产品，见表 8-2。该表的缺陷是无法囊括信息类的资源。

表 8-2　资源计划矩阵

工作	资源需求量				相关说明
	资源 1	资源 2	资源 3	资源 4	
工作 1					
工作 2					
……					
工作 n					

(2) 资源数据库。它与资源计划矩阵的区别在于它所表示的是在项目进展各个阶段的资源使用和安排情况,而不是对项目所需资源的统计汇总说明,见表 8-3。

表 8-3　项目资源数据表

资源需求种类	资源需求总量	不同时间资源需求量				相关说明
		时间 1	时间 2	时间 3	时间 4	
资源 1						
资源 2						
……						
资源 n						

(3) 资源需求甘特图。它直观地显示了资源在各个阶段的耗用情况,如图 8.2 所示。它比资源数据表更直观、简洁,该图的缺陷是无法显示资源配置效率方面的信息。

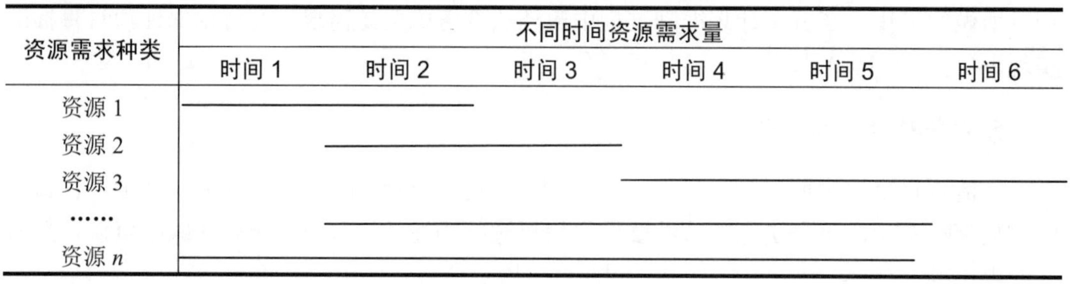

资源需求种类	不同时间资源需求量					
	时间 1	时间 2	时间 3	时间 4	时间 5	时间 6
资源 1						
资源 2						
资源 3						
……						
资源 n						

图 8.2　资源需求甘特图

2. 编制资源计划的方法

项目资源计划的方法有很多,在此主要讨论专家判断法、头脑风暴法、资料统计法和资源平衡法,重点介绍资源平衡法的运用。

1) 专家判断法

专家判断法是指由项目成本管理专家根据经验进行判断,最终确定和编制项目资源计划的方法。专家应具有专业知识、受过专门训练,可以通过许多途径获得,如执行组织的其他部门、咨询专家、专业技术协会、工业集团等。其优点是:不需要历史信息资料,适合于创新性强的项目;其缺点是:专家的专业水平和对项目理解程度的差异会使项目资源计划某些部分不甚合理。

2) 头脑风暴法

在群体决策中，由于群体成员易屈于权威或大多数人意见，形成所谓的"群体思维"。群体思维削弱了群体的批判精神和创造力，降低了决策的质量。为了保证群体决策的创造性，提高决策质量，管理上发展了一系列改善群体决策的方法，头脑风暴法是较为典型的一个，其特点是让与会者敞开思想，使各种设想在相互碰撞中激起脑海的创造性风暴。这是一种集体开发创造性思维的方法。

3) 资料统计法

资料统计法是指参考以往类似项目的历史统计数据和相关资料来确定项目资源计划的一种方法。其优点是：利用这种方法能够得出比较准确、合理和可行的项目资源计划；其缺点是：所采用的历史统计数据不但要同本项目有足够的可比性，并且要求足够详细。显然，这种方法不适用于创新性很强的项目，仅能作为编制项目资源计划的辅助手段。

4) 资源平衡法

资源平衡法是指通过确定项目所需资源的确切投入时间，尽可能均衡地使用各种资源来满足项目进度计划的一种方法。它也是均衡各种资源在项目各阶段投入的一种常用方法。

(1) 资源约束分析。人们经常假设各种资源具有无限的功能，资源在需要的时候可以随处获得，但在实际中，几乎所有的项目都不可能达到这一假设条件，因此要时常考虑这样的问题：资源的可获得性、资源的功能，以及它们与项目进度之间的关系，即资源的约束问题。因此，资源平衡法的首要工作就是进行资源约束分析。

① 活动之间的技术限制分析。可以通过网络图表示出各个活动之间的逻辑关系，从而配置资源。从技术的角度看，这些活动应该是按照顺序进行的，如必须按顺序进行的制造设备的 3 种活动——购买材料、加工零件和组装设备。在技术上，这 3 种活动必须按先后顺序进行，组装设备不可能在购买材料和加工零件之前进行。

② 资源限制分析。项目网络图除了表明活动之间的技术限制以外，还必须考虑资源限制问题。例如，图 8.3 表示了在无资源约束的情况下可以同时进行的 3 种施工——建立仓库、建立车站、建立码头，即这些施工的开始不依赖于其他活动的完成。如果这些施工只由一个施工队来完成，并假设这个施工队不可能同时进行 3 种施工，那么这 3 种施工活动就必须有先后次序，因而就出现了资源约束问题。

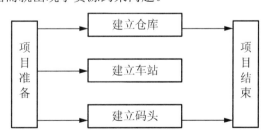

图 8.3 无资源约束的活动网络图

(2) 绘制资源需求甘特图。在资源约束的分析完成之后，就可以进行资源平衡法的第二步工作，即绘制资源需求甘特图。

资源需求甘特图是揭示某个特定项目所需的人工、材料等各种资源在项目生命周期的每个时段的需求或占用情况的一种图形，此图上表示的每类资源都可以表示为时间(项目进度)的函数。

资源需求甘特图的表现形式有两种：一种形式是一张图同时表示两种以上的资源随着时间推进的需求情况，如图 8.2 所示；另一种形式是对每一种类型的资源均绘制出一幅独立的资源需求甘特图，虽然该形式的图比较容易理解，但绘图的工作量较大，它不适用于资源需求种类很多的项目。

资源平衡分析具有以下 3 个优点。

① 在资源平衡的情况下，可以减少大量的、不必要的资源传送管理工作。

② 在资源平衡的情况下，可以使用"零库存"策略，从而减少库存成本和供货量出现的失误。

③ 在资源平衡的情况下，不会因增加或减少劳动力数量而带来在人事和工资等方面的问题。

如果项目所有活动的资源需求都是已知的，那么一旦项目已经计划好了，就可以从总体上计算分析项目的资源使用情况。如果资源的需求量超过了资源的供应量，那么就应进一步调整进度计划以减少资源的需求。如果通过资源平衡工作还无法解决上述矛盾，那么就只能延长该项目的工期了。

反复试验法是在资源平衡分析时经常使用的一种方法。反复试验法主要是通过推迟那些非关键活动的最早开始时间，经过反复多次试验，从而实现在不延长项目预计完工计划的情况下进行资源平衡配置的一种方法。

(3) 资源约束进度安排。资源平衡法的最后一步是进行资源约束进度安排。

资源约束进度安排是在各种资源有限而且又不准超过该资源约束的情况下制定最快进度的一种方法。由于资源约束进度安排必须遵守资源约束条件，所以应用这种方法就会导致项目的完工时间延长，这也是一种在最小时差原则下反复地将资源分配给各个活动的方法。

对于需要多种资源的大中型项目而言，由于每种资源获取的限制不尽相同，资源约束进度计划也是复杂的，此时也可以借助项目管理软件来完成。

8.2.4　物流项目资源计划的结果

物流项目资源计划编制输出的结果是资源计划说明书，它将对物流项目所需资源的需求情况和使用计划进行详细描述。资源计划说明书主要由项目资源计划和项目资源计划的补充说明两部分组成。项目资源计划包括了项目的资源需求计划和对各种资源需求的描述，主要采用各种形式的表格予以反映，如资源计划矩阵、项目资源数据表、资源需求甘特图等。由于有时项目资源计划无法对项目所需资源的各个方面都加以详细说明，这就必须借助项目资源计划的补充说明。

8.3　物流项目成本估算

要进行物流项目成本的管理和控制，首先必须要有个标准值，而要得到这个标准值或者基准值就必须对物流项目的成本进行估算。

8.3.1 物流项目成本估算的步骤

物流项目成本估算是对完成物流项目所需资源成本进行的近似估计。理想的情况是，完成某个项目所需费用可根据历史标准估算。但对绝大多数物流项目来说，由于其个性化程度非常高，以前的活动与现在的活动相比存在一定的差异。同时，不管是否根据历史标准，都只能将费用的信息作为一种估算。

成本估算一般按照以下 3 个步骤进行。

(1) 识别和分析物流项目成本的构成要素，也就是项目涉及的资源种类和需求量。这方面的信息可以直接从物流项目资源计划编制的结果得到。

(2) 估算每个物流项目成本构成要素的单价，这些信息可以通过对各种资源的现行市场价格信息、价格走势等情况进行预测得到。

(3) 分析成本估算的结果，识别各种可以相互代替的成本，协调各种成本的比例关系。

8.3.2 物流项目成本估算的方法

为了得到比较好的成本估算结果，人们开发出了不少成本估算的方法，其中常用的成本估算方法有以下 3 种。

1. 自上而下估算法

自上而下估算法也称为类比估算法，估算过程是由上到下一层层地进行的。这种方法一般要求在有类似完成项目的经验的情况下使用。其主要内容是：收集上、中层管理人员的经验和判断，以及相关历史数据，然后由上、中层管理人员估计整个项目的费用和各个分项目的费用，将此结果传送给下一层管理人员，对组成项目和子项目的任务及费用进行估算，并继续向下传送其结果，直到项目组的最基层。

这种方法实质上也是专家评定法，通常比其他方法简单、容易，成本低，但精确度不是很高。

2. 参数模型估算法

这是一种比较科学、传统的估算方法，它把物流项目的一些特征作为参数，通过建立一个数学模型来估算物流项目的成本。换句话说，这种方法是利用数学模型，以过去类似物流项目为根据预测未来实施物流项目的成本。在采用这种方法时，一个合适的模型对于保证成本估算结果的准确性非常重要。为了保证参数模型估算法的实用性和可靠性，在建立模型时必须注意以下几点：①用来建模所参考的历史数据的精确程度；②用来建模的参数是否容易定量化处理；③模型是否具有通用性，通用性也就是说模型适用于大规模项目，在经过适当的调整后也适用于小规模项目。

例如，某公司接到一个物流项目(简称项目 2)，要求将×公司的货物内甲地运到乙地，运输过程中货物无须进行特殊处理，甲乙两地距离为 D_2，货物量为 Q_2。而在不久前该公司有一个相似的物流项目(简称项目 1)：运输距离是 D_1，货物量是 Q_1，货物在运输过程中也无须进行特殊处理，完成该次项目的成本是 C_1。假设其他因素相似，影响上述两个项目成本产生差异的主要因素是距离和货物量。由此，可以根据两个项目的距离比例和货物量比例，以项目 1 的成本来估算项目 2 的成本。假设两次项目的运输工具和其他相关的辅助设备的折旧费用、辅助资料的物价水平、人员的工资水平等都没有发生很大的变化，那么，项目 2 的成本可以这样估算：$C_2=(D_2/D_1)×(Q_2/Q_1)×C_1$。

3. 自下而上估算法

自下而上估算法也称为工料清单估算法。该方法是指参与项目工作的每一机构和基层单位都估算自己的费用，将估算结果加起来的总和再加上各种杂项开支、一般性和行政性开支及合同费用，就得到该项目的整个估算费用。具体地可按照 WBS 体系，从下而上估算各个工作的费用，得到项目的直接费用估计，项目经理在此基础上加上合理的间接费用，估算出项目的总费用。

例如，某物流公司接到一个物流项目：将×公司的产品从×公司在甲地的工厂运到乙地的批发商。首先，对这个过程进行工作结构分解：搬运、装卸、运输、订单处理、管理和辅助工作，而这些作业都需要人员、相应的器械工具、动力燃料、辅助资源等。根据物流项目的规模估算各个作业需要的人数、设备数量、动力燃料数量等资源的数量和投入使用的时间，同时参考当前相应资源的市场价格就可以确定各个作业的估算成本，再将各部分作业的估算成本汇总，就得出实施这个物流项目的估算成本。

8.3.3　物流项目成本估算的结果

物流项目成本估算的结果主要包括物流项目成本估算文件、物流项目成本估算的详细依据和物流项目成本管理计划这 3 个方面的内容。

1. 物流项目成本估算文件

物流项目成本估算文件是物流项目管理文件中最重要的文件之一，它包括实施物流项目中各活动所需资源(包括人力、财力、物力，并考虑意外事故等)及其成本的定量估算，这些估算可以用简略或详细的形式表示。成本通常以货币单位表示，但有时为了方便也可以用"人/天"或"辆/天"这样的单位。在某些情况下，为了便于成本的管理和控制，在成本估算时必须采用复合单位。

2. 物流项目成本估算的详细依据

成本估算的详细依据应该包括以下内容。
(1) 物流项目工作范围的说明，通常从工作分解结构(WBS)中得到。
(2) 物流项目成本估算的基础，说明估计是怎样得出的。
(3) 物流项目成本估算所做的假设说明，例如物流项目所需资源价格的估定。

3. 物流项目成本管理计划

物流项目成本管理计划是整个物流项目计划的一个辅助部分，说明了如何管理实际成本与计划成本之间的差异，差异程度不同则管理力度也不同。物流项目成本管理计划根据物流项目的需要，可以是高度详细或粗略框架的，也可以是正规的或非正规的。

8.3.4　物流项目成本的具体估算

承接物流项目资源计划编制的例子，对物流项目的成本进行估算。从资源计划编制的输出中可以得到涉及整个物流项目的所有资源种类和数量。因此，要进行成本估算，只要知道这些资源的价格信息就可以了。在进行估算的时候，把物流项目的成本划分为非付现成本和付现成本两部分，分别对其进行估算，将估算后的非付现成本和付现成本汇总就得到整个物流项目的估计成本。

1. 非付现成本

非付现成本是指在当期不需要以现金形式支付的成本。物流项目的非付现成本主要来自固定资产的折旧，这些固定资产包括车辆、搬运器具、装卸设备、仓库、包装设备，以及其他辅助设备和设施等。这部分成本的估算可以根据会计账簿对相关设备、设施的折旧记录情况，再根据物流项目实施过程中对相关设备、设施的使用量按比例进行计算。由于会计的记账使用的是历史成本，而相关设备、设施的现行市价可能已经发生重大变化，所以在估算的时候可以根据设备、设施的历史价格和市场价格的关系进行适当的调整。最后，汇总各个相关设备的折旧费用就可以得到整个物流项目成本中总的非付现成本。

2. 付现成本

付现成本是指在当期需要以现金形式支付的成本。物流项目的付现成本包括所有工作人员的工资，运输过程的燃油费、路桥费，各种设备、设施的维修保养费，各个部门的日常支出(例如水电费等)，以及其他辅助费用。

正如前文所述，需要付现的资源种类和数量的信息可以从物流项目资源计划编制的输出中得到，所以本步骤的重点是估计这些资源的价格。有关资源的市场价格是公开的，所以市场价格可以作为资源价格估算的基础。估算时，可以把购买资源时可能得到的商业折扣和现金折扣作为对市场价格的调整。同时，如果该物流项目的期限比较长，还要考虑通货膨胀等因素对市场价格造成的影响。另外，如果某些资源需要外购，还要考虑汇率变动对市场价格的影响。总之，凡是有可能造成购买价格与现行市场价格发生偏差的因素都要考虑，作为对市场价格进行调整的依据，以提高对物流项目中付现成本估算的准确性。

得到各种付现资源对市场价格调整后的估算价格后，把各种资源的估算价格乘以计划编制中相应资源的使用量，得出各种资源的付现成本估算。汇总这些估算的成本就可以得出整个物流项目总的付现成本。

8.4 物流项目成本预算

要使物流项目顺利进行，首先要确保物流项目团队中各工作人员获得相应的资源。成本预算就是为了测量物流项目实际绩效的基准计划而把成本估算分配到各个工作项(或工作包)的成本计划。

预算不仅仅是计划活动的一个方面，同时也不仅仅是组织政策的一种延伸，它还是一种控制机制，起着一种比较标准的作用，是衡量资源实际和计划使用情况的基准。预算做得合乎情理，并在物流项目实施过程中能随时考察资源实际耗费与计划的偏离情况，就能够提供必要的预警，以便在适当的时候作出一些纠正性的调整。这样，在任何情况下，都会有助于减少或避免不利事件的发生。

8.4.1 物流项目成本预算的概念

物流项目成本预算是指为了顺利实施物流项目,提供给该项目实施团队等的实施成本的分配计划。物流项目成本预算的中心任务是将成本预算分配到物流项目的各活动上。预算的过程是在对物流项目成本估算的基础上进行的。具体来说,物流项目成本预算就是将物流项目成本估算的结果在各具体的活动上进行分配的过程,其目的是确定物流项目各活动的成本定额,并确定物流项目意外开支准备金的标准和使用规则,以及为测量物流项目实际绩效提供标准和依据。

由于物流项目的成本中有一部分是属于非付现成本,而预算通常是以现金的形式进行的,因此在进行预算时就不需要对非付现成本部分进行现金预算的分配。

8.4.2 物流项目成本预算的特性

1. 约束性

成本预算是一种分配资源的计划,预算分配的结果可能并不能满足所涉及的管理人员的利益需求,而表现为一种约束,所涉及人员只能在这种约束的范围内行动。而且,也正是预算约束的模式体现了公司的政策和倾向,对物流项目所包含活动的支持力度反映了对该活动重要性的认识。高级管理人员在进行预算时均希望能够尽可能"正确"地为相关活动确定预算,既不过分慷慨,以避免浪费和管理松散;也不过于吝啬,以避免活动无法完成或者质量低下。

2. 控制性

成本预算的另一种特性是,它也是一种控制机制。预算可以作为一种比较标准——量度资源实际使用量和计划使用量之间差异的基线标准而使用。由于管理者的任务不仅是完成预定的目标,还必须使得目标的完成具有效率,即尽可能地在完成目标的前提下节省资源,这样才能获得最大的经济效益。所以管理者必须小心谨慎地控制资源的使用。

另外,预算在整个计划和实施过程中起到重要的作用。预算和项目进展中资源的使用相联系,管理者可以根据预算实时掌握物流项目的进度。如果预算和项目进度没有联系,那么管理者就可能会忽视一些危险情况,例如费用已经超过了物流项目进度所对应的预算但没有突破总预算约束的情形。

8.4.3 物流项目成本预算的内容

物流项目成本预算的内容主要包括直接人工费用预算、资源费用预算、维修保养费用预算、其他管理费用和辅助费用预算,以及意外开支准备金预算。

这里需要特别强调的是对意外开支准备金的预算。在实施物流项目之前不可能预见在具体实施过程中发生的所有事情,特别是一些突发事件。例如,没有人会预知什么时候会发生油荒,什么时候会由于天气问题而要改变运输路线等。而要很好地处理这些突发事件,确保物流项目能够顺畅地进行,就很有必要设置意外开支准备金。进行预算的时候也一定要预留一部分资金作为意外开支准备金。至于意外开支准备金的多少可以根据以往的历史数据,或者咨询相关专家的意见来确定。

8.4.4 物流项目成本预算的步骤

无论采用什么方法来编制物流项目成本预算，一般都要经历以下步骤。

(1) 将物流项目的总预算成本分摊到各项活动。根据物流项目成本估算确定出物流项目的总预算成本之后，将总预算成本按照物流项目工作分解结构和每一项活动的工作范围，以一定的比例分摊到各项活动中，并为每一项活动建立总预算成本。

(2) 将活动总预算成本分摊到工作包。这是根据活动总预算成本确定出每项活动中各个工作包具体预算的一项工作。其做法是将活动总预算成本按照构成这一活动的工作包和所消耗的资源数量进行成本分摊。

(3) 在整个物流项目的实施期间内对每个工作包的预算进行分配，即确定各项成本预算支出的时间及每一个时点所发生的累计成本支出额，从而制订出物流项目成本预算计划。

8.4.5 物流项目成本预算的结果

物流项目成本预算的结果主要包括以下两个方面。

(1) 物流项目各项活动的成本预算。这方面的成本预算提供了各项活动的成本，在物流项目的实施过程中，将以此作为各项活动实际资源耗费量的标准。

(2) 物流项目成本基准计划。成本基准计划说明了物流项目的累计预算成本与物流项目进度之间的对应关系，它可以用来度量和监督物流项目的实际成本。

专栏 8-2

作业成本管理和目标成本管理

作业成本法是以作业为核心，确认和记录耗用企业资源的所有作业，将耗用的资源成本准确地计入作业，然后选择成本动因，将所有作业成本分配给成本计算对象(产品或服务)的一种成本计算方法。将作业成本法运用到公路施工项目成本管理中体现了战略成本管理的思想，这是一种全面管理的方法、系统管理的方法和动态管理的过程。目标管理是现代科学管理方法之一，将目标管理应用于成本管理是指把成本目标从企业目标体系中抽取出来，用它来指导、规划和控制成本的支出，以达到降低成本耗费，提高资本增值的目的。公路施工项目目标成本管理应从工程项目中标开始，一切活动都以目标为导向，并以完成目标的程度作为评价标准，以达到从企业内部挖掘潜力、节约资源、降低消耗和增加效益的目的。

8.5 物流项目成本控制

物流项目成本控制就是随着物流项目的进行，监控物流项目支出和物流项目进展情况，测量实际支出与计划预算的偏差，并采取有效措施来纠正偏差，最终实现成本最小化的目标。

在物流项目成本管理中，成本控制又称为费用控制。这里的成本或费用是广义的，既包括资金形式的成本，也包括人力、物力及其他各项资源。

物流项目成本管理的一个主要目的就是对成本进行控制。将物流项目的运行成本控制在预算范围内或可接受的范围内，是物流项目成功完成的一个重要指标。成本控制的关键是要找到可以及时分析成本绩效的方法，以便在物流项目失控之前能及时采取纠正措施。

8.5.1 物流项目成本控制的概念

物流项目成本控制就是在整个物流项目的实施过程中，定期地、经常性地收集各项活动的实际费用，进行费用计划值(目标值)和实际值的动态比较分析，包括总目标和分目标等多层次的比较分析，并进行费用预测，如果发现偏差则应及时采取纠偏措施，以使物流项目的费用目标尽可能好地得以实现。

简单地说，成本控制的主要任务就是监控成本的正负偏差、分析原因和采取措施3个方面，目的是确保物流项目朝着有利的方向发展。必须将成本控制过程与其他控制过程综合考虑。例如，对成本偏差应对不得当将会引起质量或进度方面的问题，或导致在项目后期产生不可接受的风险水平，甚至导致整个物流项目的失败。

8.5.2 物流项目成本控制的流程

1. 实际发生成本与预算目标成本的比较

大多数情况下，物流项目的实施是不可能完全按照计划进行的，因此，项目发生的实际成本与预算的目标成本之间一般会产生差异。为了确保整个物流项目的实际成本不超标，有必要定时收集资料，取得实际成本。然后把这个实际成本跟预算的目标成本进行比较，看是否发生了超出可接受范围的成本偏差，特别是负偏差(指实际成本超出了预算的目标成本)。

在进行成本比较的时候要注意一点，就是成本与项目进度的联系。如果实际成本跟目标成本的负偏差是由于物流项目的实际进度比计划进度快而造成的，那么还要分析成本与进度的关系，然后再确定实际成本是否确实存在偏差。

2. 查找产生偏差的原因

当确定实际成本与预算的目标成本之间存在偏差时，就要进一步调查、分析产生成本偏差的原因。

因为在进行资源计划编制、成本估算时是依据工作分解结构进行的，而成本预算是在成本估算的基础上进行的，所以成本偏差的产生可以追溯到具体的工作，这样就比较容易确定造成成本偏差的直接原因。然后把相关工作的实际情况与计划目标情况进行比较、分析，从而得出产生偏差的原因。

3. 成本偏差的纠正或目标成本的修正

根据上述得出的造成成本偏差的原因类型，可以采取措施纠正成本偏差，或者进行目标成本的修正。

(1) 纠正成本偏差。如果偏差是由于在实际执行物流项目时没有按照预定的计划进行而造成的，就要采取措施纠正成本偏差。如果偏差是正的(实际成本低于目标成本的情况)，就要核查项目的质量是否达标，如果质量可以得到保证，那么这种偏差是值得提倡的，应该进行记录，以保持其积极作用；但是，如果偏差是负的，就要纠正造成偏差的行为或者作业，使其符合成本目标。

(2) 修正目标成本。如果偏差是由于物流项目实施的实际情况与计划编制时的情况不同而造成的，而这个情况的改变是外部因素造成的，那么，这时就要对原有计划成本进行修正，使其更符合项目执行的实际情况。

4. 经验和教训的记录

把在实施物流项目过程中产生偏差的原因、采取纠正措施的理由和其他的成本控制方面类似的经验与教训记录下来，作为物流项目组织其他物流项目历史数据库的一部分，以便作为以后相似的物流项目进行资源计划编制、成本估算、成本预算，以及成本控制的参考资料。

阅读案例 8-1

上海通用汽车的物流成本管理

1. 基本情况

作为国内最大的中美合资汽车企业，上海通用汽车在物流运输上有可取之处。上海通用汽车基于精益生产理念建立了一套完整的采购、物流、制造、销售与售后服务体系和质量管理体系，并在生产和管理中大量采用计算机控制技术。具有国际先进水平的国内第一条柔性化生产线，涵盖了冲压、车身、油漆、总装等整车制造环节，以及发动机、变速箱等动力总成制造过程。

2. 物流成本管理

1) 精益生产及时供货

随着汽车市场竞争越来越激烈，很多汽车制造厂商采取了价格竞争的方式来应战。在这个背景下，大家都不得不降低成本。而要降低成本，很多厂家都从物流这个被视作"第三大利润"的源泉入手。有资料显示，我国汽车工业企业，一般的物流成本起码占生产成本的 20% 以上，差的公司基本为 30%～40%，而国际上物流做得比较好的公司，物流的成本都控制在 15% 以内。上海通用在合资当初就决定，要用一种新的模式，建立一个在"精益生产"方式指导下的全新理念的工厂，而不想再重复建造一个中国式的汽车厂，也不想重建建造一个美国式的汽车厂。

精益生产的思想内涵很丰富，最重要的一条就是像丰田一样——即时供货，即时供货的外延就是缩短交货期。所以上海通用在成立初期，就在现代信息技术的平台支撑下，运用现代的物流观念做到交货期短、柔性化和敏捷化。

从这几年的生产实践来说，上海通用每年都有一个或以上新产品下线上市，这是敏捷化的一个反映。而物流最根本的思想就是怎样缩短供货周期来达到低成本、高效率。这个交货周期包括从原材料到零部件，再从零部件到整车，每一段都有一个交货期，这是敏捷化至关重要的一个方面。

2) 循环取货以驱除库存"魔鬼"

有些用量很少的零部件，为了不浪费运输车辆的运能，充分节约运输成本，上海通用使用了叫作"牛奶圈"的小技巧：每天早晨，上海通用的汽车从厂家出发，到第一个供应商那里装上准备好的原材料，然后到第二家、第三家，以此类推，直到装上所有的材料，然后再返回。这样做的好处是，省去了所有供应商空车返回的浪费。传统的汽车厂以前的做法是或者成立自己的运输队，都不是根据需要来供给，因此存在些缺陷。有的零件根据体积或数量的不同，并不一定能装满一车，但为了节省物流成本，运输的车经常装满一车在配送，容易造成了库存高、占地面积大。而且，不同供应商的送货缺乏统一的标准化管理，在信息交流、运输安全等方面，都会带来各种各样的问题。如果要想管好它，必须花费很多的时间和很大的人力资源。所以上海通用改变了这种做法。

上海通用聘请一家第三方物流供应商，由他们来设计配送路线，然后到不同的供应商处取货，再直接送到上海通用，利用"牛奶取货"或者叫"循环取货"的方式解决了这些难题。通过循环取货，上海通用的零部件运输成本下降了30%以上。这种做法体现了上海通用的一贯思想：把低附加价值的东西外包出去，集中精力做好制造、销售汽车的主营业务，即精干主业。建立供应链预警机制，追求共赢，上海通用所有的车型国产化都达到了40%以上，有些车型已达到60%甚至更高。这样可以充分利用国际国内的资源优势，在短时间内形成自己的核心竞争力。

3) 注意协调与供应商之间的关系

上海通用采取的是"柔性化生产"，即一条生产流水线可以生产不同平台多个型号的产品，如同时生产别克标准型、较大的别克商务旅行型和较小的车型。

为克服这个问题，上海通用与供应商建立信息沟通机制，公司有一年的生产预测，也有半年的生产预测，生产计划是滚动式的，基本上每星期都有一次滚动，在此前提下不断调整产能。这个运行机制的核心是要让供应商也看到公司的计划，让他们能根据通用的生产计划安排自己的存货和生产计划，减少对存货资金的占用。如果把资金比喻成公司的血液，则物料供应无疑就是生产线的血液，物料供应系统就是生产线的供血系统。上海通用汽车公司所采用的拉动式的物料供应系统，以与其营销体系相对应是目前国际上较为先进的拉动式经营策略是保持生产过程中库存量最小的系统；也就是说通用公司根据收到的客户订单安排生产，与此同时生成相应的物料计划发给各个供应商，既保证生产时有充足供应又不会有库存而占用资金和仓库。事实上，供应链系统通过外部实际需求信息更准确地把握销售动态而缩短提前期。而且随着生产提前期的缩短，零售商的库存水平将显著减少，制造商面对的变动性也随着提前期的缩短而变小，进而使得制造商库存降低。

如果供应商在原材料、零部件方面出现问题，也要给上海通用提供预警，这是一种双向的信息沟通。万一某个零件预测出现了问题，在什么时候跟不上需求了，公司就会利用上海通用的资源甚至全球的资源来作出响应。

新产品的推出涉及整个供应链，需要国内所涉及的零部件供应商能同时提供新的零部件，而不仅仅是生产商推出整车那么简单。作为整车生产的龙头企业，上海通用建立了供应商联合发展中心，在物流方面也制作了很多标准流程，随着通用产量来调整自己的产品。目前市场上的产品变化很大，某一产品现在很热销，但几个月后就可能需求量不大了。上海通用敏捷化的要求就是在柔性化共线生产前提下能够及时进行调整。但这种调整不是整车厂自己调整，而是让零部件供应商一起来做调整。

市场千变万化，供应链也是千变万化的，对突发事件的应变也是如此。某段时间上海通用在北美的进口零部件出现了问题，就启动了"应急计划"，不用海运而改用空运。再比如考虑到世界某个地区存在战争爆发的可能性，上海通用就尽可能增加零部件的库存，而且也预警所有的供应商，让他们对有可能受影响的原材料进行库存。供应链归根结底就是要贯彻一个共赢的概念。

资料来源：http://wenku.baidu.com/view/08b8d42e4b35eefdc8d33371.html。

8.5.3 物流项目成本控制的主要方法

成本控制是一个复杂的系统工程，它包括很多方法，在此将分别讨论物流项目成本控制的3种方法，即偏差分析法、费用变更控制法和补充计划编制法。

1. 偏差分析法

在测量执行情况时运用的主要方法是偏差分析法，又叫挣值法(RVMS)，是评价项目成本实际开销与进度情况的一种方法。它通过测量和计算计划工作量的预算成本(BCWS)、已完成工作量的实际成本(ACWP)和已完成工作量的预算成本(BCWP)，得到有关计划实施的进度和费用偏差，从而可以衡量项目成本执行情况。其独特之处在于以预算和费用来衡量项目的进度。

简而言之，偏差分析法的思想可以概括为以下几个方面：①所有工作开始之前的预先计划；②基于技术目标上的性能衡量；③时间表状况分析；④按照完成的工作对资金支出的分析(非预定的工作)；⑤预测完成日期和最终费用；⑥纠正行为；⑦维持性能测定基线的正常控制。

2. 费用变更控制法

费用变更控制法规定了改变成本基准计划的步骤，它主要包括一些书面工作、跟踪系统和经许可可以改变的成本水平，从而对成本进行有效的控制。

物流项目费用变更控制法按照以下步骤进行成本控制。

(1) 由物流项目干系人提出物流项目成本费用变更申请。

(2) 物流项目的管理者对变更申请进行评估，然后提交物流项目委托者，由他们核准是否变更成本基准计划。

(3) 成本费用变更申请被批准后，就必须对相关活动的成本费用预算进行调整，同时对基准计划进行相应的修改。

在采用物流项目费用变更控制法时必须注意以下两点：物流项目成本变更控制系统应该和整体变更控制系统相协调；物流项目成本变更的结果也要和其他变更结果相协调。

3. 补充计划编制法

物流项目一般都不可能按照原先制订的计划准确无误地进行。当物流项目存在可预见的变更时，就需要对物流项目的成本基准计划进行相应的修订，或者提出替代方案的变更说明。

本 章 小 结

物流项目成本管理是指在物流项目的具体实施过程中，为了保证完成物流项目所花费的实际成本不超过预算成本而开展的物流项目成本估算、物流项目成本预算编制和物流项目成本控制等方面的管理活动，具体内容包括物流项目资源计划编制、物流项目成本估算、物流项目成本预算和物流项目成本控制。

编制物流项目资源计划的工具主要是一些资源统计和说明的图表，例如，资源计划矩阵、资源数据库、资源需求甘特图。项目资源计划的方法有很多，主要有专家判断法、头脑风暴法、资料统计法和资源平衡法。

物流项目成本估算是对完成物流项目所需资源成本进行的近似估计。常用的成本估算方法有以下3种：自上而下估算法、参数模型估算法、自下而上估算法。

物流项目成本预算是指为了顺利实施物流项目，提供给该项目实施团队等的实施成本的分配计划。内容主要包括直接人工费用预算、资源费用预算、维修保养费用预算、其他管理费用和辅助费用预算，以及意外开支准备金预算。

物流项目成本控制就是在整个物流项目的实施过程中，定期地、经常性地收集各项活动的实际费用,进行费用计划值(目标值)和实际值的动态比较分析,包括总目标和分目标等多层次的比较分析,并进行费用预测,如果发现偏差则应及时采取纠偏措施,以使物流项目的费用目标尽可能好地得以实现。物流项目成本控制是一个复杂的系统工程,它包括很多方法,在此将分别讨论物流项目成本控制的 3 种方法,即偏差分析法、费用变更控制法和补充计划编制法。

物流项目成本管理(Logistics Project Cost Management)　物流项目资源计划(Logistics Project Resources Planning)　物流项目成本控制(Logistics Project Cost Control)

物流项目成本管理体系的构成及程序

全面的物流项目成本管理体系应包括以下两个层次。

(1) 组织管理层。负责项目全面成本管理的决策,确定项目的合同价格和成本计划,确定项目管理层的成本目标。

(2) 项目经理部。负责项目成本的管理,实施成本控制,实现项目管理目标责任书中的成本目标。

项目经理部的成本管理应包括成本计划、成本控制、成本核算、成本分析和成本考核。项目成本管理应遵循下列程序。

① 掌握生产要素的市场价格和变动状态。
② 确定项目合同价。
③ 编制成本计划,确定成本实施目标。
④ 进行成本动态控制,实现成本实施目标。
⑤ 进行项目成本核算和工程价款结算,及时收回工程款。
⑥ 进行项目成本分析。
⑦ 进行项目成本考核,编制成本报告。
⑧ 积累项目成本资料。

资料来源:http://www.exam8.com/zige/wuliu/anli/200802/334620.html.

综 合 练 习

一、填空题

1. 物流项目成本管理的具体内容包括物流项目资源计划编制、物流项目成本估算、_____ 和 _____ 4 个方面。

2. _____ 是指通过确定项目所需资源的确切投入时间,并尽可能均衡地使用各种资源来满足项目进度计划的一种方法。

3. 资源平衡法的首要工作就是_____。
4. 常用的成本估算方法有以下 3 种：自上而下估算法、_____、自下而上估算法。
5. 成本控制的主要任务就是监控成本的正负偏差、_____和采取措施 3 个方面。

二、判断题

1. 资源数据库是项目工作分解结构的直接产品，缺陷是无法囊括信息类的资源。
（　　）

2. 自上而下估算法实质上也是专家评定法，通常比其他方法简单、容易，成本低，但精确度不是很高。
（　　）

3. 由于物流项目的成本中有一部分是属于非付现成本，而预算通常是以现金的形式进行的，因此在进行预算的时候就不需要对非付现成本部分进行现金预算的分配。（　　）

4. 补充计划编制法规定了改变成本基准计划的步骤，它主要包括一些书面工作、跟踪系统和经许可可以改变的成本水平，从而对成本进行有效的控制。（　　）

三、简答题

1. 物流成本管理的影响因素有哪些？
2. 物流项目资源计划编制的工具和方法有哪些？
3. 物流项目成本估算的步骤是什么？
4. 物流项目成本估算的方法有哪些？
5. 物流项目成本预算的步骤是什么？
6. 物流项目成本控制的流程是什么？

四、名词解释

物流项目成本管理　　物流项目资源计划　　物流项目成本估算　　物流项目成本预算
物流项目成本控制

实际操作训练

课题：物流项目成本预算。
实训项目：用作业成本法解决快递成本难题。
实训目的：学习作业成本法分析问题的思路。
实训内容：通过阅读以下资料，用作业成本法解决快递成本难题。

早上 9 点钟，某快递公司财务王经理手持文件夹准时来到 CEO 的办公室汇报，对于这位新到任的 CEO，王经理虽然不太了解，但他并不担心。这个物流公司近年的经营业绩都保持着每年 30%以上的增幅，他自信地认为这几年的财务工作做得也很不错，看到 CEO 对着财务分析报告不断点头，王经理心里更加肯定了自己的工作。

"从报告上来看，公司的业绩不错，正处于快速增长时期，但是我有一个问题，" CEO 突然问道，"我想知道，快递员从国贸取一个银行的快件寄到厦门，这个单子的真实成本是多少？"

王经理有些诧异，还是第一次有人问这样的问题，一时不知该如何回答。

"我们公司共有多少家分公司？" CEO 又问。

"90 多家。" 王经理回答说。

"各分公司的赢利情况如何？"

"我们目前的成本核算方法都是以分公司为单位，按分公司归集成本费用，然后得到公司的总成本。至于分公司的赢利，因为一直以来我们都关注公司的整体业绩，没有做这方面的工作。"无法让领导满意，王经理有些沮丧。

"如果我们不能算出每个单子的真实成本，也不能很好地计算各分公司的成本，这将使公司进行赢利能力分析、产品定价决策、路由优化分析等计划受到限制。"

"这个，这个……"王经理有些不知所措。

"改革迫在眉睫，我们必须尽快找到合适的成本核算方法。你去想想办法！"CEO的语气很肯定。

如果你是王经理，该如何对公司目前成本管理进行改革？

实训要求：将参加实训的学生分成若干讨论小组，首先讨论快递公司业务流程，指出快递业务运作的特点；然后讨论各种成本核算方法和成本管理工具优缺点，并指出该公司应引入哪种成本核算方法。

根据以下案例所提供的资料，试分析以下问题。
(1) 丰田汽车公司是怎样进行物流成本控制的？
(2) 如何创新企业物流成本管理？

丰田汽车公司的物流成本管理

供应链概念提出以后，越来越多的企业将主要精力集中在核心业务，纷纷将物流业务外包。但外包物流能否达到企业的要求，是否会造成物流成本上升？不同的企业有不同的体会。2007年10月成立的同方环球(天津)物流有限公司(以下简称TFGL)作为丰田在华汽车企业的物流业务总包，全面管理丰田系统供应链所涉及的生产零部件、整车和售后零件等厂外物流。作为第三方物流公司，TFGL在确保物流品质、帮助丰田有效控制物流成本方面拥有一套完善的管理机制。

1. 丰田物流模式的特点

整车物流和零部件物流虽然在操作上有很多不同，但从丰田的管理模式来看，二者具有以下共同特点。
(1) 月度内的物流量平准。
(2) 设置区域中心，尽可能采用主辅路线结合的物流模式。
(3) 月度内物流点和物流线路稳定。
(4) 物流准时率要求非常高。

2. 物流承运商管理原则

TFGL是第三方物流公司，主要负责物流企划、物流计划的制定、物流运行监控和物流成本控制，具体的物流操作由外包的物流承运商执行。TFGL对物流承运商的管理应遵循以下原则。

(1) 为避免由于物流原因影响企业的生产、销售的情况发生，要求物流承运商理解丰田生产方式，并具有较高的运行管理能力和服务水平。为此，TFGL采取以下必要的措施。

① TPS评价。TFGL把理解生产方式作为物流承运的首要条件，并按照丰田生产方式的要求，制作了详细的评价表。TPS(Toyota Production System)评价是丰田生产方式对承运商最基本的要求，包括对承运商的运输安全、运输品质、环保、人才培养和运输风险控制等过程管理的全面评价。通过评价，不仅淘汰了不合格的承运商，也使达到要求的承运商明确掌握自己的不足之处。

② 必要的风险控制。在同一类型的物流区域内，使用两家物流商，尽可能降低风险。

(2) 对物流承运商进行循序渐进的培养。在实际的物流运行中，承运商会遇到很多问题，如车辆漏雨、品质受损、频繁的碰撞事故、物流延迟等。出现问题并不是坏事，需要找到引发问题的主要原因。在 TFGL 的监督和指导下制定具体措施，同时，在逐步改善过程中，承运商的运行管理能力得到了提高。

(3) 建立长期合作的伙伴关系。对入围的物流承运商，TFGL 秉承丰田体系一贯的友好合作思想，不会因为运输事故多或物流价格高就更换承运商，而是采取长期合作的方式，共同改善。

3. 丰田的物流成本控制

在维持良好合作关系的基础上，TFGL 通过以下方法科学系统地控制物流成本。

(1) 成本企划每当出现新类型的物流线路或进行物流战略调整时，前期的企划往往是今后物流成本控制的关键。企划方案需要全面了解企业物流量、物流模式、包装形态、供应商分布、物流大致成本等各方面的信息，此外，还要考虑到企业和供应商的距离、企业的装卸货和场内面积等物流限制条件。TFGL 在前期企划中遵循以下原则。

① 自始至终采用翔实可信的数据。
② 在综合分析评价后，分别制定一种或几种可行方案，并推荐最优的方案。
③ 各方案最终都归结反映为成本数据。
④ 向企业说明各方案的优劣，并尊重企业的选择。

从以上几点可以看出。方案中的数据大多涉及丰田的企业战略，所以 TFGL 和企业之间必须充分互信，而且要有良好的日常沟通渠道。

(2) 原单位管理。单位管理是丰田物流管理的一大特色，也是丰田物流成本控制的基础。丰田把构成物流的成本因素进行分解，并把这些因素分为两类：一类是固定不变(如车辆投资、人工)或相对稳定(如燃油价格)的项目，丰田称之为原单位；另一类是随着月度线路调整而发生变动(如行驶距离、车头投入数量、司机数量等)的项目，称之为月度变动信息。为了使原单位保持合理性及竞争优势，原单位的管理遵循以下原则。

① 所有的原单位一律通过招标产生。在企划方案的基础上，TFGL 向 TPS 合格的物流承运商进行招标。把物流稳定期的物流量、车辆投入、行驶距离等月度基本信息告知承运商，并提供标准版的报价书进行原单位询价。

由于招标是非常耗时费力的工作，因此只是在新类型的物流需求出现时才会进行原单位招标，如果是同一区域因为物流点增加导致的线路调整，原则上沿用既有的物流原单位。

② 定期调整。考虑到原单位因素中燃油费用受市场影响波动较大，而且在运行总费用中的比重较大，TFGL 会定期(4 次/年)根据官方公布的燃油价格对变动金额予以反映。对于车船税、养路费等"其他固定费"项目，承运商每年有两次机会提出调整。

③ 合理的利润空间。原单位项目中的"管理费"是承运商的利润来源。合理的管理费是运输品质的基本保障，TFGL 会确保该费用的合理性，但同时要求承运商要通过运营及管理的改善来增加盈利。并消化人工等成本的上升。

(3) 月度调整路线至最优状态。随着各物流点的月度间物流量的变动，区域内物流路线的最优组合也会发生变动。TFGL 会根据企业提供的物流计划、上月的积载率状况，以及成本 KPI 分析得出的改善点，调整月度变动信息，以维持最低的物流成本。

(4) 成本 KPI 导向改善。对于安全、品质、成本、环保、准时率等物流指标，TFGL 建立了 KPI 体系进行监控，并向丰田进行月次报告，同时也向承运商公开成本以外的数据。其中成本 KPI 主要包括：RMB/台(台：指丰田生产的汽车/发动机台数)、RMB/km·m^3、RMB/趟等项目。通过成本 KPI 管理，不仅便于进行纵向、横向比较，也为物流的改善提供了最直观的依据。

(5) 协同效应降低物流费用。TFGL 作为一个平台，管理丰田在华各企业的物流资源，在与各企业协调的基础上，通过整合资源，充分利用协同效应，大大降低了物流费用。例如，统一购买运输保险，从而降低保险费用；通过共同物流，提高车辆的积载率，减少运行车辆的投入，从而达到降低费用的目的。在共同物流的费用分担上，各企业按照物流量的比率支付物流费。在具体物流操作中，TFGL 主要从两个方面实现共同物流：不同企业在同一区域内共同集货、配送；互为起点和终点的对流物流。

以上措施表明，丰田汽车物流成本控制的基本思想是使物流成本构成明细化、数据化，通过管理和调整各明细项目的变动来控制整体物流费用。虽然 TFGL 管理下的丰田物流成本水平在行业未做比较，但其通过成本企划、精细的原单位管理、成本 KPI 导向的改善，以及协同效应等方法系统化、科学化的物流成本控制，对即将或正在进行物流外包的企业具有一定的借鉴意义。

资料来源：http://wenku.baidu.com/view/fcd7dfef102de2bd960588e3.html.

第 9 章 物流项目风险管理

【学习目标】

通过本章的学习,了解物流项目风险管理的相关概念及物流项目风险识别技术,掌握物流项目风险的定性和定量评估方法,明确物流项目风险的监督与控制的目标和内容。

【学习要求】

知识要点	能力要求	相关知识
项目风险与项目风险管理	知道项目存在的风险; 了解项目风险管理的基本原则、基本方法和重点领域	项目风险的概念、特性; 项目风险管理的概念、基本原则、基本方法、重点领域
物流项目风险识别	能够识别物流项目风险	物流项目风险源; 物流项目风险识别技术
物流项目风险的评估	了解物流项目风险评估的内容和依据; 能够采取定性和定量方法进行风险评估	物流项目风险评估的内容、依据 定性评估方法、定量评估方法
物流项目风险的监督与控制	能够依据物流项目的目标和内容对项目进行监控	物流项目风险的监督与控制的概念、目标、依据和内容

中远航运项目的风险管理

中远航运股份有限公司在航运项目的风险管理和控制上，有针对性地做好各种风险的预测、评估、分析、化解和转化工作，把经营目标和规避风险的措施联系在一起，通过有效的风险管理，识别出真正的航运风险，并有针对性地制定相应的遏制和预防措施，尽最大努力规避风险。

1. 灵活经营避风险

受宏观调控、油价上升、铁矿石价格上涨、人民币升值以及中美、中欧贸易纠纷不断等诸多因素影响，国际干散货运输市场持续下滑，反映国际干散货船运价走势的波罗的海指数，一直处于震荡下滑走势，最低跌至 2 510 点。

对此，中远航运除了充分利用航运市场周期性波动，高位高做，在适当时机租入或租出船舶外，还采取了"从拥有船向控制船转变"的经营策略。他们积极推进租入船工作，以现有固定航线为依托，立足中远航运擅长的杂货经营领域租入船舶，并根据市场的波动情况，提前在高位锁定经营。同时，在适当提高租金水平的情况下，把原有的出租船延长租期，规避航运市场下滑的风险。

在市场较好的情况下，他们稳定现有出口货源的基础上，根据各个航线的不同情况，积极揽取高价设备及项目货源；为保持航线回程货源的稳定，他们适时签订不同货源 COA 合同，以平衡季节性货物的影响，既解决基础货源不稳定的问题，又稳定航线效益；他们还根据市场变化随需应变，在相同航路上的不同航线进行货源合理化组合，提高每一艘船舶的载重量、舱容利用率，实现了效率、效益最大化。

2. 营销策略作保障

有效的航运风险管理需要能识别出真正的航运风险，中远航运以营销的方式和多种有效措施，努力做好规避经营风险工作，为公司经营效益持续稳定增长提供了保障。

在多年的航运经营中，中远航运在踏踏实实地抓好船舶管理和经营的同时，认真加强对世界经济发展、航运市场和船舶市场的研究，合理规划公司船队发展规模，选择合适的时机进行新船建造和二手船的买卖，如去年购入和租进了广远公司的 47 艘船舶，使公司运力与世界经济发展和运量增长相适应，不断发展特种杂货船队，逐渐做大规模的同时，努力打造"特"字品牌，如以泰安口轮、康盛口轮两艘新型半潜船为技术核心，在特种货物运输市场、船舶管理、人才培养 3 个方面体现特色；以现代企业管理的机制，在船队结构、优质服务、创新经营 3 个方面打造品牌。几年来，中远航运通过两艘新型半潜船，多次圆满成功完成了超大型海上采油设备的运输与安装的出色表现，在国际航海界引起了极大的反响。

中远航运一直坚持"走出去，请进来"，通过走访客户了解客户需要，努力满足客户需要；通过邀请客户到公司、船舶等办法，让客户亲眼目睹公司的优质服务，目睹自己的货物得到稳妥的装运和妥善的保管，从而增强了客户使用中远航运船舶的信心。此外，通过与货主签订长期包运合同等方式保证运价的稳定，并积极参与运输项目的竞价投标；通过专业的技术和高质量的服务建立长期揽货渠道，在市场波动中保持业务的稳定增长；在动态发展的贸易环境下，努力挖掘客户资源，既规避了经营风险，又保证了公司主要货源，从而保障了货源的稳定性。

3. 全力化解汇率风险

目前，国际外汇市场剧烈波动，国内人民币升值，许多企业都面临汇率变动的风险，中远航运从事国际远洋运输业务，其业务结算也会受到一些影响。

针对国际、国内汇率形势，以及公司内在的收支结沟、外汇资产、负债结构等面临的汇率风险，中远航运进行认真的研究，采取各项有效措施，提出防范汇率风险的对策，努力化解各风险因素。他们以积极调整收支结构，坚持"满足外汇支出需求，维持外汇收支平衡，保持人民币盈余"的思路，尽最大限度地防范汇率风险。

在风险防范策略上，一方面，进行外汇收入币种多样化筹划，对客户考虑以什么货币计价和结算才合算，以协商、双赢的原则进行结算；另一方面，积极探讨对供应商的支付币种，减少非美元外汇支出，增加美元支出，力求实现收支平衡，增强防范外汇结算汇率波动风险的弹性。

实际工作中，公司加强客户细分管理，积极维护、开发人民币大客户，以巩固人民币收入来源；挖掘潜在的人民币大客户(尤其是美元短缺客户)，以改善收入货币结构，力求实现美元收支平衡，保持人民币收支盈余。合理调整资产、负债结构，以适当利用外汇负债对冲人民币升值；积极催收运费，实时结汇，适当持有外汇资产，防范外汇资产贬值风险。条件成熟时，积极探讨运用金融衍生工具进行套期保值交易，加强汇率风险管理。

公司还时时关注国际、国内汇率市场环境，建立汇率风险防范机制，定期对汇率风险加以分析，对汇率风险进行度量，并对风险防范效果进行评价，适时调整风险管理策略。

资料来源：大考吧.中远航运风险管理.http://www.dakao8.com.

问题：(1) 中远航运在航运项目的运行过程中遇到了哪些风险?

(2) 中远航运都采取了哪些措施来进行风险管理?

随着科学技术的快速发展和人类社会工程实践的不断深入，物流项目已普遍存在于人们的工作和生活之中，并对社会发展和人们的工作、生活产生了重要影响。物流项目管理最根本的任务是对因为物流项目的不明确性而引起的物流项目风险进行管理，因为没有风险和变化的项目确定事件根本就不需要进行管理。本章将全面讨论有关项目风险和项目风险管理的一般概念和思想、物流项目风险源、物流项目风险识别技术、物流项目风险的定性评估和定量评估方法，以及物流项目风险的监督与控制等。

9.1 项目风险管理概述

项目都是有风险的，因为项目的实现过程中存在很大的不确定性。一般来说，风险是指在一定条件下和一定时期内可能发生的各种结果的变化程度。在风险问题的研究中，风险的定义大致可分为两类：第一类强调风险的不确定性；第二类强调风险损失的不确定性。第一类定义称为广义风险，第二类定义称为狭义风险。风险具有客观性，其大小随时间延续而变化，是"一定时期内"的风险。严格说来，风险和不确定性是有区别的。风险是指事前可以知道所有可能的后果及其出现的概率；不确定性是指事前不知道所有可能的结果，或者虽知道可能后果但不知道它们出现的概率。由于项目本身具有的一次性、创新性和独特性等特性和项目过程所涉及的内部外的许多关系与变数，导致在项目的实现过程中会存在各种各样的风险，如果不能很好地管理项目中的风险就会给项目相关利益主体造成损失或使其丧失机会，因此在项目管理中必须积极地开展项目风险管理，这涉及项目风险的充分识别、科学评估和全面控制等，从而努力降低风险发生的概率和影响。确切地说，项目管理中最重要的任务就是对项目风险的管理。这有3个方面的理由：其一是因为项目的确定性和常规性的工作及其管理都是程序化和结构化的管理问题，它们所需的管理力度是十分有限的;其二是因为项目风险可能带来损失,如果不管理或者管理不好就会造成损失;其三是因为项目风险还包含机会成分,如果能够很好地开发和管理,将会有效地提升相关利益主体的满意程度。要做好项目风险管理工作,首先需要了解项目风险和项目风险管理的基本概念。

9.1.1　项目风险

项目是为完成某一独特的产品或服务所做的一次性努力。项目的最终交付成果在项目开始时只是一个书面的规划或承诺,无论是项目的范围、时间还是费用都无法完全确定。同时,项目创造产品或服务是一个逐渐明细的过程,这就意味着项目开始时有很多的不确定性。这种不确定性就是项目的风险所在。风险一旦发生,它的影响就是多方面的,如导致项目产品的功能无法满足客户的需要、项目费用超出预算、项目计划拖延或被迫取消、项目客户不满意等。

1. 项目风险的概念

项目风险是指由于项目所处环境和条件本身的不确定性和项目业主或顾客、项目实施组织或其他相关利益主体主观上不能准确预见或控制的影响因素而使项目的最终结果与项目相关利益主体的期望产生背离,从而给项目相关利益主体带来损失。发生项目风险的根本原因是人们对项目发展与变化情况的认识不足,从而在应对决策方面出现了问题,即有关项目的信息不完备或当事者对项目有关影响因素和未来发展变化情况缺乏足够和准确的信息。因为项目的一次性、创新性和独特性等特性决定了在项目过程中存在严重的信息不完备性,这就使项目中存在许多风险性高的工作。

风险存在于任何项目中,且往往会给项目的推进和项目的成功带来一些无法消除的负面影响。不过人们也无须恐惧风险,因为只要掌握风险发生的因果关系,就能在很大程度上管理或规避风险。因此,关注项目风险,掌握风险管理的知识与技能,从项目组织、职责、流程与制度上建立一套风险管理机制是确保项目成功的基本前提与保障。

项目的一次性特性使其不确定性要比其他一些社会经济活动大许多,因而项目风险的识别和管理也就更困难和迫切得多。项目有多种多样,每个项目都有各自的具体问题,但也存在一些共性问题:①对于项目各组成部分的复杂关系,任何个人或组织都不可能了如指掌;②项目各组成部分之间不是简单的线性关系;③项目总是处于动态变化之中,难得出现平衡,即使偶尔出现,也只是短时间的维持;④项目处于一种复杂的环境之中,不但有技术、经济性问题,还有一些非常复杂的、非线性极强的、非技术、非经济性问题,因而项目结果往往是综合权衡或折中的结果,而非项目最初计划的实现。

项目的风险多数随着项目的进展而变化,一般是逐渐减少。最大的不确定性存在于项目的早期。早期阶段做出的决策对项目计划的实现影响最大。在项目各种风险中,进度拖延往往是费用超支、现金流出,以及出现其他损失的主要原因。在早期阶段主动付出必要的代价,采取行动,要比到后期阶段才迫不得已采取措施要好得多。

2. 项目风险的特性

项目的一次性特性使其不确定性比其他经济活动大得多,因而项目风险的可预测性就差得多。在进行重复性的生产和经营活动时,可以根据历史资料和同行业的经验数据预测出大多数风险。虽然项目多种多样，且每个项目都有各自不同的具体问题，但有些特征是很多项目所共有的。项目风险主要包括以下几个特征。

1) 项目风险的客观性

项目都是由人组成的团队在一定的客观条件下进行的，以达到预期的目的，这些客观的物质因素和人为因素都构成潜在的风险因素，这种存在是不以人的意志为转移的，人们可以在有限的空间和时间内改变风险存在与发生的条件，降低其发生的频率，减轻损失程度，而不能也不可能完全消除项目风险。项目风险的客观性要求人们应充分认识风险、承认风险，采取相应的管理措施来尽可能降低风险。

2) 项目风险的普遍性

随着科学技术的发展、社会的进步，风险不是减少了而是增加了，风险事故造成的损失也越来越大。对于新技术含量较高的项目，其潜在的风险具有以下特点：技术越先进，事故损失越大；项目技术结构越复杂，总体越脆弱；项目技术收益越高，风险潜势越深。

3) 项目风险的随机性

项目风险的发生都是随机的，没有人能够准确预言项目风险发生的确切时间和内容。虽然通过长期的统计研究可以发现某事物发生变化的基本规律，但是那也只是一种统计规律而且具有随机性。项目风险事件的随机性使得项目风险的危害性大大增加。

4) 项目风险的相对可预测性

不同项目风险具有不同的影响，人们要进行项目风险管理就必须预测和认识项目的各种风险。但由于项目环境与条件的不断变化和人们认识能力的限制，没有人能确切地认识和预测项目的风险，只能相对地预测项目的发展变化，这就是项目风险的相对可预测性。

5) 项目风险的渐进性

这是指绝大部分项目风险都不是突然爆发的，而是随着环境、条件和自身固有的规律的变化而逐渐发展和变化的。通常，随着项目内外部条件和环境的逐步发展变化，项目风险的大小和性质会随之发生变化，即项目风险不断增大或不断缩小。

6) 项目风险的阶段性

这是指绝大多数项目风险的发展是分阶段的，而且这些阶段都有明确的界限、里程碑和风险征兆。项目风险发展一般分 3 个阶段：潜在风险阶段、风险发生阶段、造成后果阶段。项目风险的阶段性为人们开展风险管理提供了可能。

7) 项目风险的突变性

项目及其环境的发展变化有时是渐进的，有时是突变的。当项目及其条件发生突变时，项目风险的性质和后果也会随之发生突变。无预警信息的风险多数表现为这种项目风险的突变性，这一项目风险的特性使得项目风险管理变得十分困难。

8) 某一具体项目风险的发生具有偶然性

项目风险是客观存在的，但对于某具体风险的发生来说，项目风险的发生并不是必然的，它具有随机性，风险何时发生以及发生的后果都无法及时准确预测。这意味着风险的发生在时间上具有突发性，在后果上具有灾难性。

9) 大量项目风险的发生具有必然性

虽然个别项目风险的发生是偶然的、无序的、杂乱无章的，然而从总体上来说，风险的发生具有规律性,这使人们利用概率论和数理统计方法去计算其发生的概论和损失幅度成为可能,同时为项目风险管理提供了基础。

9.1.2 项目风险管理

项目风险管理是以项目经理和项目业主/客户为代表的全体项目相关利益主体,通过采取有效措施确保项目风险处于受控状态,从而保证项目目标最终能够实现的工作。项目的一次性和独特性使得项目不确定性较高,而且项目风险一旦发生和形成后果则没有改进和补偿的机会。所以项目风险管理的要求通常要比其他事物的风险管理要求高许多,而且项目风险管理更加注重项目风险的预防和规避等方面的工作。

项目及项目所在组织必须为项目风险管理提供一个清晰的流程、工具及资源。项目风险管理的成功有赖于项目组织打造鼓励项目成员对风险进行中肯及随时随地交流的文化,这一点是至关重要的。通过沟通,"坏"风险对项目造成的伤害可以得到减轻,而那些蕴涵着意外机会的"好"风险则会得到更深层次的关注。

1. 项目风险管理的概念

项目风险管理是指项目管理团队通过项目风险识别、项目风险评估、项目风险监督与控制,采用多种管理方法、技术和工具,对项目所涉及的各种风险实施有效的控制和管理,采取主动行动,尽量使风险事件的有利后果最大,而使风险事件所带来的不利后果降到最低,以最少的成本保证项目安全可靠地实施,从而实现项目的总体目标。对于一个项目来说,究竟存在有什么样的项目风险和需要开展哪些项目风险管理工作,一方面取决于项目本身的特性,另一方面取决于项目所处的环境与条件。不同的项目和项目环境与条件及不同的团队成员构成等因素会造成不同的项目风险,不同项目的环境影响因素和项目发展变化规律使得项目风险也不同。因此,项目风险管理本身也有很大的不同。

项目风险管理的目标是控制和处理项目风险,防止和减少损失,减轻或消除风险不利影响,以最低成本取得对项目安全保障的满意结果,保障项目的顺利进行。项目风险管理的目标通常分为两部分:一是损失发生前的目标,二是损失发生后的目标,两者构成了风险管理系统目标。

项目风险管理的主体是项目管理组织,特别是项目经理。项目风险管理要求项目管理组织采取主动行动,而不应仅仅在风险事件发生之后被动地应付。项目管理人员在认识和处理多种错综复杂、性质各异的风险时,要纵观全局、抓主要矛盾,创造条件,因势利导,将不利转化为有利,将威胁转化为机会。

项目风险管理的基础是调查研究,调查和收集资料,必要时还要进行实验或试验。只有认真地研究项目本身和环境及两者之间相互影响与相互作用的关系,才能识别项目面临的风险。

项目风险管理涉及项目风险管理指南的制定,项目风险管理的识别、评估,项目风险的监督和控制等,一般流程如图 9.1 所示。

2. 项目风险管理的基本原则

项目风险管理的首要目标是避免或减少项目损失,进行项目风险管理主要遵循以下几项原则。

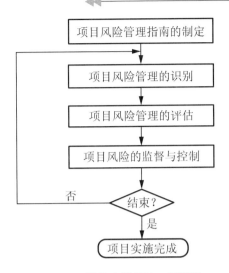

图 9.1 项目风险管理的一般流程

（1）经济性原则。风险管理人员在制订风险管理计划时应以总成本最低为总目标，即风险管理也要考虑成本，以最合理、经济的方式处置安全保障目标。这就要求风险管理人员对各种效益和费用进行科学分析和严格核算。

（2）"二战"原则。即战略上蔑视而战术上重视的原则。对于一些风险较大的项目，在风险发生之前对风险的恐惧往往会造成人们心理和精神上的紧张不安，这种忧虑心理会严重影响工作效率并阻碍工作积极性，这时应通过有效的风险管理，让大家确信项目虽然具有一定的风险，但风险管理部门已经识别了全部不确定因素，并且已经妥善作出了安排和处理，这是战略上蔑视；而项目风险管理部门则要坚持战术上重视的原则，即认真对待每一个风险因素，杜绝松懈麻痹。

（3）满意原则。不管采用什么方法，投入多少资源，项目的不确定性是绝对的，而确定性是相对的。因此，在风险管理过程中要允许存在一定的不确定性，只要能达到要求即可。

（4）社会性原则。项目风险管理计划和措施必须考虑周围地区及一切与项目有关并受影响的单位、个人等对该项目风险影响的要求；同时风险管理还应充分注意有关方面各种法律法规，使项目风险管理的每一步骤都具有合法性。

3．项目风险管理的基本方法

（1）项目风险潜在阶段的管理方法。在项目风险潜在阶段，人们可以使用各种预防风险的方法，这类方法通常被称为风险规避的方法。项目风险后果多数都是由于人们在项目风险潜在阶段未能够正确识别和评估项目风险造成的，因此如果人们能够识别这些潜在的项目风险并预见其后果，人们就可以采取各种规避风险的方法而避免项目风险的发生。

（2）项目风险发生阶段的管理方法。此时人们可以采用风险转化与化解的方法对项目风险进行控制和管理，这类方法被称为项目风险化解的方法。人们不可能识别所有的项目风险和预见所有的项目风险后果，因此在项目发展进程中一定会有一些项目风险进入项目风险发生阶段。此时如果人们能立即发现项目风险并找到应对和解决方法，则多数情况下项目风险仍然可能不会造成项目风险后果，至少可以降低这种项目风险的后果产生的可能性或减少项目风险后所带来的损失。

(3) 项目风险后果阶段的管理方法。在该阶段中人们可以采取消减项目风险后果的措施去消除和减少项目风险所造成的影响，这类方法通常被称为项目风险后果消减的方法。实际上人们不仅无法在项目风险潜在阶段识别和评估项目的全部风险，也无法在项目风险发生阶段化解全部项目风险，总会有一些项目风险最终进入项目风险后果阶段。此时人们只能采取措施去消减项目风险后果和损失，人们采取的措施得当就会将损失消减到最少。

由此可以看出，人们可以通过运用正确的方法开展对项目风险的管理和控制活动，从而规避和化解风险或者消减风险带来的消极后果。在项目的不同阶段，人们都是可以对风险有所作为的，因为项目风险的渐进性和阶段性等特性使人们能够在项目风险的不同阶段采取不同应对措施去实现对项目风险的有效管理。

4. 项目风险管理的重点领域

由于风险是普遍存在的，因此项目风险管理普遍适用于军事、工业、高新技术、建筑等各个不同领域，下面从不同角度阐述适合风险管理的项目。

从项目分类的角度来看，风险管理尤其适用于以下一些项目。

(1) 研发项目。诸如军方型号研制项目，由于其研制与生产规模大、周期长、技术复杂和生产批量小，因此在实施过程中存在诸多不确定性的因素，比一般项目具有更大的风险，进行风险管理尤为重要。

(2) 现代大型工程项目。这些项目往往投资很高，施工环境复杂，进行过程中不确定因素有很多。同时，传统风险管理的一些手段(如保险)，在应用到这些大型工程时是有局限性的，这些都促使现代大型项目需要更多的风险管理。

(3) 国际承包工程项目。由于国际承包工程项目是一项跨国的经济活动，涉及多个国家或参与单位的经济利益，因而合同中各方不容易互相理解，容易产生矛盾和纠纷，与国内工程相比风险要大得多，尤其是在政治和管理方面都有巨大的风险。

从项目性质角度来看，对具备下列特征的项目尤其应该进行风险管理：①创新多、使用新技术多的项目；②预研不充分、不确定因素多的项目；③项目目标没有最终确定的项目；④投资数额大的项目；⑤边设计、边施工、边科研的项目；⑥合作关系复杂的项目；⑦受多种因素制约和受业主严格要求的项目；⑧具有重要政治、军事、经济、社会意义的项目；⑨国际行为的项目。

5. 项目风险管理的意义

正式的风险管理过程可以给项目管理带来许多明显的好处，要想实现风险管理过程的最佳效果，就需要认识到这些好处。许多人不熟悉正式风险管理过程的人认为：风险管理过程要解决的问题就是风险测量，风险测量就是回答"这样做是不是风险太大了"这个问题。风险管理过程的重要作用在于风险效率。这也是不该把风险管理看作是"附加内容"或"辅助内容"，不该把重点放在"实施风险管理是不是值得"这个问题上的主要原因。风险管理应该被看作是与项目管理融为一体的"内在内容"，是对基本项目计划过程的扩大和完善。实施风险管理要考虑的关键问题是：在这种情况下，应该以何种方式正式实施多少风险管理才最合适？在进行风险管理时，所选择的风险分析方式必须与寻求改善风险效率的机会相适应。通常要识别出应该把额外的资金或资源用在何处将会降低今后的风险和总预期成本。判别能够改善风险效率的基准计划或应急计划中潜在的变更是有效项目风险管理的主要目的。

作为项目全方位管理的重要一环，风险管理对保证项目实施的成功具有以下重要的意义。

(1) 通过风险分析可加深对项目和风险的认识与理解，澄清各方案的利弊，了解风险对项目的影响，以减少或分散风险。

(2) 通过检查和考虑所有到手的信息、数据和资料，可以明确项目的各有关前提和假设。

(3) 通过风险分析不但可提高项目各种计划的可信度，还有利于改善项目执行组织内部和外部之间的沟通。

(4) 编制应急计划时更有针对性。

(5) 能够将处理风险后果的各种方式更灵活地组织起来，在项目管理中减少被动、增加主动。

(6) 有利于抓住机会并利用机会。

(7) 为以后的规划和设计工作提供反馈，以便在规划和设计阶段就采取措施防止和避免风险损失。

(8) 风险即使无法避免，也能够明确项目到底应该承受多大损失或损害。

(9) 为项目施工、运营、选择合同形式和制订应急计划提供依据。

(10) 通过深入的研究和对情况的了解，可以使决策更有把握，更符合项目的方针和目标，从总体上使项目减少风险，保证项目目标的实现。

(11) 可推动项目执行组织和管理班子积累有关风险的资料和数据，以便改进将来的项目管理。

9.2　物流项目风险识别

物流项目风险识别是认识和分析项目风险的基础工作，是一项非常重要的项目风险管理工作。物流项目风险识别是指在项目实施过程中，识别和确定物流项目风险类型、基本特性、产生原因及可能会给项目带来的后果等物流项目风险管理工作，其目的是减少物流项目结构的不确定性。风险识别首先要弄清楚物流项目的组成、各项目变数的性质和相互间的关系、物流项目与环境之间的关系等。在此基础上利用系统的、有章可循的步骤和方法查明对项目可能形成风险的原因和障碍。调查、了解并研究对物流项目以及项目所需资源形成潜在威胁的各种因素的作用范围对整个项目实施的直接、间接后果。

物流项目风险识别的一般步骤是：①明确所要实现的目标；②借助因素层次图找出影响目标值的全部因素；③分析各因素对目标的相对影响程度；④根据对各因素向不利方向变化的可能影响进行分析、判断，并确定主要风险因素。

物流项目风险识别主要包括以下内容。

(1) 识别并确定项目有哪些潜在的风险。这是物流项目风险识别的第一项工作目标。因为只有首先确定项目可能会遇到哪些风险，才能够进一步分析这些风险的性质和后果，所以，在物流项目风险识别工作中首先要全面分析项目发展与变化中的各种可能性和风险，从而识别出项目潜在的各种风险并整理汇总成项目风险清单。

(2) 识别引起这些项目风险的主要影响因素。这是物流项目风险识别的第二项工作目标。因为只有识别清楚各个项目风险的主要影响因素，才能把握项目风险的发展变化规律，才能进一步对项目风险进行应对和控制。所以，在项目风险识别活动中要全面分析各个项目风险的主要影响因素和它们对项目风险的影响方式、影响方向、影响力度等。然后要运用各种方式将这些项目风险的主要影响因素同项目风险的相互关系描述清楚，使用图表文字说明或数学公式均可。

(3) 识别这些项目风险可能引起的后果。这是物流项目风险识别的第三项工作目标。在识别出项目风险和项目风险主要影响因素以后，还必须全面分析项目风险可能带来的后果及其严重程度。物流项目风险识别的根本目的就是要缩小和消除项目风险带来的不利后果，同时争取扩大项目风险可能带来的有利后果。当然，在该阶段对于项目风险的识别和分析主要是定性的，定量的项目风险估计将在物流项目风险的评估中给出。

9.2.1 物流项目风险源

1. 技术风险源

技术风险是指与物流工程项目有关(直接或间接)的技术产生进步或技术应用效果发生变化，使得工程项目的目标出现损失的可能。技术风险分为两个层次：一是技术应用风险，二是技术进步风险。任何工程项目都涉及各种工程技术的应用，项目建设的质量和费用及运营效果都与有关人员掌握和应用工程技术的情况密切相关。由于种种原因，实际的应用效果可能达不到预期的水平，从而也就可能使项目受损失，形成技术应用风险。此外，项目意外的技术进步会使项目的相对技术水平降低，从而影响子项目的竞争力并构成了技术进步风险。技术水平的进展速度低于或高于预期的进展幅度，都有可能会对原计划的工程项目产生影响。缺少对技术发展水平进展的支持就可能导致预期从其他工程项目能得到的技术发展水平进展实现不了，因而可能对现在的工程项目产生明显的影响。

2. 经济风险源

经济风险是指人们在从事经济活动中，由于经营管理不善、市场预测失误、价格波动、供求关系发生变化、通货膨胀、汇率变动等所导致经济损失的风险。物流项目所处的经济环境的变化会导致项目经济效果的变化。经济环境的变化主要是指利率、汇率、产业结构、进出口额和结构，以及就业与工资水平等方面的变化。利率变化将直接影响项目的筹资成本和利息负担。汇率变化对项目的直接影响是进口费用和出口收益的改变。

3. 政治风险源

政治风险是指由于政局变化、政权更迭等引起社会动荡而造成财产损失和损害，以及人员伤亡的风险。由于政局变化导致社会不稳定，造成罢工、战争、抢劫、经济封锁等现象，从而影响物流项目的完成。政治稳定是经济发展的前提。政治对经济发展的影响是多方面的和深远的，政治的变化必然带来经济的改变，其中就有一些不利的影响，从而构成了政治风险。政治变化对项目的影响需视项目的具体情况和政治变化的具体内容来定。

4. 市场风险源

市场风险是指由于市场情况的不确定导致目标出现损失的可能。具体来讲，就是由于市场需求量、需求偏好、价格，以及市场竞争等方面有可能发生不利的变化，而使工程项目经济效果或企业发展目标达不到预期的水平，比如销售收入、利润或市场占有率等低于期望水平。

5. 政策风险源

政策风险是指由于政策的改变而导致目标出现损失的可能。政府的政策包含的范围很广，涉及方方面面，因而对工程投资、建设，以及运营都有至关重要的影响。

6. 信用风险源

信用风险是指由于有关行为主体(企业、个人或其他组织)不守信用导致目标出现损失的可能。不论是在工程项目的建设过程还是生产运营过程中，都要发生大量的合同行为，如工程分包合同、采购合同、贷款合同、租赁合同、销售合同等。这些合同规范了诸多合作方的行为，是使工程顺利进行的基础。但如果有违反合同的行为发生，甚至停止执行合同，工程则毫无疑问受到损失，这就是信用风险。

7. 道德风险源

道德风险是指由于有关行为人道德变化(主要指道德水准下降)而可能导致的目标损失。该风险在当前的高新技术企业相当显著，应引起高新技术企业界人士的高度重视。

8. 自然风险源

自然风险主要是指气候与环境的变化造成的影响。由于自然力的作用造成财产损毁或人员伤亡的风险属于自然风险。天气的突然变化及自然灾害，如水灾、火灾、风灾、地震等可能会造成严重的进度拖延和费用问题。

9.2.2 物流项目风险识别技术

在物流项目风险识别过程中通常要借助一些专门的技术和工具，这样做的好处是不仅识别风险的效率高、操作规范，而且不容易产生遗漏。同时，在具体应用过程中要结合项目的具体情况，将这些技术方法组合起来应用。物流项目风险识别的技术方法有很多，既有结构化方法也有非结构化方法，既有经验性方法也有系统性方法，主要包括以下几种技术方法。

1. 流程图法

流程图是物流项目风险识别时常用的一种工具。流程图可以帮助项目识别人员分析和了解项目风险所处的具体项目环节、项目各个环节之间存在的风险，以及项目风险的起因和影响。通过对项目流程的分析，可以发现和识别项目风险可能发生在项目的哪个环节或哪个地方，以及项目流程中各个环节对风险影响的大小。

项目流程图是具体项目的工作流程、项目各部分之间的相互关系等信息的图表，具体包括项目系统流程图、项目实施流程图、项目作业流程图、因果图、影响分析图等各种形式的和不同详细程度的项目流程图。流程图法就是使用这些流程图去全面分析和识别物流项目风险的一种方法，这种方法的结构化程度比较高，可以分析和识别物流项目的风险、物流项目各个环节存在的风险以及各个项目风险的起因和影响。绘制项目流程图的步骤是：①确定工作过程的起点(输入)和终点(输出)；②确定工作过程经历的所有步骤和判断；③按顺序连接成流程图。

2. 假设条件分析法

这是一种在物流项目计划和决策过程中对项目各种条件和成果的假设进行分析，从而识别和找出项目风险的方法。因为在项目的计划和决策过程中有很多不确定的条件和因素，因此人们不得不对这些不确定的条件和因素进行必要的假设。但是在后续的项目实施过程中，这些假设的条件和因素都会发生各种各样的变化，所以必须使用所谓的"假设条件分析法"去分析和找出由于这些假设的条件和因素变化而带来的各种项目风险。实际上，项目风险都是由于人们在计划和决策中所作的假设与客观实际不相符合而形成的，所以，假设条件分析法是识别项目风险的根本方法。

3. 情景分析法

情景分析法是由美国 SIIELL 公司的科研人员 Pierr Wark 于 1972 年提出的。它是通过对项目未来的某个状态或某种情况的详细描绘和分析而描绘出情景中的风险和风险要素，从而识别物流项目风险的一种方法。它是根据发展趋势的多样性，通过对系统内外相关问题的系统分析，设计出多种可能的前景，然后用类似于撰写电影剧本的手法对系统发展态势作出自始至终的情景和画面的描述。当一个项目持续的时间较长时往往要考虑各种技术、经济和社会因素的影响，这时就可用情景分析法来预测和识别其关键风险因素及其影响程度。情景分析法对以下情况是特别有用的：提醒决策者注意某种措施或政策可能引起的风险或危机性的后果；建议需要进行监视的风险范围；研究某些关键性因素对未来过程的影响；提醒人们注意某种技术的发展会给人们带来哪些风险。情景分析法是一种适用于对可变因素较多的项目进行风险预测和识别的系统技术，它在假定关键影响因素有可能发生的基础上，构造出多重情景，提出多种未来的可能结果，以便采取适当措施防患于未然。使用情景分析法识别物流项目风险需要先给出项目情景描述，然后找到项目变动的影响因素，最后分析项目情景变化造成的风险与风险后果。

4. 头脑风暴法

对于风险识别来说，头脑风暴法是一种运用创造性思维、发散性思维和专家经验，通过会议形式去分析和识别物流项目风险的方法。该方法在群体决策中可以保证群体决策的创造性，从而提高决策质量。管理上发展了一系列改善群体决策的方法，头脑风暴法是较为典型的集思广益的群体决策方法，该方法已经成功地应用于物流项目风险识别。头脑风暴法可分为直接头脑风暴法(通常简称为头脑风暴法)和质疑头脑风暴法(也称反头脑风暴法)。前者是在专家群体决策时尽可能激发其创造性、产生尽可能多的设想的方法；后者则是对前者提出的设想、方案逐一质疑，分析其现实可行性的方法。采用头脑风暴法组织群体决策时,要集中有关专家召开专题会议,主持者以明确的方式向所有参与者阐明问题,说明会议的规则,尽力创造融洽、轻松的会议气氛,由专家自由地提出尽可能多的方案。一般使用这种方法可以回答下列问题:如果进行这个物流项目会遇到哪些风险;这些项目风险的后果危害程度如何;这些项目风险的主要成因是什么;项目风险事件的征兆有哪些;项目风险有哪些基本特性等。

5. 系统分解法

物流项目风险识别中最常用的一种方法是利用系统分解的原理,将一个复杂的项目分解成比较简单和容易识别的子系统或系统要素,从而识别出各个子系统或系统要素的风险的方法。比如,可以根据物流项目本身的特性将物流项目风险分解为以下几个方面:市场风险、投资风险、经营风险、技术风险等。然后还可以对这些物流项目风险再做进一步的分解。例如,物流项目的市场风险可以分解成 3 个方面:竞争风险,这是由于市场竞争而造成物流项目失败或亏损的风险;替代风险,这是关于未来项目建成之后是否出现替代产品而使项目蒙受损失的风险;需求风险,这是指项目建成后出产的产品在市场上出现需求不足、需求下降和市场饱和,从而使项目蒙受损失的风险。

6. 风险因素和驱动因子法

为了很好地识别和减少物流项目风险,项目管理者需要标识影响项目风险因素和风险驱动因子,通常这些因素包括性能、成本、支持和进度。风险因素是以如下的方式定义的:性能风险——产品能够满足需求且符合于其使用目的的不确定程度;成本风险——项目预算能够被维持的不确定程度;支持风险——软件易于纠错、适应及增强的不确定程度;进度风险——项目进度能够维持且产品能按时交付的不确定程度。每一个风险驱动因子对风险因素的影响均可分为 4 个影响类别:可忽略的、轻微的、严重的、灾难性的。

7. 检查表法

检查表是管理中用来记录和整理数据的常用工具。用它进行物流项目风险识别时,将项目可能发生的许多潜在风险列于一个表上,供识别人员进行检查核对,用来判别某项目是否存在表中所列或类似的风险。检查表中所列的都是历史上类似项目曾发生过的风险,是项目风险管理经验的结晶,对项目管理人员具有开阔思路、启发联想、抛砖引玉的作用。一个成熟的项目公司或项目组织要掌握丰富的风险识别检查表工具。检查表中可以包含多种内容,例如以前项目获得成功或遭受失败的原因、项目其他方面的规划结果(范围、成本、质量、进度、采购与合同、人力资源与沟通等规划成果)、项目产品或服务的说明书、项目班子成员的技能、项目可用的资源等。

8. 项目文档分析法

这是一种通过阅读物流项目本身已有的文档和各种历史项目的文档,然后分析找出物流项目的主要风险的方法。项目文档分析法主要分析两个方面的内容:其一是阅读和分析各种历史项目的文档;其二是阅读和分析物流项目本身的各种假设前提条件。因为物流项目的假设前提条件包括多种可能情况的假设,而这些假设就是一种可能发生的物流项目风险,所以通过对它们的分析可以很好地识别物流项目的风险。

阅读案例 9-1

企业内部控制和风险管理——企业管理信息化

一个成功的企业通常都要经历起步、增长、快速发展和转型成熟四个阶段，其中的转型成熟阶段是企业发展进程中一个至关重要的门槛。处于转型成熟阶段企业的典型特征是：具有了相当的产值规模、形成了核心管理团队、掌握有比较丰富的客商资源、有一些规章制度并涵盖了主要的业务处理环节等，但同时也存在着规章制度不健全、管控漏洞较多、信息传递不及时且易失真、资产安全难以保障等有待改善的方面，所以处于转型成熟阶段的企业非常需要强化企业的内控体系建设和风险管理。那么对于快速发展的中小企业来说，如何能够快速、有效地建立起企业的内控机制，以降低因快速发展而积累的经营风险呢？

通过以 ERP 为核心内容的企业管理信息化系统的实施，能够帮助企业建立起"五流合一"(物流、资金流、信息流、商流、工作流)的经营管理和控制平台，同时能够实现对企业所有经营管理和业务处理信息的有效采集和高效利用，从而帮助企业实现有效建立内控和风险管理的目标。

以企业普遍采用的相互牵制方法为例，企业内部控制通常要求对内部的组织、岗位及其职责、权限有一个合理、明晰的设置和分工，坚持不相容职务相互分离，确保不同人员和岗位之间权责分明、相互制约、相互监督；应尽量避免一个人对某一项业务可以单独处理，或有绝对控制权，而必须经过其他人或部门的审查、核对，以最大限度地减少错误和舞弊现象的发生。例如：规定原辅材料的采购计划必须源自于销售部门的需求并参照仓库的库存情况；仓库管理人员必须严格按照采购订单的数量收货；采购人员不得参与到货验收；待检料品没有质检人员的验收合格单不准办理入库手续；车间加工人员不准超计划领用原辅材料等等，不仅需要建立不同岗位之间复杂、多边的业务关联，还需要互相传递很多动态变化的业务信息，还需要能够在事后检核、优化各个业务处理流程的结果和效率，在手工管理的模式下，常常会因为信息传递的滞后性、欠准确，导致原来设置的职责、规章形同虚设，业务处理过程中的动作变形、走样，事后对业务动作的结果也难以采集，对业务优化也是缺乏数据的支撑。而在 ERP 等管理信息平台上，因为所有业务动作的起因、处理和结果信息都是通过系统记录、生成、传递的，能够通过人为的因素干扰正常业务处理流程的也仅限于在系统中能够有效跟踪的授权管理人员(比如总经理、主管等)，所以不仅很容易实现原材料的采购动作由销售订单来驱动，并参照库存现状和其他业务策略，准确计算需要采购的数量和料品使用的时点(MRP 计算)；很容易实现仓库人员按采购订单数量收货、自动送检、检验结果回馈、合格办理入库、入库数量走应付流程的管理和控制；很容易汇总所有岗位和业务人员的业务处理结果，并对照经营管控指标准确计算岗位职责人员的绩效，支持对业务管理和控制流程的优化；也很容易实现对不按照内控管理要求、对经营业务产生不良后果的业务(如不良品产生、材料超耗等)进行追溯，并落实到具体的责任人。

国内不少制造企业正在逐步进入与全球产业发展同步的供应链竞争环境中，越来越多的企业能够获得与国际性公司合作的机会。绝大多数国际性公司的管理信息化的基础都很好，所以在考察、审核合作伙伴(供应商)的时候都非常关注企业是否已经具备信息化管理基础、是否能够对主要经营活动(料品、生产、质量等)进行跟踪，实际上就是在核实企业是否具有最基本的内控工具和体系。十年前的国内企业如果没有相应的经营管理信息化基础，将可能遭遇其他方面更严格的审核。而最近几年企业如果没有信息化基础，将会使国际性公司认为缺乏最基本的内控管理工具和内控机制，直接淘汰出局。因为，有效实施的企业管理信息化系统是实现企业内部控制和风险管理的一个有效工具。

9.3 物流项目风险的评估

在进行风险识别并整理后，必须就各项风险对整个物流项目的影响程度进行分析和评估。物流项目风险评估是对物流项目风险的影响和后果所进行的评价和估量。物流项目风险评估包括对物流项目风险发生可能性的评估、对物流项目风险后果严重程度的评估、对物流项目风险影响范围的评估以及对物流项目风险发生时间的评估等方面。物流项目风险评估的主要作用是减少项目计量的不确定性，并根据这种评估去制定物流项目风险的应对措施以及开展物流项目风险的控制。

物流项目风险评估主要包括以下工作内容。

(1) 物流项目风险可能性的评估。物流项目风险评估的首要任务是分析和估计物流项目风险发生的概率，即物流项目风险发生可能性的大小。这是物流项目风险评估中最为重要的一项工作，因为一个物流项目风险的发生概率越高，发生项目损失的可能性就越大，对它的控制就应该越严格，所以在物流项目风险评估中首先要确定和分析物流项目风险可能性的大小。

(2) 物流项目风险后果的评估。物流项目风险评估的第二项任务是分析和估计物流项目风险后果，即物流项目风险可能带来的损失大小。这也是物流项目风险评估中的一项非常重要的工作，因为即使是一个物流项目风险的发生概率不大，但如果它一旦发生则后果十分严重，那么对它的控制也需要十分严格，否则这种风险的发生会给整个物流项目造成严重的影响。

(3) 物流项目风险影响范围的评估。物流项目风险评估的第三项任务是分析和估计物流项目风险影响的范围，即物流项目风险可能影响到项目的哪些方面和工作。这也是物流项目风险评估中的一项十分重要的工作，因为即使一个物流项目风险发生概率和后果严重程度都不大，但它一旦发生会影响到物流项目各个方面和许多工作，则也需要对它进行严格的控制，防止因这种风险发生而搅乱物流项目的整个工作和活动。

(4) 物流项目风险发生时间的评估。物流项目风险评估的第四项任务是分析和估计物流项目风险发生的时间，即物流项目风险可能在项目的哪个阶段和什么时间发生。对于项目风险的控制和应对措施都是根据项目风险发生时间安排的，越早发生的项目风险就应该越优先控制，而对后发生的物流项目风险可以通过监视和观察它们的各种征兆来进一步识别和评估。

物流项目风险评估包括以下几项依据。

(1) 项目风险范围说明书。常见或反复性的物流项目对风险事件发生概率及其后果往往理解比较透彻。而采用最新技术或创造性技术的项目或者极其复杂的项目的不确定性往往要大许多，可以通过检查项目范围说明书对此进行评估。

(2) 风险管理计划。风险管理计划中用于风险评估的关键因素包括风险管理角色和职责、风险管理预算和进度活动、风险类别、概率和影响的定义。

(3) 风险识别的成果。需对已识别的项目风险及风险对项目的潜在影响进行评估。

(4) 项目进展状况。风险的不确定性常常与项目所处的生存周期阶段有关。在项目初期，项目风险症状往往表现得不明显，随着项目的进程，项目风险及发现风险的可能性会增加。

(5) 项目类型。一般来说，普通项目或重复率较高项目的风险程度比较低。技术含量高或复杂性强的项目的风险程度比较高。

(6) 数据的准确性和可靠性。需对用于风险识别的数据或信息的准确性和可靠性进行评估。

(7) 概率和影响的程度。这是用于评估风险的两个关键方面。

9.3.1 物流项目风险的定性评估方法

常用的物流项目风险评估方法有定性评估方法和定量评估方法两类。定性评估方法是项目管理人员凭直觉和经验积累，评价和估计已识别风险的后果和可能性大小的过程。这一过程中项目管理人员根据已识别风险对项目的潜在影响确定其重要性大小。定性评估方法可用来确定具体风险的处理和应对行动的重要性。风险的重要性随着风险应对行动的时间紧迫性的提高而提高。对已有资料的质量进行评估有助于修正对风险的估计。定性风险评估要利用已有的定性分析方法和工具评估风险发生的概率和后果。

当定性分析多次重复进行时，项目班子应根据分析评估结果中出现的趋势采取必要的风险管理行动。定性评估的工具有助于纠正施工计划中容易出现的偏向。在项目生命周期间应当回顾定性评估结果，以便使其跟上项目风险的变化。常见的物流项目风险定性评估方法有以下几种。

1. 主观评分法

进行风险定性评估时可以使用主观评分法。主观评分法是利用专家的直觉、经验等隐性知识，直观地判断项目每一个风险并赋予相应的权重。例如从 0~10 的一个数，0 代表没有风险，10 代表风险很大，然后把各个风险的权重加起来再同风险承受力下限进行比较。主观评分法容易使用，但其用途大小则取决于填入表中数值的准确性。主观评分法允许同时考虑诸多因素，允许提出更多的问题进行分析，而且该法步骤统一、标准。

【例 9-1】某项目要经过 5 个工序。表 9-1 的横向是项目识别出来的 5 个风险，表的竖向是项目的 5 个工序。假定项目风险承受力下限为 0.6。每一个工序 5 个风险权值从左至右加起来，和数放在表最右边的一栏；然后这 5 个和数再从上到下加起来，得出全部风险权值之和放在表最下一行的右端。另外，再计算最大风险权值和。用表的行数乘以列数，再乘以表中的最大风险权值，就得到最大风险权值和。全部风险权值和除以最大风险权值和就是该项目整体风险水平，接着将项目整体风险水平同项目风险承受力下限相比较。各个工序的风险水平，或各单个风险水平也可以做类似的比较。

表 9-1 主观评分法

风险 工序	费用风险	工期风险	质量风险	组织风险	技术风险	各工序风险权值和
可行性研究	5	6	3	8	7	29
设计	4	5	7	2	8	26
试验	6	3	2	3	8	22
施工	9	7	5	2	2	25
运行	2	2	3	1	4	12
合计	26	23	20	16	29	114

表 9-1 中最大风险权值是 9，因此最大风险权值和＝5×5×9＝225。全部风险权值和＝114，该项目整体风险水平＝114/225＝0.506 7。将此结果与先给定的风险承受力下限 0.6 比较后可知，该项目整体风险水平可以接受，可以继续进行下去。

2. 类推法

类推法是从不同事物的某些相似性类推出其他的相似性，从而预测出它们在其他方面类似的可能性的方法。事物发展有各自的规律，但其间又有许多相似之处。把先发生的事件称为先导事件，后发生的事件称为迟发事件，如果发现它们之间有某些相似之处，就可以利用先导事件的发展过程和特征来类推迟发事件的发展过程和特征，对迟发事件的发生和未来的发展起到预测的作用。此法分为随机类推和形式类推。随机类推来源于直观，处于感性认识阶段，只能看做是进行类推的一个起点，而不是科学的方法。形式类推是指当发现了两个事件有某些相似之处时，就尽力探求其他的相似性。因此在预测工作中大多采用形式类推。其应用分为：①为了解决某一个领域中的问题，需要发明或发现某个东西，于是就去寻找一个类似事件，进行形式类推；②预测人员在某些领域中不断收集到新的信息或发生某种变化的信息，并发现了新的原则或结构，然后用形式类推法考虑它对其他领域发展的影响。

外推法是进行项目风险评估的一种十分有效的方法，可分为前推、后推和旁推 3 种类型。前推就是根据历史的经验和数据推断出未来事件发生的概率及其后果。如果历史数据具有明显的周期性，就可据此直接对风险进行周期性的评估。如果从历史记录中看不出明显的周期性，就可用一条曲线或分布函数来拟合这些数据，然后再进行外推，此外还得注意历史数据的不完整性和主观性。后推是在手头没有历史数据可供使用时所采用具有一种方法，由于工程项目具有一次性和不可重复性的特性，所以在项目风险评估时常采用后推法。后推是把未知的、想象的事件及后果与一切已知事件及其后果联系起来，把未知风险事件归结到有数据可查的造成这一风险事件的初始事件上，从而对风险作出评估。旁推就是利用类似项目的数据进行外推，用某一项目的历史记录对新的类似项目可能遇到的风险进行评估，当然这还得充分考虑新环境的各种变化。这 3 种外推法在项目风险评估中都得到了广泛的采用。

3. 德尔菲(Delphi)法

德尔菲法是一种反馈匿名函询法。德尔菲这一名称起源于古希腊有关太阳神阿波罗的神话，传说中阿波罗具有预见未来的能力，因而这种预测方法被命名为德尔菲法。德尔菲法依据系统的程序，采用匿名发表意见的方式，即专家之间不得互相讨论，不发生横向联系，只能与调查人员联系，通过多轮次调查专家对问卷所提问题的看法，经过反复征询、归纳、修改，最后汇总成专家基本一致的看法作为预测的结果。这种方法具有广泛的代表性，较为可靠。其做法是在对所要预测的问题征得专家意见之后，进行整理、归纳、统计，再匿名反馈给专家，再次征求意见，再集中，再反馈，直至得到稳定的意见。其过程可简单表示如下：匿名征求专家意见→归纳、统计→匿名反馈→归纳、统计→……若干轮后，停止。

德尔菲法的具体实施包括以下步骤。

(1) 组成专家小组，按照课题所需要的知识范围确定专家。专家不会面，彼此互不了解。专家人数的多少可根据预测课题的大小和涉及面的宽窄而定，一般不超过 20 人。

(2) 向所有专家提出所要预测的问题及有关要求，并附上有关这个问题的所有背景资料，同时请专家提出还需要什么材料。然后，由专家书面答复，要求每位专家对所研讨的问题总是进行匿名分析。

(3) 各个专家根据他们所收到的材料，提出自己的预测意见，并说明自己是怎样利用这些材料提出预测值的。

(4) 将各位专家第一次判断意见汇总，并列成图表进行对比，再分发给各位专家，让专家比较自己同他人的不同意见，修改自己的意见和判断。也可以把各位专家的意见加以整理，或请身份更高的其他专家加以评论，然后把这些意见再分送给各位专家，以便他们参考后修改自己的意见。

(5) 将所有专家的修改意见收集起来汇总，再次分发给各位专家，以便进行第二次修改。逐轮收集意见并为专家反馈信息是德尔菲法的主要环节，收集意见和信息反馈一般要经过三或四轮。在向专家进行反馈时只给出各种意见，但并不说明发表各种意见的专家的具体姓名。这一过程重复进行，直到每一个专家不再改变自己的意见为止。

(6) 对专家的意见进行综合处理。

4. SWOT 分析法

SWOT 分析法是一种环境分析方法，运用 SWOT 分析法进行选择分析就是将密切相关的各种内部优势因素(Strength)、劣势因素(Weakness)、机会因素(Opportunity)和威胁因素(Threat)通过调查罗列出来，并按照一定的次序排列起来，把各种因素相互匹配起来加以分析，从中得出一系列相应的结论。SWOT 分析法的基准点是对企业内部环境之优劣势的分析，在了解企业自身特点的基础之上判明企业外部的机会和威胁，然后对环境作出准确的判断，继而制定企业发展的战略和策略。最后借用到项目管理中进行项目战略决策和系统分析。

SWOT 分析法的作用有：①把外界的条件和约束同组织自身的优缺点结合起来，分析项目或企业所处的位置；②可随环境变化做动态系统分析，减少决策风险；③是一种定性的评估分析的工具，可操作性强；④针对机遇、挑战、优势、劣势为各战略决策打分。

SWOT 分析法的要点有：①SWOT 分析法重在比较，特别是项目(或企业)的优势、劣势，要着重比较竞争对手的情况，另外与行业平均水平的比较也非常重要；②SWOT 分析法形式上很简单，但实质上是一个长期累积的过程，只有对项目自身和所处行业有准确的认识才能对项目(或企业)的优劣势和外部环境的机会与威胁有一个准确的把握；③SWOT 分析法必须要承认现实、尊重现实，特别对项目(或企业)自身优劣势的分析要基于事实的基础之上，要量化，而不是靠个别人的主观臆断。

9.3.2 物流项目风险的定量评估方法

定量评估方法是对每一风险发生的概率及其对项目目标产生的影响，以及项目整体风险的范围进行数值评估分析。同定性评估相比，定量评估可以减少含糊不清，更客观地估计有关分析的信息资料。另外，风险有了数值之后就可以参与各种运算，并确定各风险之间相差多少。风险定量评估一般在定性评估之后进行，可以和定性评估分开使用，也可以结合在一起使用。到底使用哪种方法取决于是否有时间和预算，以及是否有必要对风险及其后果进行定性或定量的说明。在反复多次定性分析结果中发现的趋势可能揭示出是否有必要增加或减少风险管理行动。常见的物流项目风险定量评估方法有以下几种。

1. 层次分析法

层次分析法(Analytic Hierarchy Process，AHP)是美国运筹学家 Thomas L. Saaty 教授于 20 世纪 70 年代初期提出的，AHP 是对定性问题进行定量分析的一种简便、灵活而又实用的多准则决策方法。它的特点是把复杂问题中的各种因素通过划分为相互联系的有序层次，使之条理化，根据对一定客观现实的主观判断结构(主要是两两比较)把专家意见和分析者的客观判断结果直接而有效地结合起来，将一层次元素两两比较的重要性进行定量描述。然后，利用数学方法计算反映每一层次元素的相对重要性次序的权值，通过所有层次之间的总排序计算所有元素的相对权重并进行排序。该方法自 1982 年被介绍到我国以来，以其定性与定量相结合地处理各种决策因素的特点及系统灵活简洁的优点，迅速地在我国社会经济各个领域，如能源系统分析、城市规划、经济管理、科研评价等领域，得到了广泛的重视和应用。

层次分析法的实施包括以下步骤。

(1) 通过对系统的深刻认识，确定该系统的总目标，弄清规划决策所涉及的范围、所要采取的措施方案和政策、实现目标的准则、策略和各种约束条件等，广泛地收集信息。

(2) 建立一个多层次的递阶结构，按目标的不同、实现功能的差异，将系统分为几个等级层次。

(3) 确定以上递阶结构中相邻层次元素间相关程度。通过构造两两比较判断矩阵及矩阵运算的数学方法，确定对于上一层次的某个元素而言，本层次中与其相关元素的重要性排序——相对权值。

(4) 计算各层元素对系统目标的合成权重，进行总排序，以确定递阶结构图中最底层各个元素的总目标中的重要程度。

(5) 根据分析计算结果考虑相应的决策。

层次分析法的用途举例。例如，某人准备选购一台电冰箱，他对市场上的 6 种不同类型的电冰箱进行了解后，在决定买哪一款式时往往不是直接进行比较，因为存在许多不可比的因素，而是选取一些中间指标进行考察，例如电冰箱的容量、制冷级别、价格、型号、耗电量、外界信誉、售后服务等。然后再考虑各种型号冰箱在上述各中间标准下的优劣排序。借助这种排序，最终作出选购决策。在决策时，由于 6 种电冰箱对于每个中间标准的优劣排序一般是不一致的，因此，决策者首先要对这 7 个标准的重要度进行估计，给出一种排序，然后把 6 种冰箱分别对每一个标准的排序权重找出来，最后把这些信息数据综合，得到针对总目标即购买电冰箱的排序权重。有了这个权重向量，决策就很容易了。

2. 决策树分析法

根据物流项目风险问题的基本特点，项目风险的评估既要能反映项目风险背景环境，同时又要能描述出项目风险发生的概率、后果及发展动态。决策树这种结构模型既简明又符合上述两项要求。采用决策树分析法来评估项目风险往往比其他评估方法更直观、清晰，便于项目管理人员思考和集体探讨，因而是一种形象化和有效的项目风险评估方法。

决策树分析法用树状图表示项目所有可供选择的行动方案、行动方案之间的关系，行动方案的后果及这些后果发生的概率。利用决策树可以计算出可供选择的行动方案后果的数学期望，进而对项目的风险进行评估，得出该项目应该就此止步还是继续进行的决策。

在决策树中，树根表示构想项目的初步决策，叫做"决策点"。从树根向右画出若干树枝。每条树枝都代表一个行动方案，叫做"方案枝"。方案枝右端叫"状态结点"。从每个状态节点向右又伸出两个或更多的小树枝，代表该方案的两种或更多的后果，每条小树枝上都注明该种后果出现的概率，故称"概率枝"。小树枝右端是树叶，树叶处注明该种后果的大小。后果若是正的，表示收益；若是负的，表示损失。

3. 模糊综合评价法

模糊综合评价法是模糊数学在实际工作中的一种常见应用方法。其中，评价就是指按照指定的评价条件对评估对象的优劣进行评比、判断；综合指评价条件包含多个因素。综合评价就是对受到多个因素影响的评价对象进行全面的评价。采用模糊综合评价法进行风险评价的基本思路是：综合考虑所有风险因素的影响程度，并设置权重以区别各因素的重要性，通过构建数学模型推算出风险的各种可能性程度。其中可能性程度值高者为风险水平的最终确定值。其实施主要包括以下步骤。

(1) 选定评价因素，构成评价因素集。
(2) 根据评价的目标要求，划分等级，建立备择集。
(3) 对各风险要素进行独立评价，建立判断矩阵。
(4) 根据各风险要素影响程度，确定其相应的权重。
(5) 运用模糊数学运算方法，确定综合评价结果。
(6) 根据计算分析结果，确定项目风险水平。

4. 故障树分析法

故障树分析法(Fault Tree Analysis，FTA)是1961—1962年，由美国贝尔(BELL)电话实验室的Watson和Mearns等人在分析和预测民兵式导弹发射控制系统安全性时首先提出并采用的分析方法。此后有很多人都对该法产生兴趣，开展了卓有成效的研究和应用。

FTA是一种演绎的逻辑分析方法，它在风险分析中的应用主要是遵循从结果找原因的原则，将项目风险形成的原因由总体到部分按树枝形状逐级细化，分析项目风险及其产生原因之间的因果关系，即在前期预测和识别各种潜在风险因素的基础上运用逻辑推理的方法，沿着风险产生的路径求出风险发生的概率，并能提供各种控制风险因素的方案。

FTA是一种具有广阔应用范围和发展前途的风险分析评估方法，尤其对较复杂系统的风险分析评估非常有效。它具有应用广泛、逻辑性强、形象化等特点，其分析结果具有系统性、准确性和预测性；同时，它有固定的分析流程，可以用计算机来辅助建树和分析，因此能够大大地提高项目风险管理的效率。

5. 蒙特卡罗模拟法

蒙特卡罗模拟法(Monte Carlo Simulation)是随机地从每个不确定因素中抽取样本，进行一次整个项目计算，重复进行成百上千次，模拟各式各样的不确定性组合，获得各种组合下的成百上千个结果。通过统计和处理这些结果数据，找出项目变化的规律。例如，把这些结果值从大到小排列，统计各个值出现的次数，用这些次数值形成频数分布曲线，就能够知道每种结果出现的可能性。然后依据统计学原理，对这些结果数据进行分析，确定出最大值、最小值、平均值、标准差、方差、偏度等，通过这些信息就可以更深入地定量分析项目，为决策提供依据。物流项目风险管理中蒙特卡罗模拟法的实施一般包括以下步骤。

(1) 对每一项活动输入最大值、最小值和最可能的估计数据，并为其选择一种合适的检验分布模型。

(2) 计算机根据上述输入，利用给定的某种规则，快速实施充分大量的随机抽样。

(3) 对随机抽样的数据进行必要的数学计算，求出结果。

(4) 对求出的结果进行统计学处理，求出最大值、最小值，以及数学期望值和单位标准偏差。

(5) 根据求出的统计学处理数据，让计算机自动生成概率分布曲线和累积概率曲线。

(6) 依据累积概率曲线进行物流项目风险分析评估。

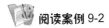
阅读案例9-2

全球物流管理的风险防范

美国权威经济机构——经济评议会会长暨首席经济学家佛斯勒认为，伊拉克战争可能暂时打乱全球的供应链，而更值得担心的是长期效应—终结全球化的趋势。她指出，"9·11"以后美国出于"积极自卫"而采取"先发制人"的策略，导致目前的伊拉克战争和多边体制的式微。伊拉克战争本身对全球经济影响不大，但对全球政治稳定的冲击才是问题。佛斯勒的担心有一定的道理，但似乎过于悲观。尽管受到诸多不确定因素的影响，但经济全球化作为一种规律和趋势仍在发挥其作用，国际物流业正在成长为全球性质的新兴行业，全球物流管理仍是未来的发展趋势。现在，跨国公司间的竞争重点在某种程度上正逐渐转向物流管理和供应链间的竞争，且竞争已不再局限于从一个地方到另外一个地方的转移，而是一个系统性、全球性的综合竞争。同时，我们也应该看到，战争等不确定因素对物流管理的影响是一把"双刃剑"，在一定程度上也存在一些有利方面。例如，战争爆发前后，武器装备的运送、后勤保障的供给等均会产生对物流管理的战时需求，在一定范围内促进物流需求的增加，并使运输业、通信业等相关行业多多获益。

面对诸多不确定因素，对跨国公司来说，全球物流管理是要发展而不是倒退到传统的物流管理上去。这里的关键在于针对"9·11"以及美伊战争后的负面影响，制定正确的战略，采取有效的措施，防范和规避各种风险暴露。

(1) 提高全球物流管理的信息分析能力，增加对不确定因素的预防性。

全球物流管理的信息化水平应不断提高，一般来说，信息手段越健全，信息反馈越充分，信息处理能力越强，物流管理所面临的风险就越小。虽然许多企业在美国西海岸罢工事件中损失惨重，但是也有一些跨国公司由于熟悉国际贸易环境且善于应变的灵活性较强，对西岸劳资纠纷进行分析，预感到的事态严重性，因此在2002年上半年积极加大了对美国出口量，使罢工风险对企业的影响降到最低。

(2) 制定多种物流方案，确保全球供应链畅通。

跨国公司必须从全球视角出发，制订总体应急行动计划规避风险，使全球物流管理有能力应付不时发生的各种不确定因素的挑战，在各种自然灾害和国际事件突发时，能够迅速改变业务模式以适应所发生的变化，并针对新情况采取应对措施。在美伊战争爆发之前，为慎重起见，许多跨国公司都积极采取"备战"措施，力图将战争带来的损失降到最小。为防止苏伊士运河航运可能受战争影响导致运输成本上升，通用汽车公司向其亚洲的零部件供货商增加了对欧洲汽车装配厂的订单，为此，这些供货商都被动员起来，开足马力帮助公司进行战前准备。

我们应该看到，对于那些拥有快速、可靠的送货服务的船运公司和具备良好供应链管理的货运公司，凭借它们在海运、航空和陆路交通方面的雄厚实力，诸多不确定因素除了带给它们更大的挑战外，也同时为它们带来了更多的商业机会，为全球物流管理提供支持力量。在这方面，UPS应对紧急情况的能力和灵活性值得借鉴。即使在发生战争、火灾、洪水等天灾人祸，或者经济萧条的情况下，UPS仍然能够及时地向客户递送包裹信件，因为其员工手中已拥有一系列的应急备选方案，一旦出现紧急情况，他们就可根据当地的服务条件采取最合适的措施，迅速作出反应。

(3) 发展现代物流技术，加快全球物流管理新进展。

简单地讲，全球物流管理强调的是全球物流系统成本的最小化，即如何在最短的时间内，以最有效率、最省成本的方式将货物送达正确的目的地。因此，现代物流技术的发展以及供应链网络的重新设计都应有助于全球物流管理中风险的规避。例如，汉堡港务仓储公司研制的无人货柜吊装计算器系统，通过计算器控制无人搬运车卸货、搬货、理货，因为无人搬运，人工成本很少，故集装箱吊装费用较香港等港口便宜一半，物流成本大大降低的同时避免了罢工风险。

此外，在现代高科技条件下，国际货物运输的无纸化运营方式切实可行，一旦无纸化运输成为现实，既可以使包括通关在内的物流环节和手续变得更加简便，货物的待运停留时间将大幅缩短，运输效率和准确性将显著提高，更重要的是，无纸化电子系统在国际货物运输中还可以有效预防被恐怖分子破坏。因此，大力发展现代物流技术和先进的管理理念，有利于规避风险，降低物流成本，推动全球物流管理的快速发展。

9.4 物流项目风险的监督与控制

物流项目风险的监督与控制是指在整个项目过程中，根据物流项目风险管理指南和物流项目风险实际发生的变化所开展的各种物流项目风险监督与控制的活动。物流项目风险监督与控制是建立在物流项目风险的阶段性、渐进性和可控性等基础上的一种项目风险管理工作。

1. 物流项目风险监督与控制的概念

对于物流项目的风险而言，通过物流项目风险的识别与评估，已经识别出项目的绝大多数风险，而且这些项目风险多数是相对可控的。这些项目风险的可控程度取决于在物流项目风险识别和评估阶段给出的有关物流项目风险信息的多少。所以，只要能够通过物流项目风险识别和评估得到足够的有关物流项目风险的信息，就可以采取正确的物流项目风险应对措施，从而实现对物流项目风险的有效控制。

项目风险是发展和变化的，在人们对其进行监督和控制的过程中，项目风险的发展与变化会随着人们的监督与控制活动而改变。因此对于物流项目风险的监督与控制过程实际上是一种人们发挥其主观能动性去改造客观世界的过程，与此同时，在这一过程中所产生的信息也会进一步改变人们对于物流项目风险的认识和把握程度，使人们对物流项目风险的认识更为深入，对物流项目风险的控制更加符合客观规律。实际上，对物流项目风险的监督与控制过程也是一个不断认识物流项目风险的特性、不断修订物流项目风险控制决策与行为的过程，是一个使项目风险逐步从相对可控向绝对可控转化的过程。

2. 物流项目风险监督与控制的目标

(1) 努力及早识别项目的风险。物流项目风险控制的首要目标是通过开展持续的物流项目风险识别和评估工作及早地发现项目所存在的各种风险及物流项目风险的各方面特性，这是开展物流项目风险控制的前提。

(2) 努力避免项目风险事件的发生。物流项目风险控制的第二个目标是在识别出项目风险后，通过采取各种风险应对措施，积极避免项目风险的发生，从而确保不给物流项目造成不必要的损失。

(3) 积极消除项目风险事件的消极后果。物流项目的风险并不都是可以避免的，有许多物流项目风险会由于各种原因而最终发生，对于这种情况项目风险控制的目标是要积极采取行动，努力消减这些风险事件的消极后果。

(4) 充分吸取项目风险管理中的经验与教训。物流项目风险控制的第四个目标是对于各种已经发生并形成最终结果的项目风险，一定要从中吸取经验与教训，从而避免同样风险事件的发生。

3. 物流项目风险监督与控制的依据

物流项目风险监督与控制的依据有以下几个方面。

(1) 物流项目风险管理计划。物流项目风险监督与控制活动都是依据这一计划开展的，但是在发现新风险后需要立即更新项目风险管理计划，所以项目风险监督与控制工作都是依据不断更新的项目风险管理计划开展的。

(2) 实际物流项目风险发展变化情况。有些项目风险最终变成现实而发生了，有些项目风险却没有发生。这些项目风险实际情况的发展变化情况也是项目风险监督与控制工作的最重要的依据之一。

4. 物流项目风险监督与控制的内容

物流项目风险监督与控制方法的步骤与内容如图 9.2 所示。

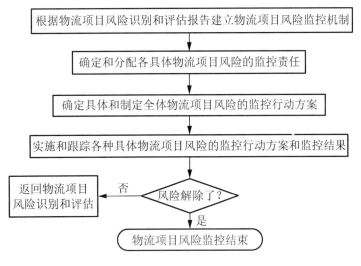

图 9.2　物流项目风险监控流程

(1) 建立物流项目风险事件监督与控制体制。这是指在物流项目开始之前要根据物流项目风险识别和评估报告所给出的项目风险信息制定出整个物流项目风险监督与控制的大政方针、物流项目风险监督与控制的程序以及物流项目风险监督与控制的管理体制。这包括项目风险责任制、项目风险信息报告制、项目风险控制决策制、项目风险控制的沟通程序等。

(2) 确定要控制的具体项目风险。这一步是根据物流项目风险识别与评估报告所列出的各种具体项目风险确定出对哪些物流项目风险进行监督和控制，而对哪些物流项目风险采取容忍措施并放弃对它们的监督与控制。通常这需要按照具体物流项目风险和项目风险后果的严重程度，以及物流项目风险发生概率和项目组织的风险控制资源等情况确定。

(3) 确定物流项目风险的监督与控制责任。这是分配和落实项目具体风险监督与控制责任的工作。所有需要监督与控制的物流项目风险都必须落实到具体负责监督与控制的人员，同时要规定他们所负的具体责任。对于物流项目风险控制工作必须要由专人去负责，不能多人负责，也不能由不合适的人去担负风险事件监督与控制的责任，因为这些都会造成大量的时间与资金的浪费。

(4) 确定物流项目风险监督与控制的行动时间。这是指对物流项目风险的监督与控制要制订相应的时间计划，计划和规定出解决项目风险问题的时间表与时间限制。因为没有时间安排与限制，多数项目风险问题是不能有效地加以控制的。许多由于项目风险失控所造成的损失都是因为错过了项目风险监督与控制的时机，所以必须制订严格的物流项目风险控制时间计划。

(5) 制定各具体项目风险的监督与控制方案。这一步由负责具体项目风险控制的人员根据物流项目风险的特性和时间计划制定出各具体项目风险的控制方案。在这一步中要找出能够控制物流项目风险的各种备选方案，然后要对方案作必要可行性分析，以验证各项目风险控制备选方案的效果，最终选定要采用的风险控制方案或备用方案。另外还要针对风险的不同阶段制定不同阶段使用的风险控制方案。

(6) 实施具体项目风险监督与控制方案。这一步是要按照选定的具体项目风险控制方案开展物流项目风险控制的活动。这一步必须根据物流项目风险的发展与变化不断地修订物流项目风险控制方案与办法。对某些项目风险而言，风险控制方案的制定与实施几乎是同时的。

(7) 跟踪具体项目风险的控制成果。这一步的目的是要收集风险事件控制工作的信息并给出反馈，即通过跟踪去确认所采取的物流项目风险控制活动是否有效，物流项目风险的发展是否有新的变化等。这样就可以不断地提供反馈信息，从而指导物流项目风险控制方案的具体实施。这一步是与实施具体项目风险控制方案同步进行的。通过跟踪而给出物流项目风险控制工作信息，再根据这些信息去改进具体项目风险控制方案及其实施工作，直到对风险事件的控制完结为止。

(8) 判断项目风险是否已经消除。如果认定某个项目风险已经消除，则该具体项目风险的控制作业就已经完成了。若判断该项目风险仍未消除，就需要重新进行物流项目风险识别。这需要重新使用物流项目风险识别的方法对项目具体活动的风险进行新一轮的识别，然后重新按本方法的全过程开展下一步的物流项目风险控制作业。

本 章 小 结

物流项目都是有风险的。一般而言,物流项目风险管理工作包括物流项目风险识别、物流项目风险评估、物流项目风险的监督与控制 3 个方面。

物流项目风险识别是项目风险分析的第一步,主要是确定哪种风险可能对项目产生影响,这就需要项目管理人员掌握物流项目风险识别的一般步骤和主要内容,物流项目风险识别的技术和工具。

物流项目风险评估是对已经识别的风险要素进行估计和评价,主要是确定风险发生的概率与后果,这就需要项目管理人员掌握物流项目风险评估的工作内容和依据,以及物流项目风险的定性评估方法和定量评估方法。

物流项目风险的监督与控制是通过对项目风险全过程的监督与控制,保证风险管理能达到预期的目标,这就需要项目管理人员掌握物流项目风险的监督与控制的概念、目标、依据和内容。

关键术语

项目风险管理(Project Risk Management)　　物流项目风险识别(Logistics Project Risk Identification)　　物流项目风险评估(Logistics Project Risk Evaluation)　　物流项目风险监督与控制(Logistics Project Risk Intendance and Control)

知识链接

项目风险规避的主要策略:回避风险与转移风险。

(1) 回避风险。指当项目风险潜在威胁发生可能性太大,不利后果也太严重,又无其他策略可用时,主动放弃项目或改变项目目标与行动方案,从而规避项目风险的一种策略。回避风险包括主动预防风险和完全放弃两种。

(2) 转移风险。指将风险转移至参与该项目的其他人或其他组织,所以又叫合伙分担风险。其目的不是降低风险发生的概率和减轻不利后果,而是借用合同或协议,在风险事故一旦发生时将损失的一部分转移给有能力承受或控制项目风险的个人或组织。

综 合 练 习

一、填空题

1. 管理项目风险的主体是_____,特别是项目经理。
2. 风险识别首要要弄清楚_____、各项目变数的性质和相互间的关系、物流项目与环境之间的关系等。
3. 物流项目风险评估的主要作用是_____,并根据这种评估去制定物流项目风险的应对措施及开展物流项目风险的控制。

4. 对于物流项目风险的监督于控制过程实际上是一种人们发挥其_____去改造客观世界的过程。

二、判断题

1. 项目的风险无法预测、无法管理。（   ）
2. 风险识别是一次性过程。（   ）
3. 物流项目风险评估主要是定性或定量评价风险对物流项目影响的大小。（   ）
4. 物流项目风险管理是对物流项目的风险进行识别和分析并对物流项目风险进行控制的系统过程。（   ）
5. 德尔菲法可以避免由于个人因素对物流项目风险识别的结果产生不当的影响。（   ）

三、简答题

1. 如何理解项目风险管理的普遍性？
2. 如何应用流程图识别物流项目风险？
3. 如何应用检查表识别物流项目风险？
4. 如何应用头脑风暴法识别物流项目风险？
5. 物流项目风险的定性评估方法和定量评估方法有哪些？
6. 举例说明物流项目风险的监督与控制的主要过程。

实际操作训练

课题：物流项目风险评估。

实训项目：风险评估方法的运用。

实训目的：学习运用物流项目风险评估方法。

实训内容：在项目管理过程中，上海医药现代物流中心项目时间跨度长，出现很多新的问题，欧麟物流需要跟踪这些出现的新问题。

实训要求：将参加实训的学生分成若干小组，分别用不同的方法对上海医药现代物流中心项目风险进行评估。

案例分析

根据以下案例所提供的资料，试分析以下问题。
(1) 总结龙潭物流园区是如何进行风险管理的？
(2) 对于该物流园区风险管理的现状，提出意见和建议。

南京龙潭物流园区项目风险管理

1. 龙潭物流园区概况

南京龙潭物流基地位于南京市栖霞区境内，距离南京主城区约 30 千米，位于南京、镇江、扬州的中心区域，江南沿江高等级货运通道穿越而过，前方是长江上最大的综合性外贸港区——南京龙潭港区。基地总规划面积10.5平方千米,现已开发面积4平方千米,基地内规划建设了占地面积为10.86平方千米、南京地区唯一的国家级B型保税物流中心——南京龙潭港保税物流中心,保税物流中心具有"境内关外"的优势使之具有出口退税、进口保税、简单加工免收增值税等政策功能,现有可供出租的标准仓库6万平方米。龙潭物流基地以深水港口和保税物流中心为核心优势,将重点发展进出口加工贸易、粮油食品加工、机械加工制造、国内外物流贸易等主导产业。

1) 龙潭物流园区定位

龙潭物流园区以南京龙潭港集装箱港区为依托,以多式联运集装箱为载体,以水路、公路、铁路的快速便捷转换为方式,融合配送、中转、分拨、储运,以及增值服务等物流运作及临港加工为一体的综合性国际物流园区。其主要具有以下功能。

(1) 临港加工工业:形成来料加工、进料加工等出口导向型临港工业。

(2) 集装箱辅助作业:主要包括CFS、公共保税监管库、修箱、洗箱业务等。

(3) 区域物流分拨:形成区域物流分拨基地。

(4) 物流增值服务:形成以贴码、包装、组装、整理为核心的流通加工业务。

(5) 综合服务:形成园区配套的信息、咨询、金融、商贸、生活服务等新兴服务产业。

2) 龙潭物流园区运作

根据南京市政府要求,龙潭物流园区实行企业化运作,组建规范化的园区发展有限责任公司或股份公司,从事园区的开发建设、招商引资和经营管理。园区公司经营范围包括:土地批租、转让,CFS,公共保税,报关,货代,运输,仓储,配送,物流设施出租,办公设施出租,商业设施出租,信息咨询服务等。

2. 龙潭物流园区项目风险分析

1) 项目的风险特征

风险贯穿于物流园区项目建设与运作的全过程。龙潭物流园区风险除具有一般风险的典型特征,即客观性、潜在性、可测性、相对性和随机性以外,也鲜明地呈现出以下显著特点。

(1) 阶段性。龙潭物流园区风险的阶段性特征,主要体现在两方面:一方面,在项目的不同阶段,风险的大小不同,呈现出明显的阶段性;另一方面,在项目的不同阶段,项目参与方所面临的风险不同,有的风险存在于项目的各个阶段,如政治风险、财务风险等;而有的风险只存在于项目的某一特定阶段或某些阶段,如按期完工风险、施工技术风险等。

(2) 复杂性。龙潭物流园区项目具有建设运营周期较长、投资和建设规模特大、风险因素种类多且关系繁杂的特点,致使其在项目的全寿命周期内面临的风险多种多样且可能造成的损失巨大。同时大量不确定的风险因素之间的内在关系错综复杂难以精确研究,各种风险因素与外界时间、空间、对象的等交叉影响又使风险显示出层次性,给研究分析带来很大的难度。

(3) 政策影响性。政策风险主要包括指产业政策、投资政策、财税政策和货币政策,这些都会对物流园区投资环境可能产生不利影响。以龙潭物流园区为例,对入区企业,龙潭物流基地给予了一些优惠政策。因此,对于大型物流项目,政府的参与程度高,政府作用大,政府投融资政策对项目风险的影响也较大。

2) 龙潭物流园区风险流程分析

龙潭物流园区的风险分为技术风险、财务风险、管理风险、市场风险、政治风险等五大类。按照一般的物流园区项目的建设程序,将其分为两个阶段:投资建设阶段和生产运营阶段,每个阶段的风险都极大地影响物流园区建设项目的成败与否。公司采用工作结构分解法(WBS),通过分析投资建设和运营阶段的主要内容和任务,识别龙潭物流园区存在的主要风险因素。

在进行风险识别，得到主要风险因素的基础就要进行风险评估。在风险评估阶段，龙潭根据物流园区自身的特点，并结合风险评估的相关方法如层次分析方法、专家打分法等建立风险评价指标体系，并进行相关的计算，从而对龙潭物流园区项目的风险进行评价分析。

对物流园区项目的风险进行评估之后，针对出现的技术风险、管理风险、财务风险、市场风险以及政治风险等，龙潭分别制定了相应的措施进行风险的防范和预防，可以说龙潭物流园区在风险管理方面做得非常到位，从风险识别、风险评估一直到风险应对都采取了积极有效的方法，从而维持了物流园区的正常经营和效益。

资料来源：马健. 南京龙潭物流园区项目风险管理研究. 南京：南京理工大学，2010.

第10章 物流项目信息管理

【学习目标】

通过本章的学习，理解项目信息及项目信息管理的含义，明确物流信息的功能和特征，了解物流信息技术的种类和发展趋势，掌握物流项目信息管理的主要内容。

【学习要求】

知识要点	能力要求	相关知识
项目信息及项目信息管理	认识物流项目信息的来源和种类；掌握项目信息管理的主要内容	项目信息的概念和主要表现形式；物流项目信息的来源和种类；项目信息管理的含义和主要内容
物流信息的功能与特征	理解物流信息的功能与特征	物流信息的基本功能和基本特征
物流信息技术	明确物流信息技术的构成；认识物流信息技术的应用现状和发展趋势	物流信息技术的含义和组成；物流信息技术的构成

物流管理信息系统为上海通用汽车有限公司保驾护航

1. 背景介绍

上海通用汽车有限公司(SGM)是中美两国迄今为止最大的合资企业，项目总投资15.2亿美元，曾被列为市政府一号工程。中远作为中国第一大航运企业在经过了投标竞标后，承担起SGM的汽车零配件CKD的运输任务。这是中远迄今为止最大的签约项目，为此，中远集运和SGM汽车签订门到门运输协议，其中，由上海中远负责SGM汽车零件CKD从上海港九区至SGM的再配送中心(RDC)的一关三检、码头提箱和内陆运输任务。

SGM拥有世界上最先进的弹性生产线，能够在一条流水线上同时生产不同型号、颜色的车辆，每小时可生产27辆汽车。在如此强大的生产力支持下，SGM在国内首创订单生产模式，紧密根据市场需求控制产量。但是这个物流体系安全运作的前提是建立在市场计划周期大于运输周期的基础上，CKD运输量才能根据实际生产需求决定。这些情况都给SGM的信息管理造成了极大的压力。

首先需要介绍一下SGM的信息管理系统——MGO(Matrial Global Organization)：控制进入RDC范围内的集装箱的信息资料，凡是到RDC掏过箱的集装箱均视为已进入MGO系统，虽然该集装箱内剩余木箱堆存在上海中远堆场内。由于掏箱次数的增多，MGO无法确认集装箱的实际状态(是否到RDC掏过箱)，造成系统管理混乱。系统管理员不能控制零件数量，难以完成生产计划。

2. 项目实施内容

作为SGM的陆运代理人，上海中远目睹了SGM的困难，总公司所倡导的"创新是灵魂，改革是出路，发展是目标"经营服务理念，如何应用到通用项目中去，这一目标促使企业变压力为动力，深化物流理念。在上海中远公司领导下，项目组即着手进行一系列前期准备工作，包括可行性论证、场库勘察、成本核算等，并主动了解客户的需求，协调各个环节的联系。经过反复斟酌，决定在内陆集装箱运输的基础上提供增值物流服务，实施上海通用CKD木箱物流配送项目(以下简称"通用物流项目")牵一发动全身，以全方位的项目战略攻克信息管理系统方面的症结。

通用公司的物流项目主要包括以下几方面。

建立基于Internet的CKD信息管理系统。SGM通过访问上海中远的专业网站(www.cosfresh.com)直接获取相关信息，包括船期查询、提单查询、集装箱/木箱跟踪、零件盘点、订单处理、制订运输计划等。

从集装箱内陆运输到CKD仓储配送，通用项目发生了质的变化。由于最小装载单位从集装箱缩小至木箱，仅信息处理量就增加了十几倍。这不仅需在运输、仓储等环节上重新设计更为复杂的物流方案，而且需建立起专门的信息管理系统，以满足CKD木箱配送复杂物流操作对信息处理的需要。

建立通用CKD信息管理系统，即时订单处理、零件查询等。随时处于连续工作状态，保持信息的完整与连续性。建立信息管理系统开展通用CKD木箱物流项目的基础是高效率的信息处理。因此，有必要建立一个专门的信息管理系统。通用项目CKD信息管理系统就是为满足SGM对CKD零配件高层次的配送要求而量身定做的。木箱配送的核心是上海中远信息中心，而信息中心的核心是通用CKD信息管理系统。来自SGM的送货信息通过电子方式传递至信息中心后，经过信息管理系统的信息处理，系统发出送货指令给分包商堆场和仓库送货，送货完毕后，信息再反馈至中心。信息是否顺畅流通关系到CKD配送的成功与否。

该系统的一个突出特点是基于网上的设计思想，在 Internet 上开设的具体功能有：订单处理、三级盘存、货物历史动态、理论库存与实际库存校验、超期库存统计等。通过建立网上平台，开放性的数据库可以允许客户通过使用一定的权限密码就可在网上进入数据库对货物进行动态查询和实时操作。同时，数据库还对集装箱、木箱、零件三个级别进行数据管理，准确反映存量水平，并有效处理大量的数据，提高配送效率。

为了适应 SGM 零件级报关的高要求，系统特设有报关单证处理功能模块，可按照单个 CKD 零件的特定税率分别报关，由程序控制自动归类，制作报关单。使用该系统可快速、正确地处理相关报关信息，为进口报关赢得宝贵时间，并保证海关审核质量。估计 1 年可为上海通用节约 1 亿元人民币的关税。

通过通用物流信息管理项目的成功运作，使中远物流服务水平上了一个新台阶，物流服务的广度和深度有了实质性的推进。在这个项目的层层演进中，中远公司综合物流服务水平不断提升，并在每个阶段都有所创新，赋予企业更强的生命力，在日益激烈的市场竞争中立于不败之地。

资料来源：http://wenku.baidu.com/view/243fb03131126edb6flal03f.html。

问题：(1) 该物流管理信息系统从哪些方面提高了物流效率？

(2) 该案例给我们带来什么启示？

信息是进行项目管理的基础，也是项目管理组织人员沟通的前提。一些项目不成功的原因之一就是由于项目信息管理不规范，信息沟通不及时。同时，随着项目的复杂化，项目信息沟通的数量也日益加大，信息沟通手段的现代化也就成为必然。项目管理信息系统就是为了适应项目信息化管理的需要而产生的一种主要的信息管理手段。

10.1　项目信息管理概述

10.1.1　项目信息的概念

1. 项目信息

在人类社会中存在着大量的自然信息、生物信息和社会信息。可以说信息无处不在，应用于不同领域的信息，其含义有所不同。狭义上的信息是指依据一定的需要收集起来的、经过加工整理后具有某种使用价值的情报、图形、文字、公式、方法、数据等知识元素的总称。

项目信息则是指报告、数据、计划、安排、技术文件、会议等与项目具有联系的各种信息。项目信息的主要表现形式有以下几种。

1) 书面材料

书面材料包括图样及说明书、项目手册、工作条例和规定、项目组织设计、情况报告、项目报告、谈话及会议记录、报表、信件、合同等提供的信息。

2) 个别谈话

个别谈话包括口头分配任务、指示、汇报、工作检查、建议、批评、介绍情况、谈判交涉等产生的信息。

3) 集体口头形式

集体口头形式包括工作讨论和研究、会议、培训班、特殊任务的工作班子、检查组、工作队等产生的信息。

4) 技术形式

技术形式包括听写器、广播器、电话、电报、传真、录像、录音、电子邮件、光盘等产生的信息。

项目管理者应灵活运用各种项目信息形式，尽量减少项目信息传递的障碍，保证项目信息传递的准确和快捷。参加项目工作人员只有知道了项目总体情况和完成工作所必需的信息之后，才可能使其所承担的任务完成得更好。因此，当前管理者十分重视信息的作用。

2. 物流项目信息的来源

物流项目信息来源一般有以下几种。

1) 记录

记录多为项目准备、实施与管理过程中的一些书面材料。记录分为内部记录和外部记录两种。内部记录包括输入与输出事例、事件存储记录、项目实施日志、会议纪要、来往信件等。这些记录可从档案、工作记录本和计算机资料库中获得。外部记录是指从外部的各种渠道取得的资料。比如，在准备某个专线物流项目的市场调查阶段，查阅有关专业期刊、统计年鉴或统计报告、报纸等都属于外部记录。

2) 抽样调查

要想取得尽可能准确的信息，就必须全面地和客观地进行调查。在物流项目的市场调查阶段，面对大量资料和数据，因受时间和资金的限制，往往通过统计学的抽样调查的方法(如随机抽样、分层分级抽样和整群抽样等)来获得所需要的资料。

3) 文件报告

这是指从项目组织内外的有关文件、报告中取得的信息。如物流园区建设可行性研究报告、物流配送中心设计任务书、仓库工程项目阶段报告、项目计划调整文件、物流配送中心竣工验收报告、货物仓储管理技术操作规程等。

4) 业务会议

无论是复杂的物流项目(如物流配送中心建设)还是简单的物流项目(如某超限物件的专项运输服务)，都要通过召开各种会议，用座谈、研讨的形式进一步扩大信息的来源，获取所需要的信息(市场信息、技术信息、解决问题的方案等)。有些业主在拟定合同条款时，会将业务会议的次数或关键新技术开发的研讨会列入其中。

5) 直接观测

为了获取第一手资料，项目管理者可直接到现场观察或测量项目实际进展情况，从而得到需要的资料或数据。比如，在立体化仓库建设工程中，随着土建工程的进展，需要时常到现场观测，必要时还应收集部分施工的物件样品，通过统计分析来得到工程质量的信息。

6) 个人交谈

物流项目离不开人与人之间的协同行动。通过上级与下级或同事之间交换意见与沟通，同样也可以获得需要的信息。当然，由于此种信息是由面对面口头交流得到的，故其可靠程度取决于个人的信誉度。

3. 物流项目信息流种类

项目信息在项目组织内部和内外环境之间不断地流动，从而构成了"信息流"。信息流的流动路线与组织机构的类型有直接关系，通常包括以下几种形式。

1) 自上而下的信息

自上而下的信息指上级(如项目经理)向下级(中低层项目管理人员)传递的决策、通知、命令、工作条例、办法、规定和业务指导意见等。这类的信息源在上级，信息接收者是其下属。信息在传递过程中被逐步地细化、具体化，直到成为可执行的操作命令。

2) 自下而上的信息

项目经理在进行决策的过程中需要依赖大量的信息，其中来自下层的项目执行及进展情况最为关键，自下而上的信息为项目经理提供了最基本的信息。作为项目经理，起码应掌握以下几方面的信息。

(1) 项目目标及约束条件的实现情况(任务量、进度、成本、质量)；人力、物力等资源计划的干扰因素及变化情况；下级较大的错误决策。

(2) 参加项目或涉及的有关单位和部门造成的困难有哪些。

(3) 项目内部成员的工作情况。

3) 横向或网络状信息

横向或网络状信息指按照项目管理工作流程设计的各职能部门之间的信息交换。例如，物流设计师与成本计划员、物流企业的财务部与发展部、物流部等部门与人员之间的横向信息关系。在现代矩阵式组织形式中，借助于高科技(如计算机网络、项目管理计算机软件)技术，人们已越来越多地通过横向和网络状的沟通渠道获得信息，这加快了信息流通的速度，扩大了信息交流的容量。

10.1.2 项目信息管理

1. 项目信息管理的含义

项目信息管理是指对项目信息的收集、整理、处理、储存、传递与应用等一系列工作的总称，也就是把项目信息作为管理对象进行管理。项目信息管理的目的就是根据项目信息的特点，有计划地组织信息沟通，以保持决策者能及时、准确地获得相应的信息。

2. 项目信息管理的主要内容

项目信息管理系统有两种类型：人工管理信息系统和计算机管理信息系统。项目信息管理的主要内容有项目信息收集、项目信息的加工处理和项目信息传递。

1) 项目信息收集

要利用信息，首先就应开辟各种信息来源，并采取适当有效的方法来收集信息。进行收集工作，首先应明确信息收集的目的以及组织业务活动的性质，在此基础上有针对性地选择和开辟正确的信息渠道。

(1) 信息的来源。一般而言，管理信息的来源可分为组织内部经营方面所产生的信息以及外部环境方面的信息。

以企业为例，企业内部的信息源包括以下内容。

① 来自各职能部门的统计报表和工作总结。

② 生产作业现场所提供的计划、指标和定额完成情况的原始记录，以及各类凭证和统计资料。

③ 来自技术科研部门关于技术改造、设备维修、科研和产品技术开发进展情况等各方面的信息。

企业外部的信息源有以下几个方面。

① 各种新闻媒体所公开发表的某些信息，主要包括报纸、杂志、电视等。
② 政府部门所发布的经济信息及各类政策、法令。
③ 各类科研机构和大专院校所掌握的最新科技成果和经济管理方面的信息。
④ 企业的代理商、顾客方面的建议和意见等。
⑤ 企业竞争对手情况调查所获得的信息。
⑥ 行业协会及各类咨询机构所拥有的信息。
⑦ 其他。

(2) 信息收集的内容和范围。企业的信息管理部门应当在全面、系统地收集企业内外信息的基础上，根据企业的业务活动性质及管理目标的要求，围绕企业经营与管理重点，集中力量收集某方面的信息。一般而言，企业应收集以下各方面的信息。

① 政治方面的信息。主要包括经营所在国家或地区的政治环境的稳定程度、政治体制、对外政策、军事实力及动态，所处的国际环境，各执政党及在野党的情况，政府在一定时期内所奉行的政治路线、方针、政策，以及所确定的战略计划等。
② 宏观经济方面的情况。主要包括经营所在国经济发展水平、规模、增长速度，产业结构的状况及变动趋势，居民的整体消费水平和平均消费水平，消费结构状况及变动，该国的财政收支情况，国际收支状况，金融状况等。
③ 科学技术方面的信息。主要包括科研机构及科研力量，技术发展水平，最新出现的科学技术成果。
④ 商品信息。主要包括商品的市场供求状况及变动、价格的现状及趋势。
⑤ 供应商、竞争者及消费者方面的信息。
⑥ 法律方面的信息。由于不同的国家的政治体制和经济体制不同，以及社会文化生活习惯不同，因而各国之间存在着不同的法律环境。企业的经营必须符合所在国家的法律。了解这方面的情况，将能使企业的经营更加顺利。
⑦ 社会文化、风俗习惯等。包括民族特点、民风民俗、社会风气、宗教信仰、价值观念、道德准则、教育水平、文体卫生等。
⑧ 企业内部各层次、各部门提供的信息。

(3) 信息收集的方法。信息的来源渠道和信息收集的内容确定以后，就应当采取恰当的方法来收集信息。一般而言，主要方法有两大类。第一类是直接到信息产生的现场去调查研究；第二类是收集、整理已有的信息情报资料，间接获取信息。

2) 项目信息的加工处理

所谓信息的加工处理是指根据管理的不同需要及要求对组织收集到的原始信息运用一定的设备、技术、手段和方法进行分析处理，以获得可供利用的或可存储的真实可靠的信息资料。

信息的加工过程主要有鉴别真伪、分类整理、加工分析和编辑与归档保存四个步骤。

(1) 鉴别真伪。由于原始信息当中通常存在一些虚假信息，应剔除那些明显不真实、不可靠的信息，此信息管理工作者在进行信息加工的过程中，必须首先对其真伪性进行判定,这部分工作及其有效性主要取决于信息工作者的经验及对业务的熟悉程度。

(2) 分类整理。企业从各方面收集到的信息是分散的、杂乱无章的,因而要对其进行分类整理。这主要是按一定的标准,如时间、地点、使用目的、所反映的业务性质等,将初始信息分门别类、排列成序。这方面的工作方法已有成熟的编码技术。

(3) 加工分析。分析和计算是指利用一定的方法,主要是数理统计和运筹学等方法对数据信息进行加工,从中得到符合需要的数据。

(4) 归档保存。信息进行加工处理后,必须存储起来,以供随时调用。因而,对于处理加工后的信息结果,应编辑成文件的就编辑成文件,应装订成册的就装订成册,并以一定的形式归档保存。在目前,归档保存的方式有两种:一种是文档的方式;另一种是计算机的方式。采用计算机来归档保存信息资料的优点是简单、方便、存储量大、节省费用,因此日益被企业信息管理部门所采用。

信息资料经过加工和处理后,管理者便可直接利用,为管理决策和管理控制等服务。

3) 项目信息传递

信息传递也称信息传输,是使信息以信息流的形式传递给信息的需求者。项目的组织机构设置是项目内部信息传递的基本渠道。

将收集到的信息及时地传递到信息需求者手中是项目信息管理的一项重要内容,这就要求建立一套合理的信息传递制度,并使其标准化。

(1) 专人负责传递信息。在项目实施过程中,各工程部门、各科、各组之间都有许多日常资料需要传递。一种方式是由专人负责。对于需要颁发的文件,信息人员先按照规定的份数复印,然后确定以下几个问题:是哪一种文件、制定的时间、是否修改过、将发给谁等,再按文件分配单进行分发。

(2) 通过通信方式传递信息。即通过信函、电话、电报、传真等方式进行项目信息的传递。

(3) 通过会议方式传递信息。会议方式是项目信息传递的重要方式,包括关键会议、例会、告别会议。项目执行期间要召开各种各样的工作会议,如项目开工会议、项目进展报告会议、项目总结会议、项目协调会议等。

3. 项目信息管理的组织规划

对于周期短、规模小的项目,项目信息管理没有必要在项目运作的业务流程中单独构成一个独立的管理环节。但是对于周期较长、规模较大的项目,信息管理对于项目的成功将起到重要的作用。项目信息管理组织机构的规划原则主要有以下几个。

(1) 对于大型建设项目,必须在项目的组织和资源规划中设立专门的信息管理机构,部门名称可以叫项目信息中心或项目信息办公室。

(2) 成立以项目总经理为核心的项目信息管理系统建设领导小组,统一规划部署项目信息化工作。

(3) 在项目的计划、财务、合同、物资、档案、质量、办公室等职能部门设立部门级项目信息员。

(4) 目前大型建设项目的信息管理系统的建设费用在每个行业的项目划分和投资估算中没有专门列编,许多建设单位从总预备费或办公管理费用中列支计算机网络、数据库、项目管理软件等的采购费用。

10.2 物流信息的功能与特征

10.2.1 物流信息的功能

物流信息的基本功能是支持运输、库存管理、订货处理等物流活动。

信息化的发展使物流信息不只是停留在支持功能上，它将发挥更重要的作用。物流信息还包括更广泛的与流通有关的信息。

与流通有关的信息除了物流信息以外还有商品交易信息和市场信息。商品交易信息是卖方和买方在交易时所发生的买卖信息、接收订货和订货信息、收入支出现金信息等。在这当中包括像接受订货和订货信息那样的与物流有关的商流信息，因此严格地区分物流信息和商品交易信息是比较困难的。

另外，市场信息包含与市场决策有关的各种各样的信息，包括为了刺激消费者的需求，有关促进销售、消费者的需求信息，竞争对象和竞争商品的竞争信息等。

物流信息和商品交易信息是密切相关的。例如，零售业将订货信息发给批发商，接着批发商就要确认库存信息，然后将出库信息发送给物流部门。物流信息和商品交易信息在从生产者经过批发商、零售商到消费者的过程中起到了连接供应链的作用。这些信息如果实现了系统化、构成供应链企业的网络化，就能提高全体供应链的效率。例如，关联交易伙伴之间实现了联网，零售企业对批发商的订货信息可同时发送给物流企业，物流企业就能够直接接收商品。

考虑到这些扩大的物流信息的作用，就不能将物流信息的功能限定为仅仅支持物流活动。要综合掌握物流信息和商品交易信息，就应该重视企业高效率的供应链功能。从这种观点出发，许多企业非常重视企业战略的物流信息系统。日本的"7-11"和花王公司先进的物流信息系统就是有代表性的事例。一般企业在企业活动中也导入了各种各样的物流信息系统。现在，物流信息系统的开发对于先进的企业已成为竞争的有力武器，对于其他企业也成为市场竞争的必要条件。

10.2.2 物流信息的特征

物流信息与商品交易信息及市场信息相比较，具有以下特征。

1. 大量性

物流信息是随着商品交易信息的发生而大量产生的。在零售业的销售时点管理(Point of Sails，POS)系统中，系统读取销售时点的每一笔商品数据，处理其价格和数量等信息，并根据销售情况向供货商发出订货信息。为了合理地进行商品的补充订货，采用联网进行接受订货和订货业务的电子订货系统(Electronic Ordering System，EOS)的企业不断增多，使物流信息有自动地大量发生的趋势。

2. 定性与定量的信息

物流信息和商品交易信息与市场信息相比是定性和定量的信息。市场信息包含着为创造需求对感性认识定性的数据和主观的判断。物流信息和商品交易信息主要是以随着日常业务而产生的定性和定量的数据为中心。物流信息和商品交易信息进行比较的时候，商品交易信息方面与营业交易有关的非定性数据相比更多的是定性的信息。

3. 更新速度快

物流信息和商品交易信息更新的速度较快，运输量、订货量、配送时间等信息随着每一个运输活动而更新。例如，在住宅配送的货物追踪系统中，通过每一个货物集配和集散中心时需要将信息进行输入。

4. 网络构造

物流信息和商品交易信息在企业内、企业间进行着广泛的处理。到目前为止，许多与交易相关的若干企业均建立了企业间的物流信息系统。但是，在具有数个交易对象的场合，每一个交易企业设置了信息交换中心，数据的变换比较麻烦。为此，相关企业制定了数据交换的标准，并在一些行业按照标准进行 EDI 处理。

5. 基础设施的应用

物流活动利用道路、海港、机场等基础设施的场合较多。因此，要想高效地进行物流活动，有必要了解基础设施的相关信息。例如，在运输中必须掌握道路的堵塞、施工、通行限制等；在国际运输中必须掌握通关和海港的有关信息。

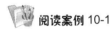
阅读案例 10-1

五粮液集团物流信息管理项目

1. 项目背景

五粮液集团是中国最大的白酒生产商之一，在产品销售的过程中，面对客户日益增长的服务需求，除了在新产品的研制与开发上需不断创新外，其在产品的后勤服务方面也提出了更高的要求。

五粮液的生产工厂位于宜宾，销售业务由公司的销售公司负责，其业务遍及全国。在签订销售订单后，如何把货物及时、准确地送到客户手中是一个巨大的挑战。从宜宾到中国各地的货物运输时间，短则半天，长则一个多月，依靠原有的全人工管理方式很难满足客户日益增长的物流要求。除了送货时间很难保证之外，因每个客户的订单订货量不多，增加了单次运输的成本。另外，产品的大量库存使企业面临建造自己的仓库或外租仓库的压力。在如今竞争激烈的市场环境中，成本的居高不下无疑削弱了产品的竞争力。于是，五粮液集团实施了一个物流改造项目，通过多方考核和调研，选择了五粮液安吉物流集团有限公司作为该物流改造项目的合作伙伴。

五粮液安吉物流集团有限公司坐落在万里长江第一城——四川宜宾市岷江之滨的五粮液集团十里酒城。宜宾安吉物流有限公司是五粮液集团的子公司，从事道路货物运输 20 余年。公司占地面积 15 万平方米，固定资产 1 亿多元，现有员工 1 200 人，公司拥有各型运输车辆、起重、装载及工程作业等机械 1 000 余台，各式标准车用集装箱 350 个，货物仓储面积 6 万平方米。安吉物流有限公司物流网络为五粮液集团的产品在中国的分发配送提供了物质基础。因此安吉物流有限公司宜宾区域分发中心、成都分发中心就成为国家级分发中心，五粮液每天生产的产品，当天就转运到宜宾国家级分发中心仓库。这样，五粮液就将货物库存的压力转移给安吉物流有限公司。

每天五粮液集团销售公司将全国各个地区的销售订单和各地区的货物需求量汇总，并及时通过信息网络将汇总报告通知安吉物流有限公司市场部订单处理中心。订单处理中心信息系统对所有订单按各区域分发中心覆盖区域进行自动分类汇总，当天将汇总分类的订单在互联网上传送至各个对货物分发具体操作的宜宾全国配送中心和成都区域配送储运中心、上海区域配送储运中心、武汉区域配送储运中心、西安区域配送储运中心。各区域配送储运中心在接到总部的订单汇总后，将照订单汇总的每批货物的要求到货时间，制订第二天的运输作业计划，并将各个线路的运输计划落实到具体的承运人。IT人员准备第二天发货的各种单证。第二天，仓库工作人员按照运输作业计划进行操作。货物发送后，客户可以上网及时查询到货时间，对货物分发的整个过程进行跟踪。在送货的过程中，如发生货物破损、短少、退货等情况，安吉物流有限公司将及时通知供应商，然后按供应商的处理意见进行实际操作。

2. 物流信息管理系统

安吉物流有限公司的信息管理系统为ILIS(Integrate Logistics Information System)，包括发货、收货、运输、仓储、财务等模块，是一套集成的仓储、运输信息管理系统。安吉物流依靠其强大的综合实力为其客户提供从仓储、配送、运输到供应链管理的一套完整的物流服务。基于信息化的优势，安吉的客户只需要生产，由安吉物流遍布全国的区域配送中心统一调配和仓储，并向客户所发的订单作出快速反应，大大节省了客户的物流成本和仓储压力。

整个信息系统由以下几大部分组成。

1) 电子商务平台(服务订单)

为企业提供网上接单、网上查询、网上结算等服务。物流企业的客户可以通过电子商务平台做到：向所服务的客户企业下单，入配送委托、出入库委托、仓储委托等；进行订单跟踪；存货管理，如库存查询、最低库存分析、结存管理、出入库流水查询等；网上投诉。

2) GPS货物与车辆跟踪系统(现有系统)

该系统借助GIS(地理信息系统)、GPS(全球定位系统)、互联网技术，以可视化的图形界面，向物流企业或货主提供在途货物与车辆跟踪服务。其主要功能有：实时在途跟踪；调度管理；报警管理。

3) 运输调度管理

它主要包括调度计划，整车运输管理、零担运输管理、集装箱运输管理。

4) 仓储信息管理系统

它主要包括出货、入库、盘点、库存统计、库存货物价值统计、库存费用核算等。

5) 采购管理

它包括供应商管理、原材料采购、客户委托采购业务管理、采购费用申请等。

3. 项目实施后的效果

(1) 缩短订单处理周期，每人每天处理的订单量由90~100张上升到150张左右，效率提升50%。年提高运单处理量为5 762张(等于27天工作量)。

(2) 保证库存水平适量，快速清晰地查询库存，根据库存处理相关业务。

(3) 提高仓储作业效率，出/入库时间同比减少15%。

(4) 提高运输配送效率，每人每天调配的运单效率提升近100%。

(5) 接受订货和发出订货更为简单。

(6) 提高接受订货和发出订货精度。

(7) 提高发货，配送准确，提升准时到货率到89%，以及货物装载率达到90%以上。

(8) 无纸化办公，减少成本和多余数据录入。配载、运单登记、回执，每个运输任务只需录入一次。

(9) 通过与客户系统集成，减少了企业和客户之间重复的业务操作和等待时间；人力成本节约8万元。

资料来源：http://info.10000link.com/newsdetail.aspx?doc=2010080290021。

10.3 物流信息技术

10.3.1 物流信息技术的含义

物流信息技术是物流现代化极为重要的领域之一,计算机网络技术的应用使物流信息技术达到新的水平。物流信息技术是物流现代化的重要标志。

物流信息技术也是物流技术中发展最快的领域,从数据采集的条码系统、仓储管理系统,到办公自动化系统中的微机,各种终端设备等硬件、软件等都在日新月异地发展并得到了广泛应用。同时,随着物流信息技术的不断发展,产生了一系列新的物流理念和新的物流经营方式,推进了物流的变革。在供应链管理方面,物流信息技术的发展也改变了企业应用供应链管理获得竞争优势的方式,成功的企业通过应用信息技术来支持它的经营战略并选择它的经营业务。通过利用信息技术来提高供应链活动的效率性,增强整个供应链的经营决策能力。

根据物流的功能以及特点,物流信息技术包括如计算机技术、网络技术、信息分类编码技术、条码技术、射频识别技术、电子数据交换技术、全球定位系统(GPS)、地理信息系统(GIS)等。

10.3.2 物流信息技术的组成

1. 条码技术

条码技术是在计算机的应用实践中产生和发展起来的一种自动识别技术,为人们提供了一种对物流中的货物进行标识和描述的方法。

条码是实现 POS 系统、EDI、电子商务、供应链管理的技术基础,是实现物流管理现代化、提高企业管理水平和竞争能力的重要技术手段。

2. EDI 技术

EDI (Electronic Data Interchange)是指通过电子方式,采用标准化的格式,利用计算机网络进行结构化数据的传输和交换。

构成 EDI 系统的 3 个要素分别是 EDI 软硬件、通信网络以及数据标准化。

其工作方式大体如下:用户在计算机上进行原始数据的编辑处理,通过 EDI 转换软件(Mapper)将原始数据格式转换为平面文件(Flat File),平面文件是用户原始资料格式与 EDI 标准格式之间的对照性文件。通过翻译软件(Translator)将平面文件变成 EDI 标准格式文件。然后在文件外层加上通信信封(Envelope),通过 EDI 发送到增值服务网络(VAN)或直接传送给对方用户,对方用户则进行相反的处理过程,最后成为用户应用系统能够接收的文件格式。

3. 射频技术

射频识别技术是一种非接触式的自动识别技术,它通过射频信号自动识别目标对象来获取相关数据。识别工作无需人工干预,可工作于各种恶劣环境。短距离射频产品不怕油渍、灰尘污染等恶劣的环境，可以替代条码技术，例如用在工厂的流水线上跟踪物体。长距离射频产品多用于交通上，识别距离可达几十米，如自动收费或识别车辆身份等。

4. GIS 技术

地理信息系统(Geographical Information System，GIS)是多种学科交叉的产物，它以地理空间数据为基础，采用地理模型分析方法，实时地提供多种空间的和动态的地理信息，是一种为地理研究和地理决策服务的计算机技术系统。其基本功能是将表格型数据(无论是来自数据库、电子表格文件的，还是直接在程序中输入的)转换为地理图形显示，然后对显示结果浏览、操作和分析。其显示范围可以从洲际地图到非常详细的街区地图，显示对象包括人口、销售情况、运输线路和其他内容。

5. GPS 技术

全球定位系统(Global Positioning System，GPS)具有在海、陆、空进行全方位实时三维导航与定位能力。

GPS 在物流领域可以应用于汽车自定位、跟踪调度，用于铁路运输管理及军事物流。

10.3.3 物流信息技术的构成

从构成要素上看，物流信息技术作为现代信息技术的重要组成部分，本质上都属于信息技术范畴，只是因为信息技术应用于物流领域而使其在表现形式和具体内容上存在一些特性，但其基本要素仍然同现代信息技术一样，可以分为4个层次。

1. 物流信息基础技术

物流信息基础技术即有关元件、器件的制造技术，它是整个信息技术的基础。例如微电子技术、光子技术、光电子技术、分子电子技术等。

2. 物流信息系统技术

物流信息系统技术即有关物流信息的获取、传输、处理、控制的设备和系统的技术，它是建立在信息基础技术之上的，是整个信息技术的核心。其主要内容包括物流信息获取技术、物流信息传输技术、物流信息处理技术及物流信息控制技术。

3. 物流信息应用技术

物流信息应用技术即基于管理信息系统(MIS)技术、优化技术和计算机集成制造系统(CIMS)技术而设计出的各种物流自动化设备和物流信息管理系统，例如自动化分拣与传输设备、自动导引车(AGV)、集装箱自动装卸设备、仓储管理系统(WMS)、运输管理系统(TMS)、配送优化系统、全球定位系统(GPS)、地理信息系统(GIS)等。

4. 物流信息安全技术

物流信息安全技术即确保物流信息安全的技术，主要包括密码技术、防火墙技术、病毒防治技术、身份鉴别技术、访问控制技术、备份与恢复技术和数据库安全技术等。

10.3.4 物流信息技术在国内的应用现状

在国内，各种物流信息应用技术已经广泛应用于物流活动的各个环节，对企业的物流活动产生了深远的影响。

1. 物流自动化设备技术的应用

物流自动化设备技术的集成和应用的热门环节是配送中心，其特点是每天需要拣选的物品品种多、批次多、数量大。因此在国内超市、医药、邮递等行业的配送中心部分地引进了物流自动化拣选设备。一种是拣选设备的自动化应用，其拣选货架(盘)上配有可视的分拣提示设备，这种分拣货架与物流管理信息系统相连，动态地提示被拣选的物品和数量，指导着工作人员的拣选操作，提高了货物拣选的准确性和速度。另一种是物品拣选后的自动分拣设备。用条码或电子标签附在被识别的物体上(一般为组包后的运输单元)，由传送带送入分拣口，然后由装有识读设备的分拣机分拣物品，使物品进入各自的组货通道，从而完成物品的自动分拣。分拣设备在国内大型配送中心有所使用。

2. 物流设备跟踪和控制技术的应用

目前，物流设备跟踪主要是指对物流的运输载体及物流活动中涉及的物品所在地进行跟踪。物流设备跟踪的手段有多种，可以用传统的通信手段如电话等进行被动跟踪，也可以用RFID(频射识别)手段进行阶段性的跟踪，但目前国内用得最多的还是GPS技术。GPS技术跟踪是利用GPS物流监控管理系统，它主要跟踪货运车辆与货物的运输情况，使货主及车主随时了解车辆与货物的位置与状态，保障整个物流过程的有效监控与快速运转。物流GPS监控管理系统的构成主要包括运输工具上的GPS定位设备、跟踪服务平台(含地理信息系统和相应的软件)、信息通信机制和其他设备(如货物上的电子标签或条码、报警装置等)。

3. 物流动态信息采集技术的应用

企业竞争的全球化发展、产品生命周期的缩短和用户交货期的缩短等都对物流服务的可得性与可控性提出了更高的要求，实时物流理念也由此诞生。要保证对物流过程的完全掌控，物流动态信息采集应用技术是必需的要素。动态的货物或移动载体本身具有很多有用的信息，例如货物的名称、数量、重量、质量，以及出产地或者移动载体(如车辆、轮船等)的名称、牌号、位置、状态等一系列信息。这些信息可能在物流中反复地使用，因此，正确、快速读取动态货物或载体的信息并加以利用可以明显地提高物流的效率。在目前流行的物流动态信息采集技术应用中，一、二维条码技术应用范围最广，其次还有磁条(卡)、语音识别、便携式数据终端、射频识别等技术。

10.3.5 物流信息技术的发展趋势

1. 趋势之一：RFID将成为未来物流领域的关键技术

专家分析认为，将RFID技术应用于物流行业可大幅提高物流管理与运作效率，降低物流成本。另外，从全球发展趋势来看，随着RFID相关技术的不断完善和成熟，RFID产业将成为一个新兴的高技术产业群，成为国民经济新的增长点。因此，RFID技术有望成为推动现代物流加速发展的新品润滑剂。

2. 趋势之二：物流动态信息采集技术将成为物流发展的突破点

在全球供应链管理趋势下，及时掌握货物的动态信息和品质信息已成为企业盈利的关键因素。但是由于受到自然、天气、通信、技术、法规等方面的影响，物流动态信息采集技术的发展一直受到很大制约，远远不能满足现代物流发展的需求。借助新的科技手段，完善物流动态信息采集技术，将成为物流领域下一个技术突破点。

3. 趋势之三：物流信息安全技术将日益被重视

借助网络技术发展起来的物流信息技术在享受网络飞速发展带来巨大好处的同时也时刻饱受着可能遭受的安全危机，例如网络黑客无孔不入地恶意攻击、病毒的肆虐、信息的泄露等。应用安全防范技术，保障企业的物流信息系统或平台安全、稳定地运行，是企业将长期面临的一项重大挑战。

4. 趋势之四：物联网

物联网技术的出现使得物流信息化进入了一个新的时代，这个时代在技术上以物联网的应用为特色，业务上以产业物流或供应链建设为基础。物联网是指按照预先约定好的协议，通过一系列信息采集和传感设备(如射频识别装置、红外感应器、激光扫描器、全球定位系统等)，把物品与物品、物品与互联网连接起来，进行信息交换和通信，以实现物品智能化识别、定位、跟踪、监控和管理的一种网络。

物联网被视为继计算机、互联网、移动通信之后的又一次信息产业革命，其具体应用领域包括物流、保险、食品溯源和交通运输等。开放式、动态化和信息的集中管理将是物联网时代物流信息化的重要趋势，这样一种发展方向和所产生的空间，无疑会使得物流活动更加智能化。从智慧地球到感知中国，物联网会进一步提升物流智能化、信息化和自动化水平。

5. 趋势之五：云计算

云计算是一种让用户能够方便获取的、资源共享的、随机应变的和可实时访问的网络模式，具有快速部署资源或获得服务、按需扩展和使用、按使用量付费、通过互联网提供等特征。

目前，物流领域已经出现了"云"的身影，如车辆配载、运输过程监控等。借助云计算中的"行业云"，多方收集货源和车辆信息，并使物流配载信息在实际物流运输能力与需求发生以前得以发布，加快了物流配载的速度，提高了配载的成功率。对于物流行业而言，云计算带来的直接效果就是降低物流成本，提高物流效率。

同时，"云存储"也是可以发展的方向之一，利用移动设备将在途物资作为虚拟库存，即时进行物资信息交换和交易，将物资直接出入库，并直接将货物运送到终端用户手中。

此外，受益于云物流的还有供应链管理，零售业在云物流的影响下也将发生变化，云计算也可为快递行业降低生产成本发挥巨大作用，因此可以断定，云计算在物流业将有巨大的发展空间。

6. 趋势之六：移动解决方案

近年来物流行业特别是快递业发展迅速，企业对物流管理的要求越来越高。而由于作业的特殊性，提派员、调度员、库管、货检等工作人员经常处于没有 PC、没有网络的环境中。同时，随着智能手机、平板电脑等现代通信工具的出现和普及，也促使物流信息系统的发展出现终端化、移动化的趋势。目前，中国移动、中国联通都推出了针对物流行业的移动信息化解决方案，以满足物流企业的信息高效交互、信息实时发布、货物库存查询、车辆定位、内部沟通、客户服务等需求。

10.4 物流项目信息管理应用示例

10.4.1 日本近铁集团公司物流管理信息系统项目

日本近铁集团公司(Kintetsu Worldwide Express，KWE)创建于 1910 年，总部设在日本东京，位列世界 500 强，是日本第二大专业物流公司。1958 年起，近铁开始了跨国发展，目前已在世界的 60 多个国家、地区及 178 个主要城市设有子公司及分支机构。1996 年 11 月，近铁集团在北京设立北京近铁运通运输有限公司，为惠普、夏普、东芝、Intel、松下、3M、EPSON 等世界 500 强企业客户提供高品质的物流服务。

1. 物流信息系统需求的产生

经历了近 8 年的发展，2004 年，KWE 在中国的物流业务网络已经基本覆盖全国。但与业务快速发展形成鲜明对比的是其信息系统的建设一直处于相对落后的状态，给业务管理带来不少难题，具体体现在以下几个方面。

(1) 各业务单元迫切需要建立统一、规范的业务操作流程。

(2) 客户担当加班加点，花费大量的时间进行业务数据在 Excel 中的处理，操作效率低下，数据准确性难以保证，数据资源的重复利用率低下。

(3) 由于管理众多货主的产品，很多仓库的产品种类达到了 1 万种以上，仓库的管理只能依赖于老员工的经验，库存准确率难以保证。

(4) 库内作业(如上架作业和拣货作业)主要依靠现场管理人员的经验，作业效率难以得到提升。

(5) 对运输资源和运输成本的粗放式管理，成本居高不下。

(6) 总部管理人员无法及时地了解库存动态和运输动态。

(7) 提供给客户的报表各式各样，由各客户担当手工编制。

(8) 与客户在费用和核算上完全依靠手工编制的报表，给总部客服人员造成较大压力。

(9) 每次与客户进行 EDI 接口都需要 IT 部门大量的开发工作，周期长，接口稳定性低。

对此，KWE 公司曾尝试引进海外的物流管理系统，但由于在业务适应度、技术支持等方面的原因，最终以失败告终。为了加速国内物流业务的发展，为客户提供更好的服务，2004 年年初，KWE 启动了其全国物流信息系统的建设和推广计划。并经过严格的评审选择上海富勒信息科技有限公司(FLUX)作为战略合作伙伴，在全国各物流中心循序渐进地推广实施仓储管理系统(WMS)和运输管理系统(TMS)，在企业总部建立集成的物流管理平台、信息门户和 EDI 中心。

2. 系统建设

对于一个集团化和网络化运营的物流企业来说，需要通过 WMS 和 TMS 管理实现每一个物流节点的物流作业，提升作业效率，实现物流中心内的精益化管理。而这项工作的前提是站在集团的高度，建立统一的信息系统接口和信息发布平台，以支持各物流节点的信息进行统一的采集、分析和监控。基于这一战略思想，富勒协助 KWE 按照总体规划分步实施的策略进行了系统的分阶段部署。

(1) 在上海试点仓库部署 WMS，成功实施后在两年内将 WMS 部署到全国各地的物流中心。提高各地物流中心的操作效率，库存准确率，实现库存动态对总部和最终客户的透明。

(2) 部署 TMS 系统，实现对运输全过程的调度和跟踪，建立对外包承运商的绩效考核体系。

(3) 实施订单跟踪系统，建立面向客户服务的订单跟踪平台，使客户可以随时查询订单执行过程中的最新状态。

(4) 实施 EDI 平台，建立与高端客户的 EDI 数据对接，实现与客户的高效业务协同。

3. 系统的构成及实施

KWE 采用的物流信息系统体系共有 5 个子系统构成。分别是 WMS、TMS、Logistics Monitor、Collaboration、Portal。

1) WMS(仓储管理系统)

WMS 是以企业各个 RDC 为单元的系统，重点支持各 RDC 内的收货、上架、拣货、发货、库存管理等业务操作。其目的是有效地提高各 RDC 内的操作效率和库存准确度，实现仓库费用的自动结算。在主要业务环节中应用了条形码和 RF 等先进的技术手段。

针对第三方物流业务的核心业务需求，系统在实施过程中重点需关注以下几个方面的需求。

(1) 多货主管理，通过一个 WMS 要能满足企业内几百个货主的个性化要求。

(2) 网络化多仓(CDC/RDC/DC)管理。

(3) 业务规则和业务流程可配置。

(4) 透明和清晰的库存结构。

(5) 灵活和精确的费用结算。

2) TMS(运输管理系统)

通过对运输任务接收、调度、状态跟踪等过程来确定任务的执行状态，通过对应收应付的管理以及运输任务所对应的收支的核算，统计分析出实际发生的费用和每笔业务的毛利润。在状态跟踪环节中集成了 GPS/GIS/GPRS 等技术。

针对中国运输业务的现状，系统在实施过程中重点需关注以下几个方面的需求。

(1) 多种运输模式的支持。包括公路运输、铁路运输、水路运输、航空运输、短驳运输、多式联运、移库作业和提货作业等。

(2) 灵活的订单分拆和分段功能。物流的核心业务就是资源整合，系统支持将一张订单进行横向分拆，或者纵向分拆，并把不同段的订单分配给不同的承运商进行运输作业。

(3) 支持复杂的多方结算费率设置。提供多种费率因子设置和多种费用结算方式，同时根据业务需求提供承运商报价体系，为每个客户和承运方提供个性化费率和报价机制。

3) Logistics Monitor

该系统包括三方面内容。

(1) 物流数据中心(Logistics Data Hub)。建立于企业总部的库存数据中，分布于各RDC内的库存以及运输中的订单状态数据都会集中于此，便于总部了解所有的物流运作动态。

(2) 监控(Alert)。消息预警系统，通过定义物流执行环节的各类事件，如安全库存警戒、延期送货等，当事件发生时，Alert 系统可以通过传真、短信或者 E-mail 发送消息给相关的事件关联人。

(3) 集中基础数据/权限控制(Master Data)。企业级的基础数据设置，包括客户档案、产品代码、用户权限等，保证基础数据在企业内部(不同物流中心)的一致性和完整性。

4) Collaboration

EDI 电子数据交换平台，通过完全可配置的系统架构，实现客户与业务合作伙伴之间的 EDI 数据交互。针对不同业务伙伴的不同数据要求，可以通过简单的数据配置实现快速部署。

5) Podal

基于 Web 的在线库存分析工具和运单跟踪系统，使最终客户从不同的角度了解库存和订单运输的最新动态。

在该物流信息系统体系中，5 个子系统的应用是相辅相成的。通过 WMS 和 TMS 解决了第一线业务的运作问题，并获得准确的数据资源；通过 Logistics Monitor 强化总部的管理职能和调度职能；而通过 Collaboration 和 EDI 则实现了与供应链上下游企业特别是最终客户的密切的业务协同，提供物流服务基础上的高附加值的信息服务，提高了服务品质和最终客户的满意度。经过近 5 年的不断完善和升级，目前，富勒提供的物流信息系统在 KWE 的快速业务发展中发挥了重要的作用，并成为体现公司核心竞争能力的最重要的平台。

4. 系统实施过程中的关注点

保证物流信息系统项目的实施成功的关键，除了关注 IT 技术本身外，流程重组、队伍建设、人员效率等因素也很重要。

1) 流程重组

系统的成功实施有赖于建立一套标准规范的作业流程。在实施过程中，实施团队通过对各业务环节作业特点的认真分析，结合系统制定了统一的操作流程，并通过管理人员强有力的推进使流程得以贯彻实施。

2) 队伍建设

系统不但要成功上线，更重要的是要保证长久稳定的运行，为此需要一个拥有专业技能的实施和支持团队。实施过程中分别针对系统管理员、QA、系统操作员和现场操作人员进行了严格和持续的培训。

3) 人员效率

实施系统的一个重要价值在于人员效率的提升。通过流程优化、数据自动处理、单据合理化设计、系统人性化设计等措施，使管理人员从简单重复的劳动中解放出来，可以将更多精力放在加强管理和提升服务上。

通过实施物流信息系统，KWE 建立了对全国物流运作的统一管理，作业效率和数据准确性得到很大的提高，公司的客户满意度和公司形象也得到了很大的提升。

10.4.2 中海物流的核心竞争力——物流管理信息系统

1. 背景介绍

中海物流公司 1995 年注册成立时，只是一家传统的仓储企业，其业务也仅仅是将仓库租出去收取租金。那时物流管理系统的建设对公司的业务并没有决定性的影响。1996 年，公司尝试着向配送业务转型，很快发现客户最为关心的并不是仓库和运输车辆的数量，而是了解其物流管理系统，关心的是能否及时了解整个物流服务过程，能否将所提供的信息与客户自身的信息系统实现对接。可以说，有无信息系统，是能否实现公司从传统物流向现代物流成功转型的关键。另外，公司在提供 JIT 配送业务过程中所涉及的料件已达上万种，没有信息系统的支撑，仅凭人工管理是根本无法实现的。因此，信息系统的实施成为中海物流业务运作的需要，是中海物流发展的必然选择。因此，中海物流开展了物流管理信息系统实施项目。

2. 中海物流管理信息系统的发展历程

中海物流管理信息系统的实施经历了 3 个阶段：第一阶段为 1996—1997 年实施的电子配送程序，以实现配送电子化为目标，功能比较单一；第二阶段为 1998—1999 年实施的 C/S 结构的物流管理系统，实现了公司仓储、运输、配送等物流业务的网络化；第三阶段始于 2000 年，以基于 Internet 结构的物流电子商务化为目标，开发出了目前正在运行的中海物流管理信息系统，并专门成立了中海资讯科技公司进行该系统的商品化工作。

3. 中海物流管理信息系统的总体结构

中海物流管理信息系统的总体结构由物流管理系统、物流业务系统、物流电子商务系统和客户服务系统 4 个部分组成。物流信息系统主要应用于物流公司的各个职能部门，实现对办公、人事、财务、合同、客户关系、统计分析等的管理；物流作业系统应用于物流操作层，主要功能有仓储、运输、货代、配送、报关等；电子商务系统使客户通过 Internet 实现网上数据的实时查询和网上下单；客户服务系统为客户提供优质的服务。

4. 中海物流管理信息系统的运行

中海物流管理信息系统运行在 Internet/Extranet/Intranet 结构的网络系统上。整个网络系统分为外网、内网和中网。与国内外的众多物流软件产品相比，中海物流信息系统的运行具有以下特点：集成化设计、流程化管理、组件式开发、数据库重构、跨平台运行、多币种结算、多语言查询、多技术集成(如条形码技术、GIS 技术、GPS 技术、动态规划技术、RF 技术、自动补货技术、电子商务技术等)、多种方式的数据安全控制(身份识别、权限控制、数据库操作权限控制、建立在 Java 安全体系结构上的加密技术、认证和授权技术以及 SSL 技术)。

通过物流项目信息化的实施，中海物流在管理、业务范围、经营规模、服务能力、服务效率、经济效率等各方面均发生了巨大的变化，目前，物流管理信息系统已成为中海物流的核心竞争力，对公司物流业务的发展起着支柱作用。

本 章 小 结

物流项目信息管理是项目管理的一个新的分支,本章全面讨论了有关项目信息管理的内容、方法和理论,具体分析了项目信息的含义和主要表现形式、物流项目信息的来源和种类、项目信息管理的含义和主要内容、物流信息的功能与特征、物流信息技术的含义和组成,以及应用现状和发展趋势。

最后以日本近铁集团公司物流信息系统项目和中海物流信息系统建设的宝贵经验为例,分析了管理信息系统在物流管理和物流项目管理中的作用和应用要点。

关键术语

物流项目(Logistics Project)　　信息技术(Information Technology)　　信息系统(Information System)

知识链接

新疆油田公司完善信息管理标准体系

新疆油田现有的信息管理标准是在长期的不同建设阶段和管理体系中形成的。在以部门为主导的信息化建设阶段,不同部门制定的信息管理标准及制度彼此独立,职责界限不清,标准形式不统一,文体格式和名称不规范,迫切需要制定统一的管理标准体系。

2007年,数据中心将该课题摆在重要地位,在新疆油田信息标准体系表的基础上,依据《中国石油信息化工作管理制度体系》框架,结合油田信息管理体系和信息管理标准(制度)的现状,确定了新疆油田公司信息化工作管理制度体系框架。

通过精细梳理职责和工作流程,新疆油田信息管理体系得到进一步的细化和完善。目前,信息管理标准体系包括数据、系统、信息基础设施、信息标准、信息安全和信息项目管理6个大类和若干次级类,除采用的石油行业和集团企业管理标准(制度)外,共有油田级信息管理标准(制度)111个。

新疆油田经过长期的信息化建设,已经形成了较为科学、完整的信息化建设指导思想、管理体系和工作流程。管理标准体系框架和体系表的建立为建设和完善信息管理制度体系提供了依据。今后3年,信息管理标准体系建设的重点是加强管理规定和办法的制定、修订,扩展执行层面管理细则和管理规范的覆盖面,初步建成统一完善的信息管理标准及制度体系。

综 合 练 习

一、填空题

1. 项目信息的主要表现形式为:_____、_____、_____、_____。
2. 物流项目信息流的种类有:_____、_____、_____。

3．项目信息管理的主要内容有：_____、_____、_____。

二、判断题

1．项目信息加工处理的步骤为：鉴别真伪、加工分析、分类整理、归档保存。
（　　）
2．物流信息的基本功能是支持运输、库存管理、订货处理等物流活动。（　　）
3．物流信息技术有4个层次，分别为物流信息基础技术、物流信息系统技术、物流信息应用技术、物流信息安全技术。（　　）
4．密码技术、病毒防治技术属于物流信息安全技术。（　　）
5．GIS(Geographical Information System，地理信息系统)是多种学科交叉的产物，它以地理空间数据为基础，采用地理模型分析方法，实时地提供多种空间的和动态的地理信息，是一种为地理研究和地理决策服务的计算机技术系统。（　　）

三、简答题

1．物流项目信息的来源主要有哪些？
2．项目信息管理的主要内容有哪些？
3．物流信息与商品交易信息及市场信息相比具有哪些特征？
4．简要阐述物流信息技术的发展趋势。

实际操作训练

课题：项目信息管理。
实训项目：项目信息管理系统开发设计。
实训目的：掌握信息管理系统开发的基本方法。
实训内容：选定一个项目，收集项目的背景资料，制定项目信息管理系统开发方案。
实训要求：将参加实训的学生按几个人分成一个工作小组，任命其中一名成员为项目经理，由其进行任务的安排，如安排专人进行资料查询、制定信息管理系统开发思路、设计系统各模块的功能等，最后由全体小组成员确定终稿。

案例分析

根据以下案例所提供的资料，试分析回答以下问题。
(1) 信息化平台的建设对审计管理的作用是什么？
(2) 该政府投资项目信息管理系统的功能及模块有哪些可以添加或改进的地方？
(3) 借鉴该项目信息管理系统的开发实践，请设计一个物流项目信息管理系统的开发思路。

政府投资项目信息管理系统开发设计

1．项目背景

随着生产的自动化、贸易中电子商务的普及、网络财务软件的广泛使用以及支付手段的多样化，审计信息化将是我国今后审计工作的必然趋势。本课题研究与政府投资项目审计管理实践相结合，利用计算机网络平台，实现政府投资项目的全过程跟踪审计管理，提升政府投资项目审计管理效率，规范审计操作，实现政府投资项目审计监督与管理的全面升级。

随着政府、企事业信息化进程的不断加快和推进，政府机关实现了公文办公自动化，企业通过实施ERP、CRM等系统实现了生产业务流程自动化，信息化使管理信息向集成和应用集成方向发展，本课题研究开发的软件规划将围绕办公协同、应用整合、信息集成三方面展开。

由于业务领域或职能部门应用的不同，软件系统目前在数据信息和应用上处于以部门和业务为中心的"独立"状态，只有以办公自动化系统为基础，整合并集成有效的数据信息，形成一套完整的科学决策系统，才能最终实现管理自动化。

(1) 本项目为推进政府投资项目审计工作搭建了信息平台，使审计机关能通过网络高效、全面地掌握本地区政府投资项目情况，为审计计划的制订、审计覆盖率的提高、竣工决算必审制打下了基础，并实现了对项目全过程的监督和管理。

(2) 本项目搭建了强化内部管理的便捷通道，方便建设单位自主申报、主管部门便捷查阅，政府机关通过系统可以全面了解并掌握建设项目及审计情况。

(3) 扩大审计影响、提升审计形象。系统平台方便审计机关及时掌控建设单位、中介机构等单位的相关信息，有助于进行实时监控；方便职能部门获取相关信息，实现系统信息的有效利用，确立审计部门在投资领域的重要地位。

(4) 提高行政效率和审计工作效率。申报单位依托网络完成项目申报，省时省力，审计人员打开电脑就能了解到建设项目的基本情况，完成初步的审前调查，使审计准备工作更快捷和有效，为最终实现政府投资项目联网审计打下基础。

2. 政府投资项目信息管理系统开发的总体思路及步骤

1) 总体思路

政府投资项目信息系统开发必须站在本级政府的高度，得到本级政府的支持，以各级审计机关为主进行开发。系统将政府投资项目从立项到竣工决算审计全过程信息尽可能地纳入该系统范围，充分考虑各职能部门的需求，得到各职能部门的配合和支持。这样开发出来的系统才有高度、才有生命力，而且能够充分发挥审计机关在政府投资项目监管中的特殊地位，起到其他部门所无法替代的作用。

2) 开发步骤

就现阶段而言，政府投资项目信息管理系统的开发还处于无序状态，政府投资项目信息管理系统的开发首先应当提升到制度层面，对开发的目标、形式、内容进行明确，建议上级审计机关对政府投资项目信息系统的开发纳入审计信息化建设规划的范畴，在必要的调研、论证基础上，形成相对统一规范的开发实施方案及指南，指导各级审计机关参照执行，建议由各级政府立项进行具体开发。

3. 系统总体设计结构及网络架构

整个系统软件安装在审计机关的服务器上，同时承担着网上申报和审计管理两大功能。建设单位、项目法人及其他相关单位(以下简称为"上报单位")作为系统的一个客户端，通过Internet连到审计机关的服务器上报数据。系统采用B/S结构，客户端不需安装其他软件，可以通过IE浏览器运行系统，方便了上报单位的操作，也减轻了系统管理员的维护工作量。

1) 系统的安全性分析

(1) 从网络层面，尽可能地把服务器安置在政府信息中心机房内，充分利用政府信息中心的安全设备，在服务器端架设防火墙，以达到阻断非法用户的访问和进入，只有授权的应用程序和端口才能访问。同时可以设置防病毒软件，保证上报数据安全。

(2) 从软件层面，进入申报系统时要求上报单位输入用户名与口令，在服务器端存放口令得经过MD5加密密码，避免了内部人员泄露密码，从而进一步保证网络安全。软件开发语言采用Java语言，它本身具有强大的安全性，如ByteCode Verifier(字节码验证器)、Security Manager(安全管理器)，以及ClassLoader(类装入器)。

2) 系统流程设计

系统的流程主要分两大块，一块是审计机关的外部流程，主要由发改部门、建设单位、招标中心、财政机关、建设主管部门等参与，政府投资项目信息系统将实现与其他部门专业网络的对接，直接读取或导入相关信息。流程设计主要根据政府投资项目的自身特点，按工程建设进度的主要环节进行控制，保证数据准确、及时、有效。

另一块是审计机关的内部流程，其中包括了从项目竣工到得出竣工审计结果的所有内容，系统将根据审计机关的特点，将中介协审有机地结合进入系统流程设计。

3) 政府投资项目信息管理系统功能及模块

整个系统承担着网上申报和审计管理两大功能，在政府投资项目信息申报系统的建立方面主要解决以下几个问题。

(1) 信息申报的全面及完整性。从政府投资项目的各个环节来看，第一，发改部门的立项环节是起点，政府投资项目一经立项，就录入该系统，并纳入审计等相关部门的监控，审计部门及相关部门可根据职能划分对设计概算进行审核。第二，政府投资项目的招投标环节也是关键一环，政府投资项目一经招投标，就将录入招投标信息，这一阶段可对预算及标底进行审核，对合同签订等程序进行监督审查。第三，在项目进度中及竣工后，建设单位报审计机关审计环节，通过相关审计制度的配套，如政府投资项目必审制等，利用网络系统平台对上报资料进行工程变更及工程竣工结算进行网上预审，促进项目信息的全面和完整，增强审计部门对网络系统的可控性、权威性。

(2) 信息申报的及时及可操作性。由于政府投资项目信息量大，涉及部门多，单靠审计部门的力量远远不够，因此，必须充分发挥各项目建设单位的主动性。在项目信息申报环节，可通过制度来明确由建设单位设立一名申报员，由申报员来完成项目的网上申报，同时充分考虑系统申报的可操作性，尽量做到简捷、实用，与各地区审计实际相结合，做到网上申报与实际操作相吻合。系统可通过网上及手机短信预警等方法，及时提醒申报员进行网上申报。

系统的另一大功能是审计管理功能。项目信息库建立的关键目的是要为我所用，网上申报系统为各部门全面、及时地提供项目信息，审计部门要充分利用这些信息。如进行合同审查、工程变更审查、对中介机构协审的控制和监督、审计结果数据汇总、审计结果台账、质量考核等，均可纳入该系统当中。该系统可与目前审计系统操作的 AO 软件相配套衔接，可实现信息资料的共享。

系统模块包括以下内容。

(1) 系统主页面。系统主页面可公布相关信息、政策、法规及相关业务介绍等内容。

(2) 系统栏目设置。主要包括项目信息、数据申报、数据采集、预警记录、数据汇总、审计模板等。

(3) 系统权限设置。对不同身份的用户及人员设置相应的权限，如审计机关及审计人员、中介协审单位、建设单位、职能部门等。

(4) 系统申报功能。建设单位可以通过系统进行相关数据的申报上传，如预算资料(包括预算施工图)、结算资料(包括竣工图纸)、工程变更、合同、财务会计资料等；中介协审单位可以根据审计模板设计申报协审资料。

(5) 系统查询功能。审计机关及人员、相关职能部门、建设单位均可查询相关的项目信息，及时了解工程项目的进展情况及结果。

(6) 系统自动分析汇总功能。由于项目量大，系统必须进行实时的数据自动汇总分析，动态反映项目投资概算、实际投资额、工程款项支付及审定投资额等，便于进行审计内部管理，提高审计效率。

(7) 中介协审功能。协审单位可根据审计模板设置定时报送协审内容，便于审计机关对其进行监督考核，提高协审质量及效率。

(8) 系统预警功能。由于政府投资项目信息量大、环节多，系统设置了许多预警功能，如对工程建设项目未按规定程序操作或工程造价、工程款项支付超规定等方面预警、建设单位资料申报的预警、对中介协审单位审计资料上报的预警、对审计机关审计人员进度控制等方面的预警。

(9) 其他功能。

资料来源：程洪. 政府投资项目信息管理系统开发实践及思考. 该论文获浙江省审计论文三等奖.

参 考 文 献

[1] 冯耕中. 现代物流与供应链管理[M]. 西安：西安交通大学出版社，2003.
[2] 徐剑，周晓晔，李贵华. 物流与供应链管理[M]. 北京：国防工业出版社，2006.
[3] 马士华，林勇. 物流管理基础[M]. 武汉：华中科技大学出版社，2007.
[4] 骆珣. 项目管理教程[M]. 2版. 北京：机械工业出版社，2010.
[5] 殷焕武. 项目管理导论[M]. 2版. 北京：机械工业出版社，2010.
[6] 周立新. 物流项目管理[M]. 上海：同济大学出版社，2004.
[7] 秦立公，王兴中，丁庆. 物流项目管理[M]. 北京：中国时代经济出版社，2006.
[8] 冉文学，李严锋，宋志兰，刘胜春. 物流质量管理[M]. 北京：科学出版社，2008.
[9] 王学锋，刘盈，刘颖. 国际物流项目管理[M]. 上海：同济大学出版社，2006.
[10] 张理. 现代物流案例分析[M]. 北京：中国水利水电出版社，2005.
[11] 田宇. 第三方物流项目管理[M]. 广东：中山大学出版社，2006.
[12] 卢有杰. 现代项目管理学[M]. 北京：首都经济贸易大学出版社，2005.
[13] [美]约翰·拉夫特里. 项目管理风险分析[M]. 李清立，译. 北京：机械工业出版社，2003.
[14] 孙裕君，尤勤，刘玉国. 现代项目管理学[M]. 北京：科学出版社，2006.
[15] 戚安邦，张连营. 项目管理概论[M]. 北京：清华大学出版社，2008.
[16] 许成绩. 现代项目管理教程[M]. 北京：中国宇航出版社，2003.
[17] 沈建明. 项目风险管理[M]. 北京：机械工业出版社，2004.
[18] 刘晓红，徐玖平. 项目风险管理[M]. 北京：经济管理出版社，2008.
[19] 郭波，龚时雨，谭云涛. 项目风险管理[M]. 北京：电子工业出版社，2008.
[20] 白思俊. 现代项目管理概论[M]. 北京：电子工业出版社，2006.
[21] 王道平. 物流项目管理[M]. 北京：北京大学出版社，2012.
[22] 周晓晔，柴伟莉. 第三方物流[M]. 北京：电子工业出版社，2010.
[23] 张旭辉，孙晖. 物流项目管理[M]. 北京：北京大学出版社，2013.
[24] 陈思. 大型土木工程项目物流运作营理研究[D]. 成都：西南交通大学，2007.

北大版 · 物流专业规划教材

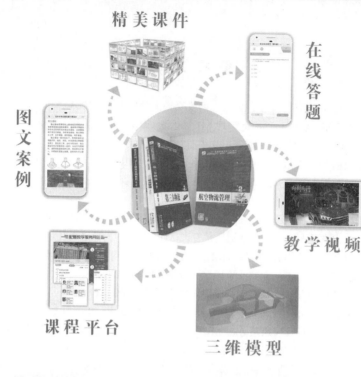

精美课件

在线答题

图文案例

教学视频

课程平台

三维模型

本科物流

物流信息管理　物流项目管理　物流运作管理　物流运筹学　供应链管理　交通运输工程学

第三方物流　国际物流管理　采购管理与库存控制　物流配送中心规划与设计　航空物流管理　现代物流信息技术

高职物流

  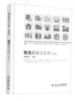   

物流信息技术与应用　采购实用实务　物流案例与实训　采购与仓储管理实务　采购与仓储管理实务　企业物流管理

扫码进入电子书架查看更多专业教材，如需申请样书、获取配套教学资源或在使用过程中遇到任何问题，请添加客服咨询。